Dirk Larisch

SharePoint Online

AF721599

Verlag:
BILDNER Verlag GmbH
Bahnhofstraße 8
94032 Passau

http://www.bildner-verlag.de
info@bildner-verlag.de

ISBN: 978-3-8328-0679-8
Bestellnummer: 100695

Autor: Dirk Larisch
Herausgeber: Christian Bildner

Druck: CPI Clausen & Bosse GmbH, Birkstr. 10, 25917 Leck

Bildquellen:
Cover: © Miha Creative - stock.adobe.com
Kapitelbild: © Miha Creative - stock.adobe.com

© 2024 BILDNER Verlag GmbH, Passau, Kennziffer 695_01

Die Informationen in diesen Unterlagen werden ohne Rücksicht auf einen eventuellen Patentschutz veröffentlicht. Warennamen werden ohne Gewährleistung der freien Verwendbarkeit benutzt. Bei der Zusammenstellung von Texten und Abbildungen wurde mit größter Sorgfalt vorgegangen. Trotzdem können Fehler nicht vollständig ausgeschlossen werden. Verlag, Herausgeber und Autor können für fehlerhafte Angaben und deren Folgen weder eine juristische Verantwortung noch irgendeine Haftung übernehmen. Für Verbesserungsvorschläge und Hinweise auf Fehler sind Verlag und Herausgeber dankbar.

Bei Fragen zur Produktsicherheit wenden Sie sich bitte an folgende E-Mail-Adresse: produktsicherheit@bildner-verlag.de oder informieren Sie sich auf unserer Webseite www.bildnerverlag.com/produktsicherheit.

Fast alle Hard- und Softwarebezeichnungen und Markennamen der jeweiligen Firmen, die in diesem Buch erwähnt werden, können auch ohne besondere Kennzeichnung warenzeichen-, marken- oder patentrechtlichem Schutz unterliegen.

Die in den Beispielen verwendeten Namen von Firmen, Personen, Produkten und E-Mail-Adressen sind frei erfunden. Jede Ähnlichkeit ist keinesfalls beabsichtigt, sondern zufällig.

Das Werk einschließlich aller Teile ist urheberrechtlich geschützt. Es gelten die Lizenzbestimmungen der BILDNER Verlag GmbH Passau.

Vorwort

Teilen-Punkt oder *Punkt zum Teilen*! So oder so ähnlich könnte man *SharePoint* frei übersetzen. Und wenn man diese eher sperrige Erklärung deutet, so gibt sie doch den wahren Umfang dieser mittlerweile fast 25 Jahre alten Anwendung aus dem Hause Microsoft wieder. Im Jahr 2001 erschien mit dem *SharePoint Portal Server 2001* die erste Version (Codename *Tahoe*), deren wichtigste Aufgabe als zentraler Dreh- und Angelpunkt - oder Teilen-Punkt - die Verwaltung, Transformation und Integration von Daten war bzw. werden sollte.

Und dieser *Klassiker* hat bis heute nichts von seiner Flexibilität und Begeisterungsfähigkeit eingebüßt. Zudem wurde die Funktionalität über die Jahre wesentlich erweitert und wird es immer noch. Die Unterstützung moderner Formen der Zusammenarbeit, die Verwaltung beliebiger Daten (intern und extern), die Webseitengestaltung oder auch die Integration in andere Anwendungen wie Copilot, Power Automate, Power Apps, Power BI, Power Pages, Teams oder Viva machen SharePoint zu einem der wichtigsten *Allroundkünstler* in einer Microsoft-365-Umgebung.

So lohnt sich meines Erachtens ein solches Buch allemal. Es zeigt und erläutert Ihnen als Anwender und Administrator die wesentlichen Bereiche, Funktionen und Möglichkeiten dieser zentralen Plattform einer Microsoft-365-Umgebung. So kann es sich schnell als ständiger Begleiter auf dem täglichen Weg durch den *SharePoint-Dschungel* etablieren!

Ich wünsche Ihnen viel Freude beim Erkunden der beschriebenen, vielfältigen SharePoint-Funktionen, die in diesem Buch sicherlich keinen Anspruch auf Vollständigkeit erheben, einem ständigen Wandel und Erweiterungen unterliegend (*Evergreen!*) lassen sich diese in einem gedruckten Werk auch nicht unbedingt immer vollständig abbilden.

Dirk Larisch Herbst 2024

Über den Autor

Nach dem Studium der Informatik hat Dirk Larisch Mitte der 1980er-Jahre erste praktische Erfahrungen in einem der größten deutschen Verlage (Buch und Software) sammeln können, bevor er dann ab 1987 fast 37 Jahre in verschiedenen Einrichtungen des Gesundheitswesens (Schwerpunkt: Krankenhaus) und in unterschiedlichen Positionen (IT-Leitung, Management) tätig war. Parallel dazu hat er in dieser Zeit in den Bereichen Computer, Netzwerktechnik, Programmiersprachen und Anwendungen mehrere Bücher verfasst, die bis heute weltweit über siebzigmal verlegt wurden. Dazu kamen vielfältige Erfahrungen als Coach und Trainer.

Bereits seit Anfang der 1980er-Jahre hat Dirk Larisch autodidaktisch enormes Wissen in verschiedenen Programmiersprachen und Programmkonzepten aufgebaut, wovon auch ein Teil seiner Veröffentlichungen zeugt. Heute hat er seinen Schwerpunkt in der Anwendung und Entwicklung von Methoden und Anwendungen der Microsoft-365-Umgebung. Er beschäftigt sich mittlerweile über 20 Jahre mit SharePoint in den verschiedensten Ausprägungen und hat bis zum heutigen Tag sein Wissen dazu in mehreren Büchern und Artikeln niedergeschrieben.

Inhalt

1 Einführung

Viele Spezialisten und Kenner der Szene sagen, dass es ohne SharePoint als eine Art *Schweizer Taschenmesser* die heutige Microsoft-365-Welt in der Form nicht geben würde; zu stark sind die Abhängigkeiten und Verwurzelungen von SharePoint zu anderen M365-Anwendungen. Die Darstellung der Wichtigkeit von SharePoint, dessen wesentliche Funktionen und die Integration in die Microsoft-365-Welt ist das wesentliche Merkmal des vorliegenden Buches.

1.1 Viele Namen führten nach Rom!

Auch wenn in der langen Geschichte der Entwicklung hin zu *SharePoint Online* nicht immer alles harmonisch und integrativ verlief, lohnt sich in Bezug auf die Nutzung und Anwendung von Möglichkeiten und Funktionen einer SharePoint-Umgebung allemal ein Blick auf die Historie bzw. die Entwicklungsgeschichte dieses Produktes.

- **2001**
  SharePoint Portal Server 2001

  SharePoint Team Service for collaboration (SQL Backend)

  Basis für Zusammenarbeit und Dokumentenverwaltung;

  Speichermodell auf Basis von *Web Storage System* (Exchange 2000) ermöglichte Zugriff per WebDAV (*Web-based Distributed Authoring and Versioning*) bzw. URL (*Uniform Ressource Locator*).

- **2003**
  Office SharePoint Portal Server 2003

  Windows SharePoint Services (WSS)

  Basis für Zusammenarbeit und Dokumentenverwaltung;

  Speichermodell auf Basis des SQL-Servers;

  Nutzung auf Basis von SharePoint- oder Windows-Server-Lizenzen möglich.

- **2006**
  Microsoft Office SharePoint Server 2007 (MOSS)

  Windows SharePoint Services (WSS)

  Basis für Zusammenarbeit, Dokumentenverwaltung, Geschäftsprozessautomatisierung mit der *Business Productivity Online Suite* (BPOS), Datenauswertung mit *SQL Server Reporting Services* (SSRS) und den Einsatz personalisierter Webseiten; mobile App für verschiedene Geräte und Systeme.

- **2010**
  Microsoft SharePoint Server 2010 (MSS)

  Weiterentwicklung der bestehenden Funktionalitäten (Excel-Services usw.) mit Verbesserungen in der Benutzerfreundlichkeit der Oberfläche (z. B. Menüs für administrative Funktionen).

- **2012/2013**
  SharePoint Server 2013

  Einführung der Bezeichnung *Office 365 SharePoint*

  Weiterentwicklung der bestehenden Funktionalitäten mit Verbesserungen in der Unterstützung und Einbindung spezieller Anwendungen (Apps) in die Benutzeroberfläche.

> 2013 ist das Jahr, in dem SharePoint erstmals in der Office-365-Suite als Onlineversion in der Cloud vorgestellt wurde.

- **2015**
  Integration von SharePoint in die *Office-Groups* der Azure AD (M365-Gruppen).
- **2016**
  SharePoint Server 2016

  Weiterentwicklung der bestehenden Funktionalitäten (Hybridmodus, weitergehende Integration in Office 365 usw.).
- **2017**
  Microsoft Teams

  Mit der Veröffentlichung der Anwendung Microsoft Teams dient SharePoint als zentraler Ort zur Datenverwaltung einer Teams-Umgebung.
- **2018**
  SharePoint Online

  Erste (offizielle) Version von SharePoint Online mit Abbildung der Funktionalitäten (Dokumentenverwaltung, Zusammenarbeit, Webseiten usw.) in der Microsoft-Cloud.
- **2018/2019**
  SharePoint Server 2019

  Weiterentwicklung der bestehenden Funktionalitäten in Bezug auf Zusammenarbeit mehrerer Anwender, mobile Anwendungen, Cloud-Integration usw.
- **2020**
  SharePoint Syntex (heute: SharePoint Premium)
- **2021**
  SharePoint Service Subscription Edition (SharePoint SE)

  Letzte *On-Premise-Version* von SharePoint, die sich in einer lokalen Serverfarm installieren lässt.
- **2024**
  SharePoint Premium

  SharePoint Embedded

  SharePoint Premium (vormals *Syntex*) und SharePoint Embedded werden als Ergänzung zu SharePoint Online veröffentlicht;

  SharePoint Premium hält zusätzliche (kostenpflichtige) Funktionen bereit;

  SharePoint Embedded kennzeichnet die Nutzung der Datenverwaltungsmöglichkeiten einer SharePoint-Umgebung (Listen, Bibliotheken), ohne dafür die SharePoint-Oberfläche nutzen zu müssen (kommt beispielsweise bei der Anwendung *Loop* zum Einsatz).

Die Entwicklung von SharePoint wird seitens Microsoft immer weiter vorangetrieben, sodass die Anwendung als integraler Bestandteil einer Microsoft-365-Umgebung unersetzlich ist.

1.2 Einsatzmöglichkeiten von SharePoint Online

In der über 20-jährigen Entwicklung hin zu *SharePoint Online* war nicht immer alles „Gold, was glänzt", aber dennoch ist SharePoint in der heutigen Version für eine Microsoft-365-Umgebung unabdingbar. Insbesondere der Wandel bzw. die Integration von SharePoint in die Cloud-Infrastruktur von Microsoft auf Basis von Azure AD (Entra ID) ermöglicht heutzutage die Erfüllung vielfältiger Funktionen und bietet enorme Chancen. Hinzu kommt, dass sich die Verwaltung einer SharePoint-Umgebung ohne den Zugriff auf Serverfarmen wesentlich vereinfacht und verbessert hat; auch dabei macht die Cloud den Unterschied!

Ein wesentlicher „Steigbügelhalter" für SharePoint in der heutigen Onlineversion war sicherlich die Veröffentlichung von Microsoft Teams im Jahr 2017, die den Startpunkt darstellte hin zur Cloud-Anwendung. Microsoft Teams nutzt eine Vielzahl von Funktionen einer SharePoint-Umgebung wie Datenverwaltung oder Möglichkeiten der Zusammenarbeit, und dies eben in einer Cloud-Umgebung.

Auf diese Art und Weise dient SharePoint Online als Plattform für die Kommunikation und den Informationsaustausch und ermöglicht die effiziente Zusammenarbeit der Mitarbeiter verschiedener Abteilungen und Standorte auf einer zentralen, digitalen Ebene. Von der Ideensammlung über die Bewertung bis hin zur Umsetzung bietet SharePoint Online alle notwendigen Hilfsmittel, um die Anwender in Kommunikations- und Innovationsprozesse einzubinden, Ideen zu fördern und diese zielgerichtet weiterentwickeln zu können.

Die wesentlichen Einsatzformen und Merkmale von SharePoint Online lassen sich am besten anhand folgender Hauptfunktionen darstellen:

- **Dokumentenverwaltung**
  Spezielle Dokumentbibliotheken ermöglichen das Speichern, Organisieren und Teilen von Dateien oder Dokumenten. Dazu gehören Funktionen wie die strukturierte Ablage, die Verwendung von Metadaten, das Ein- und Auschecken von Dokumenten oder auch die Versionsverwaltung dieser.
- **Listenverwaltung**
  Anhand spezieller SharePoint-Listen können nahezu beliebige Daten organisiert, strukturiert und verwaltet werden. Manche vergleichen diese Möglichkeit gerne mit Excel-Listen, aber durch den Einsatz von Metadaten oder auch Websitespalten oder Websiteinhaltstypen erfahren die Listen einer SharePoint-Umgebung noch einmal besondere Funktionen.
- **Zugriffsberechtigung und Freigaben**
  Das Konzept der Vergabe von Zugriffsrechten auf Ebene von Dokumenten, Listen oder -elementen ist in SharePoint sehr ausgeklügelt. Auch wenn es manchmal sehr herausfordernd sein kann, so können Sie damit auf verschiedene dedizierte Arten anderen Anwendern (oder externen Teilnehmern) über Freigaben (Teilen) einen Zugriff auf die Daten zur Verfügung stellen, die Sie verwalten.

- **Suchen und Finden**
  Die Funktionen zum Suchen und Finden von Informationen oder Daten einer SharePoint-Umgebung sind nicht erst seit dem Einsatz spezieller Anwendungen wie dem *Copilot* sehr ausgeprägt und leistungsstark. Durch geschickte Konfiguration der Suchebenen und -bereiche sowie den Einsatz von Funktionen wie Metadaten können Sie Inhalte optimaler klassifizieren und organisieren, um diese dann auch schneller finden zu können.
- **Webseiten**
  Mit den Funktionalitäten zur Verwaltung von Webseiten bietet eine SharePoint-Umgebung nahezu unbegrenzte Gestaltungsmöglichkeiten für Webseiten zur Verfügung. Dabei kann es sich um interne Webseiten, beispielsweise für ein Intranet, oder auch um externe (Extranet, Internet) handeln. Durch den Einsatz von Microsoft Teams mit gleichzeitiger Integration in eine SharePoint-Umgebung ermöglicht dies auch den Aufbau sogenannter Teamwebsites, um Daten, Informationen, Aufgaben und Ressourcen zu teilen; ergänzt wird dies durch die gemeinsame Nutzung von Listen, Kalendern und Funktionen für die Zusammenarbeit im Team (z. B. Chat).
- **Integration**
  Als *Schweizer Taschenmesser* ermöglicht SharePoint eine übergreifende und nahezu vollständige sowie nahtlose Integration in die anderen Anwendungen einer Microsoft-365-Umgebung (oder auch externe Anwendungen). Auf Ebene der M365-Anwendungen sind hier zu nennen: Microsoft Teams, OneDrive oder auch Outlook. Darüber hinaus stehen mit der Einbindung in Anwendungen wie Power Automate (Workflows), Power Pages (externe Webseiten) oder auch Power BI (Datenanalyse) schier unerschöpfliche Erweiterungsmöglichkeiten zur Verfügung, die helfen, (digitale) Prozesse und Abläufe wesentlich zu vereinfachen und zu optimieren. Zudem können beispielsweise mit Power Apps spezielle Anwendungen entwickelt werden, die zur Verwaltung der in SharePoint hinterlegten Daten eingesetzt werden können.
- **Weiterentwicklungen**
  SharePoint wurde über die Jahre permanent weiterentwickelt und mit *SharePoint Premium* bzw. *SharePoint Embedded* stehen Funktionalitäten zur Verfügung, die Anwendungen wie *Loop* überhaupt erst möglich gemacht haben.

SharePoint bietet in einem Unternehmen oder einer Organisation unzählige Vorteile, um Ideen und Innovationen zentral zu verwalten. So können Mitarbeiter verschiedener Abteilungen auf dieser Basis ihre Ideen einbringen und erhalten zeitnah Feedback; dies fördert nicht nur die Transparenz, sondern vereinfacht auch die Zusammenarbeit und beschleunigt die Entscheidungsfindung. Eine effiziente Daten- und Informationsverwaltung ermöglicht es, schneller auf Markttrends zu reagieren und die eigene Wettbewerbsfähigkeit zu stärken.

Ein weiteres Schlüsselelement ist die Datensicherheit. Dazu stellt SharePoint eine sichere Umgebung für die Sammlung und Diskussion von Ideen bereit. Spezielle Funktionen ermöglichen es, Abläufe und Prozesse so zu gestalten, dass sie den gesetzlichen Anforderungen und Sicherheitsvorschriften entsprechen. So werden geteilte Informationen und Daten vor unberechtigtem Zugriff geschützt. Die Einhaltung von Sicherheitsstandards trägt nicht nur zur Entwicklung sichererer Produkte bei, sondern stärkt auch das Vertrauen von Kunden und Geschäftspartnern.

Die Möglichkeiten der Webseitengestaltung - beispielsweise für ein Intranet - perfektionieren die Art und Weise, Informationen und Daten zu sammeln und zu bewerten. Anwender aus allen Bereichen eines Unternehmens oder einer Organisation können Daten und Informationen unabhängig vom aktuellen Standort einfach teilen bzw. austauschen. In dem Zusammenhang macht sich ein weiterer Vorteil in Form der Möglichkeiten zur Bewertung und Filterung der Daten und Informationen bemerkbar; so können beispielsweise Ideen oder Vorschläge nach verschiedenen Kriterien bewertet und priorisiert werden.

Die (technische) Implementierung einer digitalen Plattform wie SharePoint mit Einbindung sonstiger Ressourcen und Anwendungen kann unter Umständen sehr komplex sein. Eine sorgfältige Planung und Umsetzung ist zwingend notwendig und erfordert nicht nur technisches Know-how, sondern auch ein tiefes Verständnis der Prozesse und der Arbeitsweise und Bedürfnisse der Anwender.

Natürlich darf heutzutage auch die Einbindung oder Verwendung der künstlichen Intelligenz nicht außer Acht gelassen werden. Ermöglicht doch die KI, das Innovationspotential und die gespeicherten Daten eines Unternehmens oder einer Organisation vollständig zu nutzen. Durch Integration des *Copiloten* in SharePoint in unterschiedlichen Ausprägungen wird die KI-Nutzung forciert; gleichzeitig deutet dies darauf hin, dass die Zukunft von SharePoint Online sehr eng mit Microsoft 365 verbunden ist, wo der Copilot ja allgegenwärtig ist.

Um in einem Unternehmen oder einer Organisation eine erfolgreiche SharePoint-Implementierung umzusetzen, müssen entsprechende Rahmenbedingungen geschaffen werden. So sollte dabei die Teilnahme und Zusammenarbeit im Mittelpunkt stehen und gefördert werden. Auch die Anbindung an bestehende Systeme und Infrastrukturen kann eine entscheidende Rolle spielen, um einen nahtlosen Wissens- und Ideenaustausch zu gewährleisten. Auf diese Art können die Anwender (digital) zusammengebracht und die Interaktion so gefördert werden. Dazu braucht es aber auf jeden Fall Werkzeuge und Anwendungen mit intuitiven Benutzeroberflächen, umfassenden Such- und weitergehenden Bearbeitungsfunktionen.

Was in dem Zusammenhang nicht vergessen werden darf, ist die Kommunikationskultur eines Unternehmens oder einer Organisation. Denn eine digitale Plattform kann nur dann ihr volles Potential entfalten, wenn eine Kultur der Offenheit und des Vertrauens vorherrscht. Mitarbeiter müssen ihre Ideen und Vorstellungen ohne Angst vor Ablehnung oder Repressalien mitteilen können; dazu zählt ein klares Signal der Führung des Unternehmens oder der Organisation.

Zu guter Letzt ist natürlich die Einbindung der Anwender entscheidend für den Erfolg einer digitalen Plattform auf Basis von SharePoint Online. Dazu kann die Beteiligung ggf. über Wettbewerbe spielerisch gefördert und so die Kreativität und der Ehrgeiz der Anwender angeregt werden. Natürlich dürfen entsprechende Schulungsmöglichkeiten (Workshops, virtuelle Kaffeepausen, Blitzlicht usw.) nicht außer Acht gelassen werden, denn nichts mindert den Erfolg so sehr, wie der halbherzige Einsatz der zur Verfügung stehenden Möglichkeiten einer SharePoint-Umgebung. Klare Regeln und Verhaltensweisen helfen den Anwendern ebenso wie feste Ansprechpartner für auftretende Fragestellungen. Dies erhöht nicht nur die Motivation der Anwender, sondern stärkt auch das Vertrauen in die Plattform als Instrument zur Förderung der Zusammenarbeit.

1.3 Was Sie erwartet!

Nach den allgemeinen Erläuterungen interessiert Sie an dieser Stelle sicherlich, was Sie in diesem Buch erwartet und in welcher Form Sie sich mit dem Inhalt auseinandersetzen können. Generell werden in diesem Buch die grundsätzliche Einsatzweise und die wesentlichen Funktionen von SharePoint Online in einer Microsoft-365-Umgebung dargestellt. Das Buch ist konzeptionell so aufgebaut, dass sich der Leser anhand von spezifischen Themen oder Problemstellungen in die unterschiedlichen Themen einer SharePoint-Umgebung einarbeiten und das Gelernte anhand konkreter Lösungsvorschläge und Arbeitsschritte direkt praktisch umsetzen kann.

Neben der ausgeprägten Praxisorientierung ergibt sich dadurch ein anderer wesentlicher Vorteil: Der Leser kann das Buch in chronologischer Reihenfolge kapitelweise lesen, aber ebenso sich auch anhand des Inhaltsverzeichnisses oder des Indexes direkt die Themengebiete oder konkrete Fragestellungen (und deren Lösung) aussuchen.

Aufgrund der Themenvielfalt eignet sich das vorliegende Buch für verschiedene Anwendungsgruppen von SharePoint Online, wobei der Schwerpunkt der Themen und Erläuterungen sicherlich auf den Verwalter eines solchen Systems abzielt, aber an vielen Stellen auch entsprechende Hinweise und Erläuterungen für den fortgeschrittenen Anwender enthalten sind.

Nach der allgemeinen Einführung in diesem Kapitel wird im nächsten einem der wesentlichen Merkmale von SharePoint - der Verwaltung von Daten - entsprechender Platz für Erläuterungen eingeräumt. Dort wird unter anderem dargestellt, wozu Listen und Bibliotheken nützlich sind und wie diese optimal genutzt werden können. Und auch Besonderheiten wie Websitespalten und -inhaltstypen werden in diesem Kapitel ausführlich dargestellt. Ergänzt werden diese Erläuterungen mit der Darstellung der Möglichkeiten im Zusammenspiel mit anderen Programmen wie Excel.

Kapitel 3 widmet sich dem zweiten Themenschwerpunkt einer SharePoint-Umgebung, nämlich der Zusammenarbeit. *Collaboration* - so der englische Begriff für Zusammenarbeit - vereint all die Funktionen, die mit Office-Anwendungen, Kalendern, Aufgaben, Wikis oder generell mit dem zwischenmenschlichen Austausch von Daten und Informationen zusammenhängen. Dabei ist es natürlich auch wichtig zu erläutern, wie die Funktionen von SharePoint in die Microsoft-365-Umgebung eingebunden werden können.

Eine SharePoint-Umgebung verfügt seit jeher über ein ausgeklügeltes Rechtesystem, das eine hohe Flexibilität bietet. Aus diesem Grund wird den damit zusammenhängenden Themen in Kapitel 4 ein eigener Bereich gewidmet. Dabei werden nicht nur die verfügbaren Möglichkeiten der Rechteverwaltung, sondern auch so spezielle Optionen wie „Freigabe über Teilen" erläutert.

Das Thema „Suchen" oder besser: „Finden" ist unverzichtbarer Bestandteil einer SharePoint-Umgebung. So wird dort im Laufe der Zeit eine Vielzahl an Daten, Elementen und Objekten hinterlegt und gespeichert. Um diese im richtigen Moment wieder auffindbar zu machen, ist eine ausgeklügelte Suchfunktion erforderlich. Kapitel 5 widmet sich ausführlich diesem Thema. Dort werden unter anderem Inhaltsquellen, Durchforstungsvorgänge (*Crawl*) oder auch die Festlegung von Suchbereichen (*Scopes*) ausführlich behandelt.

Ein Schwerpunkt, der in einer SharePoint-Umgebung seit jeher verfügbar ist, kommt „gefühlt" erst in letzter Zeit vollends zur Geltung: die Gestaltung von Webseiten. SharePoint bietet eine Vielzahl von Funktionen und Merkmalen, um Webseiten oder auch eigene Intranets zu entwerfen und zu gestalten und so eine SharePoint-Umgebung „mit Leben zu füllen". Webanwendungen, Websitesammlungen und natürlich der Einsatz von Webparts spielen in einer SharePoint-Umgebung eine sehr wichtige Rolle und werden in Kapitel 6 ausführlich erläutert. Dazu zählen auch Angaben zu neuen Funktionalitäten oder Anwendungen wie Power Pages oder das SharePoint Brand Center.

Die wesentlichen Inhalte, Tipps und Tricks, um mithilfe von SharePoint andere Anwendungen der Microsoft-365-Produktfamilie zu nutzen, werden in Kapitel 7 behandelt. Dabei wird nicht nur erläutert und demonstriert, wie andere Anwendungen (z. B. Flows in Power Automate, Anwendungen in Power Pages, Microsoft Teams) aufgerufen bzw. integriert werden können, sondern auch sehr anschaulich dargestellt, wie die Integration der verschiedenen Anwendungen erfolgen kann. So werden beispielsweise neben der Darstellung von Standard-Workflows (z. B. Genehmigungs-Workflow) auch Möglichkeiten zur Erstellung eigener Abläufe beleuchtet. Zudem wird erläutert, wie Sie beispielsweise die Darstellung von KPIs (Key-Performance-Indikatoren) oder auch die Datenvisualisierung mittels eines Dashboards realisieren können. Abgerundet werden die Ausführungen mit der Erstellung einer Anwendung (App) zur Bearbeitung von SharePoint-Daten.

Die Systemverwaltung hat in einem komplexen System wie SharePoint einen hohen Anspruch. Aus diesem Grund ist Kapitel 8 inhaltlich überwiegend einem Anwender vorbehalten, der in einer SharePoint-Umgebung Aufgaben eines Systemverwalters (Administrator) wahrnimmt. Dort werden neben dem *SharePoint Admin Center* auch ausführlich die Funktionen der beiden anderen *Admin Center* (*Microsoft 365 Admin Center* und *Microsoft Entra Admin Center*) erläutert, die unmittelbar Auswirkungen auf die SharePoint-Umgebung haben. Ein wesentliches Leistungsmerkmal von SharePoint ist die Anbindung an die Außenwelt, sprich: der Zugriff auf externe Datenquellen bzw.

die Übermittlung dorthin. Diesem Umstand wird in Kapitel 8 ebenfalls Rechnung getragen. Nichts ist wichtiger, als die Analyse eines SharePoint-Systems, wobei es darum geht, Zugriffsstatistiken oder beispielsweise auch die Nutzung bestimmter Webseiten zu eruieren. Was es damit konkret auf sich hat und auf welche Art und Weise schnelle Ergebnisse dargestellt werden können, ist ebenfalls Inhalt des Kapitels 8. Natürlich darf auch die Sicherheit der in einer SharePoint-Umgebung gespeicherten Daten nicht außen vor bleiben. Welche Optionen SharePoint in Bezug auf die Datensicherheit, aber auch zur -sicherung zur Verfügung stellt, wird ebenfalls in diesem Kapitel behandelt. Den Abschluss bilden letztlich Erläuterungen zu aktuellen Entwicklungen wie *SharePoint Premium* und *SharePoint Embedded*.

1.4 Microsoft und Evergreen

An dieser Stelle darf ein Hinweis nicht fehlen: Microsoft verfolgt mittlerweile mit dem *Evergreen*-Ansatz, keine festen Produktzyklen mehr zu verwenden (auf die man sich als Buchautor einstellen konnte). Stattdessen werden die Produkte stetig optimiert und weiterentwickelt, und diese Neuerungen dann auch zeitnah den Anwendern zur Verfügung gestellt.

Die permanente Weiterentwicklung der Systeme und Anwendungen und das Hinzufügen neuer Möglichkeiten und Funktionen hat Vorteile für die Anwendung, macht es aber leider für ein solches Buch teilweise etwas schwer. So führt das mittlerweile in der gesamten Microsoft-365-Umgebung angewandte Prinzip zwangsläufig dazu, dass die ein oder andere Menübezeichnung anders lautet oder an anderer Stelle zu finden ist, als in diesem Buch beschrieben. Selbst während der Erstellung des Buches hat der „Evergreen-Teufel" zugeschlagen.

Bei der Arbeit mit SharePoint werden Sie eventuell Funktionen finden, die in diesem Buch nicht oder anders dargestellt werden. Dafür bitten wir bereits jetzt um Entschuldigung. Wir hoffen, es lässt Ihren Lesefluss und Ihre SharePoint-Erkundungsreise nicht allzu sehr stocken.

2 Verwaltung beliebiger Daten

Ein wesentliches Merkmal von SharePoint ist die Möglichkeit zur Verwaltung von Daten beliebiger Art. Nicht selten ist dies einer der Hauptgründe für den Einsatz, aber SharePoint ist wesentlich mehr als eine „dumme" Dateiablage. Denn es können nicht nur Dokumente wie Word-Dateien oder Excel-Tabellen gespeichert bzw. verwaltet werden, sondern auch Listen angelegt und genutzt werden. Des Weiteren können auch spezielle Bibliotheken für die Verwaltung von Bildern o. Ä. verwendet werden; alle diese Optionen werden im Folgenden unter dem Begriff *Datenmanagement* zusammengefasst.

SharePoint Online stellt grundsätzliche Funktionalitäten eines DMS (Dokumentenmanagementsystem) zur Verfügung. Dabei hängt es von der Größe des Unternehmens oder der Organisation und der zu verwaltenden Daten ab, ob eine SharePoint-Umgebung als Ersatz für ein DMS-System eingesetzt werden kann. Aber grundsätzlich stehen dafür in SharePoint die wesentlichen Funktionen zur Dokumentenverwaltung zur Verfügung.

2.1 Bibliotheken und Listen als Strukturmerkmale

SharePoint stellt in einer Microsoft-365-Umgebung eine leistungsstarke Plattform zur Verfügung, die eine Vielzahl von Funktionen bietet (zur Datenspeicherung und -verwaltung beispielsweise Listen und Bibliotheken). Diese beiden Funktionen bilden die wichtigsten Optionen zur strukturierten Datenablage in SharePoint. Während Listen vergleichbar sind mit Excel-Listen oder Einträgen in Tabellen einer Datenbank, mit denen eine strukturierte Datenerfassung und -verwaltung ermöglicht wird, sind Bibliotheken der Ablageort (nahezu) beliebiger Dokumente.

Natürlich haben SharePoint-Listen weitaus mehr Funktionen als Excel-Listen oder Tabelleneinträge: ebenso sind Bibliotheken leistungsstarke Werkzeuge, die die Zusammenarbeit und Informationsverwaltung in Unternehmen oder Organisationen erheblich verbessern können. Listen und Bibliotheken bieten eine hohe Flexibilität und Integration mit anderen Anwendungen der Microsoft-365-Umgebung – deshalb sind sie in vielen Geschäftsanwendungen die ideale Wahl zur Datenverwaltung.

> SharePoint ist immer auch die zentrale Datenablage für eine Teams-Umgebung (und beispielsweise auch für die Anwendung OneDrive), wodurch alle in Teams hinterlegten Dokumente automatisch in einer SharePoint-Bibliothek abgelegt werden.

2.2 Bibliotheken als Orte der Dateiablage

Eine wesentliche Komponente zur Verwaltung von Dokumenten jedweder Art stellen in SharePoint Online die sogenannten Bibliotheken dar. Ganz allgemein kann man Bibliotheken als eine spezielle Listenform bezeichnen, bei denen Sie den einzelnen Listeneinträgen jeweils einen Anhang zuordnen können. Es handelt sich somit um Orte, an denen Sie Dateien und Ordner speichern können. Bibliotheken bieten eine Reihe von Funktionen, die über das hinausgehen, was traditionelle Dateisysteme bieten.

Herausragende Funktionalitäten - neben den Standardmerkmalen einer Dateiverwaltung - von SharePoint-Bibliotheken sind:

- **Zusammenarbeit**: In SharePoint-Bibliotheken können mehrere Benutzer gleichzeitig an einer Datei arbeiten, ohne dass es dabei zu Datenverlust kommt.
- **Versionierung**: SharePoint-Bibliotheken unterstützen die Versionierung von Dateien. Dies bedeutet, dass Sie beispielsweise ältere Versionen einer Datei wiederherstellen können, sofern dies erforderlich ist.
- **Metadaten:** Mithilfe von Metadaten können Sie Dokumente um spezifische Strukturmerkmale erweitern, um diese beispielsweise leichter auffindbar zu machen.
- **Filter**: Durch Einsatz spezieller Filter kann die Anzeige der Daten auf bestimmte Ansichten eingestellt werden.

- **Synchronisation**: Eine spezielle Technik ermöglicht die Synchronisation der Daten aus einer SharePoint-Bibliothek mit einem lokalen Datenträger (oder mit OneDrive als Verknüpfung), so dass diese beispielsweise für den Offlinezugriff zur Verfügung stehen.

> In Kapitel 3 dieses Buches erfahren Sie mehr über die Möglichkeiten der gleichzeitigen Bearbeitung beliebiger Daten (Dokumente, Listen usw.) durch mehrere Benutzer.

Grundprinzip einer Bibliothek

Eine Bibliothek in einer SharePoint-Umgebung ist gekennzeichnet als „Sammelbecken" für verschiedenste Dateien unterschiedlichen Typs. Dabei kann es sich um Bild- und Textdateien oder auch um Formulare und Vorlagen handeln.

Unter SharePoint Online wird jeder Standardwebseite automatisch eine Dokumentbibliothek mit dem Namen *Dokumente* zugewiesen, die jedoch zu jeder Zeit auch beliebig umbenannt bzw. ersetzt oder gelöscht werden kann.

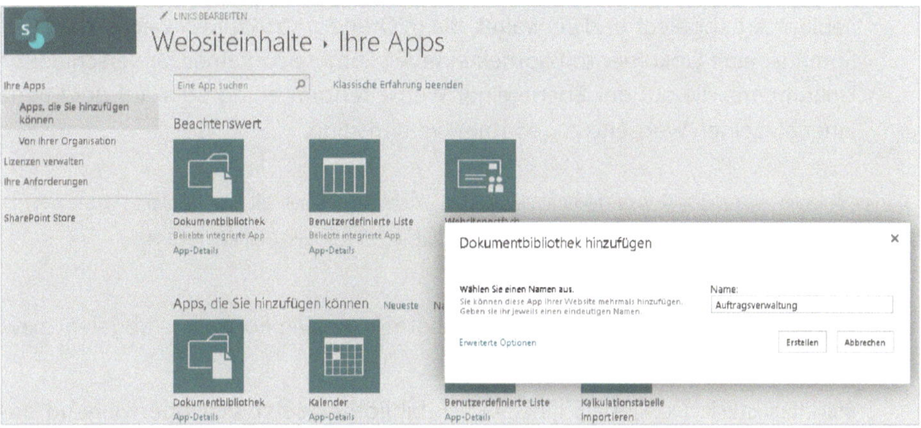

Bild 2.1 Anlegen einer zusätzlichen Bibliothek als App.

> Unter SharePoint Online werden auch Bibliotheken und Listen bzw. andere Strukturmerkmale unter dem Begriff *App* zusammengefasst.

Unterschiedliche Typen von Bibliotheken

Für die Sammlung unterschiedlicher Dateiformate oder -typen stellt SharePoint verschiedene Arten von Bibliotheken zur Verfügung. Diese werden allesamt als Webseitenobjektbibliothek bezeichnet und sind teilweise in den aktuellen SharePoint-Versionen nur noch als Bestand früherer Versionen in der klassischen Oberfläche verfügbar, da sie mehr und mehr durch Vorlagen ersetzt werden. Generell lauten die wichtigsten dieser Bibliothekstypen:

- **Berichtsbibliothek**: Eine Berichtsbibliothek dient der Verwaltung von Dokumenten oder auch Webseiten im Bereich der Dokumente für Geschäftsberichte usw. In einer solchen Bibliothek würden beispielsweise auch spezielle Listen abgelegt, die als Basis für KPI (Key Performance Indicator) dienen (siehe dort).
- **Bildbibliothek**: In einer Bildbibliothek werden Grafiken und Bilder gespeichert, wobei eine Bild- vom Prinzip her mit einer Dokumentbibliothek vergleichbar ist, was beispielsweise die Organisation oder Ablage in Ordner betrifft. Daten, die in einer Bildbibliothek abgelegt werden, können entweder über Miniaturansichten oder den zugeordneten Viewer dargestellt werden. Alternativ können Bilder auch in Form einer Diashow angezeigt werden.
- **Datenverbindungsbibliothek**: Unter dem eher sperrigen Begriff *Datenverbindungsbibliothek* werden Angaben bzw. Dateien zusammengefasst, die für den Zugriff auf externe Datenquellen benötigt werden. Diese sogenannten Datenverbindungsdateien (ODC) enthalten Angaben über Speicherorte von Dateien oder Datenbanken mit den entsprechenden Tabellenangaben.
- **Dokumentbibliothek**: Die Dokumentbibliothek ist sicherlich die am häufigsten benutze Bibliotheksform in einer SharePoint-Umgebung. In ihr werden Dateien beliebiger Art abgelegt und verwaltet, die in Ordnern strukturiert werden können. Somit ist eine Dokumentbibliothek eine Art Sammelcontainer für verschiedene Dokumente, die auf der Ebene einer Webseitensammlung oder auf der Ebene einer einzelnen Webseite zugeordnet werden kann.

> Beim Anlegen einer Webseite wird standardmäßig eine Dokumentbibliothek mit dem Namen *Dokumente* erstellt. Dieser Name kann jedoch in den Eigenschaften der Bibliothek jederzeit geändert werden.

- **Formularbibliothek**: In einer Formularbibliothek werden Formulare abgelegt bzw. verwaltet, die auf XML basieren.
- **Objektbibliothek**: Der Inhalt einer Objektbibliothek setzt sich überwiegend aus Bild-, Video- oder Audioobjekten zusammen. Auf diese Art und Weise kann eine zentrale Bibliothek zur Verwaltung beliebiger Mediendaten verwendet werden, welche dann wiederum im gesamten Unternehmen oder in der ganzen Organisation verfügbar ist.
- **Wiki-Seitenbibliothek**: Eine Wiki-Seitenbibliothek ermöglicht die Zusammenfassung bzw. Auflistung verschiedener Webseiten. Es können beliebige Wiki-Seiten angelegt werden, die dann jeweils individuell bearbeitet werden können.

> Die einzelnen Bibliothekstypen werden standardmäßig in SharePoint Online immer als *Dokumentbibliothek* angelegt. Durch entsprechenden Einsatz von sogenannten Metadaten werden diese Bibliotheken dann spezifischen Anforderungen zugewiesen. Die auf einer Webseite standardmäßig hinterlegten Bibliotheken „Formatbibliotheken" und „Formatvorlagen" sind Relikte aus den vorhergehenden Versionen von SharePoint (bis SharePoint Server 2019).

Neuanlage einer Bibliothek

Wenn Sie sich im Klaren darüber sind, welche Arten von Daten Sie speichern möchten, und Sie sich Gedanken über eine mögliche Ordnerstruktur gemacht haben, können Sie eine neue Bibliothek anlegen. Folgende Arbeitsschritte sind nötig:

1. Wählen Sie dazu zunächst die Webseite an, der die Bibliothek zugewiesen werden soll.

2. Um zunächst einmal zu prüfen, welche Bibliotheken auf der Webseite bereits existieren, sollten Sie das *Zahnradsymbol* in der oberen rechten Ecke anklicken und im Menü den Punkt *Websiteinhalte* auswählen. Es erscheinen die Bibliotheken und Listen, die der aktuell angewählten Webseite bereits zugewiesen worden sind.

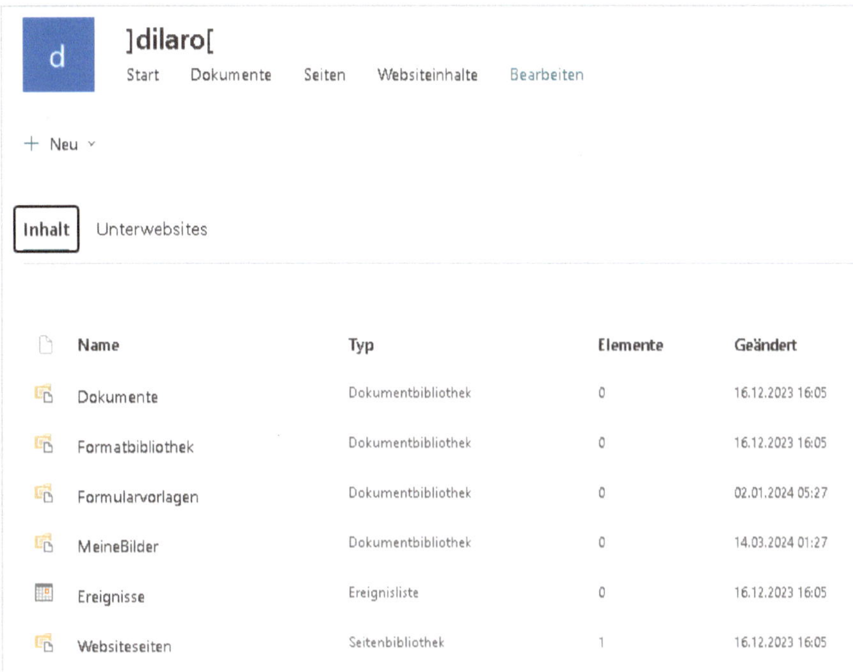

Bild 2.2 Anzeige der verfügbaren Bibliotheken.

> Weitergehende Angaben zum Aufbau einer Webseite und den verschiedenen Funktionen enthält das Kapitel 6 dieses Buches.

3. Um an der Stelle eine neue Bibliothek anzulegen, verwenden Sie am besten das Menü *Neu* (oben links) und wählen dort den Punkt *Dokumentbibliothek*.

4. Es erscheint ein Assistent. Sie können entscheiden, ob Sie eine neue Bibliothek anlegen, eine andere (bestehende) Bibliothek als Grundlage oder eine der vorgeschlagenen Mustervorlagen verwenden möchten.

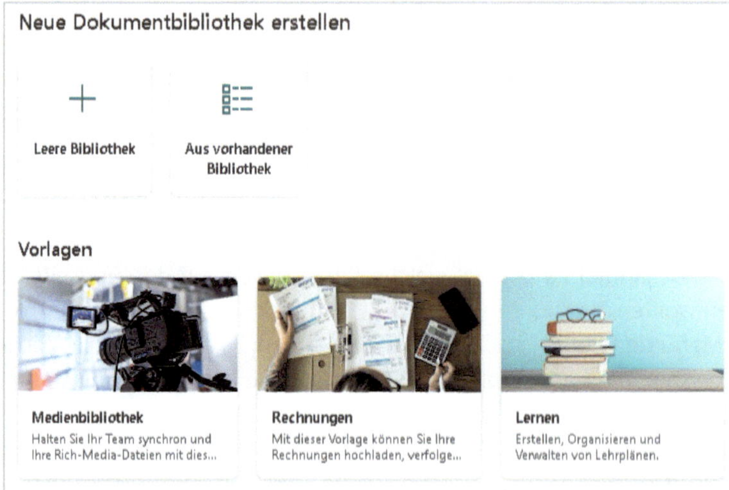

Bild 2.3 Assistent bei der Neuanlage.

5 Wenn Sie an der Stelle einmal eine Vorlage (z. B. *Medienbibliothek*) anwählen, erhalten Sie eine beispielhafte Darstellung, welchen Inhalt die Objekte in der Bibliothek haben; dies variiert von Vorlage zu Vorlage, da dabei jeweils andere Listeninhalte (Felder) enthalten sind. Über die Option *Vorlage verwenden* können Sie eine solche Vorlage als Grundlage Ihrer eigenen Bibliothek nutzen.

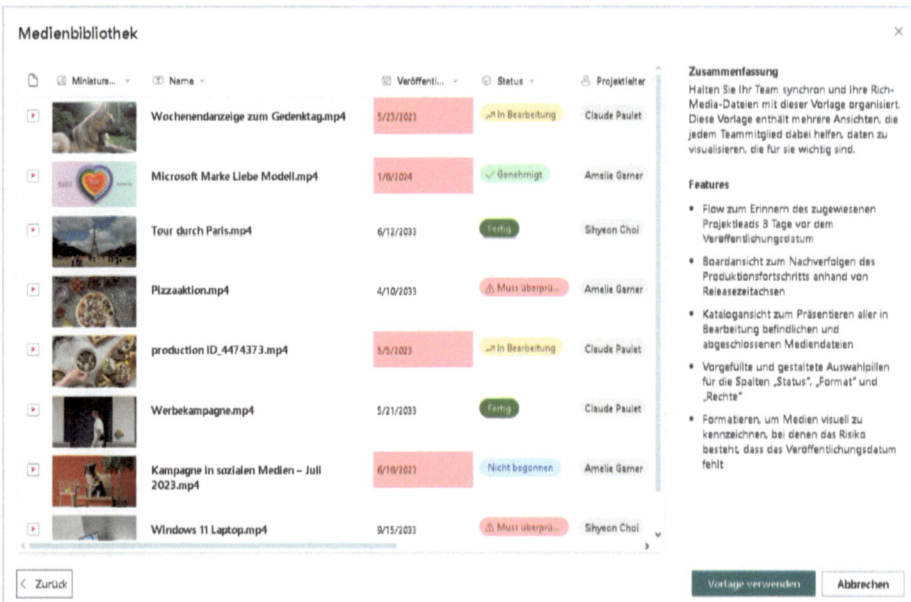

Bild 2.4 Vorlagen als Basis einer neuen Bibliothek.

6 Nach Auswahl einer Vorlage oder der Option für eine *Leere Bibliothek* erscheint ein Dialogfenster, in dem der Name der Bibliothek und ggf. eine weitergehende Beschreibung eingetragen werden kann. Zusätzlich wird hier festgelegt, ob der

Name der Bibliothek in der Webseitennavigation (Menü der Webseite) angezeigt werden soll.

7 Nach Anklicken der Schaltfläche *Erstellen* wird die neue Bibliothek angelegt und erscheint anschließend direkt in der Listendarstellung.

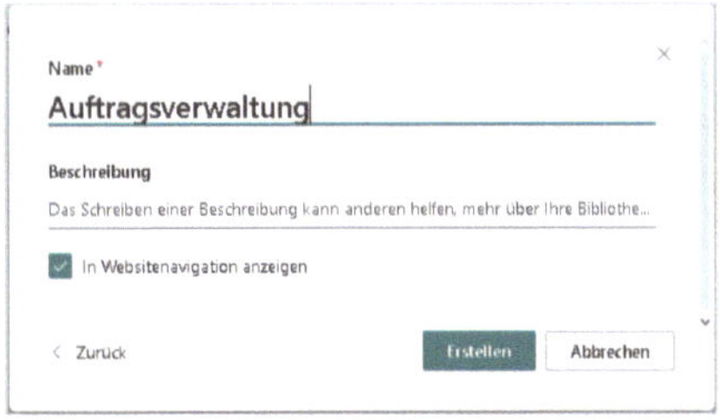

Bild 2.5 Name und Anzeigeoption einer neuen Bibliothek.

> Bei der Namensvergabe einer Bibliothek kann es sich anbieten, die Strukturzuordnung anhand des Namens festzumachen. So können Sie beispielsweise dem Namen einer Dokumentbibliothek die Zeichenfolge „DB" voranstellen, um diese zu kennzeichnen; in dem obigen Beispiel würde der Name somit *DBAuftragsverwaltung* lauten. Um die Lesbarkeit ggf. zu erhöhen, können Sie das Strukturkürzel natürlich auch an das Ende setzen und erhalten dann beispielsweise *AuftragsverwaltungDB*.
>
> Zudem sollten Sie darauf achten, dass Sie bei der Neuanlage einer Bibliothek nach Möglichkeit auf den Einsatz von Sonderzeichen verzichten.

Damit ist die Neuanlage einer Bibliothek abgeschlossen, wobei sich die Eigenschaften einer erstellen Bibliothek jederzeit nachträglich ändern lassen. Was es dabei zu beachten gilt und welche Einstellungen geändert werden können, wird in den folgenden Abschnitten erläutert.

> In sämtlichen Bibliotheken einer SharePoint-Umgebung wird standardmäßig (neben weiteren Feldern) immer ein Feld mit dem Namen *Titel* angelegt. Es handelt sich dabei um ein Systemfeld bzw. eine Spaltendefinition, die aus einer Bibliothek nicht entfernt werden kann, und auch der Typ des Feldes lässt sich nicht ändern; es ist immer ein Textfeld. Der Name eines solchen Feldes kann jedoch geändert werden und natürlich lässt sich ein solches Feld beispielsweise auch aus den verschiedenen Ansichten ausblenden.

Einstellungen einer Bibliothek nachträglich ändern

Sobald eine neue Bibliothek angelegt ist, haben Sie jederzeit die Möglichkeit, Einstellungen zu ändern, sei es die Anpassung des Namens oder sonstige Einstellungen oder Eigenschaften einer Bibliothek. So kann beispielsweise der Name oder die Beschreibung einer Bibliothek wie folgt nachträglich geändert werden:

1 Zunächst einmal wählen Sie die Bibliothek durch Anklicken aus, beispielsweise in der Schnellstartleiste oder in der Aufstellung nach Anwahl des Punktes *Websiteinhalte*.

2 Als Nächstes müssen Sie dann über das *Zahnradsymbol* den Punkt *Bibliothekseinstellungen* anklicken.

3 Im nachfolgenden Dialogfenster müssen Sie den Punkt *Weitere Bibliothekseinstellungen* anwählen, worauf die Konfigurationsseite für die gewählte Bibliothek erscheint, wo die verschiedenen Möglichkeiten zur Änderung der Eigenschaften zur Verfügung stehen.

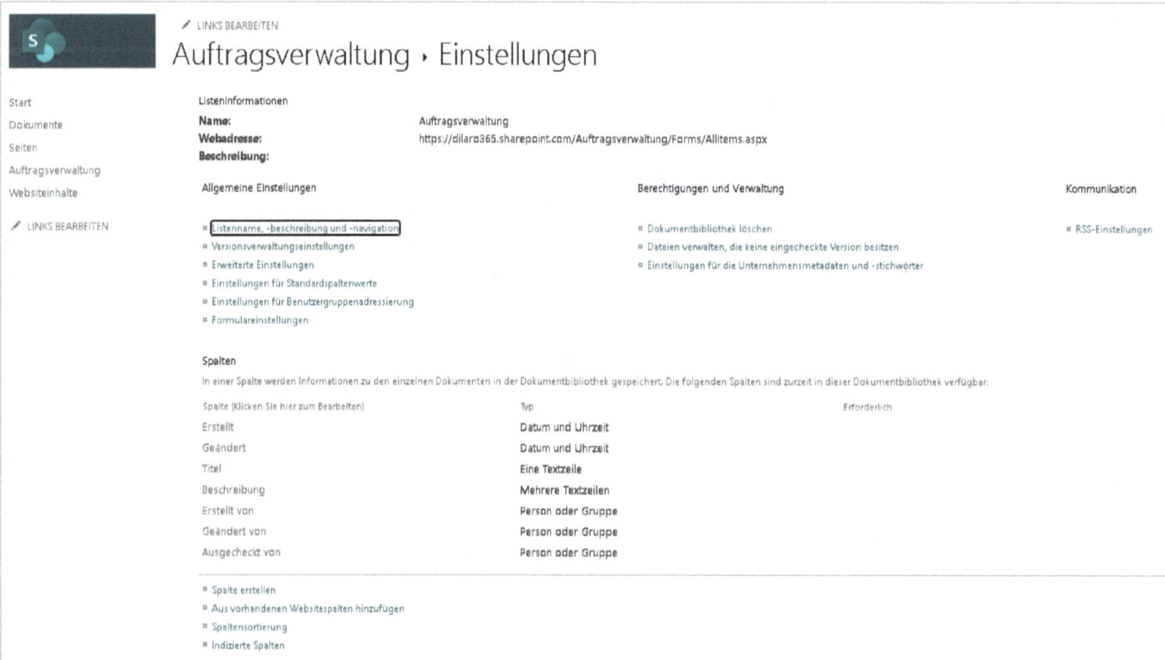

Bild 2.6 Konfigurationseinstellungen einer Bibliothek.

> Wenn das Menü zur Konfiguration der Einstellungen einer Bibliothek nicht angezeigt wird, verfügt der angemeldete Benutzer nicht über die benötigten Berechtigungen. Je nach Berechtigung wird dann ggf. der Menüpunkt *Bibliothekseinstellungen* überhaupt nicht angezeigt.

4 In der Aufstellung der verfügbaren Optionen können Sie mit dem Punkt *Listenname, -beschreibung und -navigation* ein Dialogfenster aufrufen, in dem unter anderem der Name der Bibliothek, die weitergehende Beschreibung und die Zuordnung zur Anzeige in der Schnellstartleiste geändert werden können.

5 Mit der abschließenden Bestätigung über die Schaltfläche *Speichern* wird die Änderung sofort wirksam.

> Im Dialogfenster zur Änderung des Namens einer Bibliothek kann auch Einfluss auf die Navigation genommen werden. Mit der Option zur Anzeige der Bibliothek in der Schnellstartleiste kann festgelegt werden, ob die Bibliothek im linken Menübereich angezeigt wird. Die Deaktivierung ist beispielsweise für Bibliotheken interessant, die nicht für jedermann direkt sichtbar sein sollen.

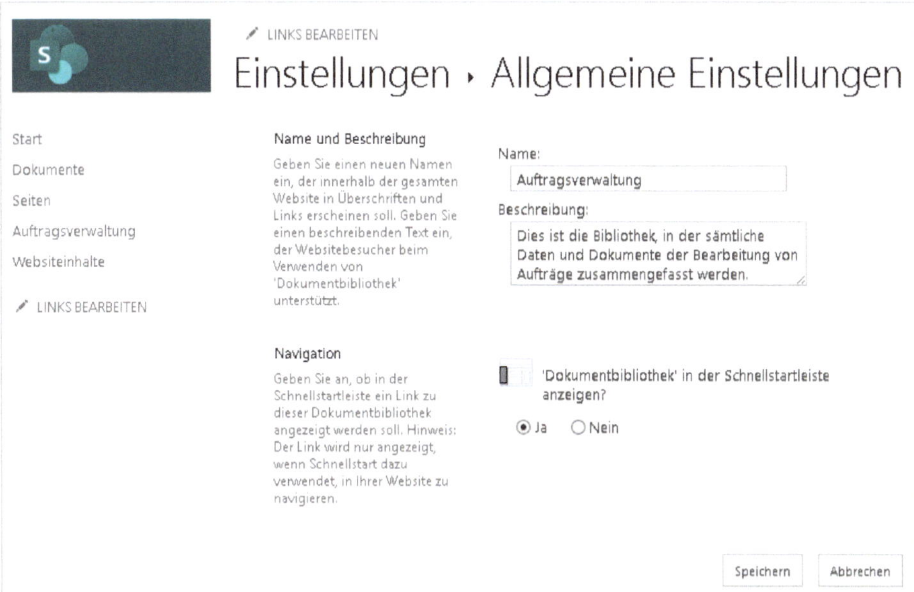

Bild 2.7 Name oder Beschreibung einer Bibliothek ändern.

Bibliothekszugriff über die Schnellstartleiste

Die Anzeige der Bibliotheken im Menübereich (links oder oben) erhebt nicht unbedingt immer Anspruch auf Vollständigkeit. So besteht grundsätzlich für jede Bibliothek die Möglichkeit, diese zu verbergen, indem sie in der Schnellstartleiste nicht angezeigt wird (siehe vorhergehender Abschnitt).

Um sich alle verfügbaren Bibliotheken der gewählten Webseite anzeigen zu lassen, gibt es zwei wesentliche Möglichkeiten:

- Anwahl der Option *Websiteinhalte* über das *Zahnradsymbol*.
- Anwahl des Punktes *Websiteinhalte* in der Schnellstartleiste (links oder oben), sofern dort verfügbar.

Sobald die Inhalte der aktuellen Webseite angezeigt werden, kann die gewünschte Bibliothek durch Anklicken ausgewählt werden, um diese zu bearbeiten.

> Unabhängig von der Deaktivierung der Anzeige der Bibliotheken hängt es letztlich natürlich auch von den zugewiesenen Rechten ab, ob der angemeldete Benutzer Zugriff auf eine solche Bibliothek hat.

Dokumente einer Bibliothek und der Suchindex

Neben der (nachträglichen) Namensänderung können bei einer Bibliothek auch eine Vielzahl weiterer Einstellungen vorgenommen werden. So werden beispielsweise standardmäßig alle Dokumente der verschiedenen Bibliotheken in die Suche einer SharePoint-Umgebung integriert. Dies bedeutet, dass Sie beispielsweise nach dem Inhalt beliebiger Dokumente, die Sie in einer Bibliothek abgelegt haben, über die SharePoint-Suche suchen können.

Hin und wieder kann es aber auch sehr nützlich sein, bestimmte Dokumente von der SharePoint-Suche auszuschließen, was mit wenigen Handgriffen erledigt werden kann. Insbesondere in Zeiten der Auswertung von Daten mittels künstlicher Intelligenz wie Copilot sollten Sie hier ggf. steuernd eingreifen.

1. Im ersten Schritt muss nach Anwahl der Bibliothek der Punkt *Bibliothekseinstellungen* (Zahnradsymbol) und dann *Weitere Bibliothekseinstellungen* ausgewählt werden.

   > Zum Wechsel in die Einstellungen einer Bibliothek gibt es mehrere Wege. Ein Schneller steht in der Auflistung der verschiedenen Bibliotheken zur Verfügung, indem dort das Kontextmenü der Bibliothek (drei Punkte) aufgerufen und der Menüpunkt *Einstellungen* ausgewählt wird.

2. In der Aufstellung der verfügbaren Bibliotheksoptionen muss im nächsten Schritt der Punkt *Erweiterte Einstellungen* ausgewählt werden.
3. Im nachfolgenden Dialogfenster finden Sie eine Reihe von Einstellungsmöglichkeiten. Scrollen Sie dort nach unten bis zum Eintrag *Suchen* und prüfen Sie die Einstellung. Durch Anwahl der Option *Nein* können Sie verhindern, dass die Inhalte der Bibliothek über die SharePoint-Suche gefunden werden; andernfalls werden die Inhalte in den Suchindex aufgenommen.

> Ausführliche Angaben zur Suche in einer SharePoint-Umgebung enthält Kapitel 5.

Dateien in Bibliothek hochladen oder anlegen

Um eine Bibliothek mit „Leben zu füllen" und Dokumente dieser zuzuweisen, können Sie innerhalb der Bibliothek entweder die Option *Neues Dokument* einsetzen oder über den Punkt *Hochladen* im oberen Menübereich Dateien von einem beliebigen Speicherort hinzufügen.

1. Zum Hochladen von Dokumenten aus dem Dateisystem muss innerhalb der Bibliothek im oberen Menübereich der Punkt *Hochladen* angewählt werden.
2. Dabei kann über eine Auswahl festgelegt werden, ob einzelne Dateien, Ordner oder Vorlagen hochgeladen werden sollen. Für die folgenden Arbeitsschritte soll

eine einzelne Datei hochgeladen werden; dazu wird an der Stelle der Punkt *Dateien* angeklickt.

3 Es erscheint ein Dialogfenster, in dem der Speicherort und der Name des Dokuments angegeben bzw. im Dateisystem ausgewählt werden können. Nach Bestätigung der Auswahl mit *Öffnen* wird eine Kopie der gewählten Datei in die Bibliothek aufgenommen.

> Um Kopien von Dateien in eine SharePoint-Bibliothek hochzuladen, können Sie auch jederzeit die von Windows bekannte Option des Drag-and-Drop einsetzen.

4 Je nach Definition der Bibliothekseinstellungen müssen hochgeladene Dokumente vor der weiteren Bearbeitung eingecheckt werden; dies erfolgt über das Kontextmenü eines Dokuments und die Menüpunkte *Mehr* ▶ *Einchecken*.

> Erst mit dem sogenannten *Einchecken* eines Dokuments wird dieses auch für andere Anwender (mit den entsprechenden Berechtigungen) verfügbar und kann von diesen bearbeitet werden. Solange ein Dokument *ausgecheckt* ist, ist dieses explizit nur für die Bearbeitung durch den betreffenden Benutzer (der es ausgecheckt hat) verfügbar.

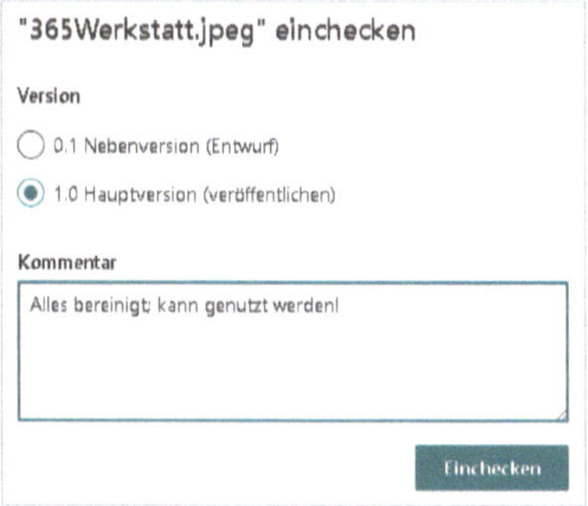

Bild 2.8 Zusatzangaben und Einchecken eines Dokuments.

Neben dem Hochladen eines oder mehrerer Dokumente können Sie in einer Bibliothek auch neue Dokumente anhand von bestimmten Programmen oder Vorlagen anlegen.

1 Innerhalb einer Bibliothek können Sie über das Menü *Neu* die verfügbaren Optionen für die Neuanlage eines Dokuments abrufen.

2 Wählen Sie beispielsweise die Option *Word-Dokument*, so wird das Programm Word aufgerufen. Dort können Sie dann einen beliebigen Text verfassen und dieses Dokument unter dem gewünschten Namen abspeichern.

3 Nachdem Sie das Programm wieder verlassen haben, wird das Dokument in der gewählten Bibliothek als neues Dokument angelegt.

4 Je nach ausgewähltem Programm (z. B. ein Office-Programm) können Sie das Dokument auch direkt aus der Anwendung in eine andere Bibliothek verschieben.

Bild 2.9 Verschieben eines Dokuments in der Anwendung Word.

> Über den Eintrag *Menü „Neu" bearbeiten* können Sie die Darstellung innerhalb des Menüs Ihren Anforderungen entsprechend anpassen.

Versionierung der Dateien einer Bibliothek

Eine ganz spezielle Funktion von SharePoint-Bibliotheken wird sehr oft verkannt. So finden sich auch heutzutage immer noch Bibliotheken, in denen die verschiedenen Versionsstände eines Dokuments jeweils als separate Datei abgelegt werden. Dabei bietet die in SharePoint integrierte Möglichkeit der Versionierung von Dokumenten, dass durchgeführte Änderungen, je nach gewähltem Grad der Versionierung, jederzeit nachvollziehbar sind. Technisch bedeutet dies, dass die unterschiedlichen Versionsstände der einzelnen Dokumente einer Bibliothek in der SharePoint-Umgebung gespeichert werden und ggf. auch jederzeit ein älterer Stand wiederhergestellt werden kann. Zusätzlich wird diesen verschiedenen Versionen dann auch der Änderungszeitpunkt hinzugefügt und beispielsweise auch der Name der- oder desjenigen, der das Dokument bzw. die Datei geändert hat.

> **In SharePoint wird die Versionierung bei einer neu angelegten Bibliothek standardmäßig aktiviert, kann aber jederzeit angepasst werden.**

Sofern der Benutzer über entsprechende Berechtigungen verfügt, kann die Versionierung von Bibliothek zu Bibliothek vollkommen frei und individuell eingestellt werden; folgende Arbeitsschritte sind dazu erforderlich:

1. Nach der Anwahl der Bibliothek muss der Dialog der *Bibliothekseinstellungen* aufgerufen werden (siehe dazu auch vorhergehende Abschnitte).
2. Mit Anklicken der Option *Versionsverwaltungseinstellungen* können Sie im nächsten Schritt das entsprechende Dialogfenster aufrufen.
3. Im Bereich *Versionsverlauf für Dokument* kann dann die gewünschte Einstellung ausgewählt werden, wobei folgende Optionen zur Verfügung stehen:
   - *Keine Versionskontrolle*: Dies ist die Standardeinstellung und bewirkt, dass immer nur die zuletzt gespeicherte Version einer Datei oder eines Dokuments verfügbar ist.
   - *Hauptversionen erstellen*: Für die einzelnen Dokumente der Bibliothek werden bei jeder Änderung neue Hauptversionen erstellt, die dann auch direkt veröffentlicht werden.
   - *Haupt- und Nebenversionen (Entwürfe) erstellen*: Diese Option ermöglicht neben der Erstellung veröffentlichter Hauptversionen auch das Anlegen sogenannter Nebenversionen. Diese dienen einzig und allein dem Bearbeitungsmodus, werden auch nicht veröffentlicht, sondern sind als Entwurfszwischenstufe zur Hauptversion zu sehen.
4. Neben den aufgeführten Angaben kann je nach Auswahl in dem Fenster auch noch festgelegt werden, wie viele Versionsstände gespeichert werden sollen. Dies erfolgt durch entsprechende Angaben in den Feldern (*Folgende Anzahl von Hauptversionen beibehalten* bzw. *Entwürfe für*).

> Die Beschränkung der Anzahl von Versionen sollte auf jeden Fall genutzt werden, da jede neue Version im System zusätzlichen Speicherplatz benötigt.

5 Im Bereich *Entwurfselementsicherheit* kann zusätzlich definiert werden, welche Benutzer auf welche Versionen der Dokumente bzw. der Objekte der Bibliothek zugreifen dürfen.

6 Mit der Option *Auschecken erfordern* kann an dieser Stelle zusätzlich festgelegt werden, dass beim Bearbeiten des Dokuments ein *Auschecken* erfolgt, damit eine exklusive Bearbeitung des Dokuments möglich ist. Mit dem *Einchecken* dieses Dokuments wird dann bei aktivierter Versionierung eine neue Version angelegt.

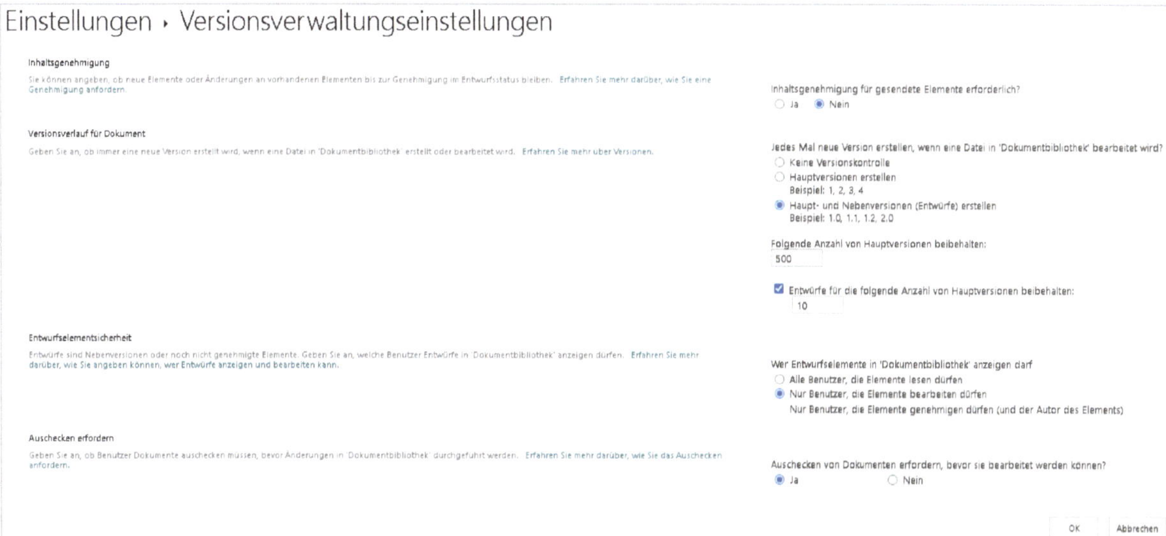

Bild 2.10 Festlegungen zur Versionierung von Bibliotheksdokumenten.

7 Mit der abschließenden Bestätigung der Änderungen durch die Schaltfläche *OK* werden diese für die gewählte Bibliothek direkt wirksam.

> Die Nutzung der Versionierung ist bei SharePoint-Bibliotheken standardmäßig aktiviert. Die Verwendung sollte jedoch immer mit Bedacht erfolgen und sich an konkreten Anforderungen orientieren, da sich dadurch das Datenvolumen in der Datenbank unter Umständen nicht unwesentlich erhöhen kann.

Sobald für eine Bibliothek die Versionierung aktiviert wurde, ändert sich nach einer gewissen Zeit auch der Versionsverlauf einzelner Dokumente, sofern diese einer Änderung unterliegen.

1 Um den Versionsstand eines einzelnen Dokuments anzuzeigen, muss zunächst das Eigenschaften-Menü (*Kontextmenü*) des Dokuments angewählt werden. Dazu müssen Sie rechts neben dem Namen eines Dokuments auf die drei Punkte klicken.

2 Es erscheint das Kontextmenü, in dem Sie dann nur noch den Punkt *Versionsverlauf* anzuklicken brauchen; anschließend werden die vorhandenen Versionen des gewählten Dokuments angezeigt.

Bild 2.11 Beispiel einer Versionierung von Dokumenten.

> Alternativ zur Verwendung des Punktes *Versionsverlauf* aus dem Kontextmenü einer einzelnen Datei steht diese Option auch im Eigenschaften-Menü zur Verfügung, das nach Auswahl einer Datei über die drei Punkte im oberen Menübereich aufgerufen werden kann.

3 In der Darstellung der Versionsstände eines Dokuments besteht mit den Optionen *Alle Versionen löschen* bzw. *Nebenversionen löschen* (sofern konfiguriert) eine Möglichkeit, bestimmte Versionsstände zu entfernen. Voraussetzung ist aber auch hier natürlich die entsprechende Berechtigung.

Wenn in einer Bibliothek die Option der Versionierung genutzt wird, besteht damit nicht nur die Möglichkeit, sich jederzeit über die durchgeführten Änderungen an den Dokumenten zu informieren. Darüber hinaus kann auch jederzeit eine beliebige, vorhergehende Version eines Dokuments wieder zum aktuellen Dokument umgewandelt werden, um auf diese Art und Weise beispielsweise durchgeführte Änderungen wieder rückgängig zu machen.

1 Sobald die Aufstellung der verschiedenen Versionen eines Dokuments angezeigt wird, kann das Kontextmenü des Versionsstandes des Dokuments angewählt werden, indem rechts neben dem Änderungsdatum der Version der Pfeil nach unten angeklickt wird (Spalte *Geändert*).

2 Es erscheint ein Untermenü, in dem standardmäßig die drei Optionen *Anzeigen*, *Wiederherstellen* und *Löschen* angezeigt werden.

3 Um die gewählte Version zum aktuellen Dokument zu machen, muss die Option *Wiederherstellen* verwendet werden.

4 Nach abschließender Bestätigung der nachfolgenden Sicherheitsabfrage wird das gewählte Dokument wiederhergestellt und kann dann als aktuelle Version des Dokuments bearbeitet werden.

> Voraussetzung zur Wiederherstellung der vorhergehenden Version eines Dokuments ist, dass das Dokument ausgecheckt ist. Nach der Wiederherstellung muss es dann entsprechend eingecheckt werden, damit es dann auch für andere Anwender im Zugriff ist.

Dokumente in einer Bibliothek bearbeiten

Für ein einzelnes Dokument innerhalb einer Bibliothek stehen grundsätzlich verschiedene Bearbeitungsmöglichkeiten zur Verfügung. Dabei sind die wichtigsten Optionen in dem zugehörigen Eigenschaften- oder Kontextmenü abgelegt, das durch Anklicken der drei Punkte rechts neben dem Namen des Dokuments angezeigt wird.

Welche Optionen dort zur Verfügung stehen, hängt wiederum von den individuellen Dokumentzuweisungen und von den Berechtigungen des aktuellen Benutzers ab (Bild 2.12).

> **Neben den Punkten des Eigenschaften-Menüs sind die wesentlichen Optionen auch in der (oberen) Menüleiste im Eigenschaften-Menü verfügbar, das nach Anwahl einer oder mehrerer Dateien ebenfalls über die drei Punkte angewählt werden kann.**

Werden die drei Punkte (Kontextmenü) rechts neben den Dateinamen angeklickt oder ein einzelnes Dokument ausgewählt, so öffnet sich ein Vorschaufenster, das den ersten Teil des Inhalts des entsprechenden Dokuments anzeigt. Dies ermöglicht eine schnelle Einsichtnahme in die Dokumente, ohne dass diese dann komplett geladen werden müssen. Diese Darstellung kann auch jederzeit durch Anklicken des Symbols *i* (Detailbereich) im oberen Menübereich eingeblendet werden (Bild 2.13).

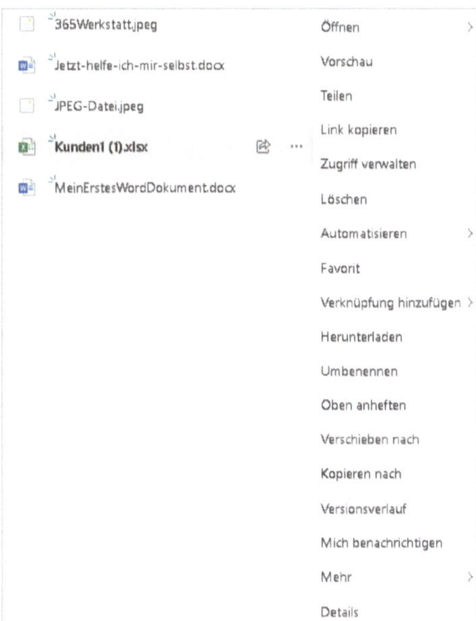

Bild 2.12 Eigenschaften-Menü eines Dokuments einer Bibliothek.

Bild 2.13 Vorschaumodus und zusätzliche Dokumenteigenschaften.

Innerhalb des Detailbereichs können Sie weitergehende Eigenschaften anpassen oder sich beispielsweise auch die Änderungshistorie eines Dokuments anzeigen lassen.

> Weitergehende Angaben zu den Möglichkeiten der gemeinsamen Bearbeitung beliebiger Dokumente einer Bibliothek durch mehrere Benutzer enthält das Kapitel 3 dieses Buches.

Zugriffsberechtigung bei Bibliotheken

Ein SharePoint-Benutzer erhält Zugriff auf Bibliotheken und deren Inhalt immer nur im Rahmen der zugewiesenen Berechtigungen. Diese Zugriffsmöglichkeiten können in einer SharePoint-Umgebung von einem totalen Zugriffsverbot über einen lesenden Zugriff bis hin zur Möglichkeit zur Durchführung von Änderungen sehr fein eingestellt werden. Für die Zuweisung von Berechtigungen müssen Sie selbst natürlich zunächst einmal über die benötigten Zugriffsrechte für die Bibliothek verfügen.

1 Für die Prüfung oder Bearbeitung der Rechtezuweisung können Sie nach Anwahl der Bibliothek die Punkte *Bibliothekseinstellungen* und *Weitere Bibliothekseinstellungen* anwählen.

2 In der Aufstellung der Bibliotheksoptionen wählen Sie dann als Nächstes den Punkt *Berechtigungen für ...* (z. B. *Berechtigungen für Dokumentbibliothek*) an; damit erfolgt eine Darstellung der aktuellen Rechtezuweisung der gewählten Bibliothek.

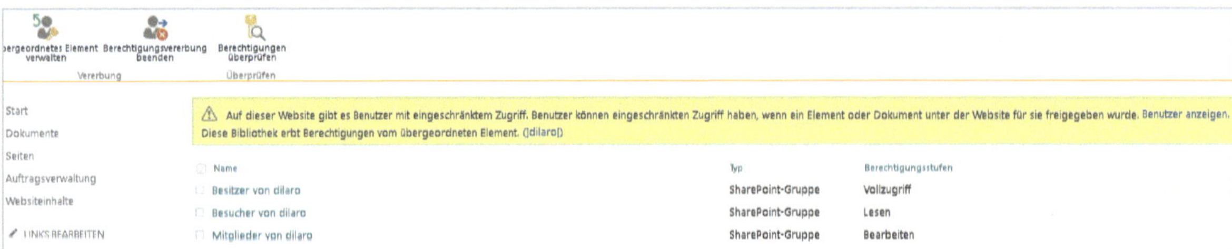

Bild 2.14 Anzeige der aktuellen Zugriffsrechte einer Bibliothek.

> Bei SharePoint erfolgt standardmäßig eine Vererbung der Rechte einer übergeordneten Webseite. Darauf wird mit einer Meldung am oberen Bildschirmrand hingewiesen. Sie merken dies daran, dass vor dem angezeigten Gruppennamen kein Feld zum Ankreuzen steht.

3 Um der dargestellten Zuweisung weitere Berechtigungen zuzuordnen, muss die Berechtigungsvererbung zunächst einmal aufgehoben werden; dazu steht in der oberen Menüleiste der Punkt *Berechtigungsvererbung beenden* zur Verfügung.

4 Nach Bestätigung der nachfolgenden Sicherheitsabfrage ändern sich die Punkte und Optionen im (oberen) Menübereich. An der Stelle können Sie dann beispielsweise mit dem Punkt *Berechtigungen erteilen* ein Dialogfenster aufrufen, um eine individuelle Berechtigung für einzelne Benutzer oder eine Benutzergruppe zuzuweisen.

5 Im folgenden Dialogfenster müssen Sie zunächst einmal einen Benutzer oder eine -gruppe angegeben oder auswählen. Nach Auswahl des Benutzer- oder

Gruppenobjekts muss dann der Punkt *Optionen anzeigen* angewählt werden. So können Sie hier nicht nur den Namen auswählen, sondern auch direkt die Art des Zugriffs anhand der verfügbaren Berechtigungsstufen vornehmen.

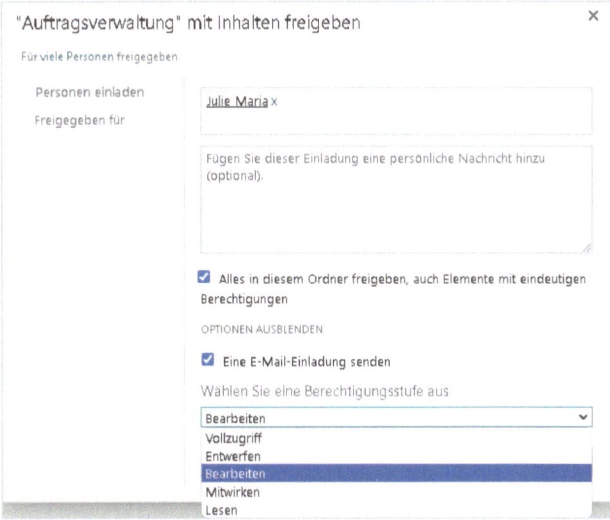

Bild 2.15 Dialogfenster zur Zuweisung individueller Berechtigungsstufen.

6 Nach Bestätigung über die Schaltfläche *Freigeben* erfolgt die gewünschte Rechtezuweisung. Der neue Eintrag erscheint anschließend in der Darstellung der Berechtigungen der gewählten Bibliothek.

Dokumente ein- und auschecken

Im Rahmen der Erläuterungen zur Versionierung wurden bereits die Begriffe *Einchecken* und *Auschecken* verwendet. Dies sind Funktionen, die in jedem modernen Dokumentenverwaltungssystem (und dazu zählt auch SharePoint) verfügbar sind. Wie in anderen Programmen auch, so werden die Möglichkeiten zum expliziten Sperren und Freigeben eines Dokuments auch bei SharePoint mit *Einchecken* (check in) und *Auschecken* (check out) bezeichnet.

Das sogenannte *Auschecken* dient dazu, dass ein Dokument zur gleichen Zeit nur von einem Benutzer geändert werden kann. Ein solches Dokument ist dann zu diesem Zeitpunkt exklusiv für diesen Benutzer geöffnet; andere Benutzer können lediglich lesend auf die letzte veröffentlichte Version zugreifen, aber keine Änderungen speichern.

Nach erfolgter (ausschließlicher) Bearbeitung eines Dokuments muss dieses dann wieder eingecheckt werden, um es somit den übrigen Anwendern in der aktualisierten Fassung zur Verfügung zu stellen. Das Auschecken selbst kann auf unterschiedliche Art und Weise erfolgen, wobei das Eigenschaften-Menü (Kontextmenü) eines Dokuments eine entsprechende Option (*Auschecken*) zur Verfügung stellt.

> Ausgecheckte Dokumente sind an einem Pfeil schräg nach rechts unten erkennbar, der hinter dem Namen eines Dokuments angezeigt wird; derartige Dokumente sind für andere Anwender nur im lesenden Zugriff.

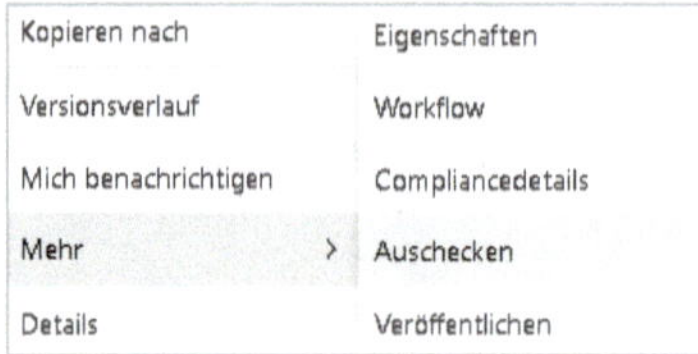

Bild 2.16 Menüpunkt zum Auschecken eines Dokuments.

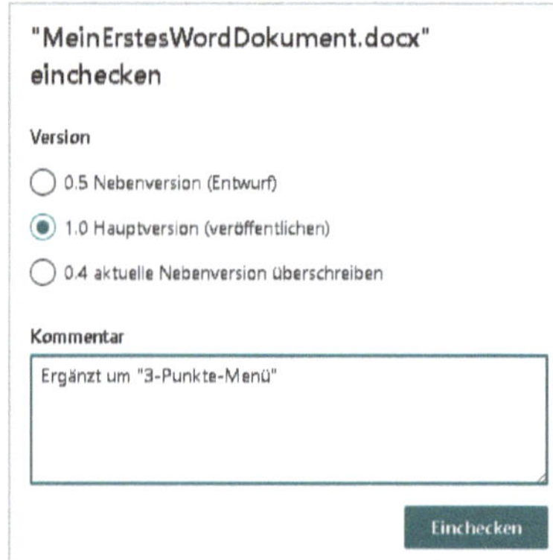

Bild 2.17 Optionen beim Einchecken eines Dokuments.

Ein Dokument, das zur expliziten Bearbeitung durch einen Anwender gekennzeichnet ist (*Auschecken*), muss zu gegebener Zeit auch wieder eingecheckt werden, damit es den anderen Anwendern in der aktuellen Fassung zur Verfügung steht.

Zum Einchecken eines Dokuments steht im zugehörigen Eigenschaften-Menü (Kontextmenü) ein separater Punkt (*Einchecken*) zur Verfügung. Sobald dieser angewählt wird, erscheint ein Dialogfenster, in dem Angaben zur Versionsnummer vorgenommen werden müssen. Je nach Konfiguration der Versionierung kann explizit zwischen Haupt- und Nebenversionen unterschieden werden (Bild 2.17 oben).

> Als Hauptversion wird die Version eines Dokuments bezeichnet, die veröffentlicht wird und für andere Anwender lesbar ist. Eine Nebenversion ist eine Arbeitsversion, die somit als Entwurf gekennzeichnet wird.

Das Auschecken von Dokumenten kann unter Umständen dazu führen, dass ein Benutzer vergisst, ein solches Dokument wieder einzuchecken oder vielleicht (ohne Einchecken) in den Urlaub fährt. Um für diesen Fall gerüstet zu sein und ein solches Dokument dennoch wieder freizugeben und bearbeiten zu können, stellt ein SharePoint-Server entsprechende Funktionen zur Verfügung. Voraussetzung zur Nutzung der nachfolgenden Option ist natürlich, dass der angemeldete Benutzer über die entsprechenden Berechtigungen zur Durchführung dieser Aufgabe verfügt.

1. Um ein gesperrtes bzw. ausgechecktes Dokument wieder freizugeben, müssen Sie nach Anwahl der Bibliothek *Bibliothekseinstellungen* und *Weitere Bibliothekseinstellungen* anwählen.
2. Im nachfolgenden Eigenschaftenfenster muss dann (rechts) die Option *Dateien verwalten, die keine eingecheckte Version besitzen* angeklickt werden.
3. Dann werden die Dokumente, die aktuell ausgecheckt sind, angezeigt. Sie können dort entsprechend markiert und anschließend mit dem Punkt *Besitz für Auswahl übernehmen* (zwangsweise) eingecheckt werden und stehen anschließend zur weiteren Bearbeitung wieder zur Verfügung.

Bibliothek löschen und ggf. wiederherstellen

Wenn es einmal nötig ist, eine Bibliothek komplett löschen zu müssen, so steht auch dafür in SharePoint eine entsprechende Möglichkeit zur Verfügung.

1. Dazu müssen Sie zunächst nach Anwahl der Bibliothek in den Bereich *Weitere Bibliothekseinstellungen* wechseln.
2. In der Aufstellung der Einstellungsmöglichkeiten wählen Sie dann die Option *...bibliothek löschen*, also beispielsweise *Dokumentbibliothek löschen*.
3. Nachdem Sie die folgende Sicherheitsabfrage bejaht haben, wird die Bibliothek inklusive sämtlicher Dokumente aus der SharePoint-Umgebung entfernt.

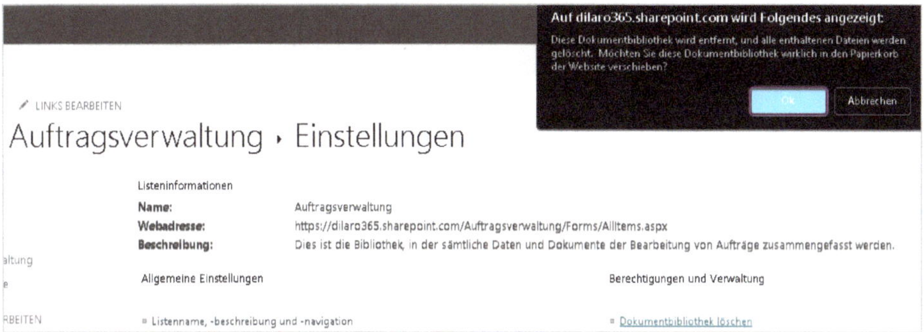

Bild 2.18 Sicherheitsabfrage beim Löschen einer Bibliothek.

> Das Löschen einer Bibliothek bedeutet, dass der gesamte Inhalt dieser inklusive aller Dateien ebenfalls aus der SharePoint-Umgebung entfernt wird. Eine Wiederherstellung über die Funktion des Papierkorbs ist jedoch ggf. möglich (siehe nachfolgend).

Eigentlich passiert das nicht versehentlich. Wenn eine Bibliothek gelöscht wird, sind sie und ihr Inhalt erst einmal verschwunden. Es kann aber auch sein, dass Sie sich beim Löschen vertan haben und die Bibliothek noch benötigen. SharePoint wäre nicht SharePoint, wenn es nicht auch dafür eine Lösung gäbe: der Papierkorb!

Um eine gelöschte Bibliothek wiederherzustellen, kommt der Papierkorb der Webseite zum Einsatz. Im Papierkorb sind die gelöschten Objekte einer SharePoint-Umgebung abgelegt, und damit auch der gesamte Inhalt einer Bibliothek inklusive der zugewiesenen Dokumente und Dateien.

> Bei SharePoint kommt das sogenannte Zwei-Phasen-Papierkorb-System zum Einsatz. Dies bedeutet, dass gelöschte Objekte auf der Ebene des Anwenders wiederhergestellt werden können. Sollten die Objekte im Benutzerpapierkorb nicht mehr zu finden sein, können diese aber ggf. über den Papierkorb des Verwalters der Webseitensammlung (Webseitensammlungsadministrator) wieder verfügbar gemacht werden. Die Objekte im Papierkorb verbleiben dort so lange, bis sie durch die in der Zentraladministration festgelegte Konfiguration endgültig entfernt werden.

1 Der Zugriff auf den Papierkorb einer angewählten Webseite erfolgt am schnellsten durch Anwahl der Option *Websiteinhalte* (z. B. Zahnrad-Menü).

2 Nach Anwahl des Punktes erscheinen am oberen rechten Rand ein Symbol und ein Schriftzug für den zugeordneten Papierkorb. Wird die Option *Papierkorb* nicht angezeigt, kann dies unter Umständen an fehlenden Berechtigungen liegen.

3 Nach dem Anklicken des Papierkorbs werden die aktuell als gelöscht markierten Objekte angezeigt. In der Aufstellung der gelöschten Objekte muss die gewünschte Bibliothek (oder ein beliebiges anderes Dokument) durch Anklicken des Ankreuzfeldes (vorne) angewählt werden.

> Um alle Inhalte (Ordner, Dateien) des gewählten Bereichs zu markieren, können Sie das Ankreuzfeld in der Titelleiste anklicken.

4 Im nächsten Schritt kann dann über den Punkt *Wiederherstellen* das oder die gewählten Objekte wiederhergestellt werden.

Bild 2.19 Wiederherstellung einer gelöschten Bibliothek.

> Eine wiederhergestellte Bibliothek wird nicht standardmäßig wieder in der Schnellstartleiste angezeigt, selbst wenn dies vor dem Löschen so eingestellt war. Dies müssen Sie dann noch in den Bibliothekseinstellungen über die Option *Listenname, -beschreibung und -navigation* manuell zuweisen.

Dateien in andere Bibliothek verschieben oder kopieren

Jede Datei oder jedes Dokument einer Bibliothek kann auf Wunsch an einen anderen Speicherort kopiert oder verschoben werden. Dies kann beispielsweise sinnvoll und nützlich sein, wenn bestimmte Dokumente im Entwurfsmodus bearbeitet werden und erst nach einer Freigabe in einen öffentlichen Bereich kopiert werden sollen, in dem sie dann frei zugänglich sind. So können etwa Protokollentwürfe in einer Dokumentbibliothek bearbeitet und erst nach der Freigabe in eine andere Bibliothek kopiert werden, wo sie dann für einen berechtigten Personenkreis zur Verfügung stehen.

> Das dargestellte Szenario der Entwürfe und endgültigen Freigabe lässt sich natürlich grundsätzlich auch über die integrierte Versionierung mit Haupt- und Nebenversion (siehe dort) abbilden.

Zum Kopieren steht bei einer Bibliothek die Option *Kopieren nach* zur Verfügung. Jedes Dokument einer Bibliothek verfügt im zugehörigen Eigenschaften-Menü (Kontextmenü) bzw. in der oberen Menüzeile über eine entsprechende Option.

1 Im ersten Schritt müssen Sie das oder die Dokumente durch Anklicken des vor dem Dateisymbol stehenden Ankreuzfeldes auswählen.

> Um alle Inhalte (Ordner, Dateien) des gewählten Bereichs zu markieren, können Sie das Ankreuzfeld in der Titelleiste anklicken.

2 Anschließend kann dann die Option *Kopieren nach* verwendet werden (Kontextmenü oder Menü oben).

3 Im folgenden Dialogfenster muss dann der Speicherort ausgewählt werden, beispielsweise eine andere Bibliothek; zudem können an dem neuen Speicherort auch neue Ordner angelegt werden.

4 Durch Verwendung der Schaltfläche *Hierhin kopieren* werden die ausgewählten Dateien bzw. Dokumente zusätzlich auch an den gewählten Speicherort kopiert.

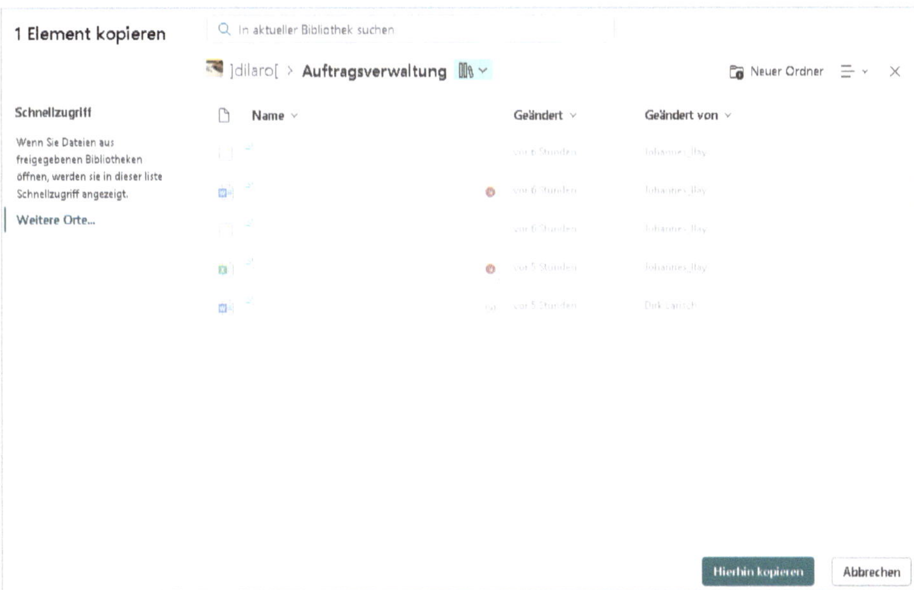

Bild 2.20 Kopieren eines Dokuments an einen anderen Speicherort.

Auf eine ähnliche Art und Weise wie beim Kopieren können Dokumente auch an einen anderen Speicherort verschoben werden. Die Vorgehensweise ist identisch, außer dass Sie dazu die Optionen *Verschieben nach* und *Hierhin verschieben* (nach Auswahl des Zielortes) einsetzen müssen. Beachten Sie dabei immer, dass mit dem Kopieren am neuen Speicherort eine Kopie des Originaldokuments abgelegt wird; die Ursprungsdatei bleibt erhalten. Beim Verschieben existieren die ausgewählten Dateien oder Dokumente anschließend nur noch am gewählten Zielspeicherort.

SharePoint ist so strukturiert, dass Sie bei Dateioperationen mit mehr als einem Dokument die wesentlichen Menüpunkte auch über die obere Menüzeile abrufen können; bei einem Einzeldokument kommt eher das zugeordnete Kontextmenü zum Einsatz. Möchten Sie also beispielsweise mehr als ein Dokument aus einer Bibliothek in eine andere verschieben, können Sie diese Dateien mit dem Ankreuzfeld anwählen und dann aus der (oberen) Menüleiste den Punkt *Verschieben nach* anklicken. Um alle Inhalte (Ordner, Dateien) des gewählten Bereichs zu markieren, können Sie das Ankreuzfeld in der Titelleiste anklicken.

Besondere Bibliotheksfunktionen

Die Dokumentenverwaltung in SharePoint ist eine höchst komplexe Funktion und nicht umsonst nutzen viele Anwender insbesondere diese Möglichkeiten zur Verwaltung und Strukturierung ihrer Daten und Dokumente, manche vielleicht sogar unbewusst als Anwender von Teams.

Neben den Standardfunktionen, von denen Sie in den vorhergehenden Abschnitten einige kennengelernt haben, gibt es noch weitere spezielle Möglichkeiten, die die Arbeit mit Dokumenten in Bibliotheken wesentlich vereinfachen können. Sie sollen nachfolgend dargestellt und erläutert werden.

Strukturierungsmöglichkeiten einer Bibliothek

Es passiert nicht selten, dass in Unternehmen oder Organisationen der Einsatz der Bibliotheksfunktionen von SharePoint in der Form erfolgt, dass die Ordnerstruktur eines Dateisystems „eins zu eins" in eine SharePoint-Bibliothek kopiert wird. Manchmal wird dabei eine Aufteilung vollzogen, indem nicht nur eine, sondern mehrere Bibliotheken angelegt werden, die sich inhaltlich an bestimmten Themen orientieren. Aber dies ist nur die halbe Wahrheit, denn wo liegt der Vorteil, wenn sich die Anwender statt in einem (lokalen) Dateisystem zukünftig in verschiedenen SharePoint-Bibliotheken (in einer Cloud) zurechtfinden müssen?

Aus diesem Grund wurde SharePoint im Laufe der Entwicklung auch ständig um neue Funktionalitäten und Möglichkeiten erweitert, die ein komfortableres „Handling" der Daten und Dokumente ermöglichen. Auf diese Art bietet SharePoint eine bessere Organisation von Daten oder Informationen jedweder Form, wozu auch Bibliotheken, Listen oder sonstige Objekttypen gehören. In der Vergangenheit waren diese Funktionen teilweise nur durch den Einsatz von Zusatzprogrammen umsetzbar, aber mittlerweile stehen in SharePoint Möglichkeiten zum Aufbau einer *Taxonomie* als auch einer *Folksonomie* zur Verfügung. Beide Verfahren dienen letztlich der Strukturierung und Klassifizierung der Daten einer SharePoint-Umgebung, die sich an spezifischen Besonderheiten orientieren.

Bei der Taxonomie handelt es sich um ein einheitliches Verfahren oder Modell (Klassifikationsschema), mit dem Objekte nach bestimmten Kriterien klassifiziert, das heißt in Kategorien oder Klassen (auch *Taxa* genannt) eingeordnet werden.

Folksonomie kennzeichnet ein Klassifizierungssystem, bei dem Anwender sogenannte Tags (*social tagging*) auf beliebige Elemente anwenden, um diese Elemente später leichter für sich selbst oder andere auffindbar zu machen.

Hintergrund derartiger Funktionen ist, dass der Anwender sich nicht mehr an einem Verzeichnisbaum zu einem bestimmten Dokument oder Ordner „herunterhangeln" muss, sondern über den gezielten Einsatz der Zusatzfunktionen und eine ausgeprägte Suchfunktion schneller und einfacher an sein Ziel gelangt und das findet, was er sucht.

Mit den Zusatzfunktionen können beispielsweise Begriffe an zentraler Stelle verwaltet werden; dazu steht in SharePoint der spezielle Spaltentyp *Verwaltete Metadaten* zur Verfügung, der etwa eine Zuordnung der Schlüsselwörter (*Managed Keywords*) ermöglicht. Zur Navigation können Sie beispielsweise innerhalb des Taxonomiebaums Elemente auswählen oder im Suchfeld durch Eingabe der ersten Buchstaben eines Begriffs eine Auswahlmaske aufrufen.

Metadaten einer Bibliothek

Bei der Organisation der Daten in SharePoint stellt sich schnell die Frage, wie man Dokumente und Daten am besten strukturiert. Sollen also besser viele Unterordner angelegt werden oder sollen der Bibliothek mehr Spalten (Felder) zugewiesen werden? Grundsätzlich hat der Einsatz von Unterordnern einige Nachteile:

- **Fehlende Übersichtlichkeit**: Je mehr Unterordner vorhanden sind, desto schwieriger ist es, einzelne Dokumente zu finden.
- **Hoher Aufwand**: Strukturen der Unterordner müssen oft manuell geändert werden, was zeitaufwendig ist.
- **Eingeschränkte Sichtbarkeit**: Die Dateien „verschwinden" in tiefen Ordnerstrukturen und sind schwer zugänglich.
- **Fehlende Filterung**: Fehlende Filterung bedeutet, dass der Inhalt mehrerer Unterordner nicht gleichzeitig nach einem bestimmten Kriterium selektiert werden kann, um bestimmte Dateien zu finden.

Darüber hinaus gibt es beim Einsatz spezieller oder ergänzender Spalten (Feldern) einige Vorteile:

- **Verbesserte Übersicht**: Die Dokumente sind allesamt auf einer Ebene sichtbar, was den Zugriff erleichtert.
- **Einfachere Verwaltung**: Änderungen an den Dokumenten können einfach und schnell über die Spalteneigenschaften vorgenommen werden.

- **Leichtere Suche**: Mit den Daten in den Spalten (Feldinhalte) lassen sich Dokumente leichter finden.
- **Frei gestaltbare Ansichten**: Anwender können die Ansicht der Daten an ihre Bedürfnisse anpassen.
- **Listenansichten und Filter**: Mit Einsatz der Listenansichten (*Listviews*) wird die Organisation der Daten wesentlich verbessert; so können Sie beispielsweise beliebige Ansichten auf die Daten erstellen (z. B. abgeschlossene oder aktuelle Vorgänge).
- **Filterung**: Neben den Listenansichten stellt die Filterung der Daten eine Selektion der Daten nach vorgegebenen Kriterien zur Verfügung.

> Spalten (Felder) sind zur Strukturierung besser geeignet, da sie einen schnelleren Überblick und eine einfachere Verwaltung ermöglichen und das Suchen und Finden von Daten erleichtern.

Bei der Anlage einer SharePoint-Bibliothek werden standardmäßig bestimmte Felder (Spalten) zugewiesen, die der Inhaltsbeschreibung der einzelnen Dokumente dienen. Sollten sich diesbezüglich spezielle Anforderungen ergeben, können Sie (mit den entsprechenden Berechtigungen) diese Felder jederzeit anpassen oder erweitern, indem Sie beispielsweise ein zusätzliches Feld hinzufügen.

Die Informationen, die in den Feldern einer Bibliothek zur Identifizierung der Inhalte abgelegt werden, werden als *Metadaten* bezeichnet. So verfügt beispielsweise jede Datei über Metadaten für den Namen der Datei. Durch eine geschickte Ergänzung um weitere Metadaten beispielsweise in Form zusätzlicher Felder kann die Arbeit mit Dokumenten in einer Bibliothek wesentlich vereinfacht werden, ohne dass dazu eine ausgefeilte Ordnerstruktur benötigt wird (auch wenn sich Ordner manchmal nicht wirklich vermeiden lassen).

> Zusätzliche Felder einer Bibliothek lassen sich bei der Erstellung nur direkt zuweisen, wenn Sie dazu auf eine Vorlage zugreifen; andernfalls müssen Sie das immer nachträglich vornehmen.

1. Um einer bestehenden Bibliothek eine zusätzliche Spalte (Feld) hinzuzufügen, muss der Bereich der *Bibliothekseinstellungen* angewählt werden.

> Innerhalb des Bereichs *Spalten* werden die aktuell verfügbaren Felder (Spalten) der Bibliothek angezeigt; durch Anklicken eines Feldnamens können Sie an dieser Stelle dessen Eigenschaften ändern.

2. Um ein neues Feld anzulegen, müssen Sie unterhalb des Bereichs *Spalten* den Punkt *Spalte erstellen* anklicken.
3. Es erscheint eine Eingabemaske, in der Sie den Namen des neuen Feldes (Spalte), den Typ und sonstige Festlegungen treffen können.

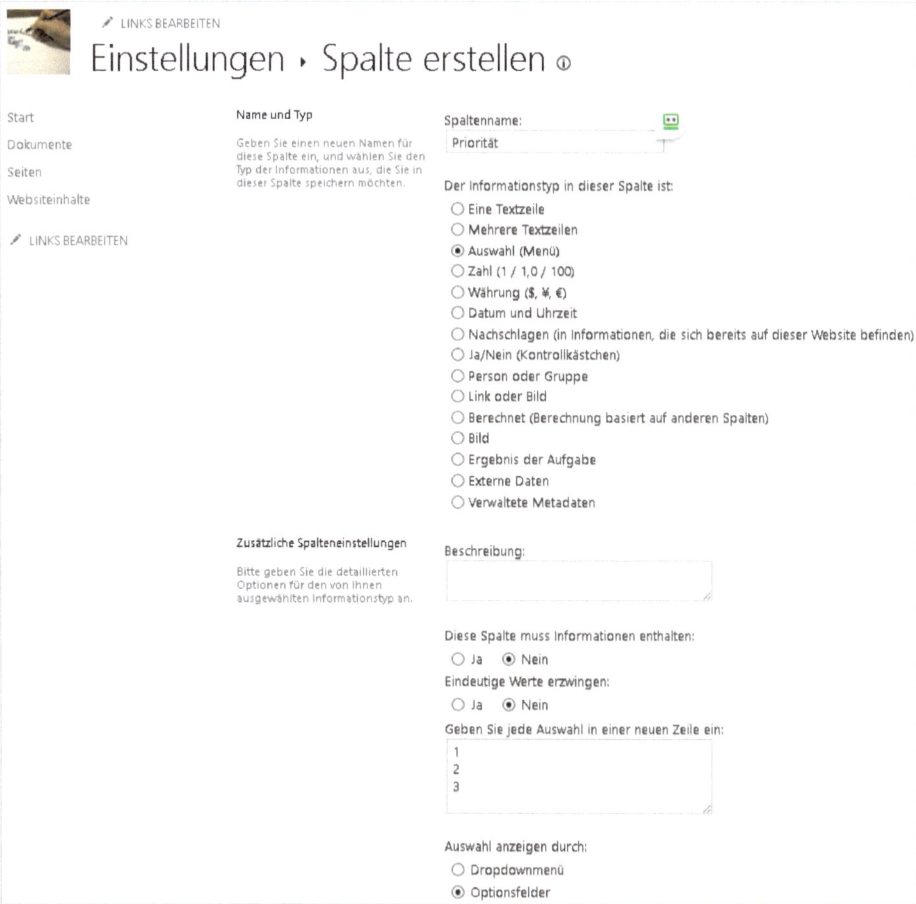

Bild 2.21 Eingabemaske zum Anlegen eines neuen Feldes.

Bei der Anlage neuer Felder (Spalten) ist es aus dem Praxisbetrieb zu empfehlen, alle Feldnamen zunächst mit Kleinbuchstaben und ohne jegliches Sonderzeichen zu erfassen (also beispielsweise nicht *E-Mail*, sondern *email* verwenden). Sobald das Feld angelegt wurde, kann die Bezeichnung dann im Nachhinein geändert werden. Diese Vorgehensweise vereinfacht im Weiteren die Auswertung bzw. den Zugriff auf entsprechende Feldinhalte.

4 Sobald Sie die gewünschten Eingaben vorgenommen haben, müssen Sie die Feldanlage mit *OK* bestätigen.

5 Damit wird der gewählten Bibliothek das neue Feld hinzugefügt (hier beispielsweise *Priorität*) und steht dort ab sofort für die Erfassung der gewünschten Informationen zur Verfügung. Zur Bearbeitung der Einträge einer Bibliothek bietet es sich an, aus dem oberen Menübereich den Punkt *In Rasteransicht bearbeiten* einzusetzen.

Bild 2.22 Darstellung eines neu angelegten Feldes in der Rasteransicht.

> Das Anlegen eines zusätzlichen Feldes (Spalte) können Sie auch direkt aus der Bearbeitungsansicht der Bibliothek vornehmen, indem Sie dort die Option *Spalte hinzufügen* anwählen (siehe vorhergehende Abbildung).

Filterung der Daten

Jede SharePoint-Bibliothek verfügt über eine Standardansicht, bei der alle Daten einer Bibliothek angezeigt werden. Neben der Definition spezieller Ansichten (siehe nachfolgender Abschnitt) steht Ihnen aber auch eine Möglichkeit der (temporären) Filterung zur Verfügung.

> Eine Filterung der Daten nimmt grundsätzlich keinen direkten Einfluss auf die in einer Bibliothek gespeicherten Daten, sondern sie ermöglicht eine andere Form der Darstellung bzw. Anzeige der verfügbaren Daten.

1 Um die Daten einer Bibliothek zu filtern, stehen Ihnen in der Bibliotheksansicht verschiedene Möglichkeiten zur Verfügung. Wählen Sie beispielsweise das Kontextmenü einer Feldbezeichnung (Pfeil nach unten neben dem Feldnamen) und klicken Sie dann auf *Filtern nach*.

2 Es erscheint am rechten Bildschirmrand ein Dialog, in dem Sie dann die gewünschte Art der Filterung festlegen können, so wie nachfolgend beispielhaft dargestellt.

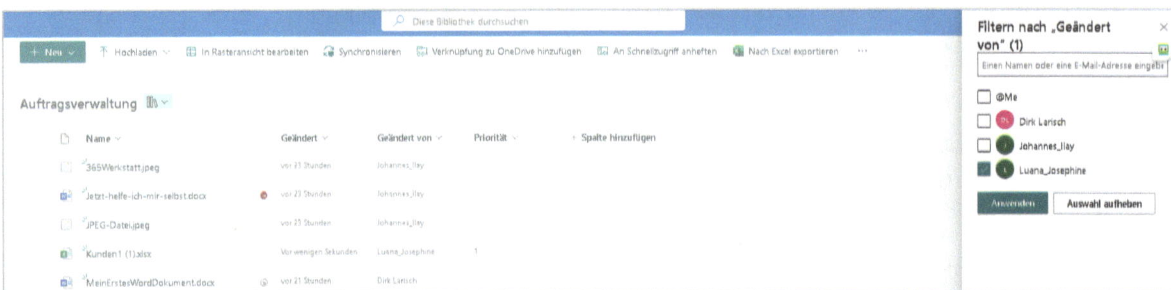

Bild 2.23 Auswahl zur Filterung bestimmter Feldinhalte.

3 Sobald Sie die gewünschte Festlegung mit der Schaltfläche *Anwenden* bestätigen, erscheinen die Inhalte der gewählten Bibliothek in der gewählten Form.

So können Sie beliebige Felder der Bibliothek auf unterschiedliche Art und Weise filtern und anders darstellen.

> Um eine bestehende Filterung der Darstellung der Daten einer Bibliothek aufzuheben, können Sie die Option *Filter löschen* verwenden, die bei aktivierter Filterung am rechten oberen Bildschirmrand angezeigt wird.

Ansichten erleichtern die Darstellung

Die Standardansicht einer SharePoint-Bibliothek legt die Darstellung der Inhalte auf der jeweiligen Bibliotheksseite fest und steuert die Darstellung des Inhalts der Bibliothek. Im vorhergehenden Abschnitt haben Sie mit der Filterung den Einsatz einer temporären Einstellung kennengelernt; nachfolgend geht es um die Definition und den Einsatz spezieller Ansichten. So hat es sich in der Praxis bewährt, für bestimmte (immer wiederkehrende) Anforderungen besondere Sichten auf den Datenbestand zu definieren, um den Anwendern die Verwaltung und den Umgang mit den Daten zu vereinfachen. Dabei können Sie sowohl neue Ansichten anlegen als auch die bestehende Standardansicht (*Alle Dokumente*) den Bedürfnissen entsprechend anpassen.

1 Zum Anlegen einer neuen Ansicht muss nach Auswahl der entsprechenden Bibliothek in den *Bibliothekseinstellungen* der Punkt *Ansicht erstellen* am unteren Bildschirmrand angewählt werden.

2 Nach Anwahl des Punktes *Ansicht erstellen* erscheint ein Dialog zum Anlegen einer neuen Ansicht. Dabei kann der Typ einer Ansicht ausgewählt werden, wobei einige Standardtypen zur Verfügung stehen. Die Verfügbarkeit der Ansichtstypen variiert ggf. in Abhängigkeit vom Bibliothekstyp.

Bild 2.24 Verschiedene Standardtypen der Bibliotheksansichten.

> Sollte der entsprechende Punkt zum Erstellen einer Ansicht nicht angezeigt werden, verfügt der Benutzer sehr wahrscheinlich nicht über die notwendigen Berechtigungen. Zudem können Sie den Dialog für das Erstellen einer neuen Bibliotheksansicht auch in der Inhaltsdarstellung einer Bibliothek über *Ansichtsoptionen wechseln* (oben rechts) aufrufen. Dort steht Ihnen auch eine Möglichkeit zur Verfügung, eine bestehende Ansicht zu bearbeiten.

3 Nach Auswahl des gewünschten Ansichtstyps erscheint die Konfigurationsseite, wo zunächst einmal ein Name für die neue Ansicht angegeben werden muss.

4 Mit dem Auswahlkästchen unterhalb des Namens (*Zur Standardansicht machen*) kann festgelegt werden, ob die neue Ansicht zukünftig als Standardansicht verwendet werden soll.

> **Die Festlegung einer Standardansicht hat grundsätzlich Gültigkeit für alle Benutzer der entsprechenden Bibliothek und nicht nur für den aktuell angemeldeten Benutzer. Aus diesem Grund kann diese Zuordnung auch nur ein Benutzer mit entsprechenden Berechtigungen vornehmen. Zudem muss es sich dann immer um eine „öffentliche Ansicht" handeln.**

5 Mit den Einstellungen unter *Publikum anzeigen:* kann festgelegt werden, ob die neue Ansicht auch für andere Personen einsehbar bzw. nutzbar sein soll (öffentliche Ansicht). Dabei sind persönliche Ansichten immer nur für den aktuell angemeldeten Benutzer sichtbar.

6 Im nächsten Schritt kann im mittleren Bereich des Dialogfensters festgelegt werden, welche Felder der gewählten Bibliothek in der Ansicht angezeigt werden sollen. Dies erfolgt durch Ankreuzen des Kästchens vor dem Feldnamen. Zusätzlich kann am Ende der einzelnen Zeilen auch die Position der Felder in der Ansicht festgelegt werden.

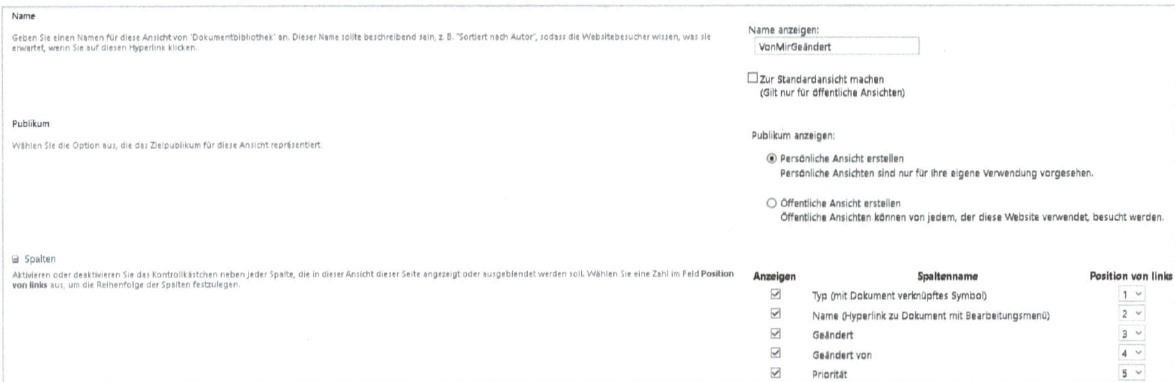

Bild 2.25 Konfigurationsangaben einer neuen Ansicht.

7 Um in der Ansicht bestimmte Sortierungen, Gruppierungen oder auch eine Filterung der Daten vorzunehmen, stehen im unteren Bereich separate Einstellungsmöglichkeiten zur Verfügung. So können Sie beispielsweise mit der Option *Elemente nur in folgendem Fall anzeigen* eine Bedingung festlegen. Da diese Punkte prinzipiell selbsterklärend sind, soll darauf an dieser Stelle nicht weiter eingegangen werden. Probieren Sie sie einmal aus und Sie werden feststellen, dass die Möglichkeiten schier unerschöpflich sind.

8 Mit abschließender Bestätigung der Einstellungen über die Schaltfläche *OK* wird die neue Ansicht angelegt und der Inhalt der Bibliothek wird auch direkt mit dieser Ansicht dargestellt.

> **Sie können aus einer bestehenden Ansicht jederzeit auch eine neue anlegen. Nach Anwahl der Ansicht setzen Sie dafür dann einfach den Punkt *Ansicht speichern unter* aus dem Ansichtenmenü ein.**

Auf die dargestellte Art und Weise können Sie sehr einfach und schnell besondere Sichten auf die Daten einer Bibliothek festlegen. Um eine solche Darstellung in einer Bibliothek abzurufen, steht Ihnen in einer Bibliothek über *Ansichtsoptionen wechseln* (oben rechts) eine entsprechende Auswahlmöglichkeit zur Verfügung.

Genau wie eine Filterung nimmt auch eine Ansicht grundsätzlich keinen Einfluss auf die in einer Bibliothek gespeicherten Daten, sondern sie ermöglicht eine andere Form der Darstellung bzw. Anzeige der verfügbaren Daten.

Automatische Benachrichtigung bei Änderungen

Mit der automatisierten Benachrichtigungsfunktion steht Ihnen in einer SharePoint-Umgebung eine sehr komfortable Möglichkeit zur Verfügung, um sich über Änderungen an Dokumenten, Listen oder sonstigen SharePoint-Objekten informieren zu lassen. Dies kann beispielsweise in der Form erfolgen, dass der ausgewählte Benutzer bei einer Änderung an den Inhalten einer Bibliothek automatisch eine E-Mail erhält.

1. Um die E-Mail-Benachrichtigung in einer Bibliothek für eine bestimmte Person einzurichten, müssen Sie in der Bibliotheksansicht in der oberen Menüzeile das Kontextmenü (drei Punkte) anwählen.
2. Im Untermenü verwenden Sie dann den Punkt *Mich benachrichtigen*.
3. Es erscheint ein Dialogfenster, in dem Sie dann einen Namen für die Benachrichtigung eintragen können; standardmäßig wird hier der Name der Bibliothek vorgeschlagen, der entweder übernommen oder an dieser Stelle geändert werden kann.

Aus der Praxis bietet es sich an, bei der Namensgebung der Benachrichtigung „sprechende" und eindeutige Namen zu verwenden, denn diese werden beim E-Mail-Versand berücksichtigt. Wenn Sie beispielsweise Benachrichtigungen für mehrere Bibliotheken mit dem Namen *Dokumente* (als Standardbibliothek) auf unterschiedlichen Webseiten haben, können Sie diese später ggf. nicht mehr auseinanderhalten.

4. Anschließend muss im Feld *Benutzer* festgelegt werden, wer die Benachrichtigung erhalten soll (Benutzer oder Gruppe). Dabei wird in der Regel auf die in der Microsoft-365-Umgebung verfügbare AD-Struktur zurückgegriffen. Die Angabe externer E-Mail-Adressen funktioniert an dieser Stelle nicht, dazu braucht es weitergehende Möglichkeiten, beispielsweise durch automatisierte Abläufe (*Workflows*) mit dem Microsoft-365-Umgebung-Dienst Power Automate.
5. Im unteren Teil des Dialogfensters kann dann noch festgelegt werden, welche Änderungen mitgeteilt werden und zu welchen Zeiten die Meldungen versendet werden sollen.

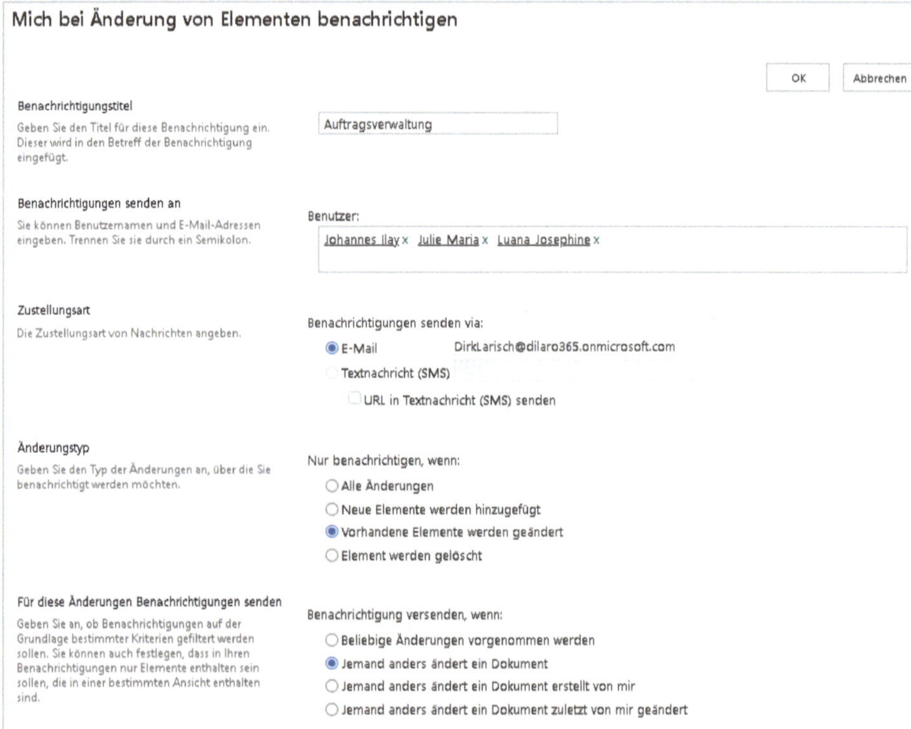

Bild 2.26 Einstellungen zur automatisierten Benachrichtigung.

> Die Zuweisung einer Benachrichtigung über den Punkt *Mich benachrichtigen* kann nicht nur an die eigene Person gerichtet sein, sondern sich (bei Vorliegen der benötigten Berechtigungen) auch auf andere Benutzer beziehen (siehe Abbildung oben).

6 Mit der abschließenden Bestätigung über die Schaltfläche *OK* werden die Einstellungen aktiv. Es wird anschließend eine erste E-Mail versendet, in der auf die Zuordnung zu einer Benachrichtigung hingewiesen wird.

Auf diese Art wird der oder werden die gewählten Benutzer gemäß den vorgenommenen Einstellungen per E-Mail informiert. Dabei ist entscheidend, dass der gewählte Benutzer in der Microsoft-365-Umgebung auch über ein E-Mail-Postfach bzw. -Lizenz verfügt.

Das Kontextmenü der Bibliotheksansicht verfügt aber noch über einen weiteren Menüpunkt (*Meine Benachrichtigungen verwalten*), mit dem die bestehenden Benachrichtigungen verwaltet werden können. So können Sie sich Ihre eigenen bzw. alle für die gewählte Bibliothek definierten Benachrichtigungen der Webseite anzeigen lassen und diese dort ändern oder auch löschen.

Darüber hinaus können Sie sich mit SharePoint nicht nur über Änderungen an den Dokumenten einer Bibliothek, sondern auch über Änderungen an einzelnen Dokumenten benachrichtigen lassen.

Zur Festlegung einer solchen Benachrichtigung muss im Kontextmenü des Dokuments (drei Punkte) der Punkt *Mich benachrichtigen* angewählt werden. Die Einstellungen und Konfigurationsmöglichkeiten entsprechen dabei denen bei der Festlegung für eine Bibliothek (siehe oben).

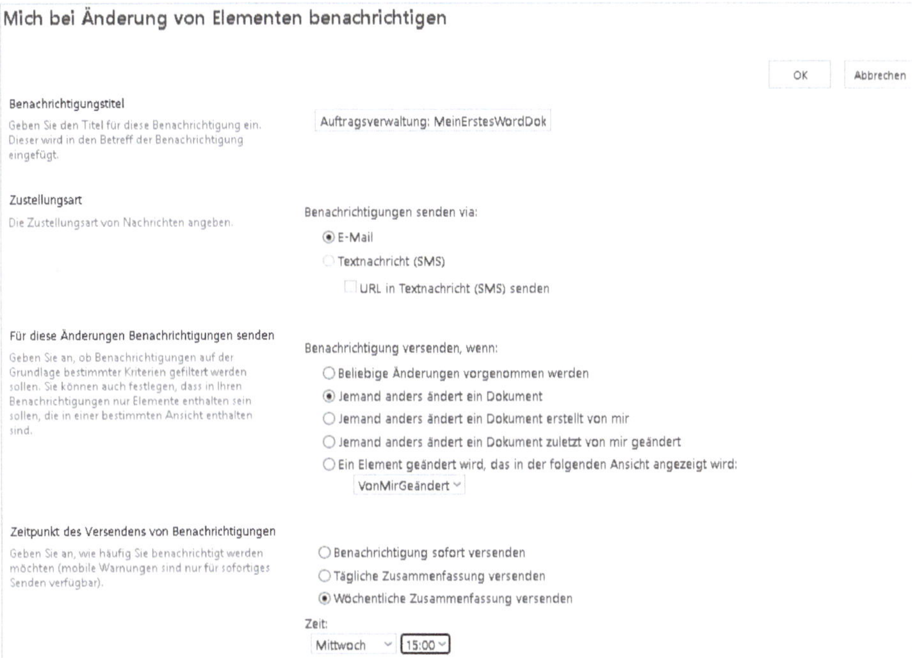

Bild 2.27 Benachrichtigung für eine einzelne Datei.

Zustellung von RSS-Feeds

Neben der Benachrichtigung per E-Mail (siehe oben) lassen sich Veränderungen einer SharePoint-Umgebung auch mit einem RSS-Feed abonnieren. Auch wenn dies heutzutage etwas aus der Mode gekommen zu sein scheint, erfreuen sich RSS-Meldungen (Feeds) immer noch einer großen Anwenderschar und Beliebtheit. So besteht damit die Möglichkeit einer automatisierten Benachrichtigung bei bestimmten Statusänderungen oder Ereignissen. Auf diese Art und Weise kann dann etwa mit einem integrierten Link direkt zu der entsprechenden SharePoint-Seite gewechselt werden, auf der beispielsweise eine Änderung vorgenommen wurde.

> RSS steht als Abkürzung für *Really Simple Syndication* und ist ein Dienst, der üblicherweise auf Webseiten zur Darstellung von Kurznachrichten verwendet wird (Nachrichtenticker). Ein *RSS-Feed* in einer SharePoint-Umgebung ist an einigen Stellen verfügbar; er ist gleichbedeutend mit einer Kurznachricht über bestimmte Veränderungen von Statuszuständen (Dokumentänderung, neues Dokument hinzugefügt, neuer Kalendereintrag usw.). Zur Nutzung eines RSS-Feeds wird auf jeden Fall ein entsprechender Viewer benötigt, der jedoch heutzutage in den gängigen Browsern integriert ist.

1 Um die RSS-Möglichkeit bei einer Bibliothek zu nutzen, müssen Sie in den *Bibliothekseinstellungen* den Punkt *RSS-Einstellungen* (rechts bei Kommunikation) anklicken.

2 Im nächsten Schritt erscheint ein Dialogfenster, in dem die verschiedenen Arbeitsschritte zur Steuerung der RSS-Nutzung durchgeführt werden können. So kann dort beispielsweise generell die Verfügbarkeit von RSS-Feed für die gewählte Bibliothek ein- oder ausgeschaltet werden (*RSS für diese Liste zulassen?*) oder es kann im Feld *Titel* der Text angepasst werden, den ein Benutzer im RSS-Feed erhält. Und natürlich können Sie bei *Spalten* auch die entsprechenden Felder auswählen, deren Inhalt im RSS-Feed angezeigt wird.

Bild 2.28 Konfiguration der Nutzung von RSS-Feeds.

3 Mit Bestätigung der Einstellungen über die Schaltfläche *OK* werden diese direkt wirksam und auf die entsprechende Bibliothek angewendet.

Im Gegensatz zu einer Benachrichtigung per E-Mail können RSS-Feeds auch ohne Zusatzprogramme beispielsweise in einem Browser angezeigt werden, erfordern also nicht so einen hohen Aufwand. Einzige Voraussetzung ist, dass Sie den gewünschten Feed wie folgt abonnieren bzw. abrufen.

1 Um für eine gewählte Bibliothek einen RSS-Feed zu abonnieren, muss nach dessen Aktivierung (siehe oben) das Dialogfenster zur Bearbeitung der Ansicht aufgerufen werden (*Ansichtsoptionen wechseln*).

2 Im Dialogfenster zur Bearbeitung der Ansicht müssen Sie dann das Symbol für den RSS-Feed (rechts neben der Webadresse der Ansicht) anklicken.

3 Anschließend öffnet sich innerhalb des Browserfensters die Feed-Darstellung, so wie in der folgenden Abbildung dargestellt.

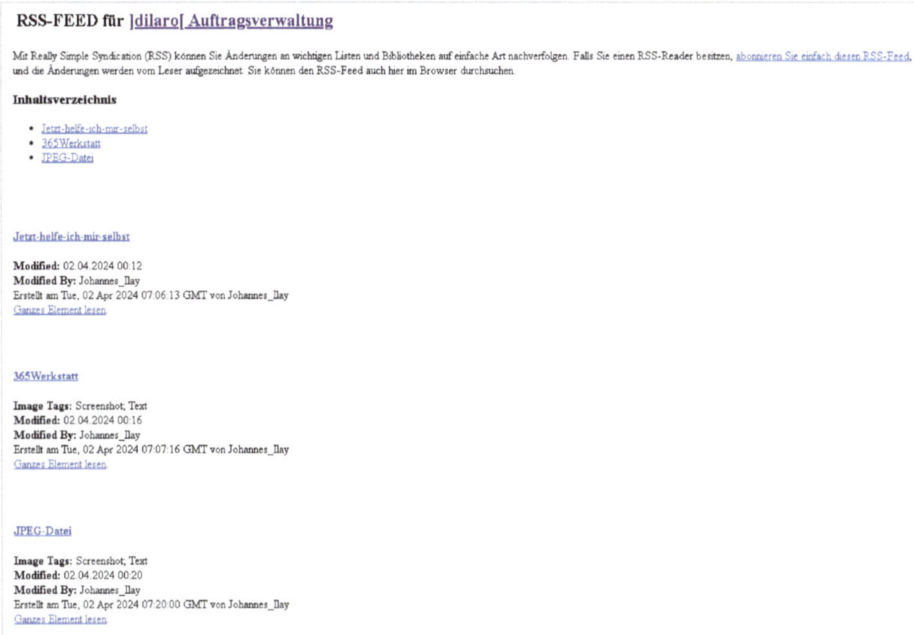

Bild 2.29 Abonnieren eines RSS-Feeds.

4 Im nächsten Schritt muss eine Zuordnung des Feed-Readers erfolgen, also beispielsweise die Zuweisung an einen Browser oder an ein beliebiges anderes Programm; dazu können Sie beispielsweise den Link *... abonnieren Sie einfach diesen RSS-Feed* verwenden.

> Mit Einsatz spezieller Arbeitsabläufe (*Workflows*) über die Anwendung Power Automate können Sie RSS-Feeds noch einmal gezielter steuern; siehe dazu auch Kapitel 7.

Herunterladen oder synchronisieren?

Bei der Arbeit mit SharePoint stellt sich hin und wieder die Frage, ob Dateien heruntergeladen werden müssen oder ob eine Synchronisation der Daten ausreicht. Dies hängt jeweils vom Einzelfall und der entsprechenden Anforderung ab, so dass nachfolgend die wesentlichen Unterschiede erläutert werden sollen.

Beim Herunterladen eines Dokuments, beispielsweise in ein lokales Dateisystem, wird immer eine Kopie dieses Dokuments dort abgelegt, ohne dass eine Synchronisation oder Aktualisierung mit dem Ursprungsdokument erfolgt. Alle nachfolgenden Änderungen an dem lokal gespeicherten Dokument sind nur dort enthalten und nicht in der Version, die in SharePoint liegt. Umgekehrt sind nachfolgend ausgeführte Änderungen an der SharePoint-Datei nicht in der heruntergeladenen Datei sichtbar. Es handelt sich also um zwei vollkommen getrennte Dateiversionen.

Um ein Dokument aus einer SharePoint-Bibliothek herunterzuladen, können Sie im Kontextmenü des Dokuments (drei Punkte) den Punkt *Herunterladen* verwenden. Das Dokument wird somit im definierten Downloadordner des Browsers abgelegt, von wo Sie es weiterverarbeiten können.

> SharePoint ist so strukturiert, dass Sie bei Dateioperationen mit mehr als einem Dokument die wesentlichen Menüpunkte auch über die obere Menüzeile abrufen können. Bei einem Einzeldokument müssen Sie jeweils das zugeordnete Kontextmenü verwenden. Möchten Sie also beispielsweise mehr als ein Dokument aus einer Bibliothek herunterladen, können Sie diese Dateien mit dem Ankreuzfeld anwählen und dann in der Menüleiste *Herunterladen* anklicken. Um alle Inhalte (Ordner, Dateien) des gewählten Bereichs zu markieren, können Sie das Ankreuzfeld in der Titelleiste verwenden.

Neben dem Herunterladen von Dokumenten stehen in SharePoint zwei weitere, spezielle Funktionen zur Verfügung, mit denen die Verfügbarkeit der Daten noch weiter erhöht werden kann. Dabei erfolgt einmal eine Synchronisation mit OneDrive und zum zweiten können Sie die Inhalte einer SharePoint-Bibliothek in das lokale Dateisystem zu spiegeln.

> Bei OneDrive handelt es sich um einen persönlichen Speicherbereich innerhalb der Cloud einer Microsoft-365-Umgebung, auf den in der Regel nur ein Benutzer selber zugreifen kann. Eine Ausnahme bildet die Freigabe einzelner Dateien oder Verzeichnisse (Ordner). Auf OneDrive können Sie sowohl im Browser als auch über eine spezielle Client-Version bzw. App auf dem Desktop oder einem mobilen Gerät zugreifen.

Bild 2.30 Verknüpfung einer SharePoint-Bibliothek in OneDrive.

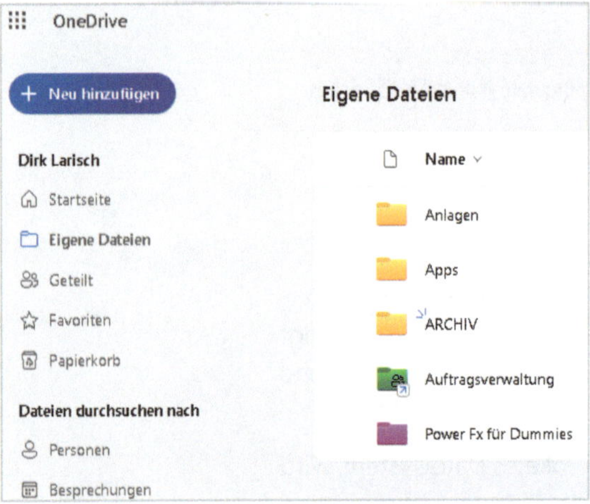

Sobald Sie sich in einer SharePoint-Bibliothek befinden, können Sie eine Verknüpfung zu Ihrem persönlichen OneDrive herstellen, indem Sie dazu in der Menüzeile den Punkt *Verknüpfung zu OneDrive hinzufügen* anklicken. Damit wird erreicht, dass innerhalb Ihres OneDrive-Bereichs *Eigene Dateien* eine Verknüpfung mit dem Namen der Bibliothek angelegt wird.

Auf diese Art und Weise können Sie ab sofort aus Ihrem OneDrive direkt auf die Daten einer SharePoint-Bibliothek zugreifen und diese beliebig bearbeiten. Da es sich um eine Verknüpfung handelt, wird beim Laden und Bearbeiten einer Datei immer Bezug genommen auf das Originaldokument in der SharePoint-Bibliothek.

Da es sich bei dieser Option lediglich um eine Verknüpfung innerhalb von OneDrive handelt, können Sie diese dort auch jederzeit löschen, ohne irgendwelche Auswirkungen auf die Daten der Bibliothek. Aus dem Grund lautet der entsprechende Menüpunkt im Kontextmenü des OneDrive-Eintrages auch *Entfernen* (und nicht Löschen).

Die zweite Option ermöglicht dagegen eine (echte) Synchronisation der Daten mit dem lokalen Dateisystem.

1 Um den Abgleich der Daten einer Bibliothek mit dem lokalen Dateisystem durchzuführen, müssen Sie nach Anwahl der SharePoint-Bibliothek in der oberen Menüleiste den Punkt *Synchronisieren* anklicken.

2 Nach Bestätigung und ggf. erforderlicher Anmeldung in OneDrive (mit Ihrer Microsoft-365-Kennung) erscheint (beim ersten Aufruf) ein Dialogfenster, in dem Sie den (lokalen) Ordner definieren können, in dem die OneDrive-Daten abgelegt werden sollen (*Speicherort ändern*).

3 Nach Bestätigung der Einstellungen mit *Weiter* werden die Verknüpfungen der Bibliothek zu OneDrive in dem gewählten Ordner abgelegt.

4 Der gewählte Speicherort wird anschließend (bei einem Windows-Desktop) im Windows-Explorer geöffnet; alternativ kann in der Client-Version von OneDrive (die automatisch installiert wird) die Option *Ordner öffnen* anklickt werden.

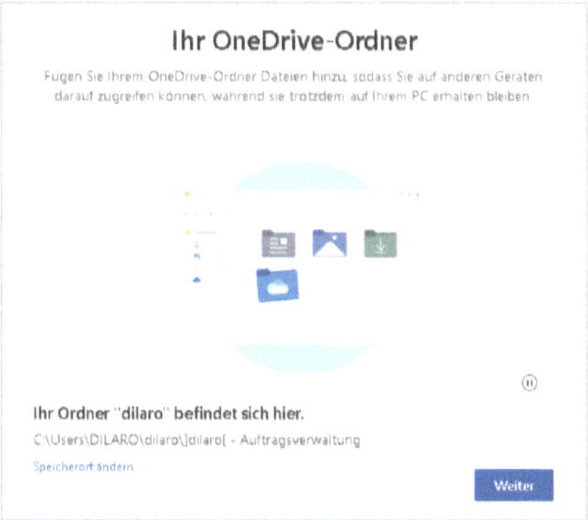

Bild 2.31 Festlegung eines Speicherortes für OneDrive.

5 Innerhalb des lokalen Dateisystems sind den Ordnern und Dateien besondere Symbole zugeordnet, die jeweils Auskunft über den Zustand der Synchronisierung geben. In der nachfolgenden Abbildung sind die Symbole mit den entsprechenden Zustandsbeschreibungen dargestellt.

Bild 2.32 Zustandsbeschreibungen der synchronisierten Daten.

6 Möchten Sie eine unmittelbare Synchronisierung der Daten einer Bibliothek mit dem lokalen Dateisystem, um diese beispielsweise auch „offline" nutzen zu können, so müssen Sie (z. B. im Windows-Explorer) das Kontextmenü des Ordners oder der Datei anwählen und im Menü den Punkt *Immer auf diesem Gerät beibehalten* anklicken.

So werden Kopien der Dateien auf dem lokal gewählten Dateisystem abgelegt, können „offline" bearbeitet und auch jederzeit wieder synchronisiert werden.

> Die Möglichkeiten der Synchronisation sollten immer mit Bedacht eingesetzt werden. Microsoft arbeitet auch permanent an der Weiterentwicklung von OneDrive und dies kann hier und da zu merkwürdigen Effekten führen. Unkritisch scheint jedoch die Möglichkeit der Verknüpfung zu OneDrive zu sein, was sich im Praxisbetrieb als durchaus sinnvoll herausgestellt hat.

Standardvorlagen einer Bibliothek

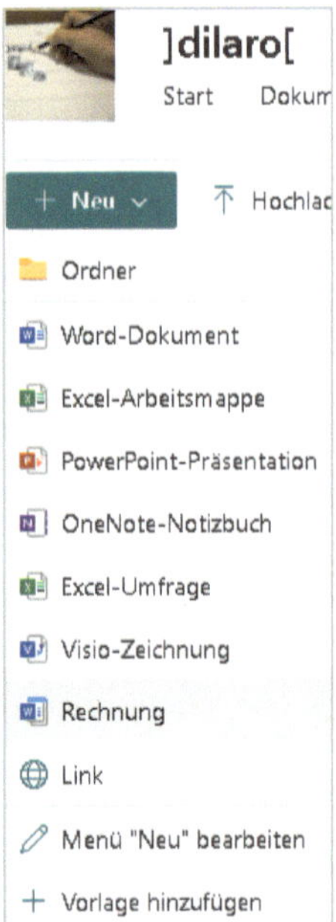

Bild 2.33 Verfügbare Vorlagen im Menü Neu.

Jede Bibliothek verfügt standardmäßig über eine Reihe spezieller Vorlagen, die beispielsweise bei der Neuanlage eines Dokuments angezeigt werden. Die Neuanlage und damit der Zugriff erfolgt innerhalb der Bibliothek über das Menü *Neu*. Hier kann aus den verfügbaren Vorlagen durch Anklicken die Gewünschte ausgewählt werden.

> Jede Bibliothek verfügt über einen unsichtbaren Ordner mit dem Namen *forms*, in dem die Vorlagen temporär abgelegt werden. Die Standardvorlage für die Neuanlage eines Word-Dokuments in einer Bibliothek wird innerhalb des Formularverzeichnisses in einer Datei mit dem Namen *template.dotx* abgelegt.

1. Um einer Bibliothek eine andere Standardvorlage oder zusätzliche Vorlagen zuzuweisen, müssen Sie - mit entsprechenden Berechtigungen - im Menü *Neu* den Punkt *Vorlage hinzufügen* anwählen.
2. Es erscheint ein Dialogfenster, in dem Sie dann eine Datei, die als neue Vorlage eingesetzt werden soll, auswählen müssen. Dabei ist es wichtig, darauf zu achten, dass diese Datei auch als Vorlage angelegt worden ist.
3. Nachdem dies erfolgt ist, steht die neue Vorlage allen berechtigten Anwendern als zusätzliche Vorlage unmittelbar zur Verfügung (in diesem Beispiel die Vorlage „Rechnung").
4. Im Menü *Neu* gibt es mit dem Punkt *Menü „Neu" bearbeiten* eine weitere Option, um die Inhalte dieses Menüs zu strukturieren.
5. Nach Anwahl des Punktes erscheint am rechten Rand ein Dialogfenster, in dem Sie dann über die Kontextmenüs (drei Punkte) der einzelnen Einträge bestimmte Einstellungen vornehmen können.

Bild 2.34 Optionen zur Bearbeitung der Einträge im Menü Neu.

> Während Sie neu hinzugefügte Vorlagen jederzeit auch wieder löschen können, sind die Einträge für die Office-Programme an der Stelle nicht löschbar.

Freigabe von Ordnern und Dokumenten

SharePoint als zentraler Datenspeicher einer Organisation oder eines Unternehmens erfordert zwangsläufig eine stringente Handhabung der Berechtigungen. Dabei sollen an dieser Stelle die Möglichkeiten der Rechtevergabe auf Ebene einer Bibliothek und einzelner Dateien erläutert werden. Denn neben der Berechtigung, die auf der Ebene der zugeordneten Webseite oder auf Ebene der Bibliothek erfolgt, kann auch jederzeit ein einzelnes Dokument freigegeben und damit für andere Anwender (auch Externe!) berechtigt werden.

> Ausführliche Angaben zur Verwaltung der Berechtigungen und Zugriffe enthält Kapitel 4; die Berechtigungsvergabe auf Ebene einer Bibliothek wird in Punkt 2.2 auf Seite 36 erläutert.

Da die Anlage einer Bibliothek immer auf der Ebene einer Webseite erfolgt, sind die globalen Berechtigungen der Webseite standardmäßig immer auch der Ausgangspunkt für die Berechtigungen einer Bibliothek und der darin enthaltenen Dokumente. Mit der speziellen Freigabeoption (Teilen) gibt es in SharePoint jedoch ein sehr mächtiges Werkzeug, mit dem Sie ebenfalls individuelle Rechte vergeben können. Der Vorteil ist, dass Sie auf diese Art und Weise auch mit externen Anwendern gemeinsam an Dateien arbeiten können oder diesen Anwendern entsprechende Dateien zur Bearbeitung zur Verfügung stellen können - und dies auch, ohne dass diese Anwender überhaupt jemals eine Berechtigung auf Ebene der Webseite hatten oder haben.

1 Um eine einfache Form der Freigabe einer einzelnen Datei umzusetzen, müssen Sie in der entsprechenden SharePoint-Bibliothek das Kontextmenü der Datei (drei Punkte) anwählen.

2 Im Kontextmenü müssen Sie dann als Nächstes den Punkt *Teilen* anklicken.

> Alternativ zur Auswahl des Menüpunktes aus dem Kontextmenü können Sie auch das Symbol *i* (Detailbereich) im oberen Menübereich verwenden. Oder Sie klicken auf das Symbol links neben den drei Punkten des Kontextmenüs der Datei.

Bild 2.35 Festlegungen für das Teilen von Dokumenten.

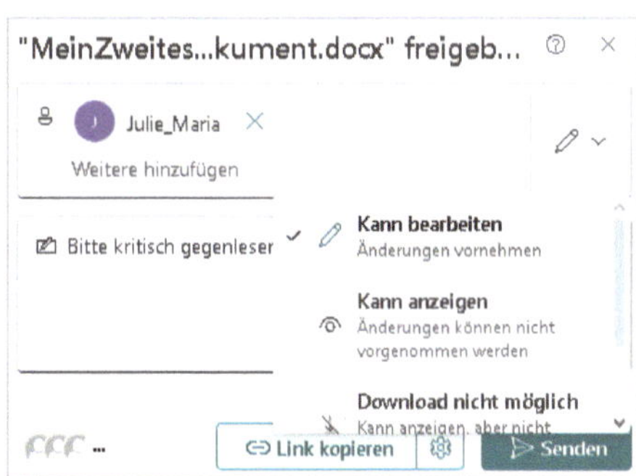

3 Es erscheint ein Dialogfenster, in dem Sie in dem dargestellten Namensfeld beispielsweise den Namen eines Anwenders aus Ihrem Tenant (M365-Mandant) eingeben können, der ansonsten keinen Zugriff auf die Dateien der Bibliothek hat.

4 Nach Auswahl eines oder mehrerer Namen können Sie rechts neben dem Namen (Pfeil nach unten) festlegen, welche Berechtigungen der Anwender bekommen soll, ob er also beispielsweise nur lesenden Zugriff erhält oder das Dokument auch bearbeiten können soll usw.

5 Im unteren Teil des Dialogfeldes können Sie ggf. zusätzlich noch eine Nachricht eintragen, die dem Empfänger der E-Mail zugestellt wird, um ihn über die Zuweisung zu informieren.

> **Die hier dargestellte Teilenoption (Freigabe) innerhalb einer SharePoint-Bibliothek kann sich auch auf Ordner beziehen. Zudem sind Gastbenutzer (in Azure AD bzw. Entra ID) auch über das Namensfeld auswählbar.**

6 Der Empfänger der Freigabeaktion erhält eine E-Mail mit einem Link für die gewählte Datei oder den Ordner und auch den Nachrichtentext mit weitergehenden Hinweisen. Zum Bearbeiten braucht der Anwender nur auf den entsprechenden Link zu klicken.

Bild 2.36 E-Mail für den Zugriff auf eine Datei.

7 Je nach zugewiesener Berechtigung bei der Freigabe kann der Anwender damit ggf. über die Schaltfläche *Teilen* direkt einen weiteren Freigabevorgang (Teilen) einleiten.

Da Sie beim Einleiten des Freigabevorgangs grundsätzlich auch eine externe E-Mail-Adresse (anstelle eines Tenant-Benutzers) angeben können, ergibt sich vor dem Bearbeiten des Dokuments ggf. noch ein Zwischenschritt zur Verifizierung der E-Mail-Adresse. Sie müssen dabei Ihre E-Mail-Adresse eingeben, bevor Sie Zugriff auf das Dokument (Ordner) erhalten.

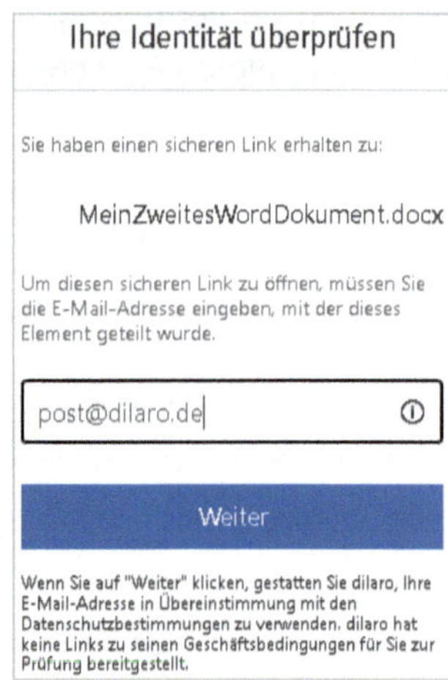

Bild 2.37 Verifizierung einer externen E-Mail-Adresse.

Neben der direkten Freigabe, so wie beschrieben, gibt es eine weitere Möglichkeit: Erstellen Sie einen Link, den Sie dann wiederum manuell beliebig verarbeiten können (Versand per E-Mail, Chat usw.).

1 Für die Freigabe über einen Link rufen Sie zunächst über den Punkt *Teilen* das entsprechende Dialogfenster auf.

2 Klicken Sie dann im unteren Teil des Fensters auf das *Zahnradsymbol* rechts neben der Schaltfläche *Link kopieren*. Alternativ können Sie auch den Punkt *Link kopieren* im Kontextmenü und dann die Option *Einstellungen* anwählen.

3 Es öffnet sich ein Fenster, in dem Sie dann verschiedene Optionen festlegen können. So können Sie bei der Freigabe *Jeder* (z. B. für Externe) zusätzlich im unteren Bereich des Fensters ein Ablaufdatum und ein Kennwort bestimmen, das vor dem Öffnen des Dokuments (Ordners) angegeben werden muss.

> Bei dem Link, der auf diese Art und Weise generiert wird, handelt es sich um einen verschlüsselten Link und somit auch um einen anderen Link, als der standardmäßig bei *Details* hinterlegten Angabe (*Pfad*).

4 Nachdem Sie die Einstellungen mit der Schaltfläche *Übernehmen* bestätigt haben, können Sie im letzten Schritt dann den *Link kopieren*, der daraufhin in der Zwischenablage gespeichert wird.

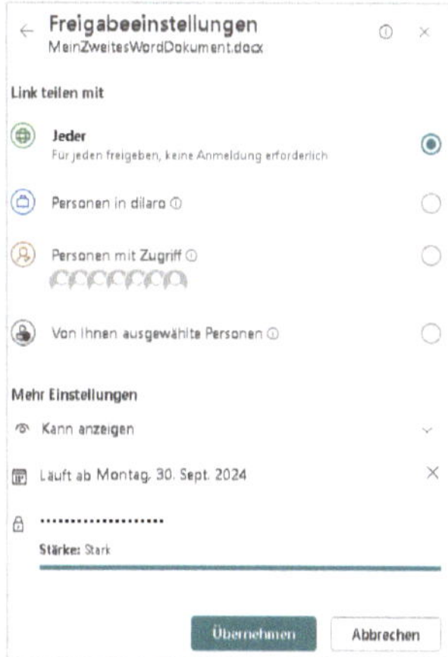

Bild 2.38 Einstellungen für Freigabelink.

> Bei einem Zugriff mittels Freigabe durch externe Anwender (außerhalb des Tenants) erscheint in der Darstellung der Bibliothek (*Geändert von*) der Eintrag *Gastmitwirkender*.

So wie Sie entsprechende Zugriffe oder Freigaben einrichten, muss es natürlich auch eine Möglichkeit geben, diese zu kontrollieren, anzupassen und ggf. wieder aufzuheben oder zu löschen.

1 Zur Verwaltung der Freigaben eines Dokuments wählen Sie am schnellsten aus dem zugehörigen Kontextmenü (drei Punkte) den Punkt *Zugriff verwalten*; alternativ können Sie auch die entsprechende Option nach Anwahl des Symbols *i* verwenden.

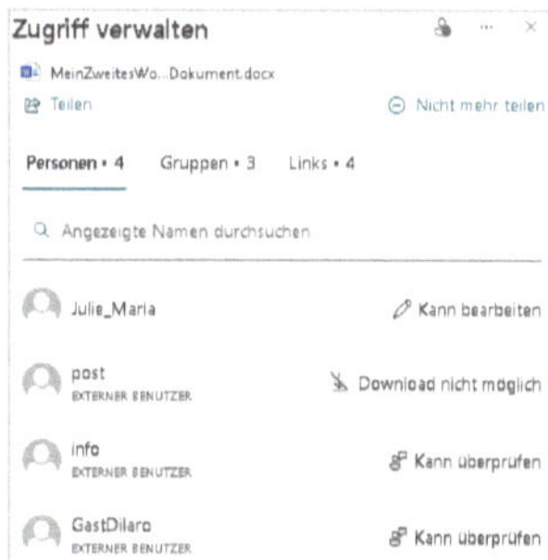

Bild 2.39 Nachträgliche Bearbeitung der Freigaben.

2 Es erscheint ein Dialogfenster, in dem die aktuellen Zuweisungen und Freigaben angezeigt werden. Mit der Option *Nicht mehr teilen* können Sie an der Stelle sämtliche Freigaben und Zuweisungen in einem Arbeitsschritt aufheben.

3 Um eine Festlegung für einen einzelnen Benutzer zu ändern, klicken Sie den Namen bzw. Eintrag an. Im nachfolgenden Fenster können Sie dann eine Anpassung der Berechtigung vornehmen, also den Benutzer beispielsweise auch löschen.

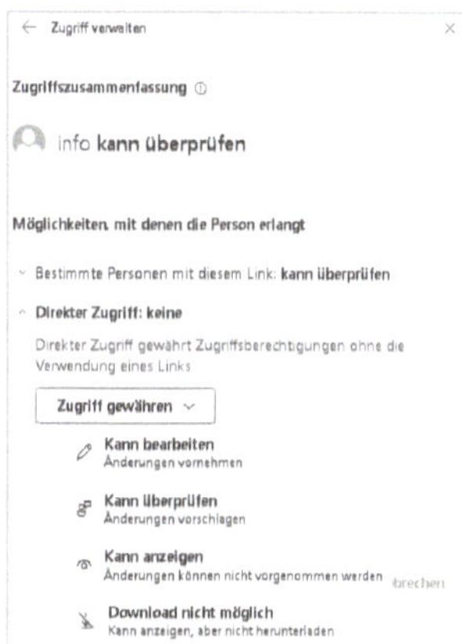

Bild 2.40 Individuelle Anpassungen einer Benutzerzuweisung.

> In der Praxis zeigt sich, dass die Verwendung der Freigabeoption nach Möglichkeit auf Ausnahmefälle beschränkt bleiben sollte. Andernfalls kann es passieren, dass Sie sehr schnell den Überblick über die Berechtigungen für die Dokumente einer SharePoint-Bibliothek verlieren.

2.3 SharePoint-Listen

Neben den Bibliotheken, deren Einsatz in den vorhergehenden Abschnitten erläutert wurde, stellen die Listen in SharePoint eine zweite, wesentliche Strukturierungsmöglichkeit dar, mit denen Sie Daten beliebiger Art verwalten können.

> Genau wie bei Bibliotheken so hat auch bei Listen einer SharePoint-Umgebung der Begriff App Einzug gehalten; demzufolge werden Bibliotheken oder Listen (und sonstige Strukturmerkmale) unter dem Sammelbegriff *App* subsumiert.

Ein wesentlicher Vorteil der SharePoint-integrierten Listen ist, dass die dort hinterlegten Daten innerhalb der SharePoint-Umgebung an beliebiger Stelle weiterbearbeitet werden können, sofern der Benutzer über entsprechende Zugriffsberechtigungen verfügt. Auf diese Art und Weise können Sie damit Datensammlungen anlegen, die vollkommen flexibel und individuell nutzbar sind.

> Auch wenn SharePoint-Bibliotheken als spezielle Form der SharePoint-Listen angesehen werden können, sollen diese separat betrachtet werden, da es bei der Bearbeitung einige grundlegende Unterschiede gibt.

Prinzip der SharePoint-Listen

Listen in SharePoint sind ähnlich wie Tabellen in einer Datenbank. Sie können verwendet werden, um verschiedene Arten von Informationen zu speichern, z. B. Text, Zahlen, Datumswerte und sogar Bilder. Einige der Hauptvorteile von SharePoint-Listen sind:

- **Benutzerfreundlichkeit**: Listen können einfach erstellt werden und lassen sich leicht verwalten. In Listen können Sie Spalten hinzufügen oder entfernen, Filter und Sortierungen anwenden und sogar benutzerdefinierte Ansichten erstellen.
- **Berechtigungen**: Berechtigungen können in SharePoint auf Listenebene gesteuert werden, um sicherzustellen, dass nur berechtigte Benutzer Zugriff auf die Inhalte haben.
- **Integration in Microsoft 365**: Durch die hohe Integration in eine Microsoft-365-Umgebung können SharePoint-Listen nahtlos mit anderen Anwendungen wie Excel, Power BI, Power Apps oder auch Power Automate integriert werden.

Insbesondere die Integration in die Microsoft-365-Umgebung ist auch ein wesentlicher Vorteil beispielsweise gegenüber Excel-Tabellen, die ja ebenfalls als Liste angesehen werden können, aber nicht so tief integriert sind. Letztlich hängt es vom jeweiligen Einzelfall ab, ob ich (noch eine) Excel-Tabelle anlege oder von Anfang an auf SharePoint-Listen setze.

Listentypen in SharePoint Online

Unter SharePoint Online stehen standardmäßig verschiedene Listentypen (Apps) zur Verfügung. Während in SharePoint Online eine Vielzahl von modernen Vorlagen verwendet werden können, stellt die klassische Ansicht die nachfolgend aufgeführten Listentypen zur Auswahl.

- **Kalender**: SharePoint-Liste zur Verwaltung bestimmter Ereignisse (ehemals Ankündigungen).
- **Aufgaben**: Mit diesem Listentyp können eigene Aufgaben oder die Aufgaben einer Gruppe verwaltet werden.
- **Benutzerdefinierte Liste**: Diese Form einer SharePoint-Liste ermöglicht die individuelle Festlegung bzw. Auswahl der benötigten Felder (Spalten).
- **Benutzerdefinierte Liste in Datenblattansicht**: Mit dieser Option steht ein individueller Listenaufbau zur Verfügung, der jedoch eine Darstellung in der sogenannten Datenblattansicht ermöglicht. Auf diese Art und Weise lassen sich die Listeninhalte einfacher und flexibler verwalten (vergleichbar einem Excel-Datenblatt).
- **KPI-Liste**: Eine KPI-Liste ermöglicht anhand bestimmter Werte oder Faktoren (Key Performance Indicator) die Überwachung bzw. Überprüfung bestimmter Zielvorgaben. Ausfluss bzw. Ergebnis kann beispielsweise die Darstellung des aktuellen Zustandes in Form einer Ampel (rot, gelb, grün) sein.
- **Kalkulationstabelle importieren**: Mit dieser speziellen Listenform steht eine Möglichkeit bereit, fertige Listen aus einer WSS-konformen Tabellenkalkulation (z. B. Excel) zu übernehmen. Die in dieser Liste enthaltenen Spalten werden automatisch als Felder in der SharePoint-Liste angelegt.
- **Projektaufgaben**: Die Liste Projektaufgaben dient dazu, innerhalb einer Projektorganisation Aufgaben zu verwalten und diese auch in Diagrammform (Gantt) zu präsentieren.
- **Umfrage**: Dieser Listentyp ermöglicht das Anlegen beliebiger Fragen, die für eine Umfrage genutzt werden können.

> Neben den Standardlistentypen bzw. -vorlagen können Sie auch beliebige Vorlagen importieren bzw. aus dem SharePoint-Store abrufen.

Anlegen einer SharePoint-Liste

Nachfolgend wird beispielhaft erläutert, wie in SharePoint Online eine benutzerdefinierte Liste angelegt wird. In dieser Liste sollen Angaben zu den Kunden einer Firma abgelegt werden. Da auch heute noch sehr oft unterschiedliche Wege genutzt werden, soll diese Neuanlage nachfolgend einmal in Form einer App und zum zweiten über die Erstellung in der modernen Oberfläche dargestellt und erläutert werden.

> Welchen Weg Sie zur Erstellung von SharePoint-Listen einsetzen, hängt sicherlich vom Anwendungsfall ab, wobei die in der modernen Oberfläche zur Verfügung stehenden Vorlagen eine breite Auswahlmöglichkeit darstellen.

Listenanlage in klassischer Oberfläche

Die Listenanlage per App erfolgt über die sogenannte *Klassische Oberfläche* von SharePoint und erfordert folgende Arbeitsschritte:

1. Zunächst einmal muss die Webseite angewählt werden, in der die Liste angelegt werden soll.
2. Als Nächstes verwenden Sie dann in der Menü-/Schnellstartleiste oder im Einstellungen-Menü (rechts oben, Zahnradsymbol) den Punkt *Websiteinhalte*.
3. Aus dem Menü *Neu* (oben links) wählen Sie dann im nächsten Schritt die Option *App* an, worauf die Darstellung der verfügbaren Apps erscheint.

> Alternativ kann die Anwahl der verfügbaren Apps auch über den Punkt *App hinzufügen* aus dem *Einstellungen*-Menü (Zahnradsymbol) erfolgen.

4. Zum Wechsel auf die klassische Oberfläche klicken Sie dann den gleichnamigen Menüpunkt (*Klassische Oberfläche*) an.

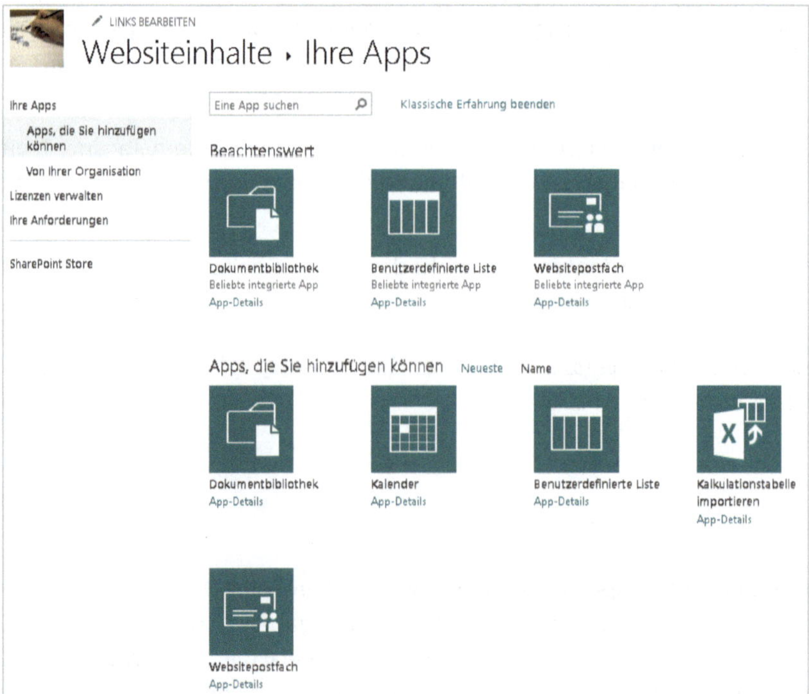

Bild 2.41 Verfügbare Apps einer SharePoint-Umgebung.

> Mit den Optionen am linken Bildschirmrand können Sie an dieser Stelle weitergehende Anwendungen (Apps) beispielsweise aus dem *SharePoint* Store abrufen.

5 Zum Anlegen der Kundenlistendatei wählen Sie an der Stelle durch Anklicken die App *Benutzerdefinierte Liste* an.

6 Es erscheint ein Dialogfenster, in dem der Name der neuen Liste angegeben werden kann. Über die Schaltfläche *Erweiterte Optionen* kann das Konfigurationsfenster erweitert werden, sodass Sie neben dem Namen auch eine weitergehende Beschreibung hinzufügen können.

Bild 2.42 Name und Beschreibung einer neuen Liste.

> Bei der Namensvergabe einer Liste kann es sinnvoll sein, die Strukturzuordnung anhand des Namens festzumachen. So können Sie beispielsweise dem Namen einer Liste die Zeichenfolge „LIS" voranstellen, um diese zu kennzeichnen; so wie in dem obigen Beispiel lautet der Name dann *LISKundenDilaro*. Um die Lesbarkeit ggf. zu erhöhen, können Sie das Strukturkürzel natürlich auch an das Ende setzen und erhalten dann beispielsweise *KundenDilaroLIS*.
>
> Zudem sollten Sie darauf achten, dass Sie bei der Neuanlage einer Liste nach Möglichkeit auf den Einsatz von Sonderzeichen verzichten.

7 Nach Bestätigung der Eingaben mit der Schaltfläche *Erstellen* wird die neue Liste angelegt.

Damit haben Sie eine neue Liste über den Weg der klassischen Oberfläche angelegt. Sämtliche Einstellungen einer solchen SharePoint-Liste können jederzeit nachträglich geändert bzw. ergänzt werden (siehe nachfolgend).

Listenanlage aus Vorlage

Neben der klassischen Oberfläche können Sie in SharePoint Online neue Listen auch über die moderne Form (*Neue Erfahrung*) anlegen; zugegebenermaßen ist dies heutzutage der schnellste und gebräuchlichste Weg zum Anlegen einer neuen Liste.

1 Nach Anzeige der Webseite können Sie direkt über das Menü *Neu* den Punkt *Liste* anwählen.

2 Es erscheint ein Dialogfenster, in dem Sie entweder aus den bestehenden Vorlagen eine passende Liste auswählen oder eine neue Liste anlegen, deren Struktur Sie anschließend manuell festlegen.

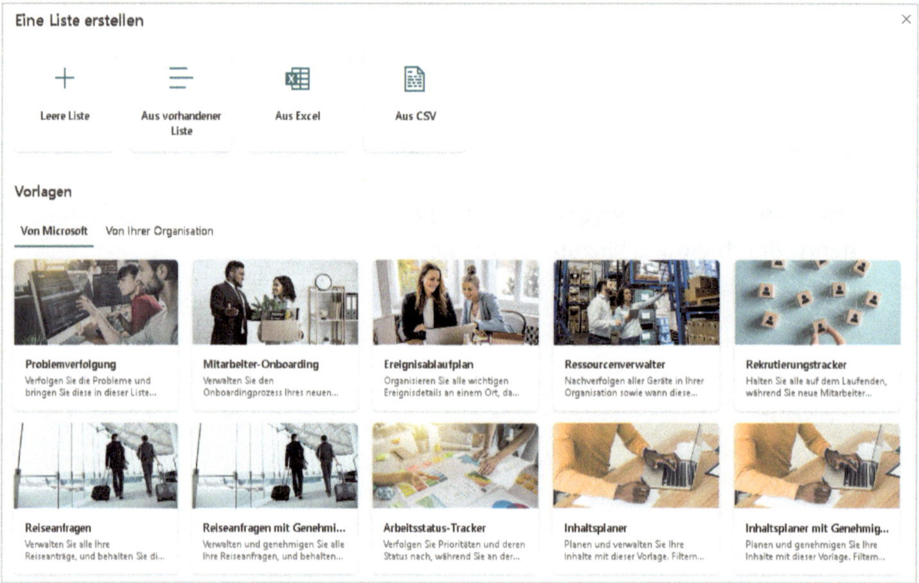

Bild 2.43 Neuanlage einer Liste in der „modernen" Oberfläche.

3 Wählen Sie an dieser Stelle eine der Vorlagen durch Anklicken aus, erscheint ein Vorschaufenster, um einen Einblick des Listenaufbaus zu erhalten, so wie nachfolgend beispielhaft dargestellt.

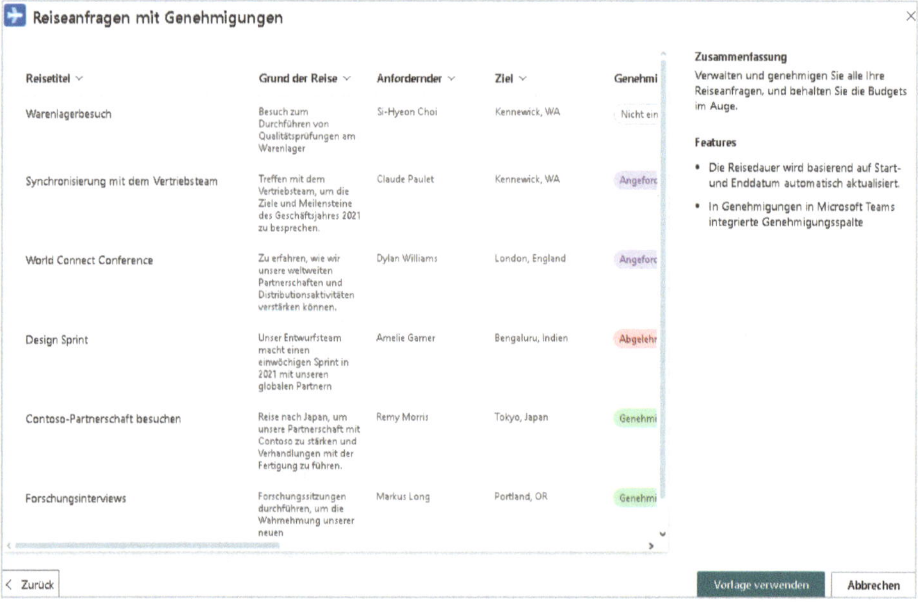

Bild 2.44 Voransicht einer Mustervorlage.

4 Mit der Schaltfläche *Zurück* können Sie aus der Vorschau jederzeit zur Übersicht zurückkehren und sich die verschiedenen Vorlagen so einmal nacheinander ansehen.

5 Da es für die Kundenliste keine adäquate Vorlage gibt, soll für das weitere Procedere der Aufbau der Liste manuell angelegt werden. Wählen Sie dazu auf der Übersichtseite die Option *Leere Liste*.

6 Es erscheint ein Dialogfenster, in dem Sie dann den Namen und ggf. eine weitergehende Beschreibung der Liste angeben.

7 Mit Bestätigung über die Schaltfläche *Erstellen* wird die neue Liste erstellt.

Nach der Neuanlage einer leeren Liste besteht diese lediglich aus einem Feld (*Titel*). Wie eine solche Liste mit „Leben gefüllt" und den Wünschen entsprechend angepasst werden kann, wird in den nachfolgenden Abschnitten erläutert.

In sämtlichen Listen einer SharePoint-Umgebung wird standardmäßig (neben anderen Feldern) immer ein Feld mit dem Namen *Titel* angelegt. Es handelt sich dabei um ein Systemfeld bzw. eine Spaltendefinition, die aus einer Liste nicht entfernt werden kann, und auch der Typ des Feldes lässt sich nicht ändern - es ist immer ein Textfeld. Der Name eines solchen Feldes kann jedoch geändert werden und natürlich lässt sich ein solches Feld beispielsweise auch aus den verschiedenen Ansichten ausblenden.

Kalkulationstabelle als Basis einer Liste

Bevor in den nachfolgenden Abschnitten die Anpassung einer leeren Liste erläutert wird, soll an dieser Stelle auf eine Besonderheit hingewiesen werden. Denn aus dem Praxisbetrieb zeigt sich, dass nicht selten eine bestehende Excel-Tabelle als Basis einer SharePoint-Liste dient bzw. diese in eine SharePoint-Liste überführt wird. So ist es in einer SharePoint-Umgebung mit einer speziellen Importfunktion möglich, eine bestehende Kalkulationstabelle (Excel) als Basis einer Liste zu verwenden. Auf diese Art und Weise kann dann nicht nur die Felddefinition, sondern auch der Inhalt der Tabelle übernommen werden.

1 Um aus einer bestehenden Kalkulationstabelle (Excel) eine neue SharePoint-Liste zu erstellen, muss zunächst einmal die entsprechende Vorlage (*App*) ausgewählt werden. Am schnellsten erfolgt dies auf der entsprechenden Webseite über den Punkt *Liste* im Menü *Neu*.

2 Bei den angezeigten Optionen müssen Sie im nächsten Schritt *Aus Excel* verwenden.

3 Anschließend erscheint ein Dialogfenster, in dem Ihnen verschiedene Optionen zur Verfügung stehen. So können Sie über die Schaltfläche *Datei hochladen* auf eine beliebige Excel-Tabelle im Dateisystem zugreifen. Des Weiteren können Sie sich innerhalb der Webseite bewegen und eine Datei auswählen, sofern diese als Basis einer neuen Liste dienen soll.

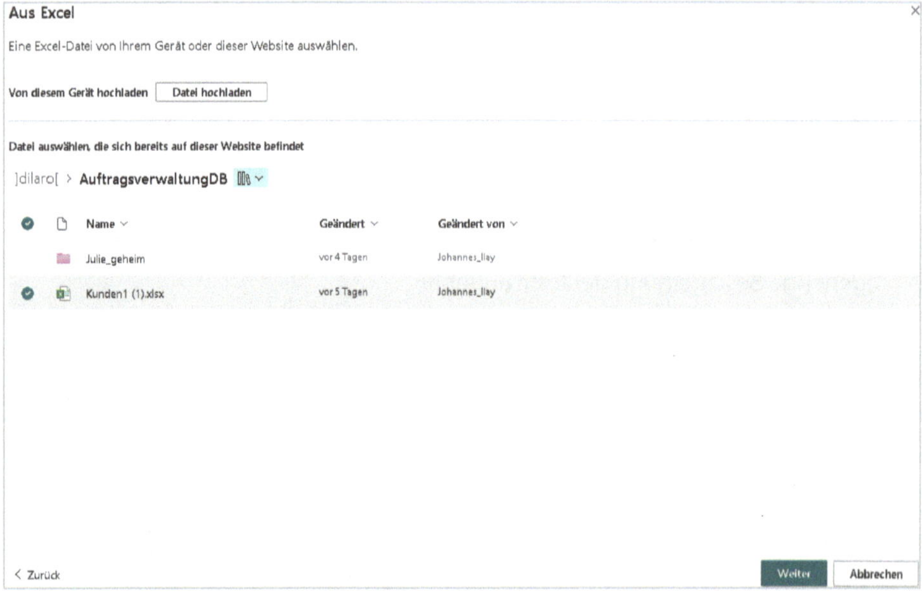

Bild 2.45 Auswahl einer Excel-Tabelle als Basis einer neuen Liste.

4 Sobald Sie eine Excel-Tabelle ausgewählt und dies mit der Schaltfläche *Weiter* bestätigt haben, haben Sie im nachfolgenden Dialogfenster die Möglichkeit, vor dem Import noch Einfluss auf die Struktur der neuen Liste zu nehmen. So können Sie hier beispielsweise noch den Typ eines Feldes (z. B. *Zahl*, *Einzelne Zeile Text*) anpassen.

> Zur Festlegung der Strukturansicht der einzelnen Felder kommt eine abgespeckte Variante des *Power-Query-Tools* zum Einsatz, das Sie eventuell von Excel her kennen.

5 Mit Anklicken der Schaltfläche *Weiter* erscheint ein weiteres Fenster, in dem Sie den Namen für die Liste und ggf. eine weitergehende Beschreibung eingeben können. Die Option *In Websitenavigation anzeigen* dient dabei als Auswahlfeld zur Anzeige des Listennamens im Menübereich.

6 Nach Anklicken der Schaltfläche *Erstellen* wird die neue Liste angelegt und steht ab sofort in der SharePoint-Umgebung zur Verfügung.

> Die Anzeige einer Liste im Menübereich (*Websitenavigation*) kann jederzeit nachträglich geändert bzw. angepasst werden (siehe nachfolgende Abschnitte).

Listeneinstellungen anpassen

Sobald eine SharePoint-Liste neu erstellt wurde, wird deren Inhalt angezeigt, der nach einer Neuanlage verständlicherweise noch leer ist - es sei denn, Sie haben beispielsweise eine Excel-Tabelle importiert.

Neben dem Feld *Titel*, das jeder SharePoint-Liste zugewiesen wird, erhält jede auch noch folgende Feldzuordnungen:

- Geändert
- Erstellt
- Erstellt von
- Geändert von

Durch Einsatz sogenannter Metadaten in Form zusätzlicher Felder werden einer Liste dann spezifische Anforderungen zugewiesen.

> Die fünf Standardfelder (siehe oben) einer SharePoint-Liste können zu keiner Zeit gelöscht werden; eine Anpassung des Namens ist in den *Listeneinstellungen* jedoch jederzeit möglich.

Da für eine leere Liste standardmäßig nur rudimentäre Feldzuordnungen erfolgen, müssen Sie die gewünschten Felder (Spalten) ergänzen, wozu beispielhaft folgende Arbeitsschritte notwendig sind:

1. Um die Struktur einer Liste zu ändern und beispielsweise zusätzliche Felder zuzuweisen, müssen Sie die Liste zunächst einmal anwählen (sofern noch nicht geschehen).
2. Anschließend müssen Sie im Einstellungen-Menü (Zahnradsymbol oben rechts) den Punkt *Listeneinstellungen* anklicken, worauf das Fenster mit den Konfigurationsmöglichkeiten der Liste erscheint.

Bild 2.46 Konfigurationsseite einer SharePoint-Liste.

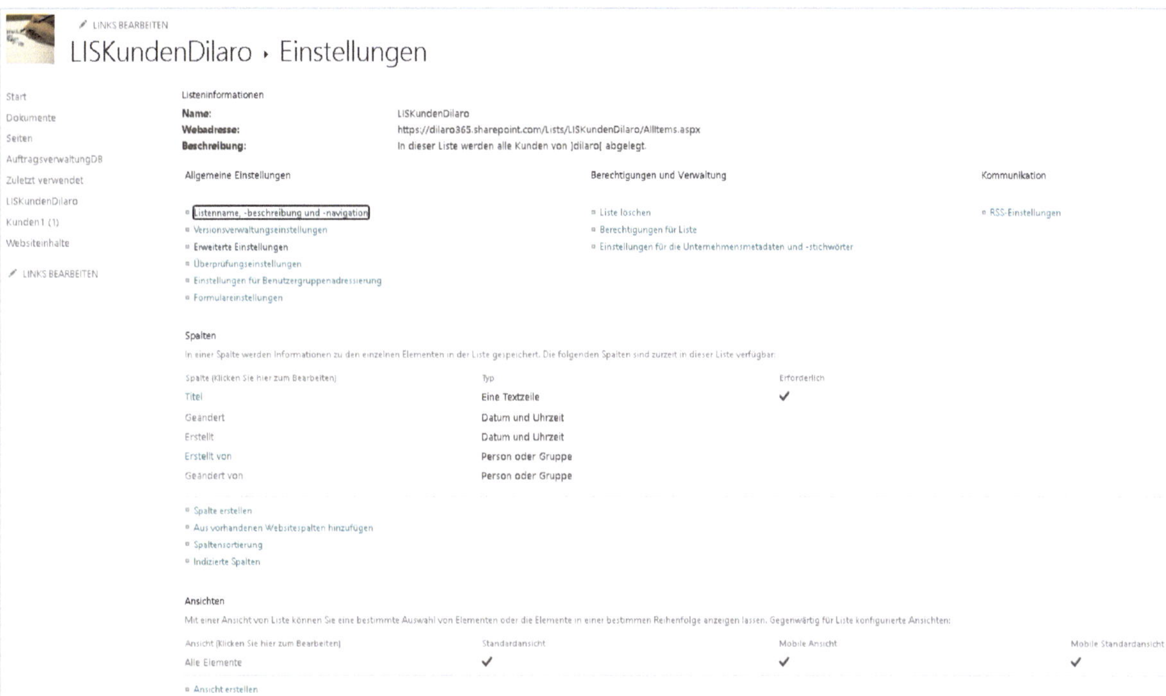

3 Innerhalb des Konfigurationsfensters stehen die verschiedenen Anpassungsmöglichkeiten zur Verfügung. Während im oberen Bereich Einstellungsmöglichkeiten zur Namensgebung, Versionierung usw. vorhanden sind, besteht im Bereich *Spalten* die Möglichkeit, Einfluss auf die Gestaltung bzw. den Aufbau der Liste zu nehmen. Dort ist erkennbar, dass der gewählten Liste unmittelbar nach der Neuanlage lediglich die Spalten (Felder) *Titel*, *Geändert*, *Erstellt*, *Erstellt von* und *Geändert von* zugewiesen worden sind.

4 Um beispielsweise für die Kundenliste neue Spaltendefinitionen festzulegen, müssen Sie an dieser Stelle im Bereich *Spalten* die Option *Spalte erstellen* anwählen.

5 Es erscheint ein Dialogfenster, in dem dann die benötigten Angaben eingetragen werden müssen. Dazu gehören ein Name für das neue Feld, die Auswahl des Feldtyps und, in Abhängigkeit vom Feldtyp, die Festlegung weiterer Eigenschaften. So kann beispielsweise mit der Option *Diese Spalte muss Informationen erhalten* das entsprechende Feld als Pflichtfeld definiert werden, in dem bei der Eingabe auf jeden Fall ein Eintrag vorgenommen werden muss. Mit *Eindeutige Werte erzwingen* wird das gewählte Feld als Indexfeld definiert, dessen Inhalt in der Liste nur einmal vorkommen darf.

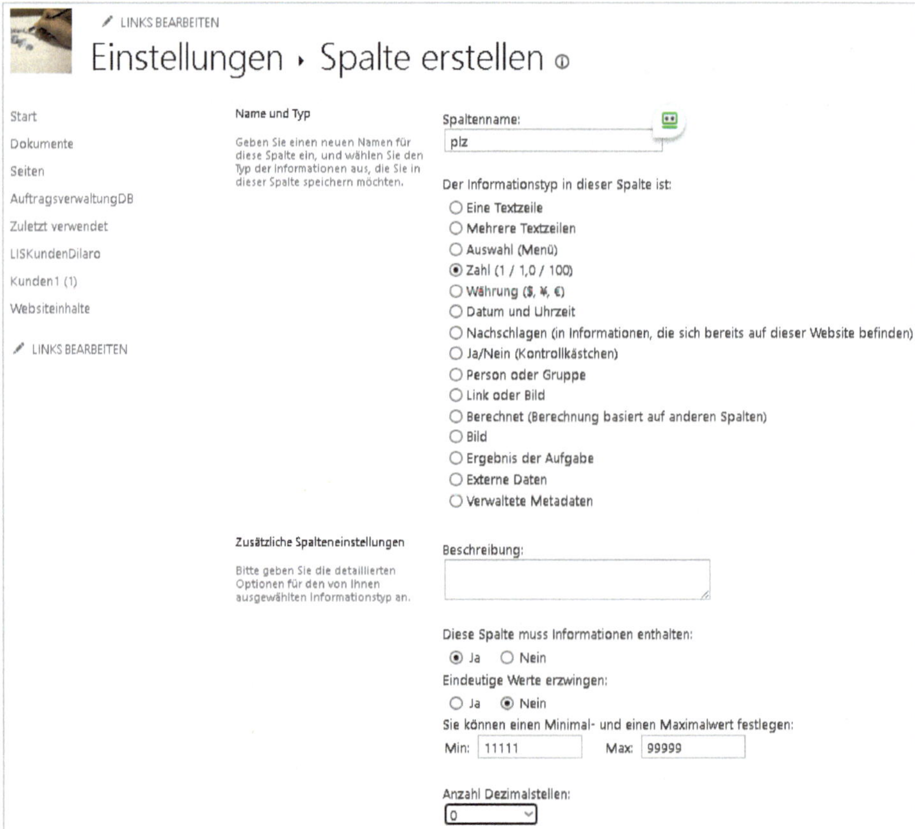

Bild 2.47 Festlegung eines neuen Feldes.

> Bei der Anlage neuer Felder (Spalten) ist es aus dem Praxisbetrieb zu empfehlen, alle Feldnamen zunächst mit Kleinbuchstaben und ohne jegliches Sonderzeichen zu erfassen (also beispielsweise nicht *E-Mail*, sondern *email* verwenden). Sobald das Feld angelegt wurde, kann die Bezeichnung dann im Nachhinein geändert werden. Diese Vorgehensweise vereinfacht im Weiteren die Auswertung bzw. den Zugriff auf entsprechende Feldinhalte.

6 Auf diese Weise können Sie für eine Liste die verschiedenen Felder (Name, Ansprechpartner, Straße, Ort usw.) anlegen. Abschließend können Sie dann noch die Anpassung der Namen durchführen (siehe oben), wobei in diesem Beispiel auch zusätzlich das Feld *Titel* umbenannt wird in *Firma*. Das Ergebnis kann sich dann beispielsweise wie folgt darstellen:

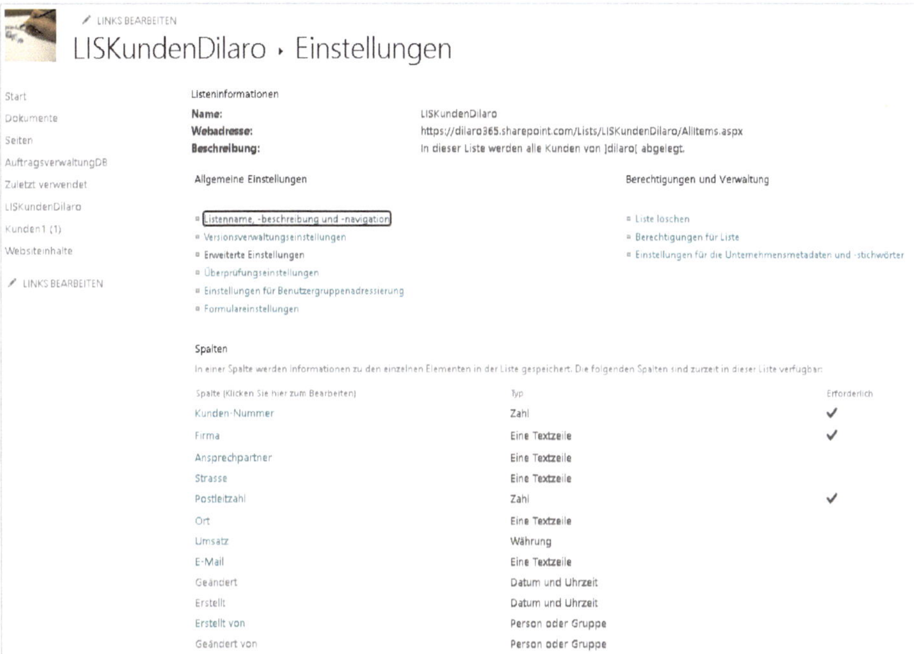

Bild 2.48 Definitionen der Felder einer Kundenliste.

> Um eine bestehende Felddefinition zu bearbeiten, brauchen Sie nur den entsprechenden Feldnamen anzuklicken und die gewünschten Änderungen vorzunehmen. Dabei ist jedoch zu beachten, dass die Änderungen von Feldtypen (Text, Zahl, Währung usw.) nicht beliebig vorgenommen werden können und dies ggf. mit Datenverlust verbunden ist, wobei dazu in der Regel eine entsprechende Meldung angezeigt wird.

Innerhalb des Konfigurationsfensters einer SharePoint-Liste stehen aber grundsätzlich auch noch weitere Möglichkeiten zur Verfügung. So können Sie beispielsweise mit dem Punkt *Spaltensortierung* die Reihenfolge bzw. Anordnung der Felder innerhalb der Listenstruktur anpassen. Die Option *Indizierte Spalten* liefert eine Übersicht über die Indexfelder einer Liste und mit *Aus vorhandenen Websitespalten hinzufügen* können Sie global auf Ebene der Webseite definierte Felder (Metadaten) auswählen.

> Mehr zur Konfiguration und den Einsatz von Websitespalten können Sie in Punkt „2.4 Websitespalten und Websiteinhaltstypen" auf Seite 88 nachlesen.

In der Praxis kann es sich ergeben, dass bestehende SharePoint-Listen einer Änderung unterliegen. So werden neue Felder hinzugefügt, Feldtypen geändert oder auch bestehende Felder (Spalten) aus der Liste entfernt.

1 Zum Löschen einer bestehenden Felddefinition bzw. einer Spalte muss die entsprechende SharePoint-Liste angewählt werden.

2 Nach Anwahl der *Listeneinstellungen* muss auf der Konfigurationsseite das Feld (Spalte) angeklickt werden.

> Das Dialogfenster eines Feldes wird auch aufgerufen, wenn an der bestehenden Felddefinition etwas geändert werden soll (z. B. Zuweisung eines anderen Feldtyps). Dabei ist unbedingt zu beachten, dass die Änderung von Feldtypen unter Umständen nicht immer eindeutig ist und dadurch ggf. Daten verlorengehen können.

3 Im Eigenschaftenfenster des gewählten Feldes kann dieses dann über die entsprechende Schaltfläche *Löschen* im unteren Teil des Fensters aus der Liste entfernt werden, was noch einmal separat bestätigt werden muss.

> Mit dem Löschen einer Spalte (Feld) in einer SharePoint-Liste werden die Felddefinition und der bisher dort hinterlegte Inhalt unwiderruflich gelöscht. Dieser lässt sich auch **nicht** über den Papierkorb wiederherstellen.

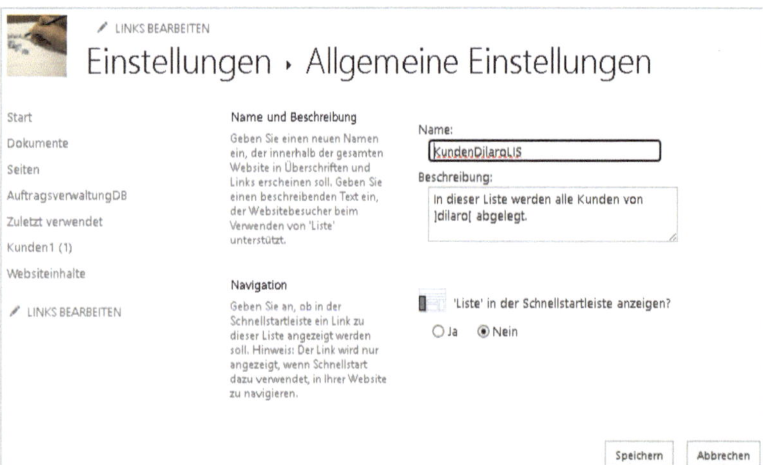

Bild 2.49 Nachträgliche Änderung des Namens und der Beschreibung einer Liste.

> Das Anlegen eines zusätzlichen Feldes (Spalte) können Sie auch direkt in der Bearbeitungsansicht der Liste vornehmen, indem Sie dort die Option *Spalte hinzufügen* verwenden.

So wie Sie einer Liste nachträglich Felder hinzufügen oder Felder löschen können, können Sie über die Konfigurationsseite der Liste auch weitergehende Einstellungen vornehmen. Möchten Sie beispielsweise den Namen oder die Beschreibung einer Liste ändern, können Sie auf der Konfigurationsseite den Punkt *Listenname, -beschreibung und -navigation* anklicken. Damit wird ein Dialogfenster aufgerufen, in dem Sie unter anderem den Namen der Liste und ggf. die weitergehende Beschreibung ändern können. Mit der Option *Liste in der Schnellstartleiste anzeigen* können Sie die Anzeige im Menübereich der Webseite beeinflussen.

> Die Deaktivierung der Anzeigeoption ist beispielsweise für Listen interessant, die benötigt werden, aber nicht unmittelbar für jedermann im Menübereich (Schnellstartleiste) einsehbar sein sollen. Im Übrigen können Sie Einstellungen zum Aussehen bzw. Inhalt der Menüleiste (Schnellstartleiste) dort auch direkt über den Punkt *Bearbeiten* vornehmen.

Datenerfassung

Sobald eine Listendefinition abgeschlossen und die benötigten Felder (Spalten) zugewiesen wurden, können Sie eine solche Liste mit „Leben füllen", indem Sie Inhalte bzw. Daten erfassen.

1 Zunächst einmal muss die entsprechende Liste angewählt werden. Dies erfolgt in der Regel durch Anklicken des Listennamens in der Schnellstartleiste (Menübereich), sofern die Liste dort angezeigt wird, oder durch Anklicken der Liste in der Auswahl nach Anwahl der Option *Websiteinhalte*.

> Die Funktion zur Anzeige in der Schnellstartleiste kann in den Listeneinstellungen auch jederzeit zugewiesen werden.

2 Um der gewählten Liste ein neues Datenelement zuzuweisen, kann entweder die Option *Neu* (links oben) angewählt werden oder Sie rufen über den Punkt *In Rasteransicht bearbeiten* eine spezielle Erfassungs- und Bearbeitungsfunktion auf. Je nach Auswahl erscheint entweder eine tabellarische Darstellung (Rasteransicht) oder ein leeres Eingabefenster.

3 In der leeren Erfassungsmaske (*Neu*) werden die zugewiesenen Feldnamen (Spalten) angezeigt, jeweils versehen mit entsprechenden Eingabe- oder Auswahlfeldern, die Sie dann entsprechend ausfüllen können.

4 Nach Abschluss der Erfassung muss dann mit *Speichern* bestätigt werden, worauf der Datensatz in die Liste aufgenommen wird.

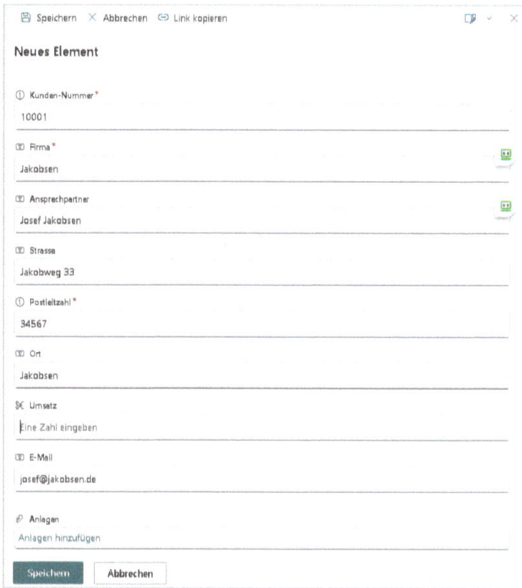

Bild 2.50 Erfassungsmaske eines Listenelements.

Neben der Einzelerfassungsmaske steht bei SharePoint-Listen mit der Rasteransicht eine weitere Option zur Erfassung und Bearbeitung der Listeneinträge zur Verfügung. Nach Anwahl des entsprechenden Menüpunkts (*Rasteransicht bearbeiten*) erscheint eine tabellarische Darstellung der Listeninhalte. Hier können bestehende Einträge bearbeitet und auch neue Elemente erfasst werden (*Neues Element hinzufügen*).

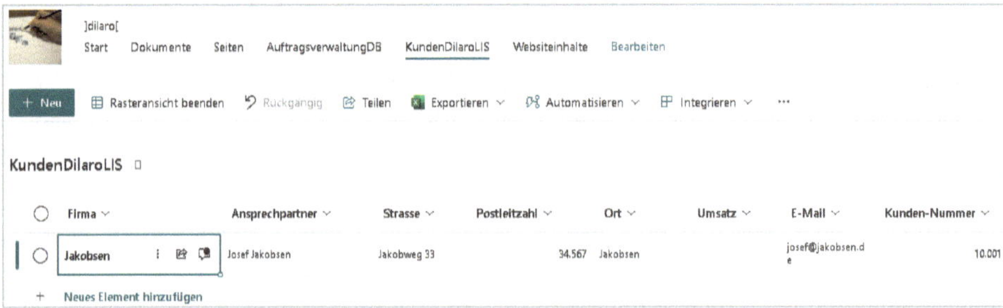

Bild 2.51 Listeneinträge in der Rasteransicht.

Auf diese Art und Weise können einer SharePoint-Liste jederzeit weitere Daten hinzugefügt werden, die dann in der Listendarstellung angezeigt werden.

> Einer bestehenden SharePoint-Liste, die bereits Daten enthält, können auch jederzeit nachträglich weitere Felddefinitionen als neue Spalten zugeordnet werden. Ebenso können auch einzelne Felder entfernt werden, verbunden mit dem Verlust der enthaltenen Daten.

Löschen und Wiederherstellen

Genau wie bei Bibliotheken so ergibt sich auch beim Einsatz von SharePoint-Listen sicherlich hier und da die Notwendigkeit, eine solche Liste zu löschen, weil diese unter Umständen nicht mehr benötigt wird. Was es dabei zu beachten gibt und wie eine vielleicht versehentlich gelöschte Liste wiederhergestellt werden kann, soll Inhalt des folgenden Abschnitts sein.

1. Nach der Anwahl der Liste auf der entsprechenden SharePoint-Webseite müssen Sie zunächst die *Listeneinstellungen* aufrufen, am schnellsten über das Menü beim Zahnradsymbol (oben rechts).
2. In der Aufstellung der Einstellungsmöglichkeiten muss als Nächstes die Option *Liste löschen* angeklickt werden.
3. Nach Bejahung der nachfolgenden Sicherheitsabfrage wird die Liste inklusive der darin enthaltenen Elemente aus der SharePoint-Umgebung entfernt.

> Bei SharePoint kommt das sogenannte Zwei-Phasen-Papierkorb-System zum Einsatz. Dies bedeutet, dass gelöschte Objekte (z. B. Listen) auf der Ebene des Anwenders wiederhergestellt werden können. Sollten die Objekte in dem Benutzerpapierkorb nicht mehr zu finden sein, können diese aber ggf. über den Papierkorb des Verwalters der Webseitensammlung (Webseitensammlungsadministrator) wieder verfügbar gemacht werden. Die Objekte im Papierkorb verbleiben dort so lange, bis sie durch die in der Zentraladministration festgelegte Konfiguration endgültig entfernt werden.

Eine gelöschte Liste kann - wie viele andere SharePoint-Objekte - über die Papierkorbfunktion wiederhergestellt werden, und damit auch der gesamte Inhalt, also die zugewiesenen Elemente.

1 Zur Wiederherstellung einer gelöschten Liste muss zunächst die Webseite angewählt werden, aus der die Liste gelöscht wurde.

2 Wählen Sie dann entweder aus dem Einstellungen-Menü (Zahnradsymbol) oder in der Schnellstartleiste (Menübereich) den Punkt *Websiteinhalte*.

3 Am oberen rechten Rand sehen Sie anschließend den Punkt *Papierkorb*, der angeklickt werden muss.

Wird der Punkt *Websiteinhalte* oder der Papierkorb nicht angezeigt, kann dies unter Umständen an den fehlenden Berechtigungen liegen.

4 In der nachfolgenden Aufstellung der gelöschten Objekte muss dann die gewünschte Liste durch Anklicken des Ankreuzfeldes angewählt werden. Dabei können Sie auch grundsätzlich mehrere Einträge auswählen.

5 Über den Punkt *Wiederherstellen* kann das oder die ausgewählten Objekte wiederhergestellt werden.

Bild 2.52 Wiederherstellung einer gelöschten Liste.

Eine wiederhergestellte Liste wird nicht standardmäßig wieder in der Schnellstartleiste angezeigt, selbst wenn dies vor dem Löschen so eingestellt war. Dies müssen Sie dann noch in den Listeneinstellungen über die Option *Listenname, -beschreibung und -navigation* manuell zuweisen.

Listeninhalte in der Suche

Die Inhalte bzw. Elemente einer SharePoint-Liste werden standardmäßig in die Suche einer SharePoint-Umgebung integriert, sodass Sie nach diesen Inhalten auch suchen können. Sollte sich bei bestimmten Listen die Notwendigkeit ergeben, dass Listeninhalte von der Suche ausgenommen werden, kann auch dies entsprechend konfiguriert werden.

1 Nach Anwahl der entsprechenden Liste (z. B. durch Anklicken in der Schnellstartleiste) müssen Sie zunächst die *Listeneinstellungen* aufrufen.

2 In den verfügbaren Listenoptionen müssen Sie dann im nächsten Schritt den Punkt *Erweiterte Einstellungen* (*Allgemeine Einstellungen*) anwählen.

3 Im nachfolgenden Dialogfenster müssen Sie dann ein wenig nach unten scrollen und im mittleren Bereich mit der Option *Suchen* festlegen, ob die Inhalte der gewählten Liste in den Ergebnissen der SharePoint-Suche angezeigt werden sollen oder nicht.

4 Mit der abschließenden Bestätigung der Einstellung über die Schaltfläche *OK* wird die Einbindung der Inhalte der Liste in die Suchfunktionen unmittelbar aktiviert.

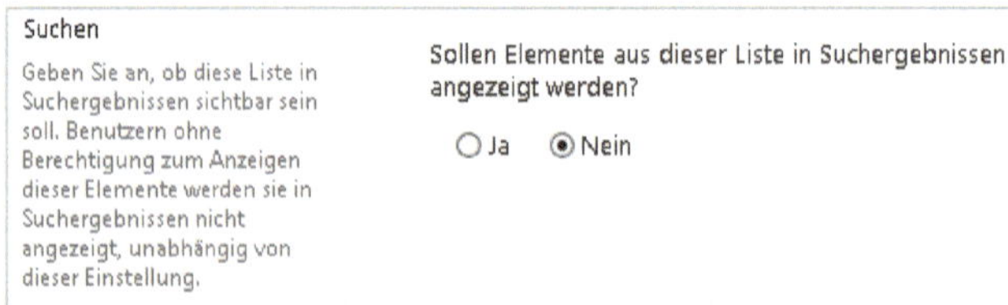

Bild 2.53 Suchoptionen einer SharePoint-Liste.

Die Sucheinstellung einer Liste ist standardmäßig aktiviert. Auf diese Art haben Sie - neben der gezielten Rechtevergabe einer Liste - mit der Einstellung der Suchoption auch eine Möglichkeit, bestimmte Listeninhalte aus der Suche auszuschließen (auch beispielsweise über den Copilot).

Versionierung bei Listen

Mit den Optionen einer Versionierung von Elementen einer Liste wird erreicht, dass durchgeführte Änderungen, je nach gewähltem Grad der Versionierung, jederzeit nachvollziehbar sind. Dies bedeutet, dass die unterschiedlichen Versionsstände der einzelnen Elemente einer Liste in der SharePoint-Umgebung gespeichert werden und ggf. auch jederzeit ein älterer Stand wiederhergestellt werden kann. Dabei werden den verschiedenen Versionen der Änderungszeitpunkt und beispielsweise auch der Name der- oder desjenigen zugeordnet, die/der das Listenelement geändert hat.

Voraussetzung zur Nutzung der nachfolgenden Option ist, dass der angemeldete Benutzer über die entsprechenden Berechtigungen zur Durchführung dieser Aufgabe verfügt. Zudem wird die Versionierung bei jeder neu angelegten Liste standardmäßig aktiviert.

Um die Einstellungen der Versionierung einer SharePoint-Liste anzupassen, sind folgende Arbeitsschritte notwendig.

1 Nach der Anwahl der Liste müssen Sie zunächst die *Listeneinstellungen* auswählen.

2 Mit der Option *Versionsverwaltungseinstellungen* kann dann im nächsten Schritt das für die Versionierung benötigte Dialogfenster aufgerufen werden, in dem die gewünschten Einstellungen über die verschiedenen Optionen vorgenommen werden können.

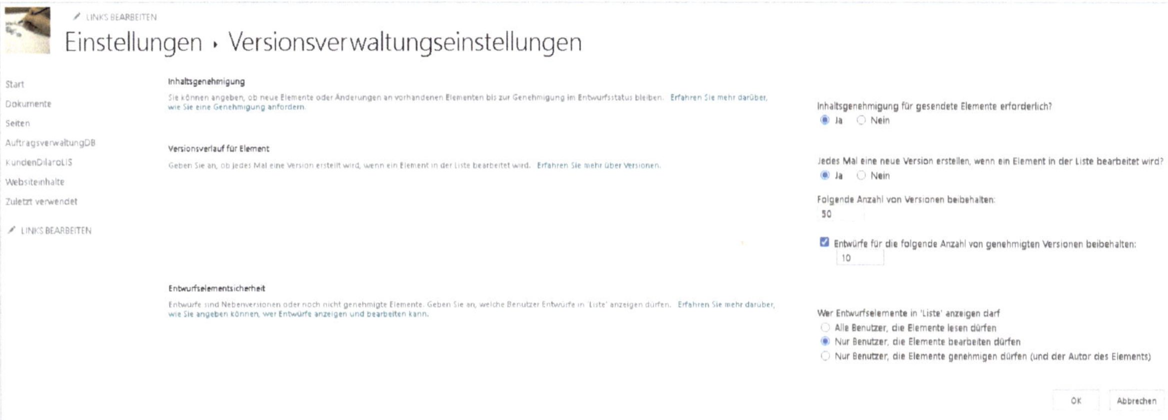

Bild 2.54 Einstellungen zur Versionierung von Listen.

3 Genau wie bei Dokumenten einer Bibliothek können Sie im Dialogfenster mit Anwahl von *Ja* bei der Option *Inhaltsgenehmigung für gesendete Objekte* festlegen, dass Entwürfe von Elementänderungen explizit freigegeben werden müssen. Dies bewirkt, dass ein geändertes Element erst nach Freigabe bzw. Genehmigung für die anderen Anwender sichtbar ist, wobei dies für den Einsatz von Entwurfsversionen interessant ist.

4 Im Bereich *Versionsverlauf für Element* kann die Versionierung ein- bzw. ausgeschaltet (*Nein*) werden.

5 Je nach Auswahl im Versionsverlauf kann zusätzlich definiert werden, wie viele Versionsstände gespeichert werden sollen (Standard ist 50). Dies erfolgt durch entsprechende Angaben in den darunterliegenden Feldern (*Folgende Anzahl von Versionen beibehalten* usw.).

6 Mit der abschließenden Bestätigung der Änderungen über die Schaltfläche *OK* werden die Einstellungen für die gewählte Liste direkt wirksam.

> Die Beschränkung der Anzahl von Versionen sollte auf jeden Fall genutzt werden, da jede neue Version im System zusätzlichen Speicherplatz benötigt.

Wenn die Versionierung für eine SharePoint-Liste aktiviert wurde, ändert sich nach einer gewissen Zeit auch der Versionsverlauf einzelner Elemente, sofern diese geändert werden. Dies kann für ein einzelnes Element angezeigt werden, indem in der Liste das zugehörige Kontextmenü (drei Punkte) des Listenelements angewählt wird.

1 Zur Anzeige der Versionsstände brauchen Sie aus dem Kontextmenü nur noch den Punkt *Versionsverlauf* anwählen, worauf die aktuell verfügbaren Versionen des Elements angezeigt werden.

2 Innerhalb der Darstellung der Versionen eines Listenelements besteht mit der Option *Alle Versionen löschen* bzw. *Entwurfsversionen löschen* eine Möglichkeit,

bestimmte Versionen zu entfernen. Voraussetzung sind aber auch hier natürlich die entsprechenden Berechtigungen.

3 Mit dem Untermenü bei jedem einzelnen Listeneintrag stehen standardmäßig die drei Optionen *Anzeigen*, *Wiederherstellen* und *Löschen* zur Verfügung. So lässt sich über die Option *Anzeigen* jederzeit nachvollziehen, wer welche Änderungen an einem bestimmten Listenelement vorgenommen hat, und über *Wiederherstellen* ggf. ein früherer Versionsstand wiederherstellen.

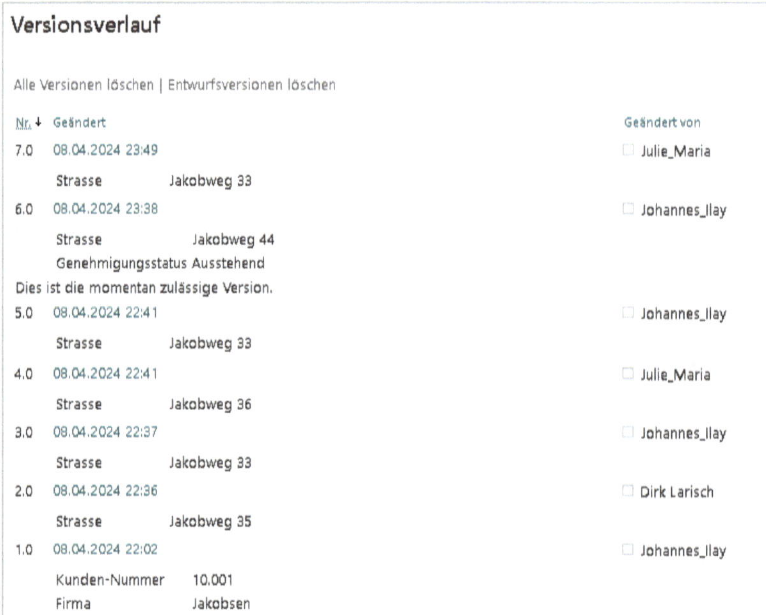

Bild 2.55 Versionsverlauf eines Listenelements.

> **Mit dem Wiederherstellen der vorhergehenden Version eines Listenelements wird im Versionsverlauf automatisch ein neuer Eintrag hinzugefügt, der die Aktion der Wiederherstellung repräsentiert.**

Sofern bei den Festlegungen der Versionierungseinstellungen eine explizite Inhaltsgenehmigung angefordert wurde (Aktivierung der Option *Inhaltsgenehmigung für gesendete Objekte*), erscheint in der Listendarstellung automatisch die neue Spalte *Genehmigungsstatus*. Bei einem geänderten Listenelement steht dort anschließend als Eintrag *Ausstehend* und deutet somit darauf hin, dass die Änderung noch freigegeben werden muss.

1 Um die Freigabe für ein Listenelement zu erteilen und die Änderung zu genehmigen, müssen Sie im Kontextmenü des Elements (drei Punkte) den Punkt *Mehr* und *Genehmigen/Ablehnen* anwählen. Alternativ können Sie auch ein oder mehrere Elemente anwählen und dann aus dem Eigenschaften-Menü der Liste den gleichnamigen Punkt anwählen.

2 Es erscheint ein Dialogfenster, in dem Sie festlegen können, wie mit der Änderung an dem Listenelement umgegangen werden soll.

3 Um eine Änderung zu genehmigen, wählen Sie die entsprechende Option an, fügen ggf. noch einen Kommentar hinzu und bestätigen dies dann über die Schaltfläche *OK*.

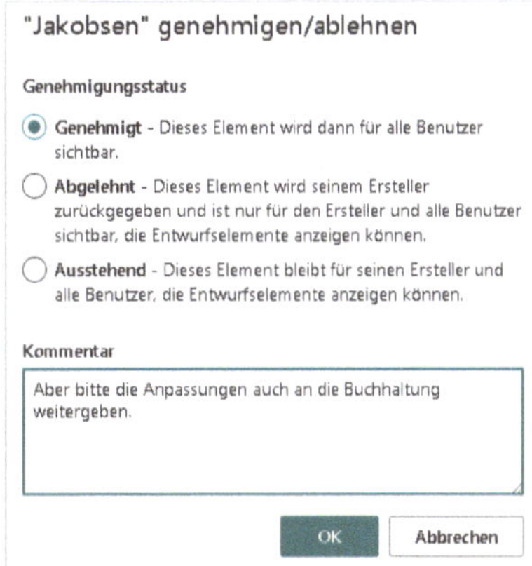

Bild 2.56 Genehmigung einer Listenänderung.

Ein Benutzer mit entsprechenden Berechtigungen kann die Genehmigung der Änderung eines Listenelements auch nachträglich ablehnen, indem er dazu im Versionsverlauf die Option *Diese Version ablehnen* nutzt.

Zudem können Sie den Genehmigungsstatus einer Listenänderung jederzeit über eine spezielle Ansicht nachverfolgen. Sobald Sie diese Option nutzen, haben Sie im Ansichten-Menü (oben rechts) automatisch zwei neue Einträge: *Genehmigte/Abgelehnte Einträge* und *Meine Einsendungen*, die Auskunft über den *Genehmigungsworkflow* geben.

Listen und Berechtigungen

Jeder Anwender einer SharePoint-Webseite erhält im Rahmen der zugewiesenen Berechtigungen Zugriff auf die Listen und deren Elemente. Diese können von einem totalen Zugriffsverbot über einen lesenden Zugriff bis hin zur Möglichkeit zur Durchführung von Änderungen sehr fein und granular gesteuert werden.

Für die Zuweisung von Berechtigungen müssen Sie natürlich zunächst einmal selber über die benötigten Zugriffsrechte für die Liste verfügen.

1 Die explizite Rechtezuweisung einer Liste erfolgt über den Punkt *Berechtigungen für Liste* der *Listeneinstellungen*.

2 An der Stelle können Sie einen Benutzer einer der drei Standardberechtigungsstufen (*Mitglieder*, *Besucher*, *Besitzer*) zuweisen. Dazu klicken Sie die gewünschte Stufe an, worauf die aktuell zugewiesenen Benutzer angezeigt werden.

3 Im Menü *Neu* können Sie dann den Punkt *Benutzer hinzufügen* anwählen.

4 Es erscheint ein Dialog, in dem Sie anschließend den Namen (E-Mail-Adresse) des oder der gewünschten Benutzer eingeben können. Dabei können Sie grund-

sätzlich auch die E-Mail-Adressen externer Anwender einfügen, um diesen die entsprechende Berechtigung zuzuweisen.

5 Wenn gewünscht, können Sie noch eine Nachricht hinterlegen und unter *Optionen anzeigen* festlegen, ob eine Benachrichtigung per E-Mail erfolgen soll.

6 Über die Schaltfläche *Freigeben* erfolgt dann die Zuweisung der gewählten Berechtigungsstufe.

> Die Zuweisung eines Benutzers über Berechtigungsstufen hat den Vorteil (z. B. gegenüber Freigaben), dass Anpassungen der Berechtigungsstufen unmittelbare Auswirkungen auf die zugewiesenen Benutzer haben, ohne dass Sie das bei jedem einzelnen Benutzer vornehmen müssen. Bei Freigaben (siehe nachfolgend) müssen Sie Berechtigungen auf Ebene der Benutzer vornehmen.

Neben der expliziten Rechtezuweisung über eine Berechtigungsstufe können Sie auch eine individuelle Freigabe für einen (oder mehrere) Benutzer vornehmen.

1 Um die individuelle Berechtigung für einen Benutzer zuzuweisen, müssen Sie in der Aufstellung der aktuellen Rechtezuweisungen/Berechtigungsstufen zunächst die Vererbung der Berechtigungen unterbrechen, wozu Sie die Schaltfläche *Berechtigungsvererbung beenden* anklicken und die nachfolgende Sicherheitsabfrage bejahen müssen.

> In SharePoint werden die Berechtigungen einer Webseite standardmäßig auf Listen, Bibliotheken usw. „vererbt" (siehe gelbes Hinweisfeld oben). Sollte eine Berechtigungsvererbung unterbrochen worden sein, kann diese jederzeit mit der Option *Eindeutige Berechtigungen löschen* wieder aktiviert werden.

2 Mit der anschließenden Anwahl der Option *Berechtigungen erteilen* in der Menüleiste kann ein Dialogfenster aufgerufen werden, indem zunächst der Benutzer (Name, E-Mail-Adresse) angegeben bzw. ausgewählt werden muss (SharePoint-, ADS-Objekte, Externe).

3 Nach Anwahl des Punktes *Optionen anzeigen* kann auch hier die Form der Berechtigung (Rolle) ausgewählt bzw. festgelegt werden, ob der betreffende Benutzer also darüber per E-Mail informiert werden soll, was auch mit einer individuellen Nachricht versehen werden kann.

4 Mit der abschließenden Bestätigung dieser Zuordnung über die Schaltfläche *Freigeben* wird die Zuweisung beendet und damit auch direkt wirksam.

Bild 2.57 Zuweisung der Rechte über Berechtigungsstufen.

> Nähere Angaben zu Berechtigungen und Berechtigungsstufen in SharePoint enthält Kapitel 4.

Besondere Listenfunktionen

So wie Bibliotheken weisen auch die SharePoint-Listen einige besondere Funktionen auf, die nachfolgend dargestellt und erläutert werden sollen.

Ansichten für Listen

Exakt so wie bei Bibliotheken so verfügt auch jede SharePoint-Liste über eine Standardansicht, welche die Darstellung der Inhalte auf der jeweiligen Seite steuert bzw. den Inhalt der Darstellung festlegt. Eine solche Ansicht nimmt grundsätzlich keinen Einfluss auf die Daten bzw. den Inhalt der Liste, sondern sie ermöglicht lediglich eine andere Form der Darstellung bzw. Anzeige der verfügbaren Daten. In der Praxis kann sich die Anforderung ergeben, die Standardansicht (Alle Elemente) zu ändern bzw. für eine Liste eine neue Ansicht zu erstellen.

1 Zum Anlegen einer neuen Ansicht müssen Sie nach Anwahl der entsprechenden Liste zunächst das Konfigurationsfenster über *Listeneinstellungen* aufrufen.

2 Am unteren Ende der Konfigurationsseite müssen Sie anschließend den Punkt *Ansicht erstellen* anwählen.

> Alternativ können Sie den Dialog für das Anlegen einer neuen Listenansicht auch direkt in der Liste über den Punkt *Neue Ansicht erstellen* unter *Ansichtsoptionen wechseln* (oben rechts) aufrufen. Sollte der entsprechende Punkt zum Erstellen einer Ansicht nicht angezeigt werden, verfügt der Benutzer sehr wahrscheinlich nicht über die notwendigen Berechtigungen.

3 Nach dem Aufruf der Option zum Anlegen einer neuen Ansicht erscheint ein Dialogfenster, in dem der Name der neuen Ansicht angegeben werden muss. Dabei kann der Typ einer Ansicht ausgewählt werden, wobei standardmäßig folgende zur Verfügung stehen: Liste, Kalender, Galerie und Board.

> Die Ansichtstypen *Board* und *Galerie* ermöglichen eine besondere Darstellungsform der Listenelemente, die sich bei bestimmten Listentypen anbietet. Sie sollten diese Darstellungen einfach einmal ausprobieren.

4 Nach Eingabe des Namens der neuen Ansicht und der Auswahl eines Ansichtstyps können Sie bei *Diese Ansicht öffentlich machen* festlegen, ob diese Ansicht auch für andere nutzbar sein soll. Wenn Sie das nicht möchten, müssen Sie diese Option hier abwählen.

5 Mit Betätigen der Schaltfläche *Erstellen* wird dann eine neue Ansicht erstellt.

6 Um die Darstellung der neuen Ansicht noch anzupassen, müssen Sie bei angewählter Listenansicht im Bereich *Ansichtsoptionen wechseln* den Punkt *Aktuelle Ansicht bearbeiten* anwählen.

7 Es erscheint das Konfigurationsfenster, in dem Sie die gewünschten Einstellungen vornehmen können. So können Sie beispielsweise mit dem Auswahlkästchen unterhalb des Namens (*Zur Standardansicht machen*) festlegen, dass die gewählte Ansicht zukünftig als Standardansicht (für alle Benutzer) verwendet wird.

> Die Festlegung einer Standardansicht hat grundsätzlich Gültigkeit für alle Benutzer der entsprechenden Liste und nicht nur für den aktuell angemeldeten. Aus diesem Grund kann diese Zuordnung auch nur jemand mit entsprechenden Berechtigungen vornehmen und es muss sich dabei immer um eine „öffentliche Ansicht" handeln.

8 Im nächsten Schritt können Sie im Bereich *Spalten* festlegen, welche Felder der entsprechenden Liste in der Ansicht angezeigt werden sollen. Dies erfolgt durch Anklicken des Kästchens vor dem Feldnamen. Am Ende der einzelnen Zeilen kann jeweils unter *Position von links* die Position der Felder in der Ansicht bestimmt werden

9 Um bestimmte Sortierungen, Gruppierungen oder auch eine Filterung der Daten vorzunehmen, stehen im unteren Teil des Konfigurationsfensters separate Einstellungsmöglichkeiten zur Verfügung. Da diese prinzipiell selbsterklärend sind, sollten Sie die verschiedenen Möglichkeiten einfach einmal ausprobieren.

10 Mit abschließender Bestätigung der Eingaben über die Schaltfläche *OK* wird die neue Ansicht angelegt und der Inhalt der Liste auch direkt mit dieser Ansicht dargestellt.

Die Auswahl bestehender Listenansichten erfolgt am schnellsten über den entsprechenden Punkt im Bereich *Ansichtsoptionen wechseln*.

Da es sich bei Ansichten immer nur um unterschiedliche Darstellungsweisen der Daten handelt, können Sie damit die verschiedenen Darstellungsformen testen, ohne dadurch die Daten der Liste zu verändern.

Darüber hinaus können Sie neben den Listenansichten auch jederzeit eine manuelle Filterung der Daten vornehmen. Klicken Sie dazu in einer Listendarstellung die gewünschte Spaltenüberschrift (Feldname) an und rufen über den Punkt *Filtern nach* den Dialog zur Filterung der Daten auf, in dem Sie die gewünschte Filterung der Darstellung festlegen können.

Automatische Benachrichtigung

Mit der automatisierten Benachrichtigungsfunktion steht in einer SharePoint-Umgebung eine sehr komfortable Möglichkeit zur Verfügung, um sich über Änderungen an Dokumenten, Listen oder sonstigen SharePoint-Objekten informieren zu lassen. Dies geschieht standardmäßig in der Form, dass bei einer Änderung an den entsprechenden SharePoint-Benutzer eine E-Mail versendet wird.

1. Um die Benachrichtigungsfunktion bei einer SharePoint-Liste zu aktivieren, müssen Sie diese zunächst einmal anwählen.
2. Im nächsten Schritt können Sie dann im Eigenschaften-Menü der Liste (drei Punkte im Menübereich) den Punkt *Mich benachrichtigen* auswählen.
3. Es erscheint ein Dialogfenster, in dem Sie zunächst einen Namen für die Benachrichtigung selber eintragen können. Standardmäßig wird hier der Name der Liste vorgeschlagen, der entweder übernommen oder auch geändert werden kann.

Aus der Praxis bietet es sich an, bei der Namensgebung der Benachrichtigung „sprechende" und eindeutige Namen zu verwenden, denn diese werden beim E-Mail-Versand berücksichtigt.

4. Anschließend können Sie im Feld *Benutzer* festlegen, wer die Benachrichtigung - außer Ihnen - erhalten soll (Benutzer oder Gruppe). Standardmäßig wird der aktuelle Benutzer vorgegeben, der an der Stelle aber auch überschrieben bzw. gelöscht oder ergänzt werden kann.

Bei der Zuweisung einer Benachrichtigung wird in der Regel auf die Benutzer der Microsoft-365-Umgebung zugegriffen (Azure AD; Entra ID). Darüber hinaus können Sie als Empfänger aber auch eine externe Adresse angeben. Entscheidend ist dabei immer, dass der oder die Empfänger über einen E-Mail-Account verfügt.

5. Im unteren Teil des Dialogfensters können Sie dann noch dezidiert festgelegen, welche Änderungen mitgeteilt und wie oft die Meldungen versendet werden sollen.

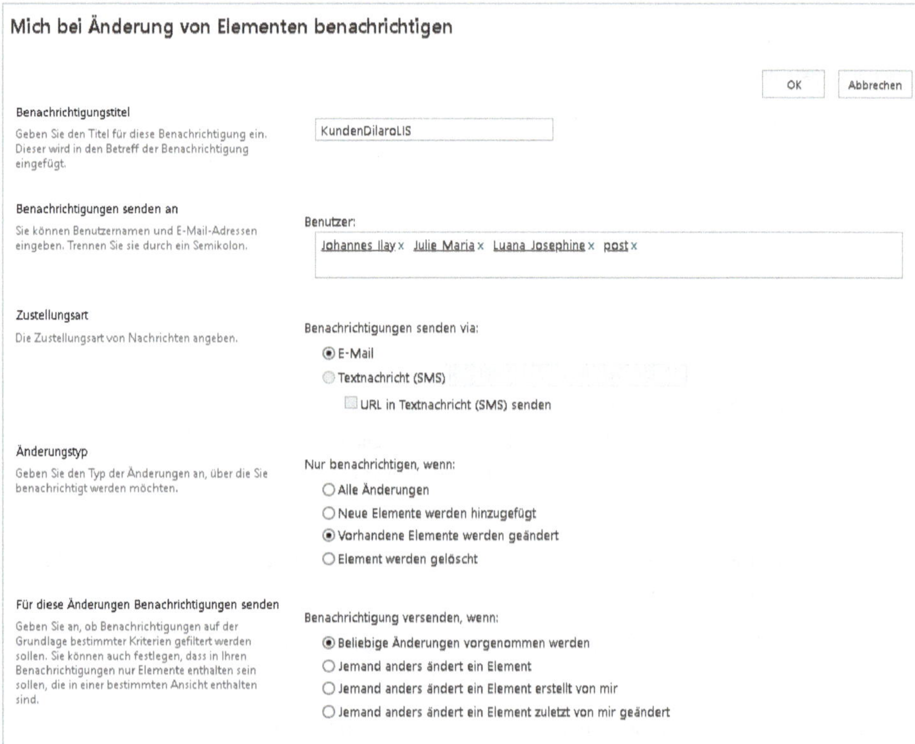

Bild 2.58 Dialogfenster zur automatischen Benachrichtigung.

6 Mit Anklicken der Schaltfläche *OK* werden die Einstellungen übernommen und auch direkt aktiv. Den Empfängern wird darüber auch automatisch eine erste E-Mail zugesendet, in der sie auf die Eintragung hingewiesen werden.

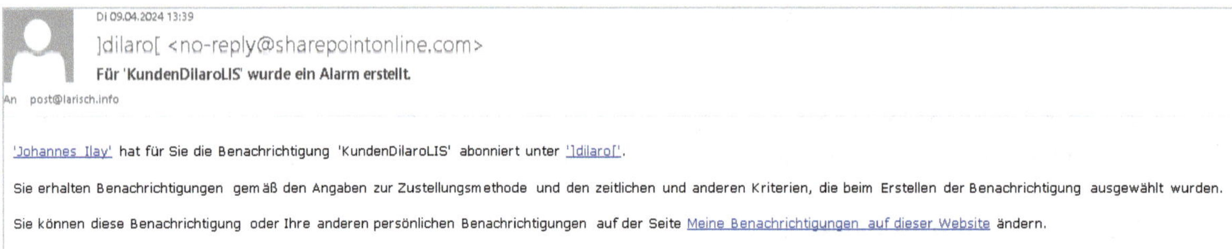

Bild 2.59 Hinweis auf automatische Benachrichtigung per E-Mail.

Um die Einstellungen für die eigene Benachrichtigung zu verwalten, können Sie entweder den Link in der E-Mail verwenden oder Sie wählen in der Liste den Punkt *Meine Benachrichtigungen verwalten*.

Darüber hinaus können Sie sich nicht nur über Änderungen an der gesamten Liste informieren lassen, sondern auch über Änderungen an einzelnen Listenelementen. Dazu steht im Kontextmenü des Elements der Punkt *Mich benachrichtigen* zur Verfügung. So können Sie sich ganz gezielt informieren lassen.

Abonnieren eines RSS-Feeds

Neben der automatischen Benachrichtigung per E-Mail lassen sich innerhalb einer SharePoint-Umgebung Veränderungen an einer Liste auch mit einem sogenannten RSS-Feed abonnieren.

> RSS steht als Abkürzung für *Really Simple Syndication* und ist ein Dienst, der üblicherweise auf Webseiten zur Darstellung von Kurznachrichten verwendet wird (Nachrichtenticker); er ist gleichbedeutend mit einer Kurznachricht über bestimmte Veränderungen von Statuszuständen (Listenänderung, neues Element hinzugefügt usw.). Auch wenn der *RSS-Feed* etwas „aus der Mode" gekommen ist, ist er in einer SharePoint-Umgebung an einigen Stellen verfügbar. Zur Nutzung eines RSS-Feeds wird auf jeden Fall ein entsprechender Viewer benötigt, der jedoch heutzutage in den gängigen Browsern integriert ist.

1. Um für eine SharePoint-Liste einen RSS-Feed zu abonnieren, muss die Liste (Alle Elemente) angewählt und der Bearbeitenmodus der Ansicht ausgewählt werden.
2. Mit Anklicken des RSS-Feed-Symbols (rechts neben dem Namen der Liste) öffnet sich im Browser die Feed-Darstellung.
3. Die Option *abonnieren Sie einfach diesen RSS-Feed* ermöglicht die Übernahme des RSS-Feeds in die aktuelle Systemumgebung. Im Beispiel einer Übernahme in Microsoft Outlook, wo dies entsprechend bestätigt werden muss, kann sich dies wie folgt darstellen:

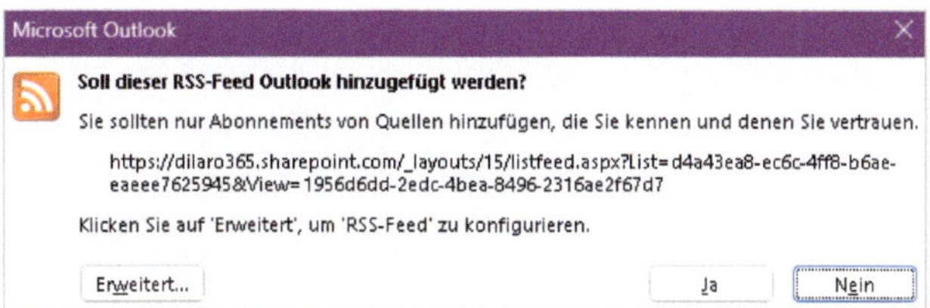

Bild 2.60 RSS-Feed in Microsoft Outlook übernehmen.

> In SharePoint ist die Funktion des RSS-Feeds grundsätzlich bei allen Listen aktiviert. Dennoch braucht ein Anwender zum Abonnieren die entsprechende Berechtigung, um die Listenbearbeitung aufrufen zu können.

Die Konfiguration eines RSS-Feeds (beispielsweise die Auswahl der Feldinhalte) erfolgt bei den Einstellungen einer Liste wie folgt:

1. Nach Anwahl der *Listeneinstellungen* einer Liste müssen Sie im Konfigurationsfenster den Punkt *RSS-Einstellungen* (im Bereich *Kommunikation*) anwählen.
2. Es erscheint das RSS-Konfigurationsfenster, in dem Sie dann grundlegende Einstellungen wie Name usw. festlegen können. Im unteren Teil können Sie dann die Felder (Spalten) der Liste auswählen, die beim Feed mit übertragen werden sollen.
3. Mit Bestätigung über die Schaltfläche *OK* werden die angepassten Einstellungen zugewiesen und auch direkt aktiviert.

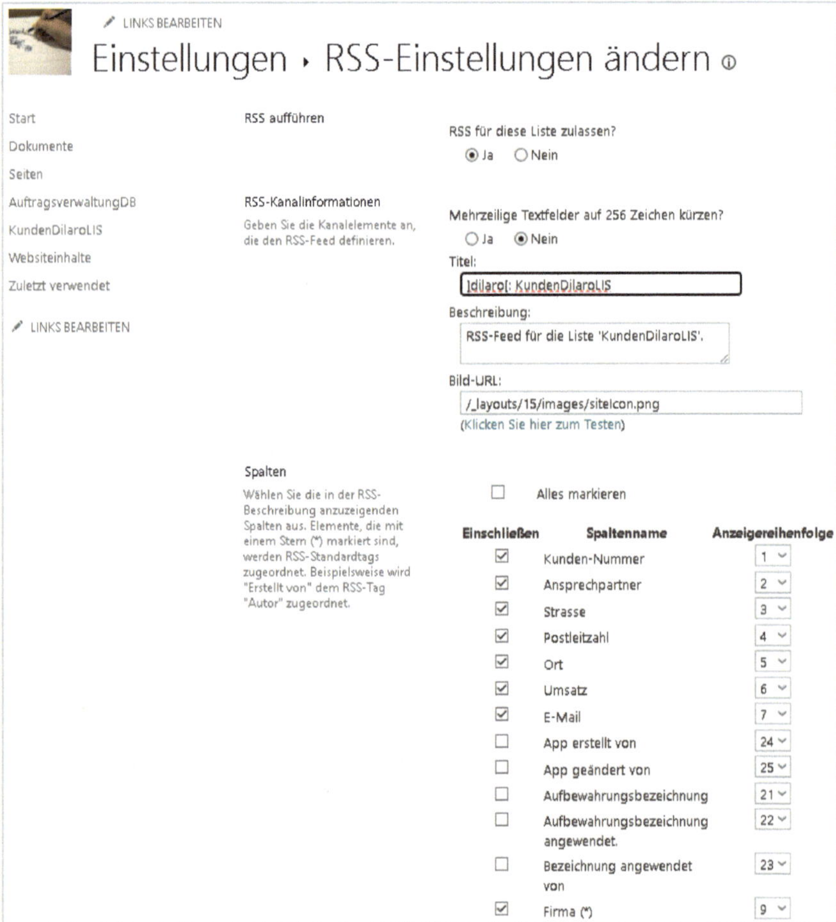

Bild 2.61 Konfiguration eines RSS-Feeds.

> Mit der Schaltfläche *Standard* steht im RSS-Konfigurationsfenster eine Möglichkeit zur Verfügung, alle vorgenommenen Änderungen zu verwerfen und die Einstellungen auf den Standard zurückzusetzen.

Exportieren, verschieben und kopieren

Um eine SharePoint-Liste auf eine andere Webseite oder ggf. sogar in eine andere Webseitensammlung zu verschieben bzw. zu kopieren, müssen Sie einen „Umweg" über den Excel-Export nutzen.

1. Zum Export einer SharePoint-Liste muss diese zunächst einmal angewählt werden.
2. Innerhalb des Menübereichs muss dann der Punkt *Exportieren* angewählt werden.
3. Es erscheint ein Untermenü, in dem Sie als Nächstes die Option *Nach Excel exportieren* anklicken müssen.

4 Damit wird eine Abfragedatei (query…) erstellt. Diese Datei wird im Standarddownloadordner des Browsers abgelegt.

5 Der Start dieser Datei öffnet die zugehörige Anwendung *Excel*. Die Listeneinträge werden exportiert und in Excel dargestellt.

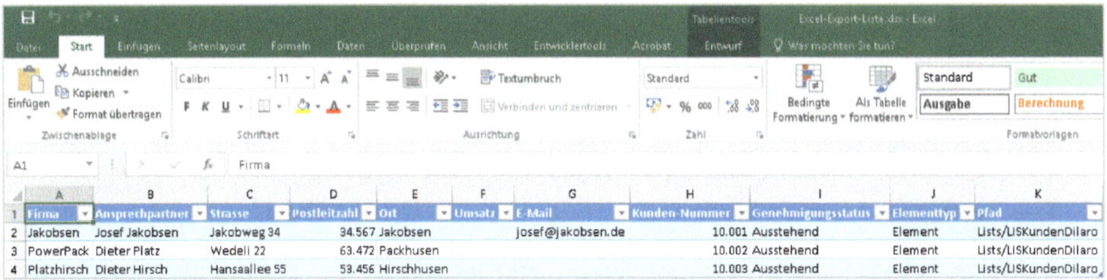

Bild 2.62 Darstellung der in Excel importierten Listeneinträge.

> Eine exportierte SharePoint-Liste kann in Excel bearbeitet und auch separat abgespeichert werden.

6 Vor der Speicherung der Datei sollten Sie die beiden Spalten *Elementtyp* und *Pfad* aus der Aufstellung löschen.

7 Speichern Sie dann die Datei als Excel-Tabelle (.XLSX) ab.

8 Wechseln Sie danach auf die Webseite, in die die Liste importiert werden soll. Dort können Sie dann bei der Neuanlage die Option *Aus Excel* wählen und greifen dabei auf die gespeicherte Excel-Datei zu.

> In früheren SharePoint-Versionen gab es die Möglichkeit, eine Liste als Vorlage zu speichern und darauf bei der Neuanlage zuzugreifen; diese Möglichkeit gibt es in SharePoint Online standardmäßig nicht mehr. Wie Sie die Option zur Speicherung als Vorlage wieder einblenden können, entnehmen Sie Kapitel 8.

Spezieller Feldtyp für Auswahloptionen

Bei der Erfassung von Daten in eine SharePoint-Liste ist es unter Umständen müßig und auch fehleranfällig, bestimmte wiederkehrende Feldinhalte jeweils manuell erfassen zu müssen. Dabei erhöht ein Auswahlfeld mit wiederkehrenden Einträgen auch die Trefferquote bei der Auswertung entsprechender Felder.

SharePoint stellt bei Feldern bzw. Spalten für Listen deshalb einen besonderen Feldtyp (*Auswahl*) zur Verfügung. Dieser Typ ermöglicht die Festlegung bestimmter Feldinhalte, die dann bei der Eingabe oder Änderung mit einem Auswahl- oder Optionsfeld angewählt werden können. Im nachfolgenden Beispiel soll die Kundendatei um ein Feld *Land* erweitert werden und dabei die Vorgaben für die Länder *Deutschland*, *Österreich* und die *Schweiz* hinterlegt werden.

1 Nach Anwahl der entsprechenden Liste müssen Sie zunächst einmal die *Listeneinstellungen* anwählen (Zahnradsymbol).

2 Auf der Konfigurationsseite der Liste müssen Sie dann in den verfügbaren Optionen den Punkt *Spalte erstellen* anklicken, um in den Dialog zum Anlegen eines neuen Feldes (Spalte) zu wechseln.

3 Geben Sie dort als Erstes einen Namen ein (hier: *Land*).

4 Bei den Feldtypen wählen Sie dann die Option *Auswahl (Menü)* aus.

5 Als Nächstes müssen Sie innerhalb des Bereichs *Zusätzliche Spalteneinstellungen* die Optionen für das Auswahlfeld eintragen (*Geben Sie jede Auswahl in einer neuen Zeile ein:*). Vorbelegt ist dies jeweils durch die Angabe *Geben Sie Auswahl Nr.1 ein* usw., dies können Sie jedoch an der Stelle überschreiben.

6 Unterhalb des Feldes für die Auswahloptionen (*Auswahl anzeigen durch:*) können Sie festlegen, in welcher Form die Auswahl erscheinen soll (z. B. *Dropdownmenü*).

7 Des Weiteren können Sie mit der Option *Ausfülloption zulassen:* entscheiden, ob eine manuelle Eingabe möglich sein soll, weil beispielsweise ein Eintrag im Auswahlfeld fehlt.

8 Zudem können Sie in dem separaten Textfeld einen *Standardwert* angeben, der bei jeder Neuanlage in dem Feld standardmäßig angezeigt wird; dabei wird der erste Wert (Eintrag) des Auswahlfeldes automatisch vorgeblendet.

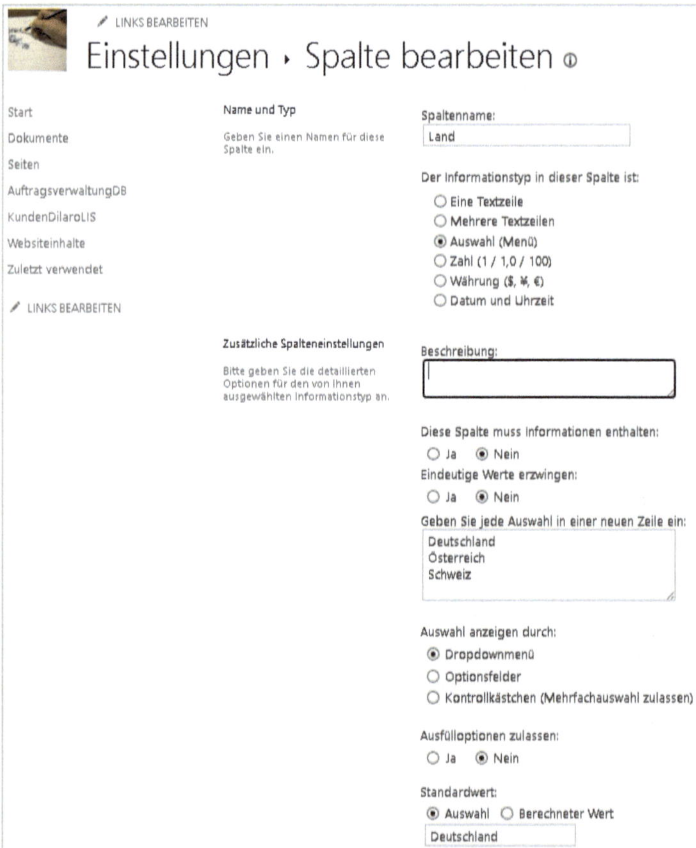

Bild 2.63 Optionen für ein Auswahlfeld.

9 Mit abschließender Bestätigung über die Schaltfläche *OK* wird die Feldanlage abgeschlossen. Das neue Feld wird der Liste hinzugefügt und kann dort direkt genutzt werden.

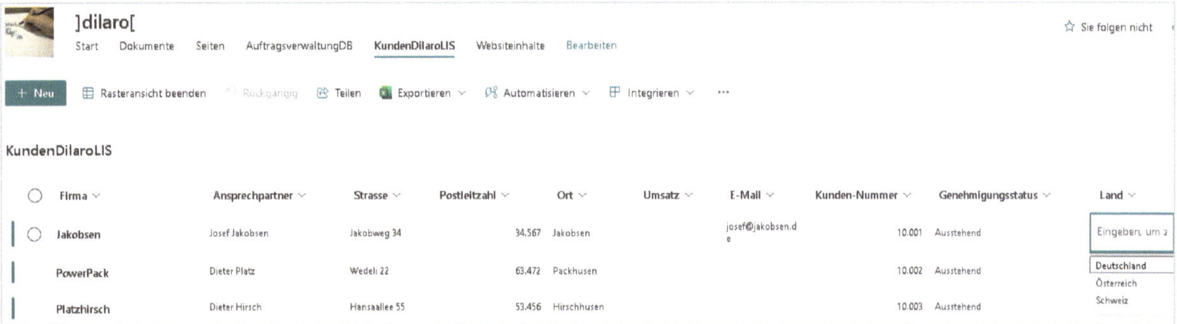

Bild 2.64 Auswahlfeld beim Bearbeiten einer Liste.

> Wenn Sie in der Struktur einer Liste kein neues Feld anlegen, sondern ein bestehendes Textfeld (eine Zeile) in ein Auswahlfeld umwandeln, werden die in der Liste vorhandenen Feldeinträge automatisch als Auswahloptionen übernommen.

Lists als spezielles Listenwerkzeug

Microsoft entwickelt die Microsoft-365-Umgebung permanent weiter. Dies hat unter dem Begriff *Evergreen* Einzug in die Literatur gehalten. In Bezug auf den Einsatz und die Bearbeitung von Listen soll deshalb an dieser Stelle auf die spezielle Erweiterung in Form der Anwendung *Lists* eingegangen werden.

> Die Anwendung *Lists* ist sowohl für Desktop-Rechner als auch als spezielle App für mobile Geräte verfügbar.

Es handelt sich bei *Lists* um eine eigenständige Anwendung, die die Funktionen der Listenbearbeitung in SharePoint darstellt. Das Interessante daran ist, dass damit die Listenbearbeitung aus SharePoint herausgelöst und dem Anwender damit eine dedizierte Möglichkeit der Listenbearbeitung zur Verfügung gestellt wird.

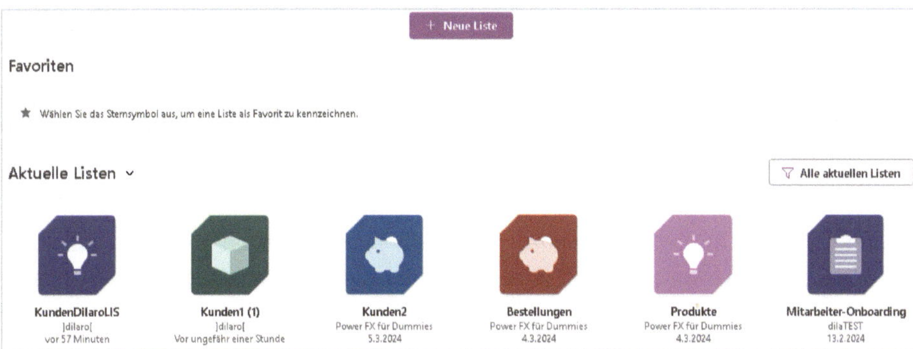

Bild 2.65 Verfügbare Listen in Lists.

> Wenn Sie eine neue Liste anlegen oder eine bestehende bearbeiten, erhalten Sie die aus SharePoint gewohnte Umgebung mit den bekannten Dialogfenstern und Konfigurationsseiten.

Mit Einsatz der Anwendung Lists haben Sie auch die Möglichkeit, Formulare zu erstellen (was auch direkt aus der Liste heraus möglich ist), um die Datenerfassung in Listen zu optimieren. Dazu müssen Sie in Lists die SharePoint-Liste aufrufen, um dann dort ein spezielles Eingabeformular zu definieren. Über einen Link können Sie dieses Formular dann für die Eingabe bzw. Erfassung von Daten nutzen und anderen Anwendern zur Verfügung stellen.

> Der Formulareditor ist mittlerweile auch in den SharePoint-Listen direkt verfügbar. So können Sie dort über die Option *Forms* direkt ein entsprechendes Formular erstellen. Das Besondere daran ist, dass Sie dieses Formular mittels Link versenden können und Anwender auf diese Art auch ohne Berechtigung Listeneinträge erfassen können.

2.4 Websitespalten und Websiteinhaltstypen

Bei der Verwaltung von Dokumenten, Listen und sonstigen Daten in einer SharePoint-Umgebung stehen spezielle Möglichkeiten zur Verfügung, um diese Daten strukturiert ablegen zu können. Zwei davon stellen die sogenannten Websitespalten und Websiteinhaltstypen dar.

Websitespalten

Websitespalten sind eine spezielle Felddefinition, mit der einem Datenfeld ein bestimmter Typ zugewiesen und dieses zusätzlich auch mit bestimmten Parametern versehen werden kann. Auf diese Weise kann eine Standardisierung bestimmter Listen oder Dokumente erzielt werden (gemeinsame Listenspalten).

Der Vorteil einer Websitespalte ist, dass diese standardmäßig in der gesamten Webseitensammlung bekannt bzw. verfügbar ist, sofern sie auf der obersten Ebene der Webseitensammlung definiert wurde. Neben der Nutzung individuell angelegter Felder (nur für eine Liste) stellt SharePoint mit dem Einsatz der Websitespalten somit eine Möglichkeit zur Verfügung, Felder (Spalten), die auf einer Webseite in mehreren Listen genutzt werden, einmal anzulegen (als Websitespalte) und darauf dann bei den einzelnen Spalten jeweils zuzugreifen.

Angenommen, in Ihrem Unternehmen oder in Ihrer Organisation gibt es für alle Bereiche identische Vertragspartner, dann wäre es nicht sinnvoll, wenn jeder Bereich seine eigene Liste (identische Einträge) führen würde. In diesem Fall würde man sinnvollerweise eine zentrale Websitespalte definieren, in der die einheitlichen Daten (z. B. Name des Vertragspartners) abgelegt werden. Das Anlegen einer Websitespalte ist mit wenigen Arbeitsschritten durchführbar.

Erfolgt die Definition von *Websitespalten* auf einer Unterwebseite, so stehen diese Angaben auch grundsätzlich nur in diesem Bereich bzw. auf dieser (Unter-)Webseite zur Verfügung. Das Wesen von Websitespalten ist jedoch, dass diese an verschiedenen Stellen (also auf verschiedenen Webseiten) einer Webseitensammlung verfügbar sind. Aus diesem Grund sollten diese eigentlich immer auf der obersten Ebene einer Webseitensammlung (Root) angelegt werden.

1 Vor der ersten Verwendung muss eine Websitespalte zunächst einmal angelegt werden. Sofern Sie über entsprechende Rechte verfügen, wählen Sie in der Webseite aus dem *Zahnradsymbol* (oben rechts) den Punkt *Websiteinhalte* an.

2 Als Nächstes klicken Sie bei den oben rechts angezeigten Punkten auf *Websiteeinstellungen*.

3 Damit gelangen Sie auf die Konfigurationsseite der Webseite, wo Sie dann den Punkt *Websitespalten* (bei Webdesignerkataloge) anklicken müssen.

SharePoint stellt bereits eine Vielzahl von Standardwebsitespalten zur Verfügung, die Sie bei der täglichen Arbeit nutzen können.

4 Um eine neue Websitespalte anzulegen, müssen Sie im oberen Bereich den Punkt *Erstellen* anklicken.

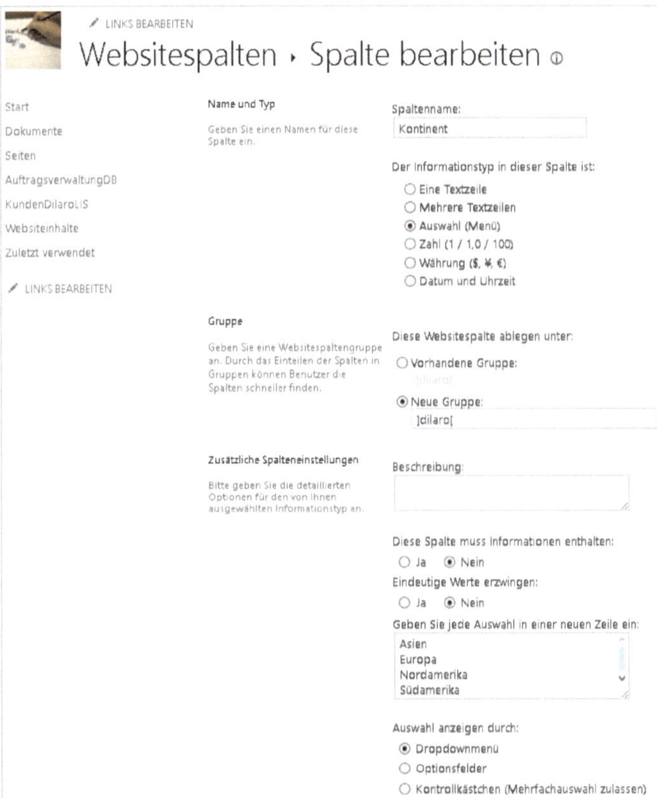

Bild 2.66 Konfiguration einer Websitespalte.

5 Danach erscheint ein Konfigurationsfenster, das dem Dialog beim Anlegen einzelner Listenfelder ähnelt. Nehmen Sie die gewünschten Eingaben gemäß Ihrer Felddefinition vor. Eine Besonderheit stellt der Bereich *Gruppe* dar; hier können Sie eine bestehende Gruppe auswählen oder auch eine neue (eigene) Gruppe anlegen, wodurch Sie die verschiedenen Websitespalten strukturieren können.

6 Mit Bestätigung über die Schaltfläche *OK* wird die Erstellung abgeschlossen.

> Die Websitespalten einer SharePoint-Umgebung haben den Vorteil, dass sie nur einmal definiert werden müssen und dann an jeder beliebigen Stelle der Webseitensammlung darauf zugegriffen werden kann (z. B. Listen, Bibliotheken).

1 Sobald Websitespalten verfügbar sind, können diese jederzeit innerhalb einer Liste (oder bei sonstigen Strukturobjekten wie einer Bibliothek) eingesetzt werden. Zur Nutzung einer Websitespalte in einer SharePoint-Liste müssen Sie zunächst einmal die *Listeneinstellungen* der Liste aufrufen.

2 Um eine Websitespalte als Feld (Spalte) der gewählten Liste hinzuzufügen, steht im Bereich *Spalten* die Option *Aus vorhandenen Websitespalten hinzufügen* zur Verfügung. Nach der Anwahl dieses Punktes erscheint die Aufstellung der aktuell verfügbaren Websitespalten.

3 Wählen Sie dort dann ggf. eine bestimmte Gruppe aus und anschließend aus den verfügbaren Websitespalten die gewünschte Spalte an und dann über *Hinzufügen* zuordnen.

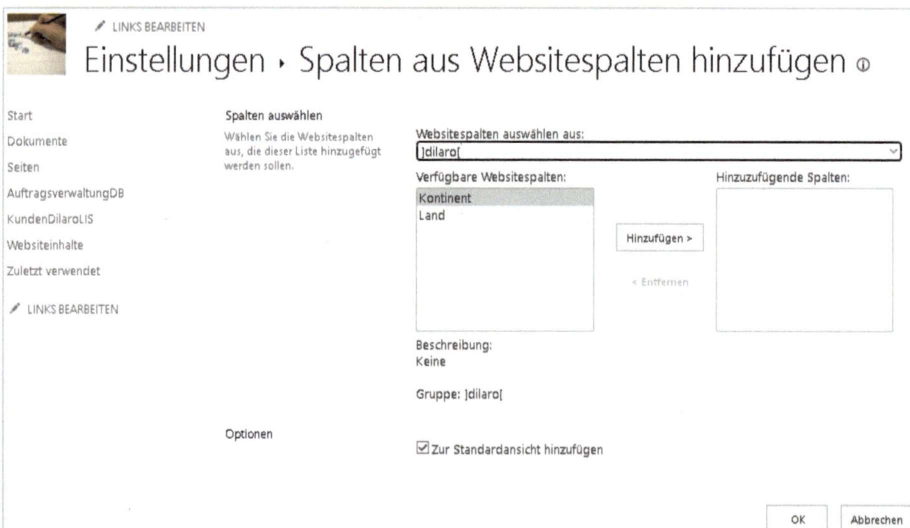

Bild 2.67 Auswahl einer Websitespalte.

> Eine Websitespalte können Sie pro Strukturobjekt (Liste, Bibliothek usw.) immer nur einmal zuweisen. Eine Mehrfachauswahl ist nicht möglich.

4 Nachdem Sie alle gewünschten Websitespalten ausgewählt haben, können Sie dies abschließend mit der Schaltfläche *OK* bestätigen.

Damit haben Sie einer Liste eine Websitespalte (oder mehrere) zugewiesen. Sobald Sie in den Bearbeitenmodus wechseln oder ein neues Element angelegt wird, wird das zusätzliche Feld in der Listendarstellung angezeigt.

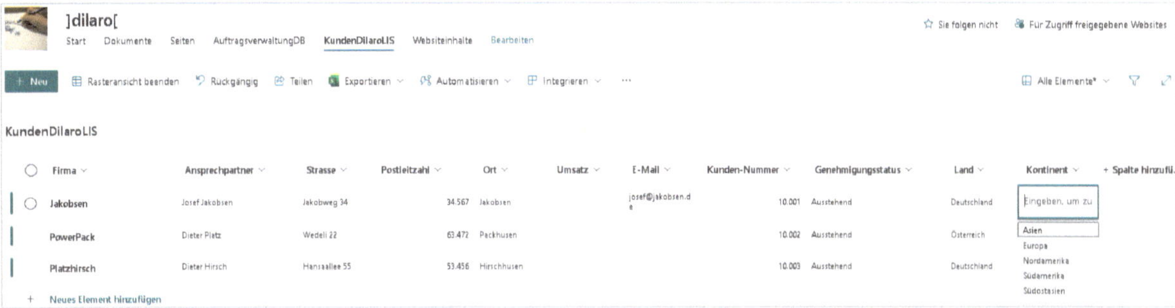

Bild 2.68 Listenbearbeitung mit integrierten Websitespalten.

> Der große Vorteil von Websitespalten ist zum einen, dass man wiederkehrende Spaltendefinitionen nur einmal festlegen muss und dann an beliebiger Stelle abrufen kann, ohne dies jedes Mal erneut vornehmen zu müssen. Zum anderen muss bei Änderungen an der Spaltendefinition (z. B. bei den Festlegungen eines Auswahlfeldes) dies nur einmal in der Websitespalte vorgenommen werden.

Websiteinhaltstypen

Ähnlich wie Websitespalten dafür sorgen können, dass der Datenbestand bzw. die Datenbasis innerhalb einer Organisation oder eines Unternehmens konsistent bleibt, können für eine weitergehende Strukturierung die sogenannten Websiteinhaltstypen genutzt werden. So besteht damit beispielsweise die Möglichkeit, einen bestimmten Dokumententyp zu definieren, der innerhalb der gesamten SharePoint-Umgebung einheitlich ist und demzufolge auch für globale Auswertungen u. Ä. zur Verfügung steht.

Ein Websiteinhaltstyp charakterisiert immer ein Dokument, einen Ordner oder auch eine Liste, indem ihm bestimmte Definitionen bzw. Attribute zugewiesen werden. Einem Inhaltstyp wiederum können Parameter in Form bestimmter Felddefinitionen zugeordnet werden.

Der Vorteil eines Inhaltstyps ist, dass darüber eine Identifizierung aller Dokumente oder Daten dieses Typs möglich ist. Wird beispielsweise ein Inhaltstyp *Vertrag* festgelegt, kann darüber dann die gesamte Webseitensammlung selektiert werden, und alle zugeordneten Daten mit diesem Inhaltstyp werden angezeigt. Denkbar wäre auch das Anlegen eines Inhaltstyps für ein bestimmtes Projekt, um auf diese Art und Weise sämtliche Daten (Listen, Dokumente, Bilder usw.) eindeutig diesem Projekt zuzuordnen.

Genau wie bei Websitespalten, so gilt aber auch für Websiteinhaltstypen, dass die Definition auf einer Unterwebseite grundsätzlich auch nur in diesem Bereich bzw. auf dieser Webseite sichtbar ist. Das entscheidende Kriterium bei Websiteinhaltstypen ist jedoch, dass sie an verschiedenen Stellen einer Webseitensammlung verfügbar sein sollen. Aus diesem Grund sollten sie immer (genau wie Websitespalten) auf der obersten Ebene einer Webseitensammlung im sogenannten *Inhaltstypkatalog* angelegt werden.

1 Die Arbeitsschritte zum Anlegen eines Websiteinhaltstyps sind nicht sehr aufwendig. Nach Anwahl der Webseite (Webseitensammlung) rufen Sie die *Websiteeinstellungen* auf.

2 Auf der Verwaltungsseite muss als Nächstes im Bereich *Web-Designer-Kataloge* der Punkt *Websiteinhaltstypen* angewählt werden. Es erscheint der Katalog der aktuell definierten Websiteinhaltstypen.

3 Zur Anlage eines neuen Inhaltstyps muss dann die Option *Inhaltstyp erstellen* (links oben) verwendet werden.

4 Im nachfolgenden Konfigurationsfenster zum Anlegen eines neuen Websiteinhaltstyps muss zunächst ein Name für die Neuanlage eingetragen werden.

5 Anschließend muss ein übergeordneter Inhaltstyp ausgewählt werden. Nachdem das erfolgt ist, kann der neue Typ dann entweder einer bestehenden Gruppe zugewiesen oder eine neue Gruppe angelegt werden.

In der Praxis hat es sich bewährt, neuen Websiteinhaltstypen immer individuelle Gruppen zuzuweisen, die unmittelbar der Organisation oder dem Unternehmen zugeordnet werden können. Dabei kann sich ein solcher Gruppenname beispielsweise aus der Firmen- oder Organisationskennzeichnung und einer Angabe zum Inhalt zusammensetzen, also etwa *DILARO_Vertrag* oder *DILARO_Allgemein*. Darüber hinaus sollten Websiteinhaltstypen immer mit einem Kürzel benannt werden, also beispielsweise *KundenWSI* für einen Websiteinhaltstyp (*WSI*).

6 Nachdem alle Angaben eingetragen wurden und dies abschließend mit der Schaltfläche *Erstellen* bestätigt wurde, wird der neue Inhaltstyp angelegt.

7 Anschließend erscheint die Verwaltungs- oder Konfigurationsseite des neu angelegten Websiteinhaltstyps. Dort können direkt weitergehende Einstellungen vorgenommen werden. So können Sie hier beispielsweise die aktuellen Zuweisungen anpassen bzw. ändern, dem Inhaltstyp eine Vorlage zuordnen oder auch direkt entsprechende Felddefinitionen (*Sitespalten*) vornehmen.

Damit haben Sie einen neuen Websiteinhaltstyp definiert, der dann auf der gewählten SharePoint-Umgebung direkt zum Einsatz kommen kann.

Der Aufruf und die Verwaltung des Inhaltstypkatalogs kann in SharePoint Online auch über die Zentraladministration im *SharePoint Admin Center* erfolgen.

3 Zusammenarbeit

SharePoint ist mehr als eine Anwendung zur Ablage und Verwaltung von Daten in Form von Listen oder Dokumenten. Es ist eine sogenannte Kollaborationsplattform, die die Zusammenarbeit (neudeutsch: *Collaboration*) in einem Team, einem Unternehmen oder einer Organisation optimieren und vereinfachen kann. Nicht selten werden diese Möglichkeiten verkannt und SharePoint als reiner Datenspeicher oder als ein Ort für Dateiablagen angesehen.

> In der heutigen Microsoft-365-Umgebung stellt SharePoint - wie auch schon in der Vergangenheit - eine der wesentlichen Komponenten dar; nicht nur mit seinen eigenen Funktionen, sondern auch als wichtiger Baustein für die Integration der sonstigen Module einer Microsoft-365-Umgebung.

Der Begriff *Collaboration* (Zusammenarbeit) umschreibt ganz allgemein alle Tätigkeiten, Abläufe und Prozesse eines Unternehmens, um das gegenseitige Miteinander zu fördern und so ein optimales Gesamtergebnis erzielen zu können. Eine entsprechende Zusammenarbeit kann beispielsweise auf der Ebene eines Projektmanagements erfolgen mit Dokumentenaustausch (bzw. -Sharing) inklusive Ressourcenplanung bis hin zum Projekt-Controlling.

Welche Möglichkeiten der Zusammenarbeit SharePoint an verschiedenen Stellen zur Verfügung stellt und welche wesentlichen Aspekte dabei berücksichtigt werden müssen, wird in den nachfolgenden Abschnitten erläutert. Die Schwerpunkte liegen dabei auf der Zusammenarbeit in einem Team mit zentral verfügbaren Daten, Kalendern, Aufgaben, Ankündigungen, Diskussionsrunden, Projektaufgaben usw.

3.1 Dokumente

Die Zusammenarbeit oder das gemeinsame Bearbeiten von Dokumenten einer SharePoint-Bibliothek stellt für Unternehmen und Organisationen sicherlich einen wesentlichen Grund dafür dar, die Anwendungen von Microsoft 365 einzusetzen. Beim gemeinsamen (gleichzeitigen) Arbeiten an Dokumenten im Bereich der Office-Anwendungen (Word, Excel, PowerPoint usw.) wurde diese Funktion (fast) perfektioniert.

> Weitere Informationen zur Versionierung von Dokumenten als Teil der Zusammenarbeit finden Sie auch in Kapitel 2.2 auf Seite 32.

Beispielhaft soll nachfolgend die gleichzeitige Bearbeitung eines Word-Dokuments, das in einer Dokumentbibliothek abgelegt wurde, durch zwei Anwender erläutert werden.

1 Zunächst einmal muss sichergestellt sein, dass die beiden Benutzer, die ein Dokument bearbeiten sollen, über entsprechende Berechtigungen verfügen - entweder über direkte Rechtezuweisungen über Freigaben oder auch mittels eines Links.

> Die Darstellung der unterschiedlichen Möglichkeiten der Rechtezuweisung zur Bearbeitung eines Dokuments entnehmen Sie Kapitel 2 und 4 dieses Buches.

2 Sobald ein Benutzer ein Dokument geöffnet hat, passiert erst einmal nichts Außergewöhnliches. Wenn sich dieser Benutzer jedoch mit anderen verabredet hat, um gemeinsam an diesem Dokument zu arbeiten, und diese ebenfalls das Dokument aufgerufen haben, wird es spannend. In Word (Browser oder Client-Anwendung) erhalten alle Benutzer im oberen Menübereich (rechts) direkt einen Hinweis darauf, wer ebenfalls an dem Dokument mitarbeitet.

Bild 3.1 Anzeige der Bearbeiter eines Dokuments.

> Sobald ein Externer zur Bearbeitung eingeladen wurde (z. B. über einen Link), erscheint dieser auch an der Stelle als sogenannter *Gastmitwirkender*.

3 Sobald sich einer der Bearbeiter innerhalb des Dokuments bewegt und dort Änderungen vornimmt, werden darüber die anderen Teilnehmer informiert. Erkennbar ist dies an den kleinen „Fahnen", die beim Überfahren mit dem Mauszeiger auch den Namen des Bearbeiters preisgeben.

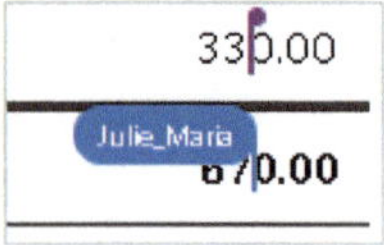

Bild 3.2 Name eines Bearbeiters innerhalb eines Dokuments.

4 Auf diese Art und Weise kann ein Dokument gemeinsam geändert werden. Sofern ein Benutzer dabei keinen Browser, sondern eine Client-Anwendung nutzt, kann es ggf. erforderlich sein, dass die Zusammenarbeit bzw. der Zugriff noch einmal separat bestätigt werden muss.

5 Sofern sich bei der Zusammenarbeit die Notwendigkeit ergibt, eine Diskussion über bestimmte Sachverhalte zu führen, so können Sie dafür die Kommentarfunktion nutzen, die in der Menüzeile über den Punkt *Kommentare* aufgerufen werden kann. So können Sie nicht nur gemeinsam das Dokument verändern, sondern über die Kommentare auch bestimmte Entscheidungswege dokumentieren.

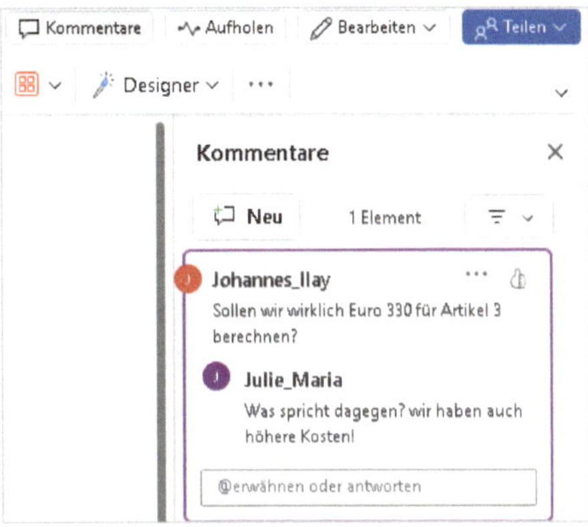

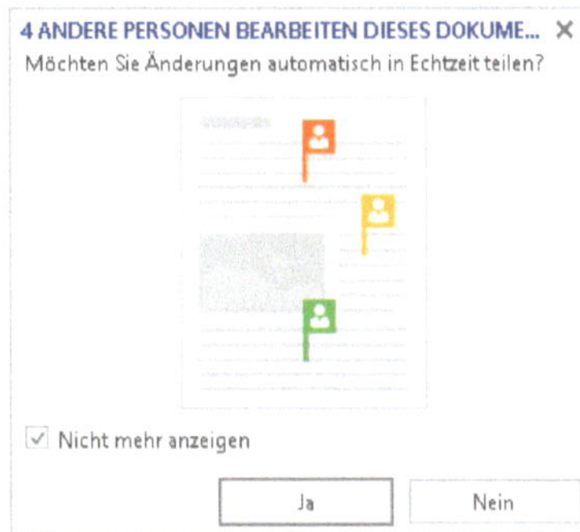

Bild 3.3 Bestätigung in einer Client-Anwendung.

Bild 3.4 Kommentare erleichtern die Zusammenarbeit.

Grundsätzlich werden die Angaben der Kommentare im Dokument mit abgespeichert, so dass diese jederzeit wieder aufgerufen werden können.

So wie in Word, können Sie die Funktion der gemeinsamen Bearbeitung auch in anderen Office-Dokumenten nutzen. Im nachfolgenden Beispiel ist dies einmal anhand der Bearbeitung einer Excel-Liste dargestellt.

	A	B	C	D	E	F
1	Titel	KundenNummer	Ansprechpartner	Straße	PLZ	Ort
2	Jakobsen	100001	Josef Jakobsen	[illegible]	34567	Jakobsen
3	PowerPack	100002	Dieter Platz	Wedel 22	63472	Packhusen
4	Platzhirsch	100003	Dieter Hirsch	Hansaallee 55	53456	Hirschhusen

Bild 3.5 Gemeinsame Bearbeitung einer Excel-Tabelle.

Die Zusammenarbeit an Dokumenten (auch mit externen Anwendern) und die damit verbundenen Funktionen stellen eine sehr gute Möglichkeit dar, über SharePoint das Management von Dokumenten auf eine neue Stufe zu heben bzw. zu optimieren. Alleine der Wegfall des Versendens von E-Mails mit unterschiedlichen Versionsständen oder gar die Ablage von Dokumenten an unterschiedlichen Speicherorten, vereinfacht die Zusammenarbeit wesentlich. Hinzu kommen noch Möglichkeiten der Dokumentation über Kommentare oder die jederzeitige Nachvollziehbarkeit der Änderungen an einem Dokument über die Versionsverwaltung von SharePoint.

> Beachten Sie an der Stelle noch einen wichtigen Hinweis bezüglich der Abgrenzung der gemeinsamen Arbeit an einem Dokument und der exklusiven Bearbeitung durch einen einzelnen Anwender. So finden Sie in Kapitel 2.2 auf Seite 37 Angaben zum *Einchecken* und *Auschecken*. Diese Funktionen kommen immer dann zum Einsatz, wenn ein Benutzer ein Dokument exklusiv bearbeiten möchte, ohne dass zur gleichen Zeit jemand anderes darauf zugreifen kann.

3.2 Listen

Im vorhergehenden Abschnitt wurde ein Beispiel zur gemeinsamen Bearbeitung einer Excel-Liste verwendet. Eine solche komfortable Funktion stellt SharePoint bei der Bearbeitung eigener Listen (noch) nicht zur Verfügung. Dennoch gibt es einige Ansätze, die Ihnen helfen, die Zusammenarbeit an SharePoint-Listen durch mehrere Anwender strukturiert durchzuführen.

Grundsätzlich ist es erst einmal möglich, dass mehrere Benutzer zur gleichen Zeit eine Liste bzw. einen einzelnen Listeneintrag bearbeiten. Es findet also keine explizite Sperrung eines Eintrages statt. Allerdings erfolgt auch für einen Benutzer, der gerade ein Element einer Liste bearbeitet, keinerlei Hinweis, dass gerade ein anderer bei demselben Element den Bearbeitenmodus aufgerufen hat.

> Anders als beispielsweise bei Excel-Tabellen ist es bei der Bearbeitung von Einträgen einer SharePoint-Liste nicht ersichtlich, ob gerade jemand anderes dieses Element ebenfalls bearbeitet.

So wie es bei vielen *Legacy*-Anwendungen (ältere Anwendungen) auch heute noch der Fall ist, gilt auch bei SharePoint-Listen das Prinzip: *Der Letzte gewinnt!* Dies bedeutet, dass immer der zuletzt abgespeicherte Datensatz (Listenelement) der aktuelle Datensatz ist. Unter Umständen kann dies dazu führen, dass ein Benutzer umfangreiche Änderungen an einem Eintrag vornimmt, dies abspeichert, es jedoch nicht übernommen wird, da kurze Zeit später ein zur gleichen Zeit im Bearbeitenmodus befindlicher Benutzer das gleiche Element ebenfalls speichert.

Ein ähnliches Verhalten zeigt sich, wenn ein Benutzer gerade ein Listenelement bearbeitet und ein anderer zur gleichen Zeit diesen Datensatz bzw. dieses Element komplett löscht. Das Element wird dann gelöscht, der andere Benutzer wähnt sich noch im Bearbeitenmodus, speichert den Datensatz ab … und wundert sich dann, dass der Datensatz aus der Liste verschwunden ist. Wenn also ein Listenelement gelöscht wird, hat dies Vorrang vor dem Bearbeiten.

In so einem Fall bleibt einem berechtigten Benutzer nur die Möglichkeit, das Element aus dem Papierkorb wiederherzustellen.

Bild 3.6 Wiederherstellung eines gelöschten Listenelements.

Die Möglichkeit, einzelne Listen oder -elemente exklusiv durch Auschecken zu sperren, gibt es so in SharePoint nicht. Eine Lösung dieses Dilemmas kann darin bestehen, dass ein berechtigter Benutzer über den Punkt *Zugriff verwalten* (im Kontextmenü des Elements) eine temporäre Zugriffsbeschränkung einrichtet und beispielsweise den Anwendern einer bestimmten Gruppe nur lesenden Zugriff zuweist (Bild 3.7).

> Sobald ein Benutzer für die Bearbeitung eines Listenelements gesperrt wird, wird bei ihm in der Darstellung dieses Elements ein entsprechendes Symbol (durchgestrichener Stift) angezeigt, dass auf den Schreibschutz hinweist.

Eine wesentlich elegantere Möglichkeit bietet jedoch eine Option, die bei der Festlegung für die Versionierung eingestellt werden kann. So kann dort explizit die Option *Inhaltsgenehmigung für gesendete Objekte* definiert bzw. angewählt werden (Bild 3.8). Zwar erfordert diese Vorgehensweise jeweils noch einen separaten Genehmigungsprozess, bietet allerdings Sicherheit und Schutz vor Datenverlust.

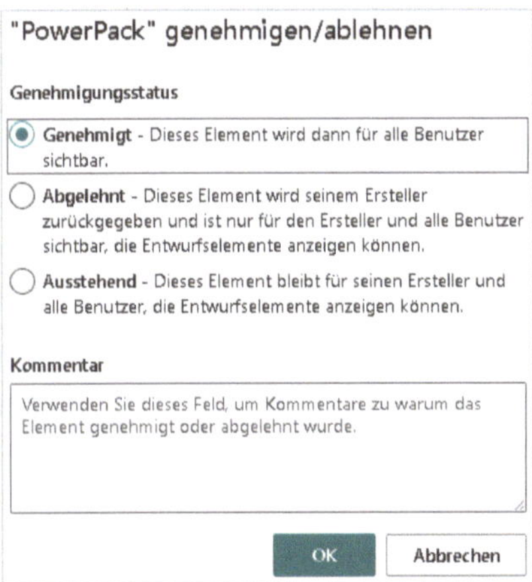

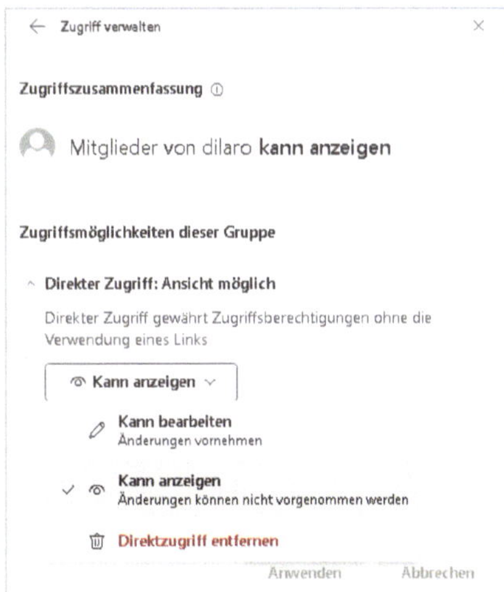

Bild 3.7 Rechteeinschränkung zur Listenbearbeitung.

Bild 3.8 Explizite Freigabe einer Listenänderung.

> Für nähere Angaben zum Einsatz der Versionierung von Listen als Teil der Zusammenarbeit wird auf Kapitel 2.3, Seite 74 verwiesen.

Eine Unterstützung bei der (gemeinsamen) Bearbeitung von Listen kann die Kommentarfunktion sein, die mittlerweile in SharePoint an verschiedenen Stellen verfügbar ist. Mit Kommentaren können Sie sich gegenseitig über Änderungen an den Einträgen des Datensatzes informieren oder wichtige Hinweise austauschen, die beim Datensatz selbst nicht gespeichert werden können. Sobald Sie den Einzelbearbeitenmodus aufrufen, wird die Kommentarfunktion standardmäßig am rechten Bildschirmrand angezeigt.

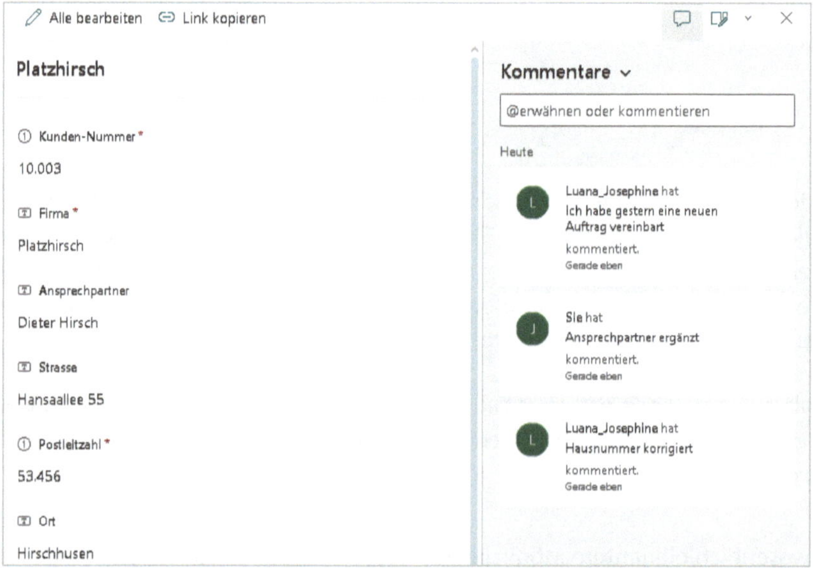

Bild 3.9 Kommentarfunktion einzelner Listenelemente.

Sie können sich die bei einem Listenelement hinterlegten Kommentare auch anzeigen lassen, indem Sie im Kontextmenü den Punkt *Details* anwählen. Am rechten Rand erscheint dann diese Detaildarstellung, bei der im unteren Bereich die hinterlegten Kommentare aufgelistet werden.

3.3 Kalender

SharePoint Online bietet verschiedene Möglichkeiten, um Kalender für Arbeitsgruppen, Projektteams, für bestimmte Abteilungen oder auch für das gesamte Unternehmen zur Verfügung zu stellen. Diese Objekte sind eine gute Möglichkeit, die Zusammenarbeit zu optimieren.

> Auch wenn in einer Microsoft-365-Umgebung mittlerweile andere Tools und Anwendungen zur Verwaltung von Aufgaben oder Terminen zur Verfügung stehen, sollen die Möglichkeiten von SharePoint bezüglich spezieller Kalender der Vollständigkeit halber kurz vorgestellt werden.

Kalender als Listenobjekt anlegen

Das Anlegen eines Kalenderobjekts erfolgt am schnellsten über die *Klassische Oberfläche* von SharePoint bei der Neuanlage einer App, indem Sie dort den Eintrag *Kalender* auswählen und anschließend die benötigten Angaben (Name usw.) eintragen.

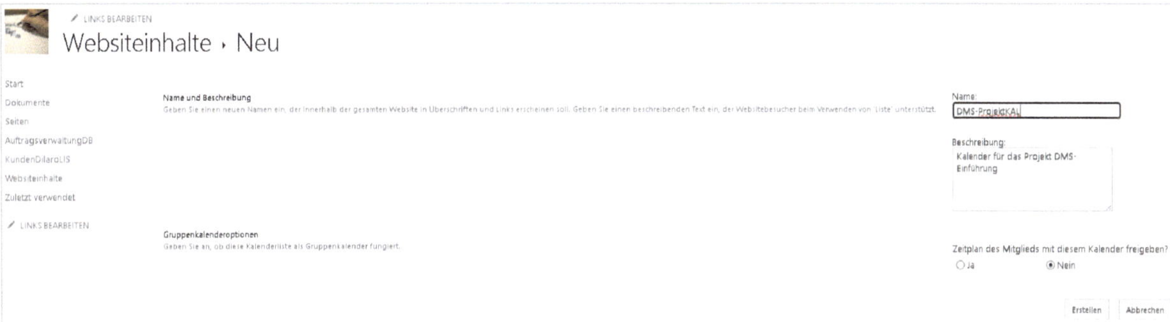

Bild 3.10 Anlegen einer Kalender-App.

> Mit der Option *Zeitplan des Mitglieds mit diesem Kalender freigeben* besteht eine Möglichkeit, sich den individuellen Kalender des aktuell angemeldeten Benutzers anzeigen zu lassen. Diese Option wird benötigt, um diesen Kalender für mehrere Anwender (Gruppenkalender) zu verwenden.

Standardmäßig wird ein neuer Kalender nicht in der Schnellstartleiste angezeigt, sodass dies nachträglich über die *Listeneinstellungen* zugewiesen werden muss. Da es sich bei der Kalender-App von SharePoint ebenfalls um eine Liste handelt, werden auch die sonstigen Einstellungen nachträglich über die *Listeneinstellungen* angepasst.

Allerdings lassen sich bestimmte Einstellungen nur bedingt ändern, was damit zusammenhängt, dass mit einer Kalenderliste gewisse Funktionalitäten bzw. Automatismen verbunden sind. Anpassungen, die vorgenommen werden können, beziehen sich beispielsweise auf die Änderung einzelner Feldnamen bzw. Spaltenbezeichnungen und auf das Ergänzen der Struktur um zusätzliche Felder (Spalten).

> Da es sich bei Kalendern um Objekte der gewählten Webseite handelt, werden (standardmäßig) auch die Berechtigungen der Webseite vererbt. Sollen spezifische Zugriffsrechte zugewiesen werden, müssen Sie dies entweder über die Webseite oder die Berechtigungen der Kalenderliste durchführen.
>
> Nähere Angaben zu Zugriffsrechten und der Rechtevergabe enthält Kapitel 4.

Kalender löschen und wiederherstellen

Sollte sich einmal die Notwendigkeit ergeben, dass ein Kalender gelöscht werden muss, müssen Sie dazu im Menübereich das Register *KALENDER* anwählen. Über die *Listeneinstellungen* gelangen Sie in das Konfigurationsfenster, wo Sie dann den Punkt *Liste löschen* anklicken und dies abschließend bestätigen müssen.

So wie bei Listen oder Bibliotheken stehen grundsätzlich auch bei Kalendern Wiederherstellungsmöglichkeiten zur Verfügung. Dabei bieten sich für eine solche Datenwiederherstellung bei einem SharePoint-Kalender zwei Möglichkeiten an:

- Wiederherstellung eines gelöschten Kalenders
- Wiederherstellung eines gelöschten Kalendereintrags.

Für beide Varianten gilt, dass auf der entsprechenden Webseite der Papierkorb angewählt werden muss, in dem dann durch Auswahl und Einsatz der Option *Wiederherstellen* das entsprechende Objekt wiederhergestellt werden kann.

Daten im Kalender erfassen und ändern

Um in einem solchen Kalender Daten (Termine) zu erfassen, können Sie entweder im Menübereich das Register *EREIGNISSE* anwählen und dann den Punkt *Neues Ereignis* anklicken. Oder positionieren Sie die Maus im Kalender auf den Tag, dem ein neuer Eintrag zugewiesen werden soll. Nach kurzer Zeit erscheint dort der Link *Hinzufügen* (Mouse-Over-Effekt), über den Sie ebenfalls in den Erfassungsdialog wechseln können.

Im nachfolgenden Dialogfenster müssen dann die verschiedenen Informationen bzw. Angaben zum neuen Termin eingetragen werden. Neben einer genauen Terminbestimmung (*Anfangszeit*, *Endzeit*) muss dabei auch der Grund (*Titel*) angegeben werden. Darüber hinaus bestehen weitere Optionen wie der Ort oder die Festlegung eines ganztägigen Termins, was durch Anklicken der entsprechenden Option (*Ganztägiges Ereignis*) ausgewählt werden kann.

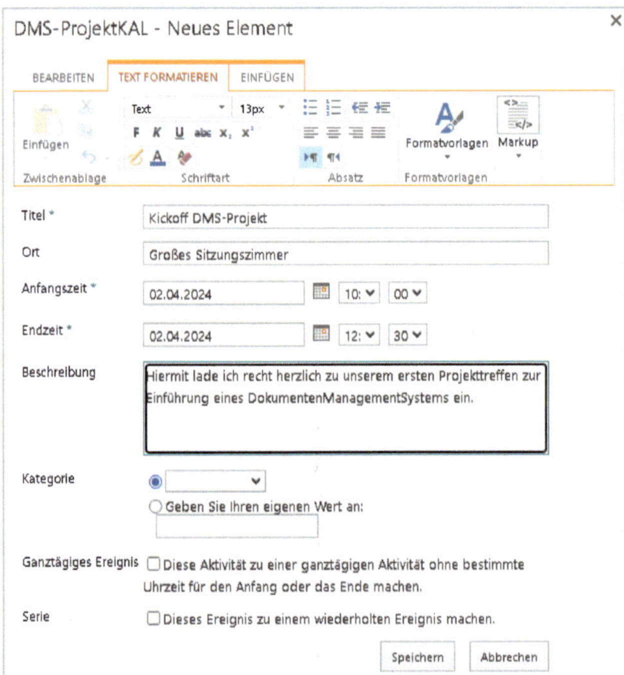

Bild 3.11 Anlegen eines Kalendereintrages.

> Um einen neuen Kalendereintrag anzulegen, können Sie auch einen Doppelklick in dem Feld für den gewünschten Tag durchführen.

Handelt es sich bei dem Termin um einen sich wiederholenden (Serientermin), so müssen Sie in der Erfassungsmaske den Eintrag *Dieses Ereignis zu einem wiederholten Ereignis machen* anwählen. Anschließend erscheinen im unteren Bereich weitere Optionen, anhand derer Sie festlegen können, in welchem Turnus ein bestimmter Termin wiederholt stattfinden und angelegt werden soll.

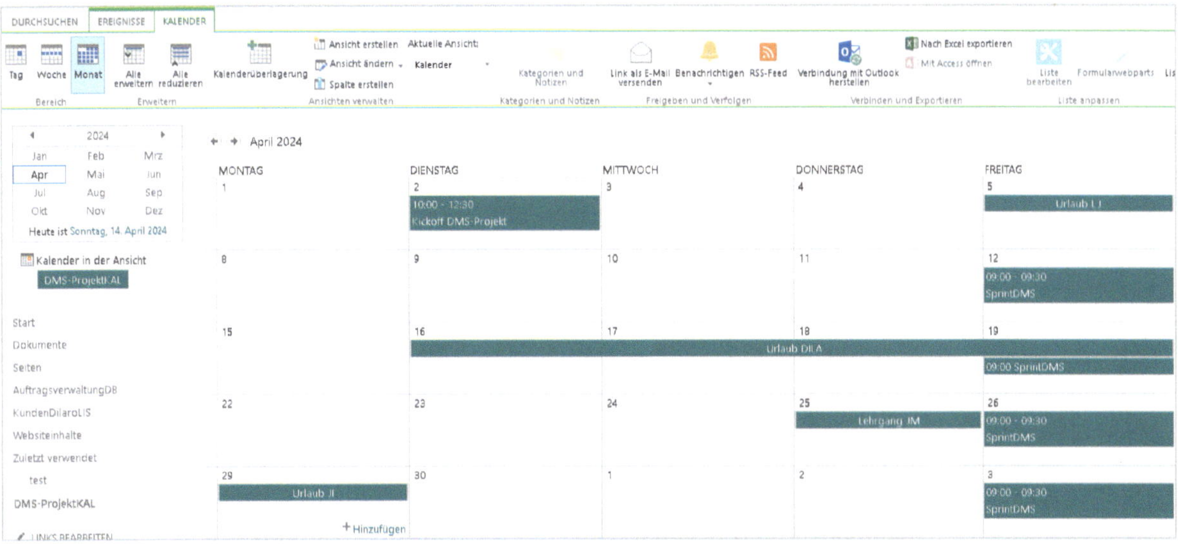

Bild 3.12 Kalenderansicht mit Serienterminen.

Sie können einen Kalendereintrag natürlich jederzeit nachträglich ändern. Dabei müssen Sie jedoch die Unterschiede zwischen einem Einzel- und einem Serientermin beachten. Zum Ändern eines Termins genügt in der Kalenderdarstellung das Anklicken des entsprechenden Termins, wobei es zunächst auch keine Rolle spielt, ob es sich um einen einzelnen oder um einen wiederkehrenden handelt.

Im nachfolgenden Dialogfenster werden die Angaben zum entsprechenden Termin angezeigt. Mit der Option *Element bearbeiten* können Sie die Daten anschließend den Anforderungen entsprechend ändern; dabei bezieht sich dies immer explizit auf den im Kalender ausgewählten (einzelnen) Eintrag. Möchten Sie die Vorgaben für eine Terminserie ändern, müssen Sie dafür den Punkt *Serie bearbeiten* verwenden und die gewünschten Anpassungen vornehmen.

> Bei wiederkehrenden Terminen können sowohl Änderungen an der gesamten Terminserie (*Serie bearbeiten*) als auch an einzelnen Terminen der Serie (*Element bearbeiten*) vorgenommen werden.

Integration in Microsoft Outlook

Auch heute sieht eine typische Arbeitsumgebung nicht selten so aus, dass lokal mit Microsoft Office gearbeitet und damit unter anderem auch auf zentrale Anwendungen wie SharePoint zugegriffen wird. Aufgrund der in Outlook integrierten Kalenderfunktion ist es natürlich sehr umständlich, in einer SharePoint-Umgebung einen zusätzlichen Kalender zu pflegen.

> **Bei einer Vollintegration und einem ausschließlichen Einsatz sämtlicher Anwendungen einer Microsoft -365-Umgebung erübrigt sich in der Regel eine spezielle Outlook-Integration.**

Microsoft hat eine Möglichkeit geschaffen, die auch in SharePoint Online verfügbar ist, um in SharePoint angelegte Kalender (und andere Listen) in einer lokal installierten Outlook-Instanz sichtbar zu machen und ggf. dort auch direkt bearbeiten zu können.

Zur Integration brauchen Sie lediglich im Register *KALENDER* den Punkt *Verbindung mit Outlook herstellen* anzuwählen. Sobald Sie die nachfolgende Sicherheitsabfrage bestätigt haben, erscheint nach dem Start von Outlook ein Abfragefenster, in dem Sie die Form der Einbindung festlegen können. So können Sie an dieser Stelle mit den Möglichkeiten der Schaltfläche *Erweitert* beispielsweise noch den Namen des Kalenders (so wie er in Outlook angezeigt wird) ändern.

Nach der Bestätigung zur Outlook-Integration wird in der (lokalen) Outlook-Installation ein neuer Kalender angelegt, der exakt dem Inhalt des SharePoint-Kalenders entspricht. So können dort neue Termine eingetragen oder auch bestehende geändert werden. Die Anpassungen werden dabei automatisch in die SharePoint-Umgebung übertragen und stehen dort den anderen Anwendern sofort zur Verfügung.

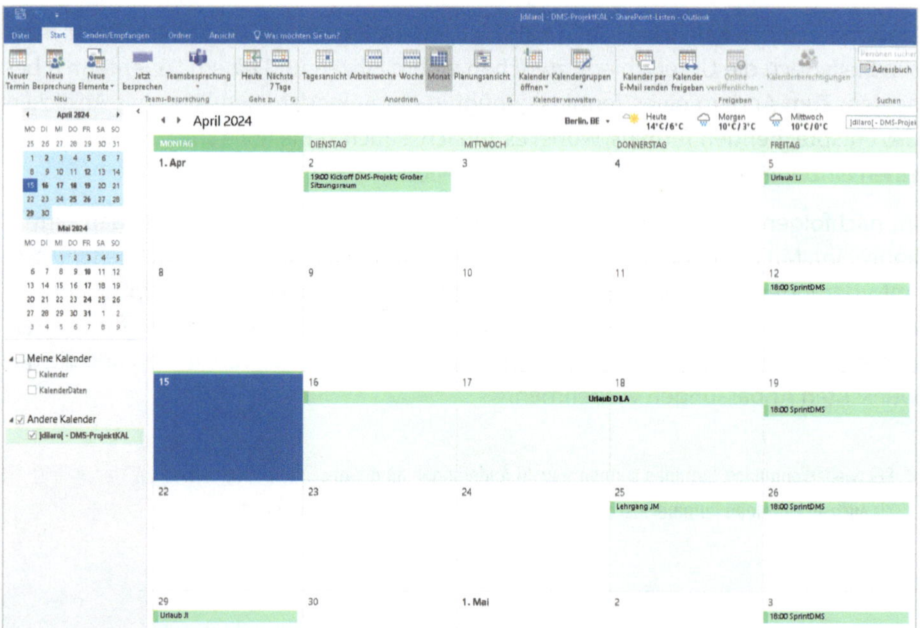

Bild 3.13 Integration eines Kalenders in Outlook.

Um die Outlook-Integration eines SharePoint-Kalenders wieder aufzuheben, braucht der entsprechende Kalender in Outlook lediglich aus der Darstellung entfernt zu werden (rechte Maustaste und Option *Kalender löschen* verwenden). Damit wird der Kalender aus der Outlook-Darstellung entfernt, ohne diesen jedoch in der SharePoint-Umgebung zu löschen.

Möchten Sie nicht den gesamten Kalender, sondern beispielsweise nur einzelne Einträge in eine lokale Outlook-Installation überführen, können Sie den Eintrag in der SharePoint-Kalenderliste anklicken. Im nächsten Schritt müssen Sie im Menübereich das Register *Benutzerdefinierte Befehle* (am oberen Rand) anwählen. Aus den verfügbaren Optionen können Sie dann mit dem Punkt *Ereignis exportieren* eine Exportdatei (.ics) anlegen. Mit Anwahl dieser können Sie diesen Kalendereintrag dann in Outlook übernehmen.

Sonstige Kalenderfunktionen

Ein (klassischer) SharePoint-Kalender wird wie eine normale Liste behandelt. Aus dem Grund sind auch weitere Funktionen einer SharePoint-Liste verfügbar, die für einen Kalender genutzt werden können. Im Einzelnen handelt es sich dabei um folgende Funktionen:

- Versionierung
- Inhaltsgenehmigung
- Benachrichtigung per E-Mail (auch für einzelne Kalendereinträge)
- Benachrichtigung per RSS-Feed
- Gestaltung individueller Listenansichten
- Einsatz von Workflows (z. B. beim Eintragen neuer Termine)

Es ist zu empfehlen, die integrierte Workflow-Funktionalität der SharePoint-Listen (z. B. Kalender) nicht mehr zu nutzen bzw. bestehende Workflows zu überführen und stattdessen Tools wie Power Automate zu verwenden, zumal Microsoft die Unterstützung der integrierten Workflows abgekündigt hat.

Bezüglich der Integration von SharePoint und Power Automate wird auf Kapitel 7 verwiesen.

Ergibt sich beim Arbeiten mit dem (klassischen) Kalender die Notwendigkeit, einen solchen einmal ausdrucken zu müssen, müssen Sie den Umweg über Microsoft Excel gehen, da es keine Standardfunktion zum Ausdruck von Listen oder Kalendern gibt. Nach Anwahl einer Liste müssen Sie im Register *KALENDER* die Option *Nach Excel exportieren* anwählen; damit wird für die gewählte Liste eine Excel-Query-Datei (.iqy) angelegt. Mit Anwahl dieser Abfragedatei öffnet sich Excel und die Einträge des SharePoint-Kalenders werden nach Excel überführt. Dort können Sie die Darstellung und den Aufbau mit den entsprechenden Mechanismen von Excel übersichtlicher gestalten und das Ergebnis anschließend ausdrucken.

Beim Export eines Kalenders nach Excel auf diese Art und Weise fällt auf, dass Serientermine nicht jeweils als Einzeltermine eingetragen werden. Stattdessen wird ein zusammenfassender Eintrag für die gesamten Serientermine generiert. Aus dem Grund bietet sich in dem Fall eine zweite Ausdruckoption an. Dazu müssen Sie vorab jedoch eine andere Ansicht mit dem Namen *Aktuelle Ereignisse* anwählen (im Register *KALENDER*). Damit werden alle Einträge untereinander dargestellt und können dann über die Druckfunktion des Browsers ausgegeben werden.

Eine weitere Variante für den Ausdruck eines Kalenders ergibt sich bei Nutzung der Outlook-Integration. Damit stehen Ihnen dann grundsätzlich alle Möglichkeiten innerhalb der Anwendung zur Verfügung.

3.4 Vorlagen für die Zusammenarbeit

SharePoint hat sich im Laufe der Jahre sehr stark weiterentwickelt und stellt den Anwendern mittlerweile vielfältige Vorlagen zur Verfügung, um die Zusammenarbeit zu fördern. So gibt es neben der klassischen Kalenderansicht aus den vorhergehenden Abschnitten mittlerweile auch sehr modern wirkende Vorlagen, die jedoch allesamt eins gemein haben: Sie basieren auf den (klassischen) SharePoint-Listen.

Nachfolgend sollen aus den verfügbaren Standardvorlagen beispielhaft Vorlagen ausgewählt und deren Nutzungsmöglichkeit zur Verbesserung der Zusammenarbeit erläutert werden.

Der Zugriff auf alle Listenvorlagen erfolgt auf der entsprechenden Webseite durch Anwahl des Punktes *Liste* im Menü *Neu*.

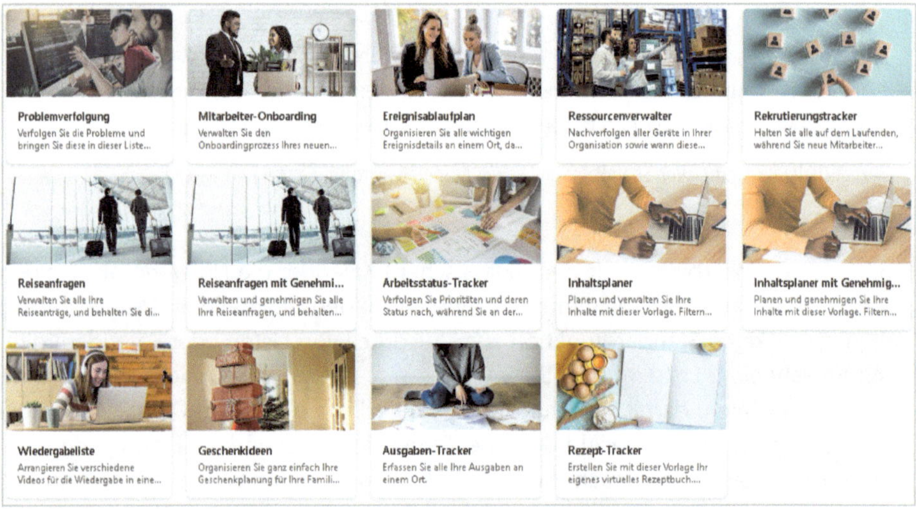

Bild 3.14 SharePoint-Vorlagen für Listenerstellung.

Die Vorlagen unter SharePoint Online werden ständig angepasst oder erweitert, sodass die hier verwendete Darstellung nur eine Momentaufnahme sein kann.

Ereignisablaufplan

Mit der Vorlage *Ereignisablaufplan* steht eine Liste zur Verfügung, anhand derer Sie bestimmte Ereignisse (z. B. Veranstaltungen) planen können. Die an der Planung beteiligten Anwender können die Liste nach und nach mit „Leben füllen" und erhalten dabei bereits Unterstützung durch Vorgaben bestimmter Auswahlfelder (z. B. *Sitzungstyp*), die Sie natürlich jederzeit noch anpassen oder erweitern können.

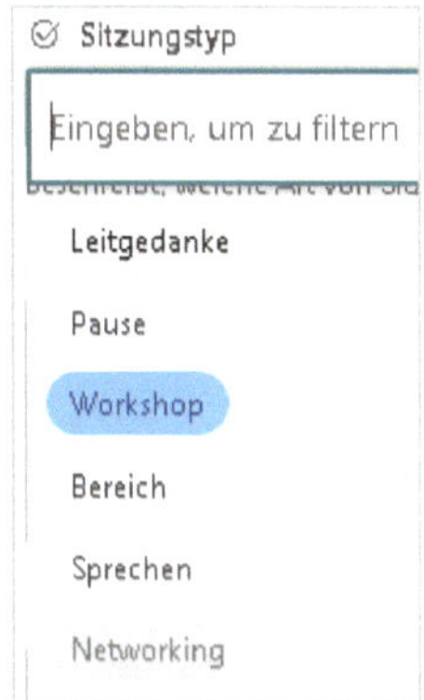

Bild 3.15 Auswahlfeld „Sitzungstyp".

Zudem stehen verschiedene Ansichten zur Verfügung (z. B. *Gruppiert nach Sitzungstyp*), die das Bearbeiten der Liste wesentlich vereinfachen. Auch diese Ansichten lassen sich den individuellen Bedürfnissen entsprechend anpassen.

Interessant ist auch, dass innerhalb der Liste ein berechnetes Feld zur Verfügung steht, mit dem aus der Angabe der Anfangs- und Endzeit eines Eintrages die Dauer ermittelt wird.

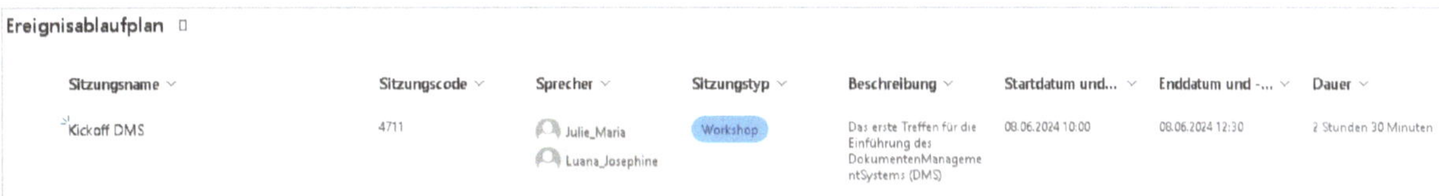

Bild 3.16 Dauer eines Eintrages als berechnetes Feld.

Auch wenn Sie die Vorlagen von SharePoint nicht immer „eins zu eins" nutzen oder umsetzen, können Sie hier und da aus den hinterlegten Funktionen ggf. für Ihre eigenen Anwendungen etwas lernen.

Rekrutierungstracker

Unter dem zugegebenermaßen merkwürdigen Namen *Rekrutierungstracker* verbirgt sich eine Vorlage, mit der Sie die Rekrutierung neuer Mitarbeiter steuern können – dies auch unter dem Gesichtspunkt, dass regelhaft mehrere Mitarbeiter parallel entsprechende Vorgänge bearbeiten. Denn ein Rekrutierungsprozess beginnt üblicherweise bei der Stellenausschreibung, über das Bewerbungsverfahren, Vorstellungsgespräche bis hin zur Vertragsgestaltung.

Bild 3.17 Aktivierung einer Benachrichtigungsfunktion.

Die Besonderheit dieser Vorlage sind vordefinierte Auswahlfelder (Position, Status), die natürlich angepasst oder um weitere Felder erweitert werden können. Spezielle Ansichten der erfassten Datensätze (Kandidaten) optimieren die Darstellung für alle Beteiligten.

Eine Besonderheit stellt die Integration eines Workflows dar (auf Basis von Power Automate), mit dem eine Erinnerungsfunktion für wichtige Termine abgebildet wird. Diese Funktion muss nach dem Anlegen der Liste aus der Vorlage manuell aktiviert werden.

> Nähere Angaben zu den Workflow-Möglichkeiten zur Automatisierung in SharePoint enthält Kapitel 7.

Inhaltsplaner mit Genehmigungen

Die Vorlage mit dem Namen *Inhaltsplaner mit Genehmigungen* stellt Ihnen eine Möglichkeit zur Verfügung, um beliebige Inhalte zu verwalten und zu überwachen. Dabei kann es sich beispielsweise um einzelne Arbeitsschritte eines Projekts (z. B. Erstellung eines Buches) handeln, an dem in der Regel auch eine Zusammenarbeit mehrerer Benutzer erforderlich ist.

Auch hier stehen bei der Datenerfassung diverse Auswahlfelder zur Verfügung, die Sie den Anforderungen entsprechend anpassen können. Gleiches gilt für spezielle Ansichten (z. B. *Veröffentlichte Inhalte*), die Sie ebenfalls ändern oder erweitern können.

Die Überprüfung der Inhalte wird in dieser Vorlage durch einen Ablauf (Workflow) abgebildet, der auf Wunsch in Power Automate erstellt und hinterlegt wird. Damit wird erreicht, dass standardmäßig drei Tage vor dem Fälligkeitsdatum darüber informiert wird. Zudem erfolgt die Genehmigung einer Veröffentlichung ebenfalls über einen Power-Automate-Flow, wobei die Besonderheit berücksichtigt wird, dass der Genehmigungsprozess in Microsoft Teams in Form einer sogenannten *adaptiv card* abgebildet wird.

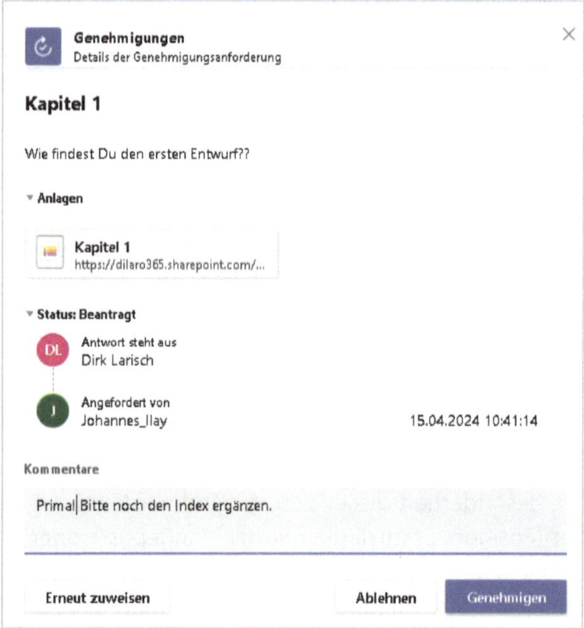

Bild 3.18 Genehmigung als Anzeige in Teams.

> Nähere Angaben zu den Workflow-Möglichkeiten zur Automatisierung in SharePoint enthält Kapitel 7.

Eigene Vorlagen zuweisen

Es gibt mittlerweile eine Reihe fertiger Vorlagen, die in SharePoint zur Optimierung der Zusammenarbeit zur Verfügung gestellt werden. Aus dem Grund hat Microsoft wohl auch entschieden, dass es die Möglichkeit zum Anlegen eigener Vorlagen so nicht mehr gibt, wie es sie noch bei den *on-premise*-Versionen bis SharePoint 2019 gab. Dort stand in den Listeneinstellungen der Punkt *Liste als Vorlage speichern* zur Verfügung, was jedoch unter SharePoint Online nicht mehr der Fall ist. Dennoch gibt es Möglichkeiten, wie Sie eine bestehende Listenstruktur in Form einer Vorlage definieren und anderen Benutzern zur Verfügung stellen können.

> Bezüglich der Option zur Speicherung einer Liste als Vorlage wird auf das nachfolgende Kapitel verwiesen. Dort wird erläutert, wie Sie diese Option mithilfe der SharePoint-Verwaltungs-Shell (PowerShell) wieder aktivieren können.

Zuweisung einer bestehenden Listendefinition

Am einfachsten ist es, bei Neuanlage einer Liste auf eine bestehende Listenstruktur zurückzugreifen; klicken Sie dazu auf die Option *Aus vorhandener Liste*. Anschließend suchen Sie eine Webseite (Berechtigung!), die die gewünschte Liste enthält, und wählen diese aus.

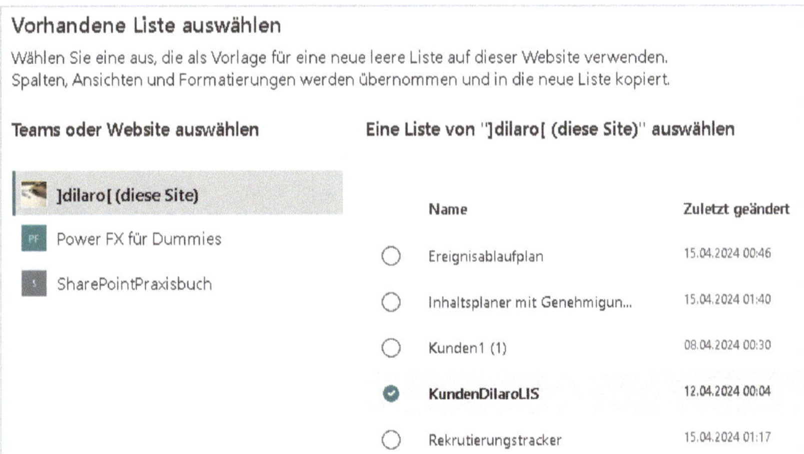

Bild 3.19 Zugriff auf die Struktur einer bestehenden Liste.

Nachdem Sie einen Namen für die neue Liste eingegeben und dies bestätigt haben, wird eine neue Liste mit derselben Struktur wie die ausgewählte Liste angelegt.

> Bei der Nutzung der Struktur einer bestehenden Liste, werden auch die Auswahlfelder korrekt mit übernommen. Selbst die Verwendung von Websitespalten (siehe Kapitel 2) wird dabei korrekt dargestellt.

Einsatz der SharePoint-Verwaltungskonsole

In einer SharePoint-Umgebung können Sie jederzeit zusätzliche Vorlagen hinterlegen und anderen Anwendern zur Verfügung zu stellen, so wie es in früheren SharePoint-Versionen ebenfalls möglich war. Diese Option bedarf des Einsatzes der SharePoint-Verwaltungskonsole auf Basis von PowerShell. Auf diese Art und Weise können Sie bei der Listenneuanlage im Register *Von Ihrer Organisation* entsprechende Vorlagen einblenden.

Wenn Sie an Ihrem Arbeitsplatz die PowerShell-Oberfläche als Administrator aufgerufen haben, können Sie mit folgender Anweisung überprüfen, ob die SharePoint-Verwaltungskonsole installiert ist:

```
Get-Module -Name Microsoft.Online.SharePoint.PowerShell -ListAvailable |
  Select Name,Version
```

Sobald diese Prüfung erfolgreich verlaufen ist, können Sie mit der nächsten Power Shell-Anweisung prüfen, ob die aktuellste Version installiert ist:

```
Update-Module -Name Microsoft.Online.SharePoint.PowerShell -Force
```

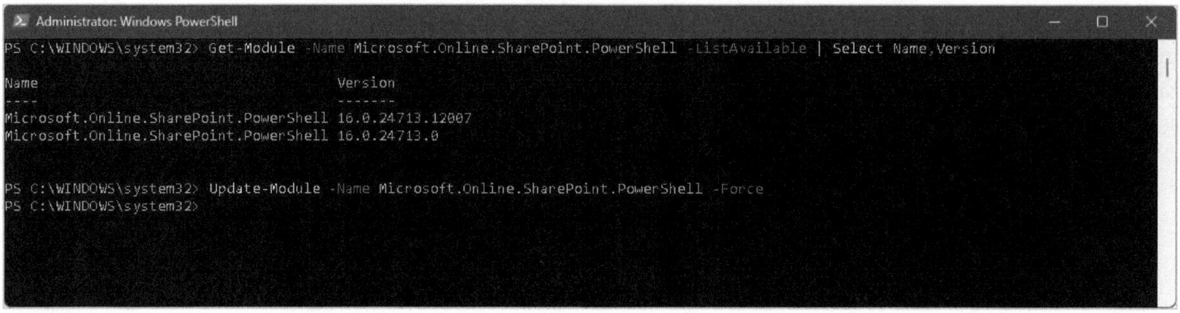

Bild 3.20 Prüfung der Installation der SharePoint-Verwaltungskonsole.

Nachdem Sie so die Umgebung der SharePoint-Verwaltungskonsole aktiviert haben, steht Ihnen diese sofort zur Verfügung. Sie können die spezielle PowerShell-Konsole anzeigen, indem Sie auf einem Windows-Desktop das Startmenü aufrufen und dort Folgendes eingeben:

```
sharepoint
```

Innerhalb der Verwaltungskonsole müssen Sie sich zunächst einmal am Tenant authentifizieren, beispielsweise mit einer Anweisung der folgenden Art:

```
connect-SPOservice -Url https://tenant-admin.sharepoint.com -Credential
  admin@tenant.onmicrosoft.com
```

Dabei müssen Sie bei *Tenant* den Namen Ihres Tenants und hinter *Credential* die entsprechende Anmeldekennung eines Administrators angeben.

Um eine bestehende Liste zu exportieren bzw. in ein entsprechendes Skript zu überführen, können Sie als Nächstes eine Anweisung der folgenden Art eingeben:

$exKundenLIS = Get-SPOSiteScriptFromList -ListUrl https://tenant.sharepoint.com/Lists/LISKundenDilaro

> Die Angabe bei *-ListUrl* erhalten Sie in der Browserzeile, wenn Sie die entsprechende Liste aufrufen.

Im Weiteren hängt es nun davon ab, wo Sie die Listendefinition ablegen möchten. Auch dazu stellt die SharePoint-Verwaltungskonsole entsprechende Anweisungen zur Verfügung. So können Sie mit *Add-SPOSiteScript* die exportierte Listendefinition hochladen und mit *Add-SPOListDesign* einen Listenentwurf erstellen. Sobald Sie die entsprechenden Anweisungen eingeben, werden die benötigten Parameter abgefragt.

Innerhalb der SharePoint-Verwaltungskonsole können Sie sich mit der folgenden Anweisung alle verfügbaren Anweisungen (Cmdlets), Einstellungen und Parameter der gewählten SharePoint-Umgebung anzeigen lassen:

Get-SPOTenant

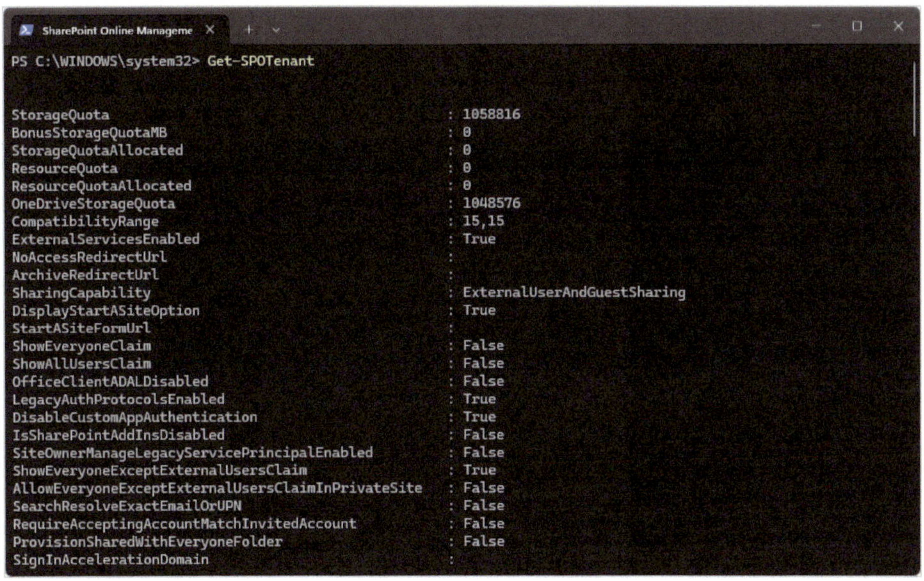

Bild 3.21 Ausgabe wichtiger Parameter einer SharePoint-Umgebung.

> Weitergehende Angaben zur Installation und Handhabung der SharePoint-Verwaltungskonsole können Sie in Kapitel 8.11 nachlesen.

3.5 Ergänzende Anwendungen

Neben den, in SharePoint integrierten, Möglichkeiten steht mittlerweile in einer Microsoft-365-Umgebung eine Vielzahl weiterer Anwendungen zur Verfügung, mit denen die Zusammenarbeit in einem Team organisiert und optimiert werden kann. Einige dieser Anwendungen sollen an dieser Stelle zumindest Erwähnung finden. Zumal Sie den Zugriff auf diese Anwendungen auf Wunsch auch zentral über SharePoint steuern können bzw. teilweise SharePoint-Funktionalitäten in diese Anwendungen integrieren können.

Teams

Microsoft Teams ist sicherlich mit eine der wichtigsten Anwendungen innerhalb einer Microsoft-365-Umgebung, in denen Microsoft auch mehr und mehr Funktionalitäten und Anwendungen integriert, um die Zusammenarbeit in Unternehmen und Organisationen zu strukturieren und zu optimieren. So wird Teams mittlerweile für weit mehr genutzt als nur für Videokonferenzen, denn dies ist nur ein ganz kleiner Ausschnitt und würde der Leistungsfähigkeit absolut nicht gerecht.

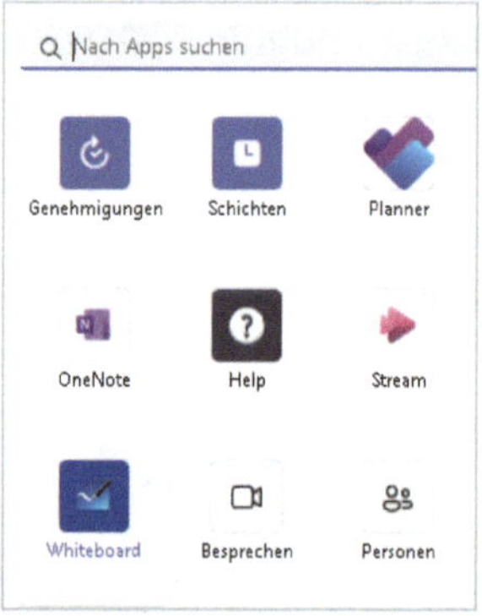

Bild 3.22 Ausschnitt der Zusatzanwendungen in Teams.

Durch offene Schnittstellenstandards kann nicht nur Microsoft selber die Funktionalität erweitern, sondern auch Drittanbieter können spezielle Anwendungen in der Teams-Oberfläche zur Verfügung stellen.

> Möglichkeiten der Nutzung bestimmter Funktionalitäten aus früheren SharePoint-Versionen wie Wikis, Umfragen, Blogs usw. sind in SharePoint Online nicht mehr verfügbar bzw. wurden von Microsoft in Anwendungen wie Teams überführt.

OneNote

Früher gab es Wikis, heute gibt es OneNote! Eine solche Aussage wird der Leistungsfähigkeit von *OneNote* nicht ganz gerecht. Denn es bildet zwar die Funktionalitäten der aus früheren SharePoint-Versionen bekannten Wikis ab, bietet darüber hinaus aber noch wesentlich mehr Funktionen, die der Zusammenarbeit dienen können.

Im Grunde genommen ist OneNote als klassisches Notizbuch entstanden. Mittlerweile hat es sich jedoch zu einem umfassenden Werkzeug zur Verwaltung beliebiger Daten und Informationen entwickelt, mit dem Sie eigene Strukturen zur Datenverwaltung aufbauen können. In der nachfolgenden Abbildung erhalten Sie beispielhaft Einblick in ein CRM (CustomerRelationshipManagement) als ein System zur Verwaltung von Kundenbeziehungen.

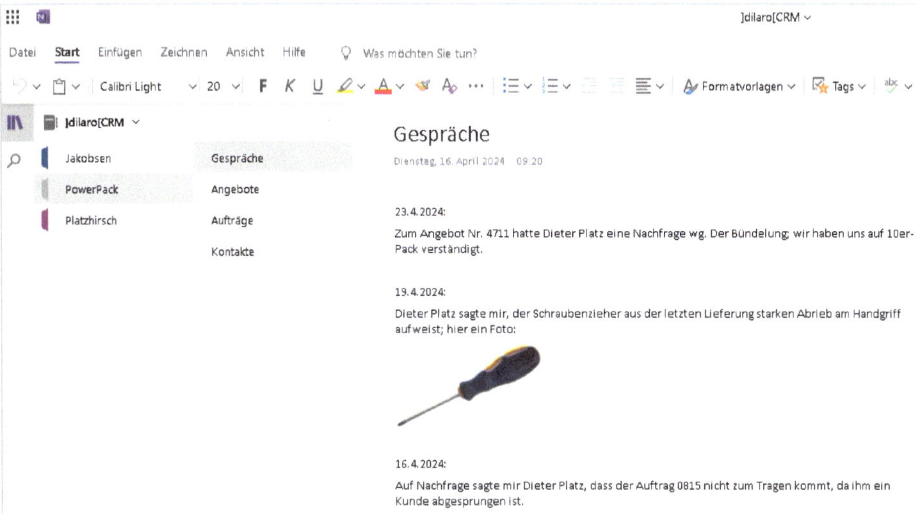

Bild 3.23 OneNote beispielhaft als CRM-System.

Ein besonderes Merkmal von OneNote unterstützt die Zusammenarbeit, indem Sie damit einzelne Notizen oder auch ganze Notizbücher für andere Anwender freigeben können. So können mehrere Personen zur gleichen Zeit bestimmte Themen bearbeiten (oder lesen) und die gemeinsame Arbeit an Themen (z. B. Projekte) vereinfachen und optimieren.

Bild 3.24 Freigabe eines OneNote-Notizbuches.

Loop

Eine noch relativ junge Entwicklung stellt Microsoft mit der Anwendung *Loop* bereit. Dahinter verbirgt sich in einer Microsoft-365-Umgebung eine spezielle Funktionalität, die an verschiedenen Stellen und in unterschiedlichen Anwendungen zum Einsatz kommen kann.

> Je nach Konstellation wird beim Einsatz von Loop als Speicherort der Loop-Komponenten SharePoint eingesetzt.

Sobald eine Loop-Komponente erstellt wurde, können Sie diese auch in anderen Anwendungen der Microsoft-365-Umgebung (Outlook, Teams, OneNote usw.) einsetzen und bearbeiten. In der nachfolgenden Abbildung ist dies beispielhaft anhand der beiden Anwendungen OneNote und Teams dargestellt.

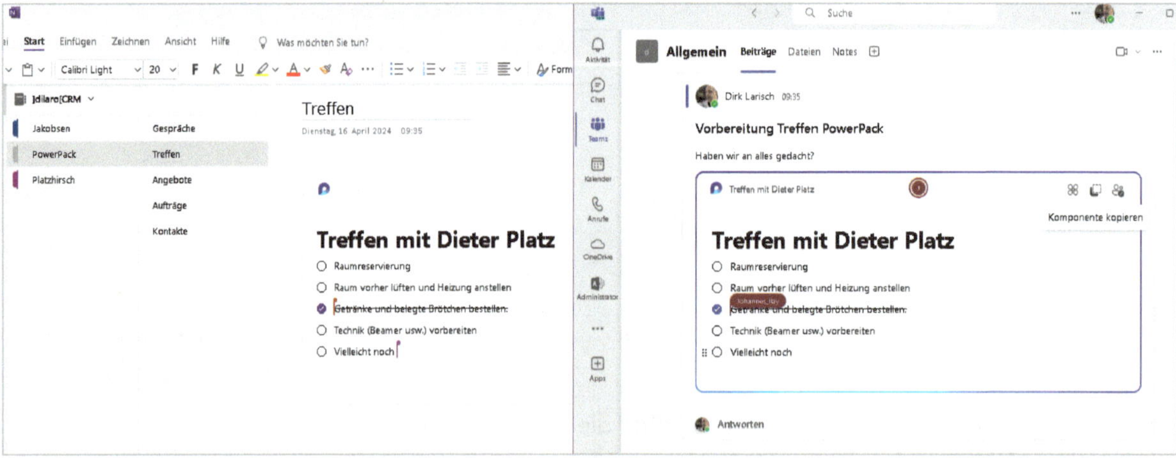

Bild 3.25 Loop-Komponente parallel in OneNote und Teams.

> Neben den hier genannten, gibt es in einer Microsoft-365-Umgebung noch eine Reihe weiterer Anwendungen, die die Zusammenarbeit unterstützen (Planner, Forms, Lists usw.).

4 Zugriffsverwaltung und Rechtevergabe

Es zeigt sich in der Praxis immer wieder, dass für viele Anwender die Rechteverwaltung in SharePoint ein „Buch mit sieben Siegeln" ist. Bei aller Komplexität ist die korrekte Umsetzung bei weitem nicht so aufwändig oder schwierig, wenn bestimmte Regularien beachtet werden und sich die Verantwortlichen frühzeitig mit der Materie beschäftigen. In der Praxis zeigt es sich auch, dass Anwendern allein aus Unkenntnis oder auch aus Gründen der Bequemlichkeit, Zugriffe auf Daten eingeräumt werden, für die diese eigentlich keine Berechtigung erhalten sollten.

Eine SharePoint-Umgebung als Basis für ein System zur zentralen Datenablage, zur Optimierung der Zusammenarbeit und auch zur Gestaltung und Aufbau von Webseiten weist eine äußerst fein konfigurierbare und weitreichende Rechtestruktur auf. So können Sie sehr granular beispielsweise Zugriffsrechte auf Ebene einer Webseite, einer Liste oder einer Bibliothek vergeben, aber ebenso auch Rechte für ein einzelnes Listenelement oder ein bestimmtes Dokument in einer Bibliothek, wobei der Zuweisung von Zugriffsrechten auf Ebene der Webseiten eine besondere Rolle zukommt.

> Beim Aufbau einer Rechtestruktur für eine SharePoint-Umgebung ist es wichtig, sich frühzeitig Gedanken über die Ebene der Rechtezuweisung zu machen, da einige Dinge davon abhängig sind. Auch wenn natürlich eine nachträgliche Anpassung möglich ist, sollte die Struktur vor einer großflächigen Nutzung der SharePoint-Umgebung definiert werden.

4.1 Prinzip der Rechtevergabe

Bevor es in die praktische Anwendung und konkrete Verwaltung von Benutzerrechten geht, ist es wichtig, das Prinzip der Rechteverwaltung in SharePoint Online zu verstehen. So können sämtliche Objekte oder Elemente einer SharePoint-Umgebung mit Berechtigungen versehen werden. SharePoint stellt dafür ein rollenbasiertes System mit entsprechenden Berechtigungsstufen zur Verfügung. Diesen Rollen (Berechtigungsstufen) werden dann die einzelnen Berechtigungen zugewiesen, die wiederum festlegen, welche Aktionen ein Benutzer oder die einer Gruppe zugewiesenen Benutzer in einer SharePoint-Umgebung durchführen dürfen (Elemente anlegen, löschen, ändern usw.).

> Eine Rolle bzw. Berechtigungsstufe ist eine Sammlung bzw. Zusammenfassung verschiedener Einzelberechtigungen. Näheres dazu enthält das Kapitel 4.3.

Struktur einer SharePoint-Umgebung

Die folgende Abbildung zeigt schematisch den Aufbau einer (klassischen) SharePoint-Umgebung bzw. -Struktur mit den verschiedenen Komponenten, bei denen die gewünschten oder benötigen Rechtezuweisungen erfolgen können.

Bild 4.1 Schematischer Aufbau einer SharePoint-Umgebung.

> Hier und da führt es zu Verwirrung, den Begriff *Site* ins Deutsche mit *Seite* zu übersetzen, denn eigentlich bezeichnet der englische Begriff *site* einen Bereich oder einen Standort. So kann es sich bei einer *site* also durchaus um mehrere Webseiten handeln. Im Rahmen dieses Buches wird dennoch dem Begriff *Website* die Übersetzung *Webseite* zugeordnet, was inhaltlich keinen großen Unterschied ergibt. Da es sich in Zusammenhang mit SharePoint mittlerweile eingebürgert hat, ist auch in diesem Buch die Rede von *Webseite* als Synonym für *site*, ergänzend dazu von Webseitensammlung anstelle von *site collection*.

Anhand dieses Schemas kann die Struktur einer SharePoint-Umgebung auf verschiedenen Ebenen organisiert und den Anforderungen entsprechend gestaltet werden. Die dafür benötigten Rollen und Berechtigungen können dabei grundsätzlich auf (fast allen) Ebenen vergeben werden.

- **Webanwendung (Web Application)**
  Die Webanwendung (Web Application) bildet die Klammer um eine komplette SharePoint-Umgebung (Tenant-Ebene). Sie stellt die oberste Ebene in der Hierarchie dar, der sich alle sonstigen Objekte und Elemente unterordnen. Eine Webanwendung bildet den Kopf einer Containerstruktur, bei der mehrere Webseitensammlungen eines Unternehmens oder einer Organisation zusammengefasst werden können.

  > Hinter der Bezeichnung *Webanwendung* verbirgt sich heute nur noch ein Strukturmerkmal von SharePoint Online. Im praktischen Einsatz ist eher die Rede von *Site Collection* (Webseitensammlung) und einzelnen Webseiten.

- **Webseitensammlung (Site Collection)**
  Eine Webseitensammlung (Site Collection) ist die Zusammenfassung mehrerer Webseiten eines Themas (z. B. Intranetprojekt). Jede *Site Collection* hat eine sogenannte *Root-Website* als Startseite der Site Collection. Diese wiederum kann mehrere Webseiten enthalten und jeder Webseite können ihrerseits weitere (oder eine) Webseiten zugewiesen werden. So fungiert eine Webseitensammlung als Container für eine Gruppe von Webseiten und bildet die Basis für die Organisation und Verwaltung der Inhalte. Eine *Site Collection* wird in SharePoint Online auch oft als Hub-Webseite bezeichnet und kann in Form einer Kommunikationswebseite oder als Teamwebseite angelegt werden. Dabei bietet sich eine Kommunikationswebseite (Portal) an, wenn Sie einen größeren Teilnehmerkreis zur Bearbeitung oder auch zum Konsumieren haben (z. B. Intranet, Webauftritt). Eine Teamwebseite kommt in der Regel bei einem überschaubaren oder eingegrenzten Thema wie einem Projekt oder auch bei einem Auftritt einer Abteilung in einem Intranet zum Tragen.

  > Eine Teamwebseite darf an dieser Stelle nicht verwechselt werden mit Webseiten, die bei bestimmten Objekten von Microsoft Teams (Team, Kanal usw.) angelegt werden, um die Daten dieser Teams-Objekte dort abzulegen. Nähere Informationen zu den spezifischen Webseiten von Teams enthält Kapitel 6.

- **Webseiten (Sites)**
  Webseiten (Sites) sind jeweils eine einzelne Instanz innerhalb einer Webseitensammlung und sind als eigenständige Organisationseinheit frei gestaltbar. *Sites* können für verschiedene Zwecke erstellt werden, beispielsweise Informationssammlung, Wissensmanagement oder auch für spezifische Funktionen wie die Verwaltung bestimmter Dokumente. Innerhalb einer Webseite können verschiedene Bereiche (z. B. Webparts) oder Unterseiten eingerichtet werden, um Inhalte weiter zu strukturieren und zu organisieren.
- **Listen (Lists)**
  Mit Listen (Lists) werden in SharePoint nicht nur die klassischen Listen, sondern auch viele andere Objekte wie Kalender oder Aufgaben bezeichnet. Selbst die Dokumente einer Bibliothek werden in Listen organisiert. Aus dem Grund bildet diese Ebene in einer SharePoint-Struktur eine eigene und wichtige Rolle.
- **Elemente (Items)**
  Die Elemente (Items) der SharePoint-Listenobjekte bilden die letzte Stufe in der Hierarchie einer SharePoint-Struktur. Es kann sich dabei um einzelne Listenelemente (Listeneintrag, sonstige Einzelobjekte) oder beispielsweise auch um ein einzelnes Dokument handeln. Auch auf dieser Ebene können Sie Einfluss auf die Berechtigungen nehmen.

Benutzer und Gruppen

Mit dem Verständnis über den hierarchischen Aufbau einer SharePoint-Umgebung fällt die Zuordnung von Berechtigungen auch einfacher und nachvollziehbarer. Dabei können einem Benutzer auf fast allen Ebenen explizit einzelne Berechtigungen bzw. Berechtigungsstufen zugewiesen werden, aber ebenso können auch SharePoint-Gruppen angelegt werden, denen ebenfalls bestimmte Rollen (Berechtigungsstufen) und Benutzer zugeordnet werden können.

Beim Einsatz spezieller SharePoint-Gruppen werden diesen in der Regel mehrere SharePoint-Benutzer oder auch andere Gruppen (Gruppen aus dem Verzeichnisdienst *Azure AD*; *Entra ID*) zugewiesen. Dies sind dann die sogenannten Gruppenmitglieder. Dabei sind die SharePoint-Gruppen beispielsweise vergleichbar mit den lokal verfügbaren Gruppen zur Verwaltung des Dateisystems.

Jeder Webseite werden bei der Neuanlage automatisch drei SharePoint-Gruppen zugewiesen, als da sind:

- Besitzer von [Name der Webseite oder Webseitensammlung]
- Besucher von [Name der Webseite oder Webseitensammlung]
- Mitglieder von [Name der Webseite oder Webseitensammlung]

Der Name der Gruppe wird jeweils ergänzt um die Bezeichnung der Webseitensammlung bzw. den Namen der Webseite. Zudem erfolgt standardmäßig die Zuweisung folgender Standardberechtigungsstufen an diese Gruppen:

- Besitzer Vollzugriff
- Besucher Lesen
- Mitglieder Bearbeiten

Die Zuordnung bzw. die Anwendbarkeit einer SharePoint-Gruppe ist standardmäßig immer auf eine Webseitensammlung (*Site Collection*) beschränkt. Ein übergreifendes Rechtesystem für mehrere Webseitensammlungen kann damit also nicht aufgebaut werden.

Zudem ist die Standardgruppenzuweisung (Besitzer, Besucher, Mitglieder) identisch mit der Zuweisung an eine Webseite, die über Microsoft Teams erstellt wird (siehe dort).

Rechtevererbung

Berechtigungen, die entweder direkt oder über eine entsprechende Berechtigungsstufe einer bestimmten Webseite oder einer -sammlung zugewiesen wurden, werden in der Regel automatisch auf nachfolgende Webseiten und die zugeordneten Objekte vererbt. Auf diese Art erben beispielsweise auch zugeordnete Listen, Bibliotheken und sonstige Elemente oder Objekte die übergeordneten Berechtigungen.

Die Vererbung von Berechtigungen spielt in einer SharePoint-Umgebung eine wesentliche Rolle, denn so entsteht eine Vererbungskette von der obersten Hierarchiestufe (*site collection*) bis zum letzten Element einer Webseite – es sei denn, Sie definieren dies anders. Wird also beispielsweise auf der höchsten Ebene der Webseitensammlung eine neue (einzelne) Webseite angelegt, so werden automatisch die Berechtigungen der darüber liegenden Hierarchiestufe (hier: *site collection*) übernommen und zugewiesen.

Weitergehende Informationen zur Rechtevererbung und auf welche Art und Weise Sie eine solche Vererbung unterbrechen können, sind Inhalt des Kapitels 4.3.

4.2 Zugriffsrechte

In Bezug auf die Rechteverwaltung einer SharePoint-Umgebung fällt den einzelnen Berechtigungen bzw. den einzelnen Zugriffsrechten eine wesentliche Rolle zu. Zur Vereinfachung werden dabei einer Berechtigungsstufe (Rolle) mehrere bestimmte Einzelrechte oder Berechtigungen zugewiesen, aus denen sich dann die Funktionalität der entsprechenden Rolle ergibt.

> Anhand der zugewiesenen Einzelrechte in einer Berechtigungsstufe wird einem Benutzer zugestanden, bestimmte Aktionen in der SharePoint-Umgebung auszuführen (Elemente anlegen, löschen usw.).

Verfügbare Zugriffsrechte

Für das Zuweisen der verschiedenen Berechtigungen zu einer Berechtigungsstufe stehen eine Vielzahl von einzelnen Zugriffsrechten zur Verfügung. Nachfolgend sind sämtliche Zugriffsrechte aufgeführt, die in einer SharePoint-Umgebung standardmäßig verfügbar sind:

- **Listenberechtigungen**
  Listen verwalten
  Listenverhalten außer Kraft setzen
  Elemente hinzufügen
  Elemente bearbeiten
  Elemente löschen
  Elemente anzeigen
  Elemente genehmigen
  Elemente öffnen
  Versionen anzeigen
  Versionen löschen
  Benachrichtigungen erstellen
  Anwendungsseiten anzeigen

> An dieser Stelle noch einmal der Hinweis, dass alle Objekte als Listen verwaltet werden, also beispielsweise auch eine Bibliothek. Somit beziehen sich die Rechtezuordnungen auch auf diese Objekte einer SharePoint-Umgebung.

- **Webseitenberechtigungen**
  Berechtigungen verwalten
  Web-Analytics-Daten anzeigen (Verwendungsberichte)
  Unterwebseiten erstellen (standardmäßig deaktiviert)

Webseiten verwalten
Seiten hinzufügen und anpassen
Designs und Rahmen anwenden
Stylesheets anwenden
Gruppen erstellen
Verzeichnisse durchsuchen
Self-Service Site Creation verwenden
Seiten anzeigen
Berechtigungen auflisten
Benutzerinformationen durchsuchen
Benachrichtigungen verwalten
Remoteschnittstellen verwenden
Clientintegrationsfeatures verwenden
Öffnen
Persönliche Benutzerinformationen bearbeiten

- **Persönliche Berechtigungen**
  Persönliche Ansichten verwalten
  Persönliche Webparts hinzufügen/entfernen
  Persönliche Webparts aktualisieren

> Bei der Zuweisung der Rechte an eine bestimmte Rolle (Berechtigungsstufen) werden weitergehende Zusatzinformationen zur genauen Funktion angezeigt. Dies erübrigt sich aber vielfach, da die Namen der einzelnen Berechtigungen im Grunde genommen „sprechend" sind.

4.3 Berechtigungsstufen (Rollen)

Aus den vorhergehenden Abschnitten geht hervor, dass die Berechtigungsstufen oder Rollen eine wesentliche Aufgabe bei der Rechtezuweisung in einer SharePoint-Umgebung übernehmen, indem sie die einzelnen Berechtigungen sammeln bzw. zusammenfassen. Somit dienen diese Rollendefinitionen der Festlegung eines bestimmten Aufgabenbereichs oder Themas, anhand dessen den Benutzern oder Gruppen die benötigten Rechte zugewiesen werden.

Verfügbare Berechtigungsstufen

In einer SharePoint-Umgebung stehen standardmäßig bereits einige Berechtigungsstufen (Rollen) zur Verfügung, die für den Großteil der Anwendungen und Anforderungen ausreichend sein sollten. Im Einzelnen sind dies:

- **Vollzugriff**: Benutzer mit der Berechtigungsstufe (Rolle) *Vollzugriff* haben Zugriff auf alle Objekte und alle möglichen Aktionen des entsprechenden SharePoint-Bereichs. Es handelt sich bei diesen Benutzern (Gruppen) in der Regel um Administratoren oder auch um die Systemverwalter einer bestimmten Webseite und deren Objekte.

> Die Einstellungen der Berechtigungsstufe *Vollzugriff* lassen sich aus Sicherheitsgründen nicht so ohne Weiteres ändern.

- **Entwerfen**: Wird Benutzern die Rolle *Entwerfen* zugewiesen, dürfen diese vorhandene Elemente lesen, ändern oder auch neue Elemente (Objekte) anlegen. Zudem dürfen sie Änderungen an der Gestaltung von Webseiten (z. B. Hinzufügen neuer Webseiten) vornehmen.
- **Bearbeiten**: Mit der Rollenzuweisung *Bearbeiten* ist es einem Benutzer (oder Gruppenmitgliedern) möglich, vorhandene Elemente zu lesen, zu ändern oder auch neue Elemente (Objekte) anzulegen. Darüber hinaus können Benutzer oder Gruppenmitglieder mit dieser Berechtigung auch neue Listen oder Bibliotheken hinzufügen.
- **Mitwirken**: Die Rolle *Mitwirken* ermöglicht den Anwendern, die vorhandenen Elemente bzw. Objekte (Listen, Bibliotheken usw.) zu lesen, zu ändern und zu löschen bzw. neue Objekte anzulegen. Im Gegensatz zur Rolle *Bearbeiten* (siehe oben) können zugeordnete Benutzer oder Gruppenmitglieder keine neuen Listen oder Bibliotheken anlegen.

> In früheren Versionen von SharePoint trug die Berechtigungsstufe *Mitwirken* den Namen *Teilnehmen*.

- **Überprüfen**: Die Rolle *Überprüfen* dient dazu, Benutzern eine Berechtigung zum Anzeigen von Webseiten, Dokumenten oder sonstigen Listenelementen einzuräumen. Eine Änderung von Objekten oder Elementen ist nicht möglich.

> Die Einstellungen der Berechtigungsstufe *Überprüfen* lassen sich aus Sicherheitsgründen nicht so ohne Weiteres ändern.
>
> Zudem sollten Sie beachten, dass diese Rolle bei einer Teamwebseite nicht zur Verfügung steht, sondern nur auf Ebene einer Hub-Webseite.

- **Lesen**: Die Rolle *Lesen* ermöglicht den lesenden Zugriff auf die Objekte (Listen, Bibliotheken usw.), ohne jedoch daran Änderungen vornehmen zu können.
- **Eingeschränkte Ansicht**: Die Option *Eingeschränkte Ansicht* ist keine Rolle im klassischen Sinne, sondern sie ergibt sich aus der Kombination der Zuweisung anderer Berechtigungsstufen.

Auch wenn Benutzern ein Teil der Einzelrechte individuell und direkt zugewiesen werden kann, hat es sich in der Praxis bewährt, eine Rechtezuweisung immer über Berechtigungsstufen (Rollen) zu steuern. Sollten für eine spezifische Anforderung die Standardberechtigungsstufen nicht ausreichen, können Sie jederzeit eigene Stufen anlegen (Näheres dazu in den folgenden Abschnitten).

Berechtigungen und Berechtigungsstufen

Das grundsätzliche Verständnis des Zusammenhangs zwischen Benutzerrechten und Berechtigungsstufen ist für die strukturierte Rechtezuweisung einer SharePoint-Umgebung unabdingbar. Sie sollten sich damit vertraut machen und sich anhand der verfügbaren Optionen ein eigenes Schema aufbauen.

Grundsätzlich sollte ganz oben immer eine Berechtigungsstufe stehen, entweder eine der Standardrollen (siehe oben) oder eine selbst definierte. In Abhängigkeit von der Funktion und den Aufgaben, die ein Benutzer oder mehrere Benutzer als Mitglied einer Gruppe wahrnehmen, müssen Sie dann die verfügbaren Berechtigungen zuweisen.

Im letzten Schritt muss diese Berechtigungsstufe dann an den oder die Benutzer (Gruppe) zugewiesen werden. Dabei ist es natürlich immer wichtig, auf welcher Ebene der SharePoint-Umgebung diese Zuweisung erfolgt. Weisen Sie einem Benutzer etwa die Berechtigungsstufe auf Ebene einer Webseite zu, kann er (standardmäßig) auch alle Listen, Dokumente und sonstigen Objekte und Elemente entsprechend beeinflussen.

Zum besseren Verständnis des Zusammenspiels von Berechtigungen, Berechtigungsstufen (Rollen) und den Benutzern oder Gruppen ist dies in der folgenden Abbildung schematisch dargestellt.

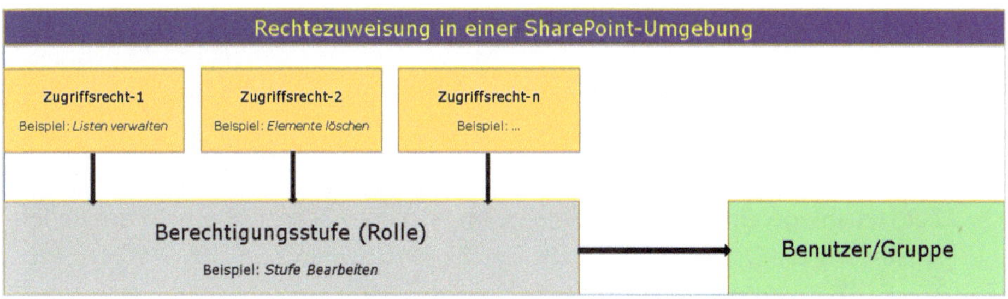

Bild 4.2 Rechtezuweisung in einer SharePoint-Umgebung.

Grundsätzlich können einem Benutzer oder einer Gruppe mehrere Berechtigungsstufen parallel zugewiesen werden. Dabei werden die zugewiesenen Berechtigungen kumuliert (zusammengefasst) und auf den Benutzer bzw. die Gruppe angewendet.

Informationen dazu, wie Sie eine Vererbung der Berechtigung auf- bzw. unterbrechen können, erhalten Sie in den nachfolgenden Abschnitten.

Anlegen neuer Berechtigungsstufen

In vielen Fällen sind die standardmäßig verfügbaren Berechtigungsstufen einer SharePoint-Umgebung vollkommen ausreichend, um die wesentlichen Anwendungsfälle abzubilden. Dennoch kann es spezielle Anforderungen oder Situationen geben, in denen Sie individuelle Berechtigungsstufen anlegen und einem Benutzer oder einer -gruppe zuweisen möchten. Und auch dafür hält SharePoint entsprechende Konfigurationsmöglichkeiten parat.

> Es ist wesentlich effektiver und sicherer, die bestehenden Standardrollen (Berechtigungsstufen) einer SharePoint-Umgebung nicht zu ändern, sondern stattdessen neue Rollen anzulegen und dann die entsprechenden Berechtigungen zuzuweisen. So können Sie auch ein wenig die verschiedenen Möglichkeiten ausprobieren, ohne direkt an der Standardeinstellung etwas ändern zu müssen.

Voraussetzung zum Anlegen neuer Berechtigungsstufen ist die entsprechende Berechtigung. In der Regel wird diese Anpassung somit ein Webseitensammlungsadministrator durchführen. Zudem ist es sinnvoll, Berechtigungsstufen immer auf der obersten Ebene (*Root-Website*) einer Webseitensammlung anzulegen. Ausnahmen ergeben sich beispielsweise dann, wenn Sie auf einer Webseite oder in einem Bereich spezifische Rechtezuordnungen benötigen.

1. Nachdem Sie die oberste Ebene angewählt haben, müssen Sie anschließend im Einstellungen-Menü (Zahnradsymbol) den Punkt *Websiteinhalte* anwählen.
2. Aus den verfügbaren Optionen am rechten oberen Bildschirmrand müssen Sie dann *Websiteeinstellungen* anwählen.
3. Im Konfigurationsfenster der Einstellungen für die Site Collection (Webseitensammlung) wählen Sie dann die Option *Websiteberechtigungen* aus.
4. In der Menüleiste (Ribbon-Leiste) müssen Sie nun die Option *Berechtigungsstufen* anklicken, worauf die aktuell verfügbaren Rollen (Berechtigungsstufen) angezeigt werden.
5. Zur Neuanlage einer Rolle wählen Sie im nächsten Schritt oberhalb der Rollenaufstellung die Option *Berechtigungsstufe hinzufügen* aus.
6. Es erscheint ein Dialogfenster, in dem Sie zunächst einen Namen und ggf. eine Beschreibung für die neue Rolle bzw. Berechtigungsstufe angegeben müssen.
7. Anschließend können Sie dann im rechten Fensterbereich die entsprechenden Berechtigungen, die der neuen Rolle (Berechtigungsstufe) zugewiesen werden sollen, durch Anklicken auswählen (Bild 4.3).
8. Nach Zuweisung der einzelnen Rechte erfolgt die abschließende Bestätigung der Neuanlage über die Schaltfläche *Erstellen.*

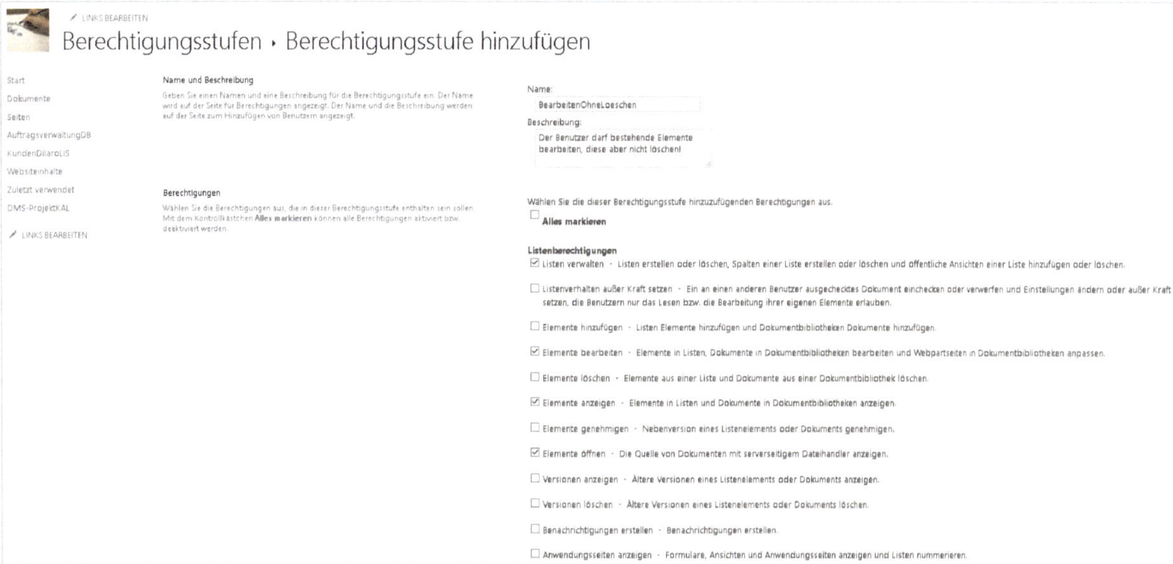

Bild 4.3 Dialogfenster zum Anlegen einer neuen Berechtigungsstufe.

Damit wird die neue Berechtigungsstufe (Rolle) angelegt und steht anschließend zur Zuweisung direkt zur Verfügung.

Bestehende Berechtigungsstufe als Vorlage

Neben der Neuanlage einer Berechtigungsstufe (Rolle) steht eine Alternative zur Verfügung, die es ermöglicht, eine bestehende Rolle als Ausgangsbasis für eine neue zu verwenden, die Sie dann lediglich den Wünschen entsprechend anpassen müssen. Nachfolgend soll dies beispielhaft anhand der Berechtigungsstufe *Bearbeiten* erläutert werden, bei der das Recht zum Löschen von Dokumenten oder Listenelementen entfernt werden soll. Dazu wird auf Basis der Standardrolle eine neue Rolle angelegt und dort dann das entsprechende Recht (Löschen) entfernt.

1. Auch bei der Nutzung einer Vorlage für eine neue Rolle muss im Konfigurationsfenster der *Websiteeinstellungen* der Punkt *Websiteberechtigungen* angewählt werden.
2. Dann müssen Sie den Punkt *Berechtigungsstufen* und in der nachfolgenden Aufstellung der Rollen den Namen der Berechtigungsstufe anklicken (hier: *Bearbeiten*), die als Basis oder Vorlage für die neue Rolle dienen soll.
3. Es erscheint das Dialogfenster zum Bearbeiten der gewählten Rolle, in dem Sie im nächsten Schritt im unteren Fensterbereich die Schaltfläche *Berechtigungsstufe kopieren* anklicken müssen.
4. Nun öffnet sich das Konfigurationsfenster für die neue Rolle, in dem Sie zunächst einen Namen und ggf. eine Beschreibung für die neu anzulegende Rolle angeben müssen. Hier kann beispielsweise folgender Name eingetragen werden: *BearbeitenOhneLoeschen*.

Bei der Namensvergabe für neue Rollen sollten Sie „sprechende" Namen verwenden, aus denen idealerweise die Funktion direkt ersichtlich ist. Zudem sollte die Beschreibung der Rolle genutzt werden, um deren genaue Funktion oder Aufgabe darzustellen.

5 Im Bereich unterhalb des Namens und der Beschreibung werden die Berechtigungen aus der ursprünglichen (kopierten) Rolle angezeigt. Dort müssen Sie dann im nächsten Arbeitsschritt die gewünschten Berechtigungen an- oder abwählen. Für das Beispiel können Sie die Option *Elemente löschen* deaktivieren.

6 Nachdem Sie alle gewünschten Einstellungen vorgenommen haben, kann die neue Rolle durch Anklicken der Schaltfläche *Erstellen* angelegt werden.

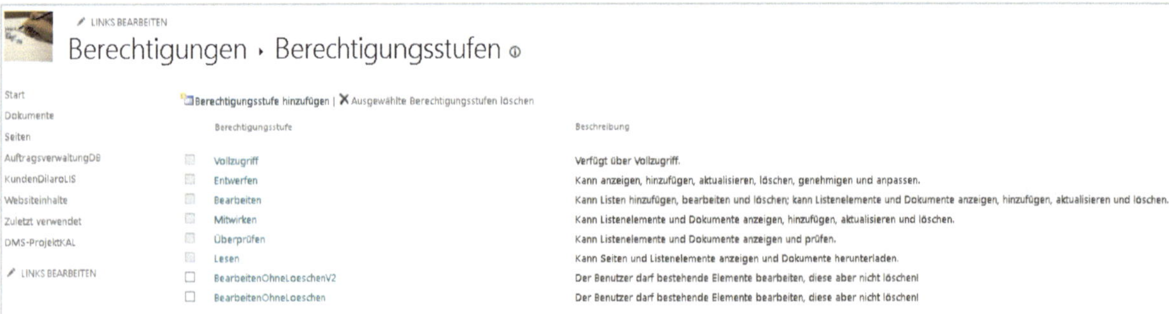

Bild 4.4 Anzeige der verfügbaren Berechtigungsstufen.

In der Praxis wird dringend empfohlen, die bestehenden Berechtigungsstufen von SharePoint nur im äußersten Notfall zu ändern. Legen Sie stattdessen lieber von bestehenden Berechtigungsstufen Kopien an und passen Sie diese den Vorgaben bzw. Anforderungen entsprechend an.

Änderung bestehender Berechtigungsstufen

In den vorhergehenden Abschnitten wurde dargestellt und erläutert, wie Sie in einer SharePoint-Umgebung neue Rollen oder Berechtigungsstufen anlegen können. Ähnlich einfach ist es, bestehende Berechtigungen zu ändern.

Sobald Sie die gewünschte Berechtigungsstufe durch Anklicken ausgewählt haben, können Sie beliebige Änderungen (Name, Beschreibungen, Rechte) vornehmen.

Mit der Schaltfläche *Absenden* erfolgt danach die Zuordnung der durchgeführten Änderungen an die gewählte Berechtigungsstufe und diese wird damit auch direkt wirksam.

Die Einstellungen der Berechtigungsstufen *Vollzugriff* und *Überprüfen* lassen sich aus Sicherheitsgründen nicht so ohne Weiteres ändern.

Rechtevererbung unterbrechen

Beim Anlegen einer Webseite, einer Bibliothek, einer Liste oder eines beliebigen Objekts erfolgt standardmäßig die Vererbung der den Rollen (Berechtigungsstufen) zugeordneten Berechtigung der übergeordneten Webseite. Diese Rechtevererbung kann jederzeit nachträglich aufgehoben und auch wieder aktiviert werden.

1. Nach Anwahl der Webseite oder des Objekts, deren Rechtezuweisung individuell gestaltet werden soll, müssen Sie das Konfigurationsfenster der *Websiteeinstellungen* (Bibliothekseinstellungen, Listeneinstellungen usw.) aufrufen und dort den Punkt *Websiteberechtigungen* anwählen.
2. Wenn im nachfolgenden Fenster in der Menüleiste der Punkt *Berechtigungsvererbung beenden* angezeigt wird, bedeutet dies, dass das gewählte Objekt die Berechtigung von der übergeordneten Seite geerbt hat. Ist an dieser Stelle der genannte Menüpunkt nicht sichtbar, so besteht aktuell zu dieser Seite keine Vererbung der übergeordneten Seite.
3. Sofern eine Vererbung besteht und der Menüpunkt *Berechtigungsvererbung beenden* angezeigt wird, muss dieser Punkt angeklickt werden.
4. Mit Bestätigung der nachfolgenden Sicherheitsabfrage wird die Vererbung aufgehoben und Sie sind anschließend in der Lage, für das gewählte Objekt individuelle Einstellungen in Bezug auf die Berechtigungsstufen vorzunehmen.

Möchten Sie die Unterbrechung einer Rechtevererbung wieder rückgängig machen, müssen Sie im entsprechenden Dialog der Berechtigungen den Punkt *Eindeutige Berechtigungen löschen* anwählen. Damit werden individuelle Rechtezuweisungen gelöscht und wieder die Rechte vom übergeordneten Objekt geerbt.

Auf den Konfigurationsseiten von Objekten (z. B. einer Bibliothek), die Berechtigungen von einer übergeordneten Webseite geerbt haben, steht unterhalb der Menüleiste die Angabe *Diese … erbt Berechtigungen vom übergeordneten Element…*, um so den Weg der Vererbung aufzuzeigen. Mit dem dahinterstehenden Link kann dann direkt die entsprechende Konfigurationsseite der Rechtezuweisung des übergeordneten Objekts angewählt werden.

> In der Praxis wird empfohlen, eine Unterbrechung der Vererbung auf Ebene einzelner Elemente (Listeneintrag, Dokument usw.) zu vermeiden. Sollte dies erforderlich sein, sollte besser eine separate Benutzergruppe mit speziellen Berechtigungen angelegt und zugewiesen werden.

4.4 Benutzer und Gruppen

Die Zuweisung von Zugriffsrechten an Berechtigungsstufen (Rollen), über die dann wiederum die eigentliche Rechtezuweisung erfolgt, sind zwei wesentliche Bausteine der Rechtevergabe in einer SharePoint-Umgebung. Sie bilden somit die Basis für die Rechteverwaltung. Ausgehend davon erfolgen über Benutzerkennungen bzw. -gruppen dann die Zuordnungen zur Nutzung der Inhalte und Funktionen einer SharePoint-Umgebung.

Zuweisung von Benutzerberechtigungen

Um für einen Benutzer einen Zugriff auf die SharePoint-Umgebung zu realisieren, muss zunächst einmal eine entsprechende Kennung vorhanden sein. Dabei handelt es sich bei SharePoint Online in der Regel um eine Kennung, die im Verzeichnisdienst *Azure Active Directory Services* (*Azure AD*; *Entra ID*) der Microsoft-365-Umgebung verfügbar ist. Dabei kann es sich grundsätzlich auch um die Gastkennung eines externen Benutzers handeln.

> Die direkte Zuweisung von Berechtigungen an einen einzelnen Benutzer ist nicht die empfohlene Vorgehensweise, wird hier aber aus Gründen der Vollständigkeit dargestellt, da diese Form in begründeten Ausnahmefällen durchaus Anwendung finden kann.

1. Um einem einzelnen Benutzer für eine Webseite, eine Liste oder eine Bibliothek Berechtigungsstufen zuzuweisen, muss das entsprechende Objekt bzw. der entsprechende Bereich in der SharePoint-Umgebung angewählt werden.
2. Nach der Anwahl der Option *Websiteeinstellungen* (Bibliothekseinstellungen, Listeneinstellungen usw.) müssen Sie im Konfigurationsfenster als Nächstes den Punkt *Websiteberechtigungen* (Berechtigungen für) auswählen, um die aktuell zugewiesenen Berechtigungen anzuzeigen.
3. Sofern eine Vererbung der Berechtigungen von der übergeordneten Webseite aktiv ist, muss diese zunächst einmal mit der Option *Berechtigungsvererbung beenden* und Bestätigung der nachfolgenden Sicherheitsabfrage aufgehoben werden.
4. Zur expliziten Zuweisung von Berechtigungen an einen bestimmten Benutzer wählen Sie nun in der Menüleiste die Option *Berechtigungen erteilen* an.

   > Sollten dem Benutzer für den gewählten Bereich bereits Berechtigungen zugewiesen worden sein, kann die Kennung angeklickt und anschließend die gewünschten Änderungen vorgenommen werden.

5. Im nachfolgenden Dialogfenster muss der Name der zugeordneten Kennung angegeben werden. Bereits bei der Eingabe der ersten Zeichen sucht SharePoint in *Azure AD* (Entra ID) nach dem entsprechenden Namen und zeigt diesen dann zur Auswahl an.

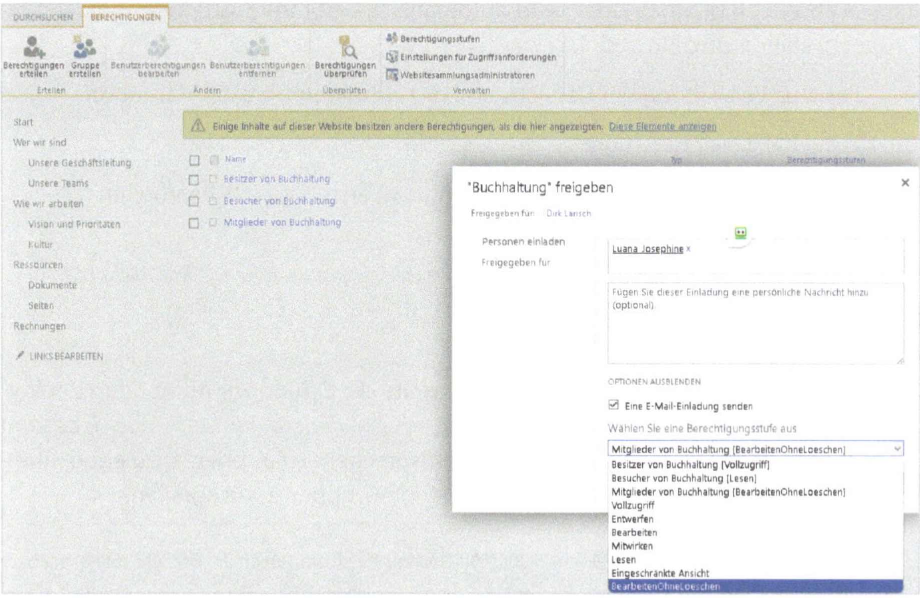

Bild 4.5 Zuweisung von Berechtigungsstufen an einen einzelnen Benutzer.

6 Aus den angezeigten Berechtigungsstufen (Rollen) im unteren Bereich (*OPTIONEN ANZEIGEN*) müssen Sie dann diejenige auswählen, die dem Benutzer zugewiesen werden soll.

7 Nach abschließender Bestätigung der Eingabe über die Schaltfläche *Freigeben* erhält der gewählte Benutzer die entsprechenden Berechtigungen.

> Die Zuweisung von Berechtigungsstufen (Rollen) an Benutzer oder Gruppen erfolgt grundsätzlich dynamisch, wodurch die Änderungen direkt wirksam werden, auch ohne dass sich ein Benutzer dazu neu anmelden muss.

Verfügbare Standardbenutzergruppen

Die Verwaltung von Berechtigungen bzw. Berechtigungsstufen auf der Ebene einer einzelnen Benutzerkennung (so wie im vorhergehenden Abschnitt) ist eine Möglichkeit zur Rechteverwaltung. In der Praxis hat sich aber mehr der Einsatz von Benutzergruppen bewährt, der eine wesentlich bessere Übersichtlichkeit gewährleistet und von einem System- bzw. einem Rechteverwalter besser gepflegt werden kann. Unterstützt wird er dabei auch durch die Standardbenutzergruppen, die in SharePoint verfügbar sind.

> Nach Möglichkeit sollten kaum Berechtigungen auf Ebene eines einzelnen Benutzers vergeben werden. Dies wird besser über SharePoint-Gruppen und Berechtigungsstufen geregelt.

SharePoint Online stellt standardmäßig verschiedene Möglichkeiten der Gruppenverwaltung zur Verfügung, wobei beispielsweise beim Anlegen einer Webseitensammlung, Webseite, Bibliothek oder Liste automatisch bestimmte Gruppen (SharePoint-Gruppen) standardmäßig definiert werden:

- Besitzer: Verwaltung des Bereichs und der einzelnen Objekte (Vollzugriff)
- Besucher: Lesender Zugriff
- Mitglieder: Inhalte (Listen, Bibliotheken usw.) erstellen bzw. bearbeiten

> Je nach Umfeld und ggf. eingesetzter Vorlage sind auch weitere Gruppen wie *Jeder* oder *Jeder, außer externen Benutzern* verfügbar.

Wird beispielsweise beim Anlegen einer Webseite die Option zur Aufhebung der Vererbung von Benutzerrechten angewählt (*Eigene Berechtigungen verwenden*), besteht im nachfolgenden Dialog die Möglichkeit, entsprechende Gruppen anzulegen. Alternativ können Sie dabei aber auch auf bestehende Gruppen zurückgreifen.

> In der Praxis bleibt es dem jeweiligen Anwendungsfall überlassen, ob die Standard-SharePoint-Gruppen als Basis für eine Rechtezuweisung verwendet werden. Sehr oft werden auch SharePoint-Gruppen angelegt, die von der Namensgebung äquivalent zu den Azure-AD-Gruppen (Entra-ID-Gruppen) sind und somit eine schnelle Zuordnung der Gruppenmitglieder und Rechte ermöglichen.

Anlegen einer SharePoint-Gruppe

Das Anlegen einer neuen SharePoint-Gruppe ist mit wenigen Arbeitsschritten durchgeführt. Dabei lautet die Empfehlung, eine solche SharePoint-Gruppe mit einer äquivalenten Azure-AD-Gruppe zu verbinden bzw. die AD-Gruppe der entsprechenden SharePoint-Gruppe zuzuweisen.

1. Um eine neue SharePoint-Gruppe anzulegen, müssen Sie nach Anwahl der Option *Websiteeinstellungen* im Konfigurationsfenster den Punkt *Benutzer und Gruppen* anwählen.
2. Aus den Optionen im linken Bereich muss dann unter *Gruppen* der Punkt *Weitere* und anschließend im Menü *Neu* ▶ *Neue Gruppe* angewählt werden.

> Den Dialog zum Anlegen einer SharePoint-Gruppe erreichen Sie auch über den Punkt *Gruppe erstellen* auf der Konfigurationsseite der Berechtigungen.

3. Im nachfolgenden Dialogfenster geben Sie zunächst einmal einen Namen für die neue Gruppe an. Dabei ist zu empfehlen, sich beim Namen der SharePoint-Gruppen an der zugehörigen AD-Gruppe (Entra ID) zu orientieren. So bietet sich beispielsweise das Ergänzen eines Kürzels wie „SP" an. Lautet die Azure-AD-Gruppe also beispielsweise *Schreibdienst*, dann bietet es sich an, der entsprechenden SharePoint-Gruppe den Namen *SchreibdienstSP* zuzuweisen.

> So, wie Sie eine SharePoint-Gruppe durch ein nachgestelltes „SP" kenntlich machen, sollten Sie dies auch bei AD-Gruppen machen, beispielsweise mit einem angehängten „AD".

4 Nach Angabe einer inhaltlichen Beschreibung der Gruppe können Sie im unteren Teil noch weitere Einstellungen vornehmen. Dazu gehört zum einen die Festlegung zur Anzeige der Mitglieder der Benutzergruppe (*Gruppeneinstellungen*). Des Weiteren kann im Bereich *Mitgliedschaftsanforderungen* festgelegt werden, ob Anforderungen zur Aufnahme in die Gruppe angenommen werden sollen. Dies ermöglicht einem Anwender die Option, auf elektronischem Weg (per E-Mail) eine Anfrage zur Aufnahme in die Gruppe zu stellen.

5 Mit der Schaltfläche *Erstellen* wird der Vorgang der Neuanlage abgeschlossen und die neue Gruppe anschließend am Bildschirm angezeigt. Zu diesem Zeitpunkt sind der Gruppe noch keine Mitglieder zugewiesen, außer der Kennung des Gruppenbesitzers.

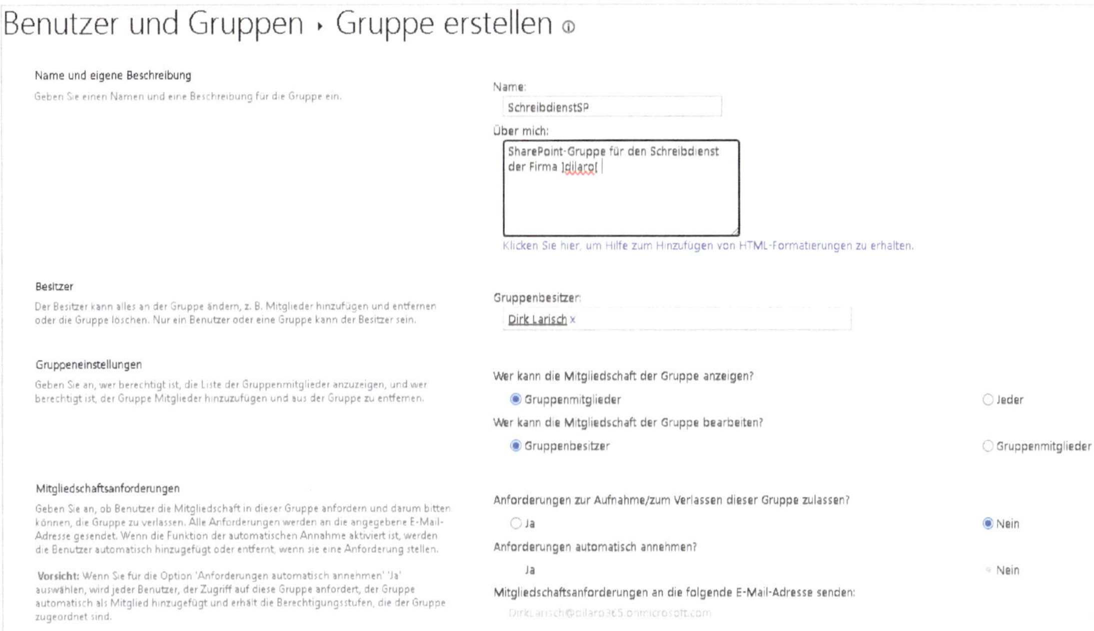

Bild 4.6 Anlegen einer neuen SharePoint-Gruppe.

Rechtezuweisung an eine SharePoint-Gruppe

Die Zuweisung von Berechtigungen an eine SharePoint-Gruppe erfolgt am sinnvollsten auf Basis einer Berechtigungsstufe (Rolle). Dabei sollte die entsprechende SharePoint-Gruppe natürlich bereits angelegt worden sein (siehe vorheriger Abschnitt).

1 Zur Rechtezuweisung muss zunächst die Webseite oder der Bereich (z. B. Liste, Bibliothek) angewählt werden, für den über eine SharePoint-Gruppe Berechtigungen vergeben werden sollen.

2 Nach Auswahl der Option zur Rechteverwaltung (*Berechtigungen für ...* bzw. *Websiteberechtigungen*) muss im Menübereich der Punkt *Berechtigungen erteilen* angewählt werden.

> Sollte der genannte Menüpunkt nicht angezeigt werden, kann dies zum einen daran liegen, dass Sie nicht über die entsprechende Berechtigung zur Rechteverwaltung verfügen. Zum anderen kann dies an der standardmäßig eingestellten Rechtevererbung liegen; in dem Fall müssen Sie zunächst die Option *Berechtigungsvererbung beenden* anwählen und dies bestätigen.

3 Als Nächstes muss im Eingabefeld des Bereichs *Personen einladen* der Name der SharePoint-Gruppe angegeben werden.

4 Nach der Auswahl des Namens können im unteren Teil des Dialogfensters nach Anwahl des Punktes *OPTIONEN ANZEIGEN* die gewünschten bzw. verfügbaren Berechtigungsstufen durch Anklicken zugewiesen werden.

5 Mit der abschließenden Bestätigung über die Schaltfläche *Freigeben* wird die Rechtezuweisung unmittelbar aktiviert.

Auf diese Art und Weise werden der gewählten SharePoint-Gruppe die entsprechenden Berechtigungen (der gewählten Berechtigungsstufe) unmittelbar zugewiesen und aktiviert.

> Es ist unbedingt zu empfehlen, die gesamte Rechteverwaltung einer SharePoint-Umgebung auf der obersten Ebene durchzuführen. Lediglich begründete Ausnahmen oder hochkomplexe Umgebungen rechtfertigen eine Verlagerung der Gruppenverwaltung auf eine Unterwebseite.

Rechtezuweisung einer Entra-ID-Gruppe

Mit der Verfügbarkeit einer SharePoint-Gruppe können einer solchen Gruppe einzelne Benutzer und auch Azure-AD- bzw. Entra-ID-Gruppen (M365-Gruppen) zugewiesen werden. Nachfolgend die empfohlene Vorgehensweise zur Zuweisung einer Entra-ID-Gruppe:

1 Für die Zuweisung einer Entra-ID-Gruppe an eine SharePoint-Gruppe muss natürlich die M365-Gruppe in der entsprechenden Umgebung verfügbar sein. Anschließend können Sie über die Optionen bei *Benutzer und Gruppen* die Zuweisung vornehmen.

2 Nach Anklicken des Namens der SharePoint-Gruppe (links) müssen Sie zunächst den Punkt *Benutzer hinzufügen* aus dem Menü *Neu* anwählen.

> Auch beim Zuweisen einer Entra-ID-Gruppe muss der Punkt *Benutzer hinzufügen* ausgewählt werden.

3 Im Eingabefeld des Bereichs *Personen einladen* müssen Sie dann den Namen der Entra-ID-Gruppe angeben und auswählen.

4 Mit der Option *Eine E-Mail-Einladung senden*, die nach Anwahl von *OPTIONEN ANZEIGEN* erscheint, kann eine Einladungs-E-Mail zugesendet werden. Falls dies nicht gewünscht wird, können Sie es an dieser Stelle deaktivieren.

5 Über die Schaltfläche *Freigeben* folgt anschließend die Zuweisung.

Mit der Zuordnung einer Azure-AD-Gruppe (Entra-ID-Gruppe) an eine SharePoint-Gruppe wird erreicht, dass alle Mitglieder der Entra-ID-Gruppe automatisch auch Mitglieder der zugeordneten SharePoint-Gruppe sind.

> Sie können einer SharePoint-Gruppe grundsätzlich auch einzelne Entra-ID-Benutzerkennungen (z. B. auch externer Benutzer) zuweisen. Allerdings ist dies nicht unbedingt die empfohlene Vorgehensweise und sollte nur in Ausnahmefällen erfolgen. Stattdessen sollten lieber entsprechende SharePoint-Gruppen angelegt werden, denen dann wiederum eine Entra-ID-Gruppe zugewiesen wird. Zudem sollte die Zuweisung von Berechtigungsstufen an einzelne Benutzer aus Gründen der Übersichtlichkeit nur in Ausnahmefällen erfolgen.

Bild 4.7 Gruppenzuweisung eines externen Benutzers.

> Während Sie einer SharePoint-Gruppe eine Azure-AD-Gruppe (Entra ID) oder Azure-AD-Benutzer zuweisen können, ist es nicht möglich, SharePoint-Gruppen zu verschachteln. Somit können Sie also einer SharePoint-Gruppe keine andere SharePoint-Gruppe zuweisen.

4.5 Rechtevergabe in der Praxis

Das Modell der Rechtevergabe in einer SharePoint-Umgebung ermöglicht die Rechtezuweisung über Berechtigungsstufen sowohl an einzelne Benutzer als auch an Benutzergruppen. Dabei erfolgt die Zuweisung in der Regel über Benutzer und Gruppen, die im Verzeichnisdienst (Azure AD bzw. Entra ID) verfügbar sind.

Hierbei ist es wichtig, dass das angewendete Rechtekonzept durchgängig, schlüssig und jederzeit nachvollziehbar ist. Insbesondere eine Kombination oder Mischung aus einer Rechtezuweisung an einzelne Benutzer, dem Einsatz von SharePoint-Gruppen und einer Zuweisung von Rechten an AD-Benutzer oder -Gruppen sollte unbedingt vermieden werden.

Theoretische Vorgehensweise

Die Gruppen, die SharePoint standardmäßig zur Verfügung stellt (*Besitzer*, *Besucher*, *Mitglieder*), sind von der Bezeichnung eher wenig aussagekräftig. In der Praxis bietet es sich an, auf der obersten Ebene neue SharePoint-Gruppen anzulegen, die ggf. von der Namensgebung äquivalent zu den zugeordneten AD-Gruppen sind. So stellt sich beispielsweise für eine SharePoint-Umgebung die folgende Vorgehensweise als sinnvoll dar:

In Azure AD (Entra ID) sollte eine Benutzergruppe (M365-Gruppe) angelegt werden, der die entsprechenden Benutzer aus der AD als Mitglieder zugewiesen werden. Dabei können natürlich auch bereits bestehende AD-Gruppen für eine entsprechende Zuordnung verwendet werden.

> Sofern in der Azure-AD-Umgebung bereits Benutzergruppen (M365-Gruppen) verfügbar sind, die für den täglichen Praxiseinsatz geeignet sind, kann auf die Neuanlage verzichtet und auch diese bestehenden Gruppen können zur Zuweisung an die SharePoint-Gruppen verwendet werden.

In der SharePoint-Umgebung wird eine SharePoint-Gruppe (Benutzergruppe) angelegt. Dabei empfiehlt es sich, nach Möglichkeit einen an die AD-Gruppenbezeichnung angelehnten Namen zu verwenden (z. B. mit nachgestelltem „SP"). Der SharePoint-Gruppe wird anschließend die AD-Gruppe als Mitglied zugewiesen.

Im letzten Schritt kann dann die SharePoint-Gruppe innerhalb der SharePoint-Umgebung für die Zuweisung der benötigten Berechtigungen verwendet werden. Dazu werden dieser im entsprechenden Bereich (z. B. auf einer Webseite) die benötigten Berechtigungsstufen (Rollen) zugewiesen.

Auf diese Weise erfolgt eine Rechtezuweisung in der SharePoint-Umgebung nur ein einziges Mal, nämlich anhand der Zuweisung der SharePoint-Gruppe. Sollen nun andere oder neue Benutzer über die gleiche Berechtigung verfügen, reicht es aus, diese Benutzer der Azure-AD-Gruppe als Mitglieder zuzuweisen. Sie werden damit automatisch der SharePoint-Gruppe als Mitglied zugeordnet und verfügen über entsprechende Zugriffsrechte in der SharePoint-Umgebung.

> Mit der hier vorgestellten Vorgehensweise der Rechtezuweisung für eine SharePoint-Umgebung verlagern Sie die Rechtezuweisung im Tagesbetrieb auf die Umgebung des zentralen Verzeichnisdienstes (Azure AD; Entra ID), so wie es aus praktischen Erwägungen und aus Gründen der Übersichtlichkeit auch sein sollte.

Praxisbeispiel

Nachfolgend erhalten Sie beispielhaft eine Schritt-für-Schritt-Anleitung für eine Rechtezuweisung mit einer SharePoint-Gruppe über Einbindung der Azure-AD- bzw. Entra-ID-Infrastruktur. Dazu wird in Azure AD bzw. Entra ID eine Benutzergruppe (M365-Gruppe) mit dem Namen *BuchaltungAD* angelegt. Dieser AD-Gruppe sind alle Benutzer der Buchhaltung des Unternehmens oder der Organisation zugeordnet, denen wiederum spezielle Rechte in der SharePoint-Umgebung zugewiesen werden sollen (z. B. Zugriff auf eine Dokumentbibliothek).

1. Im ersten Schritt muss in der Zentraladministration der Azure AD (Entra ID) eine Gruppe angelegt werden. Wählen Sie dazu im *Microsoft Entra Admin Center* (Verwaltungskonsole) den Punkt *Aktive Teams und Gruppen* und dann den Punkt *Microsoft-365-Gruppe hinzufügen*.
2. Geben Sie im Dialogfeld einen Namen für die AD- bzw. Entra-ID-Gruppe und ggf. eine Beschreibung an.

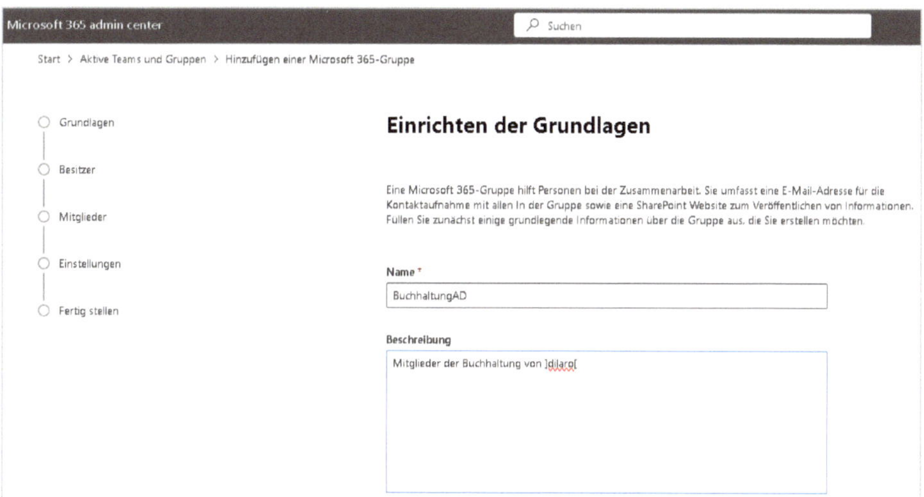

Bild 4.8 Neuanlage einer M365-Gruppe in Azure AD.

3. Mit Bestätigung über die Schaltfläche *Weiter* gelangen Sie in das nächste Konfigurationsfenster, wo (wenigstens) ein Besitzer für diese Gruppe festgelegt werden muss.

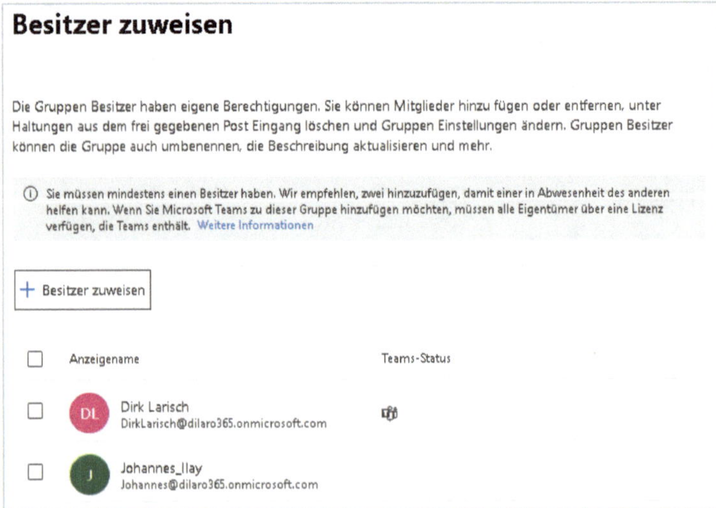

Bild 4.9 Zuweisung eines Gruppenbesitzers.

4 Nachdem Sie die Auswahl vorgenommen und auch dies mit *Weiter* bestätigt haben, können Sie im nächsten Schritt dieser Gruppe direkt entsprechende Benutzer als Mitglieder zuweisen.

Bild 4.10 Zuweisung von Gruppenmitgliedern.

> Die Zuweisung der Gruppenmitglieder können Sie in Azure AD (Entra ID) natürlich auch jederzeit nachträglich anpassen. Dabei können Sie beispielsweise auch externe Benutzer (Gastbenutzer) zuweisen.

5 Nach Bestätigung der Zuweisung von Mitgliedern über *Weiter* erfolgt im letzten Schritt in Entra ID (Azure AD) die Zuordnung einer Gruppen-E-Mail-Adresse. Zudem sollten Sie für derartige Gruppen unter *Datenschutz* die Option *Privat* wählen, damit der Systemverwalter (Besitzer) eindeutig steuern kann, wer Mitglied dieser Gruppe werden kann.

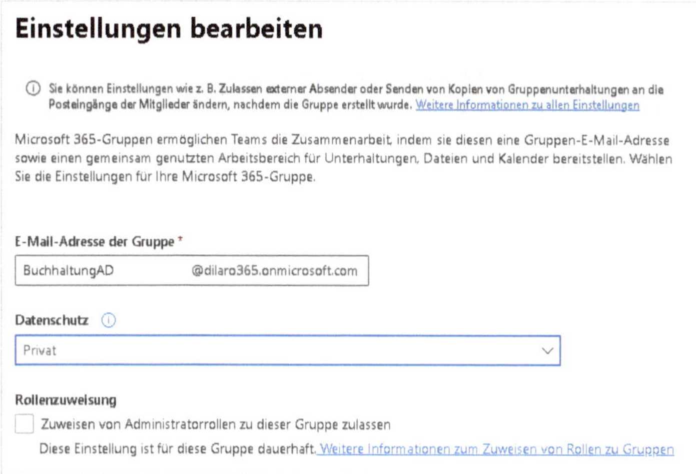

Bild 4.11 Festlegung einer Gruppen-E-Mail und der Sicherheitseinstellung.

6 Mit der Schaltfläche *Weiter* gelangen Sie auf eine Seite, in der die vorgenommenen Einstellungen zusammengefasst werden. Mit Bestätigung über die Schaltfläche *Gruppe erstellen* erfolgt die Neuanlage der Gruppe in Azure AD (Entra ID).

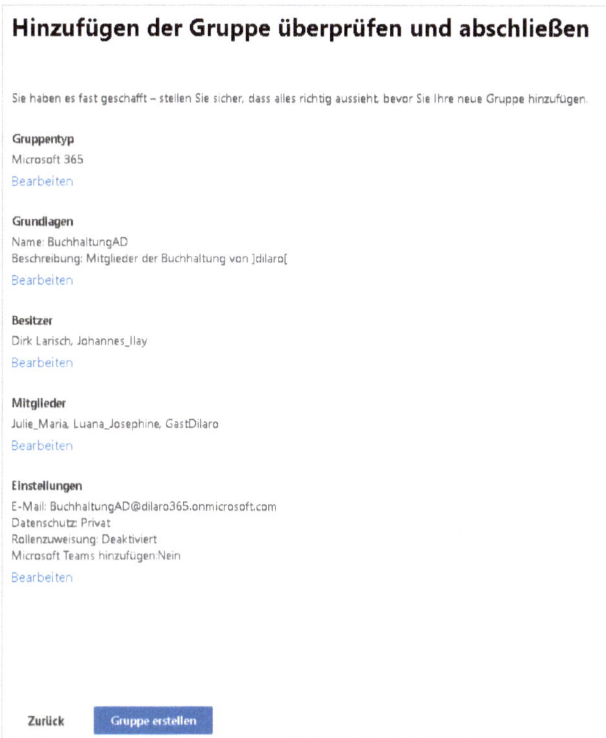

Bild 4.12 Zusammenfassung der Neuanlage einer AD-Gruppe.

7 Sobald eine AD-Gruppe verfügbar ist, kann in der SharePoint-Umgebung eine Benutzergruppe angelegt werden, die in diesem Beispiel sinnvollerweise den Namen *BuchhaltungSP* tragen sollte. Zur Neuanlage muss zunächst auf oberster Ebene die Option *Websiteeinstellungen* gewählt werden.

> Die Neuanlage entsprechender SharePoint-Berechtigungsgruppen kann natürlich auch auf einer beliebigen Webseite vorgenommen werden. Der Vorteil einer Zuweisung auf oberster Ebene ist jedoch, dass diese Gruppen auf allen Seiten der Webseiten-Sammlung verfügbar sind.

8 Mit Anwahl der Option *Benutzer und Gruppen* erscheint im nächsten Schritt im linken Fensterbereich eine Auflistung der aktuell verfügbaren Gruppen und nach dem Anklicken eines entsprechenden Gruppennamens die Liste der zugewiesenen Mitglieder.

9 Zum Anlegen einer neuen SharePoint-Gruppe muss als Nächstes links die Option *Weitere…* und dann aus dem Menü *Neu* der Punkt *Neue Gruppe* angewählt werden.

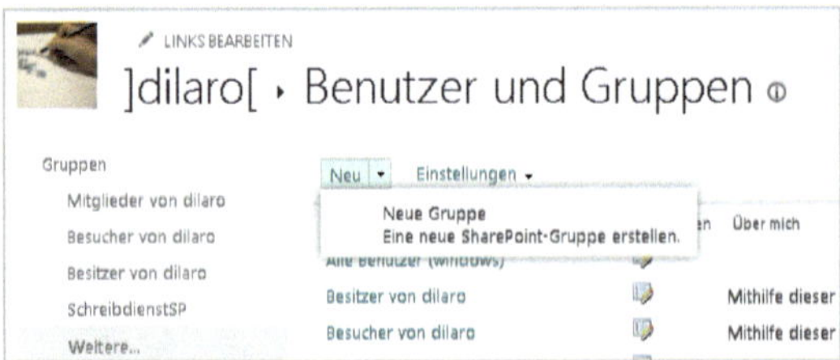

Bild 4.13 Option zur Neuanlage einer SharePoint-Gruppe.

10 Es erscheint ein Dialogfenster, in dem die wesentlichen Angaben für die neue SharePoint-Gruppe getätigt werden müssen. So wird beispielsweise als Gruppenname die Bezeichnung *BuchhaltungSP* eingetragen. Im Feld *Gruppenbesitzer* wird standardmäßig der aktuell angemeldete Benutzer eingefügt. Dies wird in der Regel übernommen oder ein anderer Benutzer ausgewählt.

Bild 4.14 Dialog zum Anlegen einer SharePoint-Gruppe.

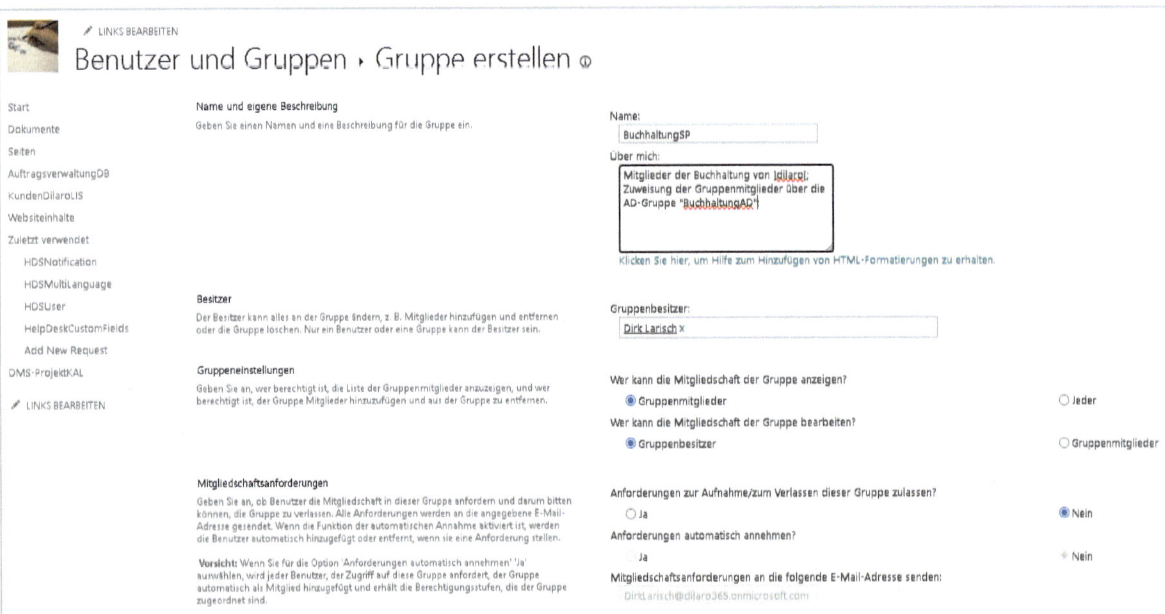

> In der Praxis bietet es sich an, im Beschriftungsfeld einer SharePoint-Gruppe (*Über mich:*) beispielsweise Angaben zur Zuweisung der Benutzer einzutragen und so wichtige Informationen für die Besitzer oder Systemverwalter zu hinterlegen (siehe Bild 4.14).

11 Bezüglich der Rechtezuweisung können Sie im Dialogfenster direkt eine Zuordnung vornehmen, indem Sie im unteren Teil die gewünschte Berechtigungsstufe auswählen, die der neuen SharePoint-Gruppe zugewiesen werden soll.

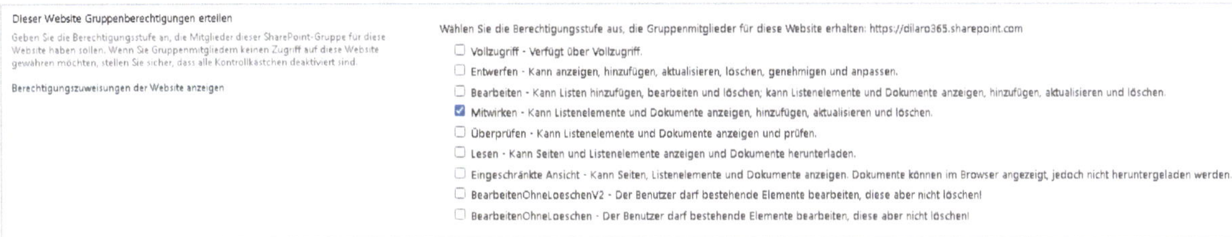

Bild 4.15 Auswahl der Berechtigungsstufe einer SharePoint-Gruppe.

> Sollte die benötigte Berechtigungsstufe zum Zeitpunkt der Neuanlage einer SharePoint-Gruppe noch nicht vorhanden sein, können Sie diese Auswahl offenlassen und die Zuweisung nachträglich vornehmen. Angaben zum Anlegen neuer Berechtigungsstufen enthält Kapitel 4.3.

12 Mit der abschließenden Bestätigung über die Schaltfläche *Erstellen* wird die neue SharePoint-Gruppe angelegt.

13 Im nächsten Schritt muss der SharePoint-Gruppe (hier: *BuchhaltungSP*) die AD-Gruppe (*BuchhaltungAD*) zugewiesen werden (bzw. die dazu korrespondierende Gruppe). Dazu wird die SharePoint-Gruppe durch Anklicken des Namens ausgewählt (links) und anschließend für die Zuordnung eines neuen Mitglieds aus dem Menü *Neu* der Punkt *Benutzer hinzufügen* (!) angewählt.

> Auch wenn an dieser Stelle eine Gruppe hinzugefügt werden soll, müssen Sie den Punkt *Benutzer hinzufügen* verwenden.

14 Innerhalb des nachfolgenden Fensters wird entweder die E-Mail-Adresse oder der Name der AD-Gruppe angegeben. Dabei werden nach dem Eintippen der ersten Zeichen bereits die dazu passenden Suchergebnisse aus den angebundenen Systemen angezeigt, die Sie dann durch Anklicken auswählen können.

15 Die Option zum Versenden einer E-Mail (*OPTIONEN ANZEIGEN*) an die zugewiesene Gruppe kann an dieser Stelle durch Anklicken des Kontrollkästchens *Eine E-Mail-Einladung senden* deaktiviert werden.

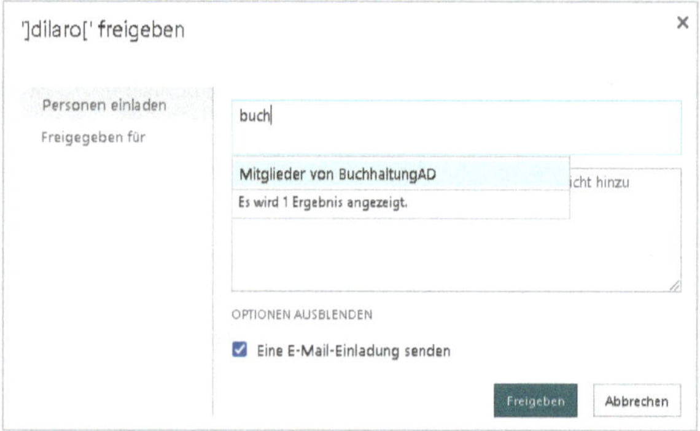

Bild 4.16 Zuordnung einer AD-Gruppe zu einer SharePoint-Gruppe.

16 Abschließend erfolgt mit Betätigung der Schaltfläche *Freigeben* die Zuweisung der AD-Gruppe zur SharePoint-Gruppe.

Mit Zuweisung einer Berechtigungsstufe kann die SharePoint-Gruppe auf der gesamten Ebene der Webseitensammlung produktiv genutzt werden, indem dann beispielsweise eine Dokumentbibliothek oder ein sonstiges SharePoint-Objekt oder -Element angewählt wird, dem spezielle Rechte zugewiesen werden sollen.

Bei dem entsprechenden Objekt (z. B. Dokumentbibliothek) kann dazu in den Einstellungen (z. B. *Bibliothekseinstellungen*) die Berechtigung bearbeitet werden. Mit dem Hinzufügen einer neuen Berechtigung kann die entsprechende Gruppe hinzugefügt werden (über den Punkt *Berechtigungen erteilen*) und dabei auch die gewünschte (individuelle) Berechtigungsstufe zugewiesen werden.

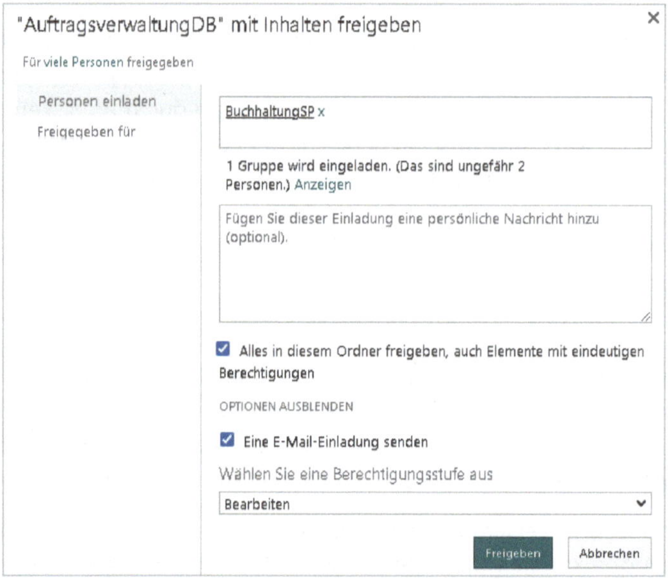

Bild 4.17 Gruppenzuweisung an eine Bibliothek.

Nach Bestätigung der Zuweisung verfügen somit alle Mitglieder der AD-Gruppe (*BuchhaltungAD*) über die entsprechenden Zugriffsrechte. Für einen Systemverwalter (Besitzer) bleibt dann beispielsweise bei neuen Benutzern nur noch die Notwendigkeit, diese als Mitglieder der entsprechenden AD-Gruppe hinzuzufügen. Fortan verfügen diese dann über entsprechende Berechtigungen in der zugewiesenen SharePoint-Gruppe. Auf diese Art entfällt die Pflege der Berechtigungen auf SharePoint-Ebene, wenn beispielsweise neuen Benutzern bereits bestehende Berechtigungen zugewiesen werden sollen.

4.6 Individuelle Freigaben durch Benutzer

Eine Funktion, die seinerzeit in SharePoint Server 2013 Einzug hielt, ist die Freigabe von Daten für einzelne Benutzer oder Benutzergruppen. Auf diese Art und Weise ist es möglich, dass ein Benutzer – sofern er über die dafür benötigten Rechte verfügt – vollkommen eigenständig Berechtigungen (Freigaben) für Daten (Bibliotheken, Listen usw.) oder auch für Webseiten vergeben kann.

Um beispielsweise eine einzelne Webseite für andere Benutzer freizugeben, müssen Sie aus dem Kontextmenü der Seite (*Websiteinhalte* - *Websiteseiten*) den Punkt *Zugriff verwalten* aufrufen. Über die Option *Teilen* können Sie im nachfolgenden Dialog den Namen des AD-Benutzers eingeben bzw. auswählen. Zusätzlich kann an dieser Stelle auch noch ein erläuternder Text erfasst werden, der dem Benutzer dann übermittelt wird. Sollte es sich um einen externen Benutzer handeln, erscheint noch ein entsprechender Sicherheitshinweis.

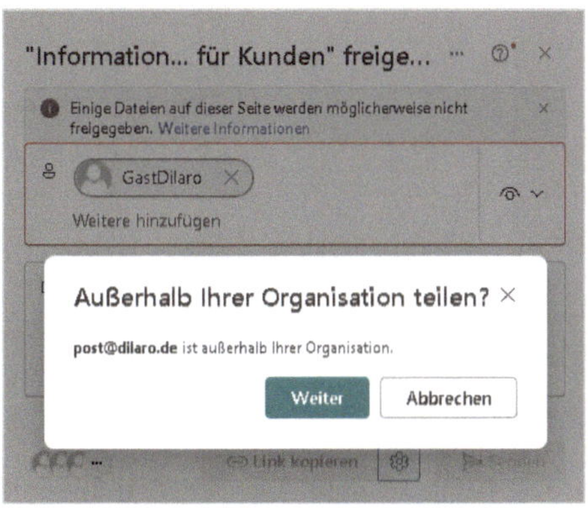

Bild 4.18 Individuelle Freigabe einer Webseite.

> So wie Berechtigungen auf Ebene einer Webseite individuell zugewiesen werden können, kann dies auch bei Elementen von Listen oder Bibliotheken erfolgen. Nähere Angaben dazu enthält Kapitel 2.

4.7 Sonderformen der Rechtezuweisung

Es gibt eine Reihe von Einstellungsmöglichkeiten, mit denen der Zugriff auf eine SharePoint-Umgebung gesteuert und beeinflusst werden kann. Neben diesen Standardeinstellungen gibt es aber auch einige Sonderfälle, die in den nachfolgenden Abschnitten dargestellt und erläutert werden sollen.

Zugriff ohne Kennung

Standardmäßig erfolgt der Zugriff auf Objekte einer SharePoint-Umgebung über spezielle Kennungen bzw. nach erfolgter Anmeldung (M365-Account, Gastzugriff usw.). Es gibt aber auch Anwendungsfälle, bei denen ein Zugriff ohne jedwede Authentifizierung gewünscht ist, etwa, wenn mit SharePoint ein externer Webauftritt (Webseiten) erstellt wurde, der für jedermann zugänglich sein soll.

Für derartige Anwendungsfälle gibt es in einer SharePoint-Umgebung die Konfiguration eines anonymen Zugriffs. Dies bedeutet, dass der Zugriff auf die Webanwendung, die Webseiten und auch – falls gewünscht – auf die Elemente der Seiten (Listen, Dokumente usw.) erfolgen kann, ohne dass dazu eine Authentifizierung (Anmeldung) erforderlich ist.

> Die Nutzung eines anonymen Zugriffs auf SharePoint-Objekte bietet sich in der Regel beim Aufbau eines reinen Veröffentlichungsportals an, beispielsweise für einen Webauftritt oder auch ein Intranet. Aus der Praxis ist jedoch zu empfehlen, bei Nutzung von Funktionen für die Zusammenarbeit (*Collaboration*), eine Benutzerauthentifizierung anzufordern.

1. Um den anonymen Zugriff für SharePoint-Objekte nutzen zu können, muss diese Option zunächst im *SharePoint Admin Center* (Verwaltungskonsole) festgelegt werden. Der Aufruf erfolgt als Systemverwalter beispielsweise über folgende Browseradresszeile:

   https://tenant-admin.sharepoint.com/

   Dabei müssen Sie *tenant* durch den Namen Ihres eigenen Tenants (Mandanten) ersetzen; der Tenant-Name wird also um die Angabe -admin ergänzt.

   Alternativ können Sie auch die zentrale Verwaltungskonsole (*Microsoft 365 Admin Center*) wie folgt aufrufen und von dort in das *SharePoint Admin Center* verzweigen:

   https://admin.microsoft.com

2. Im *SharePoint Admin Center* (Verwaltungskonsole) müssen Sie zunächst unter dem Punkt *Richtlinien* (Policies) die Option *Teilen* (Sharing) anwählen. Es erscheint die Darstellung der Standardvorgaben für das Teilen von Objekten einer SharePoint-Umgebung und von OneDrive.

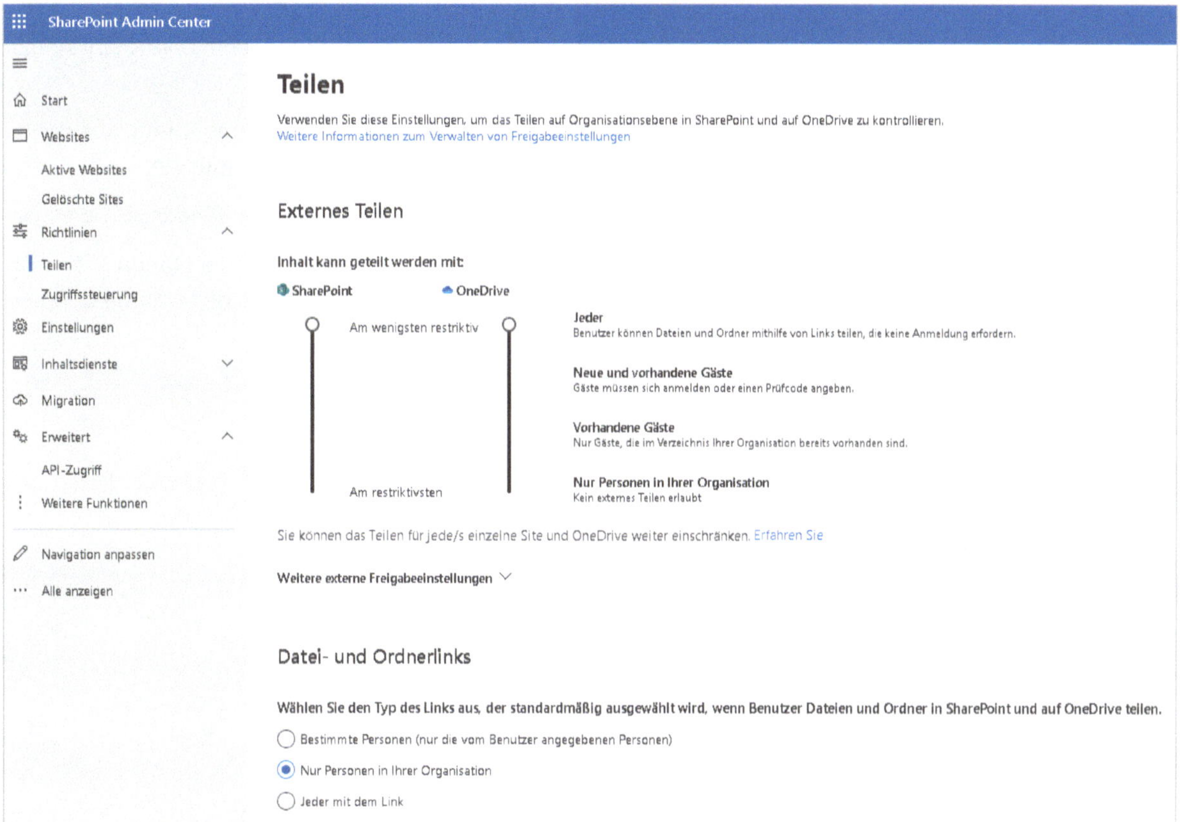

Bild 4.19 Standardeinstellungen für die Zugriffsregelung.

> Da es sich bei OneDrive indirekt auch um einen SharePoint-Bereich handelt, erfolgen die Systemeinstellungen für OneDrive ebenfalls über das *SharePoint Admin Center* (Verwaltungskonsole).

3 Für einen anonymen Zugriff ist es zwingend erforderlich, dass der Schieberegler beim Eintrag *SharePoint* auf *Jeder* (*Anyone*) gesetzt ist, wobei dies auch die Standardeinstellung von SharePoint ist. Darüber hinaus können Sie im unteren Teil des Fensters weitergehende Freigabeeinstellungen (z. B. Freigabe für bestimmte Domänen) vornehmen.

> Die Vorgaben der dargestellten Standardzugriffsmöglichkeiten sind immer Grundlage für alle weiteren Zuordnungen und Einstellungen. Wird beispielsweise der Schieberegler bei SharePoint ganz nach unten auf die Option *Nur Personen in Ihrer Organisation* (*Only people in your organization*) gesetzt, so haben Sie anschließend auch keine Möglichkeit mehr, ein beliebiges SharePoint-Objekt für externe Benutzer freizugeben. Damit verfügen Sie an dieser Stelle über eine Möglichkeit, den Zugriff zentral zu steuern.

4 Nachdem Sie die grundsätzlichen Zugriffseinstellungen mit *Speichern* (*Save*) abgeschlossen haben, müssen Sie im nächsten Schritt das Objekt auswählen, für das Sie einen anonymen Zugriff realisieren wollen. Sofern es sich beispielsweise um einen Webauftritt (oder Intranet) handelt, wählen Sie im *SharePoint Admin Center* den Menüpunkt *Aktive Websites* (*Active sites*) an.

5 Es erscheinen die aktiven Seitenobjekte der SharePoint-Umgebung, aus denen Sie dann ein Objekt durch das Ankreuzkästchen anwählen müssen.

6 Anschließend wählen Sie im oberen Menü den Punkt *Teilen* (*Sharing*).

7 Im nachfolgenden Dialogfenster können Sie durch Anwahl der Option *Jeder* festlegen, dass ein Zugriff auf das Objekt (hier: Webseite) auch ohne Anmeldung ermöglicht werden soll.

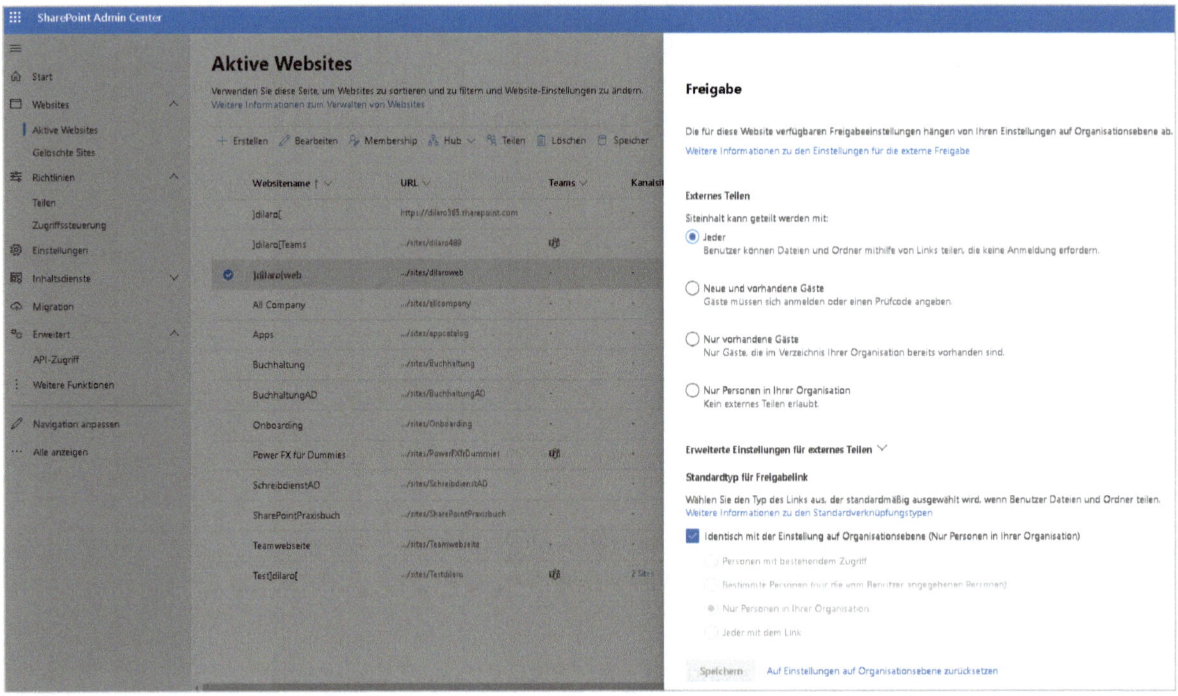

Bild 4.20 Einstellung für anonymen Zugriff.

8 Sobald Sie dies mit der Schaltfläche *Speichern* bestätigen, wird die Einstellung aktiv. Ab dem Zeitpunkt haben Sie die Möglichkeit, beliebigen Anwendern einen anonymen Zugriff zur Verfügung zu stellen, sofern keine sonstigen Richtlinien dies verhindern.

> Je nach Konstellation kann es einige Zeit dauern, bis die vorgenommenen Einstellungen in der SharePoint-Umgebung aktiv sind.
>
> Zudem sollten Sie prüfen, ob für die Webseite das Webseitensammlungsfeature *Sperrmodus zur Benutzerberechtigung für beschränkten Zugriff* deaktiviert ist.

Information Rights Management

Hinter dem sperrigen Begriff *Information Rights Management* (IRM) verbergen sich weitergehende Einstellungsmöglichkeiten für den Zugriff auf Objekte einer SharePoint-Umgebung. Zu finden ist diese Bezeichnung auch oft unter dem deutschen Begriff *Informationsrechte*. IRM bietet Schutz auf Dateiebene für Listen und Bibliotheken einer SharePoint-Umgebung.

Das grundsätzliche Prinzip der Informationsrechte ergibt sich aus einer weitergehenden Zuordnung bestimmter Berechtigungen. So können Sie damit beispielsweise festlegen, dass ein bestimmter Benutzer ein Dokument aus einer Dokumentbibliothek zwar lesen, aber nicht ausdrucken darf. Eine andere Möglichkeit der Rechteeinschränkung über IRM bezieht sich etwa auf das Weiterleiten beliebiger Dokumente, das mit IRM ebenfalls unterbunden werden kann.

Bei der Nutzung von IRM findet im Rahmen der zugewiesenen Zugriffsrechte eine Begrenzung der verfügbaren Aktionen statt. Das Prinzip erfolgt beispielsweise über eine Verschlüsselung heruntergeladener Dateien, die dann vom Benutzer bzw. vom zugeordneten Programm entschlüsselt und im Rahmen der zugewiesenen Rechte weiterverarbeitet werden. Das IRM hilft auf diese Art und Weise bei der Festlegung von Richtlinien, welche die Bearbeitung oder Weitergabe von Dokumenten bzw. von vertraulichen Daten beschränken.

Folgende wesentliche Berechtigungen stehen in einem IRM-Umfeld standardmäßig zur Verfügung:

- **Bearbeiten, Kopieren und Speichern**: Mit dieser Berechtigung können die aufgeführten Aktionen (Bearbeiten, Kopieren, Speichern) durchgeführt werden. Das Dokument kann aber beispielsweise nur dann ausgedruckt werden, wenn auf der Seite zur Verwaltung der IRM (Informationsrichtlinie) das entsprechende Auswahlfeld angewählt ist.
- **Lesen**: Dieses Recht erlaubt das Lesen eines Dokuments, jedoch kann der Inhalt nicht kopiert oder verändert werden. Die Druckausgabe ist nur möglich, wenn auf der Seite zur Verwaltung der IRM (Informationsrichtlinie) das entsprechende Auswahlfeld angewählt ist.
- **Vollzugriff**: Diese Berechtigung ermöglicht die Verwaltung sämtlicher Berechtigungen für eine IRM-Umgebung.

In einer SharePoint-Umgebung wird IRM in der Regel auf Listen oder Bibliotheken angewendet. Dabei wird bei aktiviertem IRM jedes Element einer Liste (bzw. einer angefügten Datei) oder jedes Dokument einer Bibliothek geschützt. Bei der Verschlüsselung eines Dokuments (aus einer Bibliothek oder aus der Anlage eines Listenelements) werden die Information zur Behandlung des Dokuments (z. B. Schreibschutz, Deaktivierung Ausdruck, Deaktivierung Speichern) und eine sogenannte Veröffentlichungslizenz mitgegeben. Da dies direkt mit der Datei verbunden ist, steht IRM so dann auch nach dem Herunterladen einer Datei zur Verfügung.

Um die Voraussetzungen für die Nutzung von IRM bzw. der Informationsrichtlinien zu schaffen, müssen bestimmte Vorgaben zur Rechteverwaltung (*Rights Management Services = RMS*) geschaffen werden. Darüber hinaus muss die Verwaltung der Informationsrichtlinie in der SharePoint-Umgebung aktiviert sein (*SharePoint Admin Center*).

1 Wählen Sie im *SharePoint Admin Center* den Menüpunkt *Einstellungen* und wechseln Sie dann mit der Option *Seite mit den klassischen Einstellungen* am unteren Bildschirmrand zur klassischen SharePoint-Verwaltung.

> Getreu dem „Evergreen-Ansatz" passt Microsoft auch die Umgebung des *SharePoint Admin Center* kontinuierlich an. So kann es sein, dass der Aufruf zur Verwaltung des IRM in Ihrer Umgebung ggf. bereits in das Menüsystem eingebunden ist.

2 Auf der Seite mit den klassischen Einstellungsoptionen müssen Sie dann nach unten bis zum Punkt *Information Rights Management (IRM)* scrollen.

3 IRM ist standardmäßig deaktiviert und deshalb müssen Sie hier die Option *Den in der Konfiguration angegebenen IRM-Dienst verwenden* anklicken.

4 Im nächsten Schritt können Sie dann über *IRM-Einstellungen aktualisieren* die Aktivierung des Dienstes durchführen.

5 Sobald der IRM-Dienst aktiviert wurde, können Sie in der Verwaltung der SharePoint-Umgebung bei Listen oder Bibliotheken auf die Option zur Verwaltung von IRM zugreifen und dort die gewünschten Zuordnungen vornehmen.

> Die Verschlüsselung und Zuweisung von Benutzereinschränkungen basiert auf dem Azure-Rights-Management-Dienst (*Azure RMS*) aus Azure Information Protection. Voraussetzung zur Nutzung des IRM ist, dass die entsprechenden Dienste der Azure-Umgebung (Entra ID) verfügbar sind, sowie aktiviert und konfiguriert wurden.

Microsoft Teams

Beim Einsatz von Microsoft Teams führt das Anlegen bestimmter Objekte gleichzeitig zur Anlage von SharePoint-Objekten mit automatischer Zuweisung von Berechtigungen. So wird beispielsweise beim Anlegen eines Teams oder auch bestimmter Kanäle in der zugeordneten SharePoint-Umgebung eine Teams-Webseite angelegt.

Dabei ist eine solche Teams-Webseite keine Webseitensammlung (*Site Collection*) im Sinne von SharePoint. Teams-Webseiten, die innerhalb von Microsoft Teams erstellt werden, sind eigenständige Instanzen von SharePoint-Webseiten, die als Backend-Plattform für die Zusammenarbeit dienen. Eine solche Webseite ist jedoch eine Unterwebseite (*Subsite*) innerhalb einer bereits vorhandenen SharePoint-Webseitensammlung. Dies ist wichtig, um die Unterschiede zwischen einer Webseitensammlung und einer Teams-Webseite bezüglich der Struktur und der Verwaltungsmöglichkeiten zu verstehen.

> Eine Webseitensammlung (*Site Collection*) in SharePoint ist eine Containerstruktur, die mehrere Webseiten und Unterwebseiten enthalten kann. Eine Teams-Webseite ist lediglich eine einzelne Unterwebseite innerhalb einer Webseitensammlung oder möglicherweise auch innerhalb einer übergeordneten Teams-Webseitensammlung, die von Microsoft Teams verwaltet wird.

Das Besondere am Einsatz von Microsoft Teams ist, dass die Steuerung der Zugriffsrechte originär über Microsoft Teams erfolgt. Es ist zwar möglich, die Verwaltung in der SharePoint-Umgebung vorzunehmen, allerdings korrespondiert dies nicht mit den Einstellungen, die in Teams verfügbar sind. So sind die Konfigurationsmöglichkeiten in Teams auf die Mitgliedschaft in einem Team und deren Berechtigungen bzw. auf die Rechtezuweisung für Gäste (externe Benutzer) eingeschränkt.

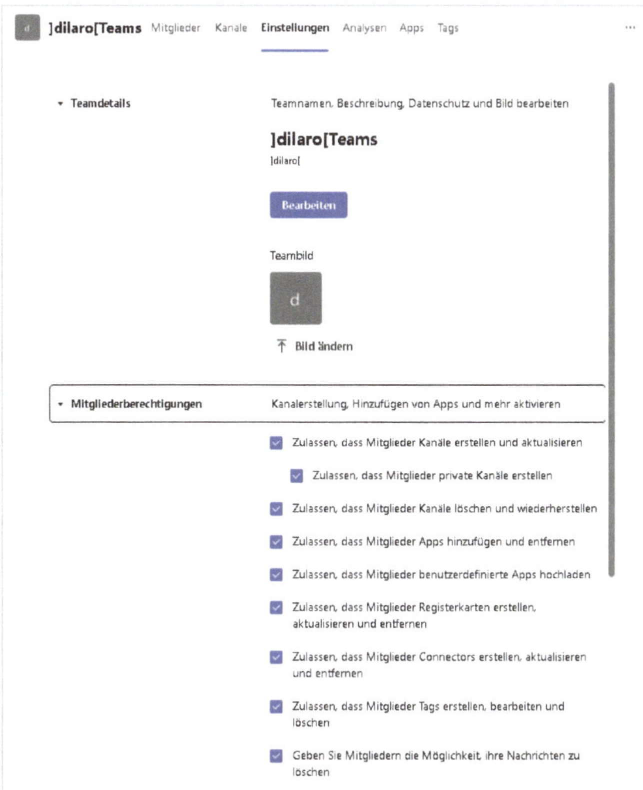

Bild 4.21 Rechteverwaltung in Microsoft Teams.

> Bei den Zugriffsrechten in einer Teams-Umgebung handelt es sich um gänzlich andere Berechtigungen als sie in einer SharePoint-Umgebung vergeben werden.

Sobald Sie einem Teams-Bereich neue Mitglieder zuweisen, erhalten diese standardmäßig den Status eines Mitgliedes. Diesen können Sie anpassen, indem Sie dem Benutzer den Status eines Besitzers geben.

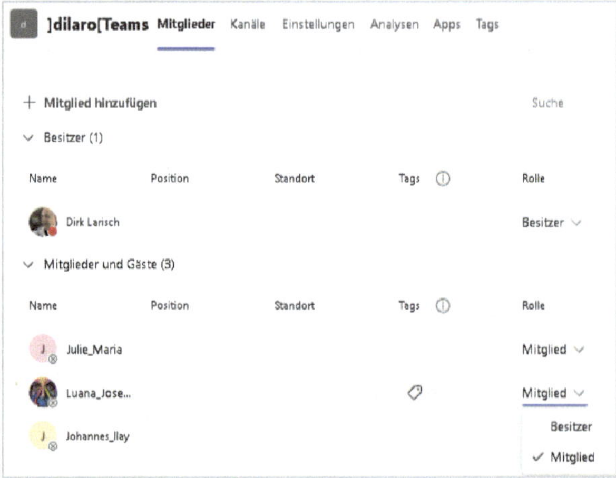

Bild 4.22 Zuweisung eines Benutzerstatus.

> Die Zuweisung der Benutzer in Microsoft Teams korrespondiert in der SharePoint-Umgebung mit den entsprechenden Namen der SharePoint-Gruppen (*Mitglied von…; Besitzer von…*).

Sobald Sie die Verwaltungsseite der Webseitenberechtigungen der zugeordneten Webseite aufrufen, werden Sie feststellen, dass die zugeordneten Gruppen zwar angezeigt werden, aber es lassen sich an dieser Stelle beispielsweise keine Berechtigungen zuweisen, da dies der Administration in der Teams-Oberfläche vorbehalten bleibt.

Bild 4.23 Anzeige der Einstellungen einer Teams-Webseite.

> Benutzer, die Sie auf der Webseite der SharePoint-Umgebung einer bestimmten Gruppe zuweisen (z. B. *Mitglieder von…*), erscheinen innerhalb der Teams-Administration nicht.

Was in Microsoft Teams für einzelne Bereiche gilt, hat bei einigen Kanälen ebenfalls Bedeutung; so werden bei den Kanaltypen *Privat* und *Geteilt* ebenfalls eigene Webseiten angelegt, vergleichbar mit denen für ein Team. Dies ergibt sich zwangsläufig aus deren Funktion, da ja diese beiden Kanaltypen in der Regel nur einem begrenzten Anwenderkreis zur Verfügung stehen sollen.

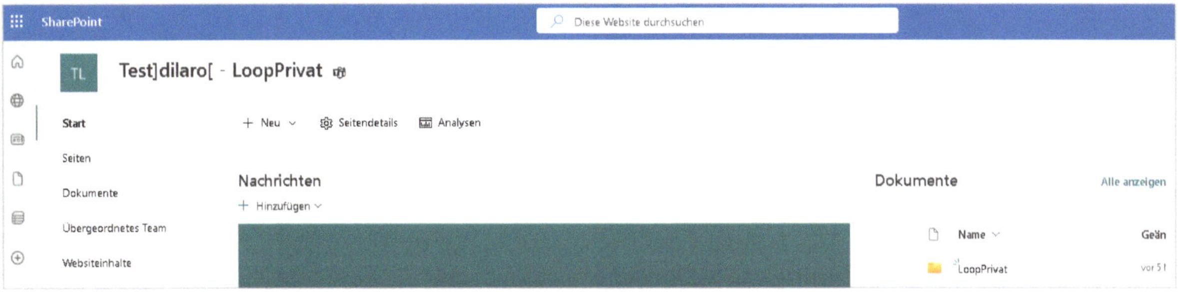

Bild 4.24 Eigene Webseite für einen privaten Kanal.

Ersichtlich ist dies sehr einfach in Microsoft Teams, indem Sie die Einstellungen eines Kanals oder eines Teams aufrufen und überprüfen, ob Sie Mitgliederberechtigungen zuweisen können. Wenn das der Fall ist, wird in SharePoint eine separate Webseite angelegt.

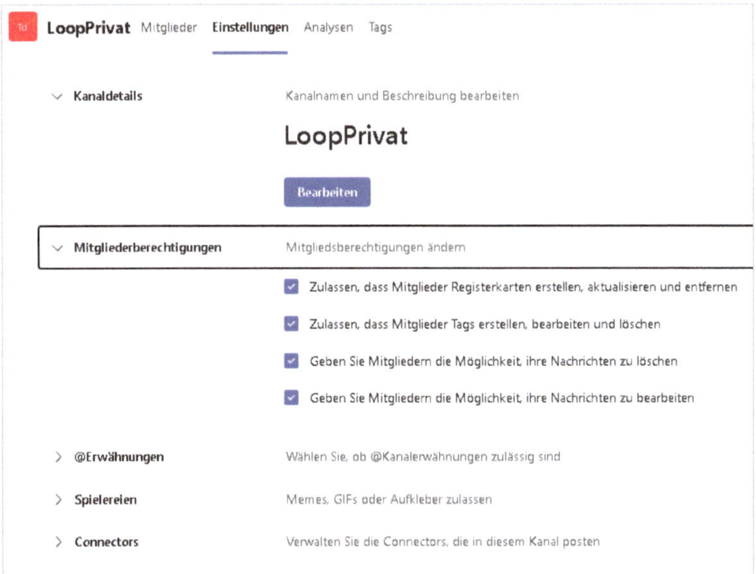

Bild 4.25 Zugriffsrechte eines privaten Kanals in Microsoft Teams.

Bei der Anlage von Objekten in Microsoft Teams gilt somit folgende Standardzuordnung:

- **Team**: Eigene Webseite in der SharePoint-Umgebung.
- **Kanal Standard**: Nutzung der Webseite des Teams. Für jeden neuen Kanal wird ein separater Ordner angelegt.
- **Kanal Geteilt (Share)**: Eigene Webseite in der SharePoint-Umgebung.
- **Kanal Privat**: Eigene Webseite in der SharePoint-Umgebung.

> Neben der Einrichtung entsprechender Bereiche in Teams steht Ihnen in einer Microsoft-365-Umgebung auch die Möglichkeit zur Verfügung, auf Ebene von Azure AD (Entra ID) ein Teams-Objekt (ähnlich einer AD-Gruppe) anzulegen, dem dann wiederum ein Bereich in Teams zugeordnet werden kann (Teamwebseite). Nähere Informationen dazu finden Sie in Kapitel 6.7.

In Bezug auf die Berechtigung auf der zugeordneten Teamwebseite ist es wichtig, welche Kanaltypen in Microsoft Teams angelegt werden. Entsprechend gilt dann folgende Zuordnung:

- **Kanal Standard**
  - Die Besitzer und die Mitglieder des Teams werden automatisch der Gruppe der *Websitebesitzer* und der Gruppe *Websitemitglieder* zugeordnet.
  - Die Freigabe von Dateien und Ordnern ist möglich, wobei dies für externe Gäste explizit freigegeben sein muss.
  - Eine separate Freigabe der Webseite ist grundsätzlich möglich.
- **Kanal Geteilt (Share)**
  - Die Besitzer und die Mitglieder des Kanals werden automatisch der Gruppe der Websitebesitzer und der Gruppe Websitemitglieder zugeordnet.
  - Die Freigabe von Dateien und Ordnern ist möglich, sofern es sich um Kanalmitglieder handelt. Der Zugriff für externe Gäste muss explizit freigegeben sein.
  - Eine separate Freigabe der Webseite ist standardmäßig nicht möglich.
- **Kanal Privat**
  - Die Besitzer und die Mitglieder des Kanals werden automatisch der Gruppe der *Websitebesitzer* und der Gruppe *Websitemitglieder* zugeordnet.
  - Die Freigabe von Dateien und Ordnern ist möglich, wobei dies für externe Gäste explizit freigegeben sein muss.
  - Eine separate Freigabe der Webseite ist standardmäßig nicht möglich.

Die Zuweisung bzw. Verwaltung der Berechtigungen ist grundsätzlich auch in der Zentraladministration von SharePoint (*SharePoint Admin Center*) oder in der Systemverwaltung der Microsoft-365-Umgebung (*Microsoft Entra Admin Center*) möglich.

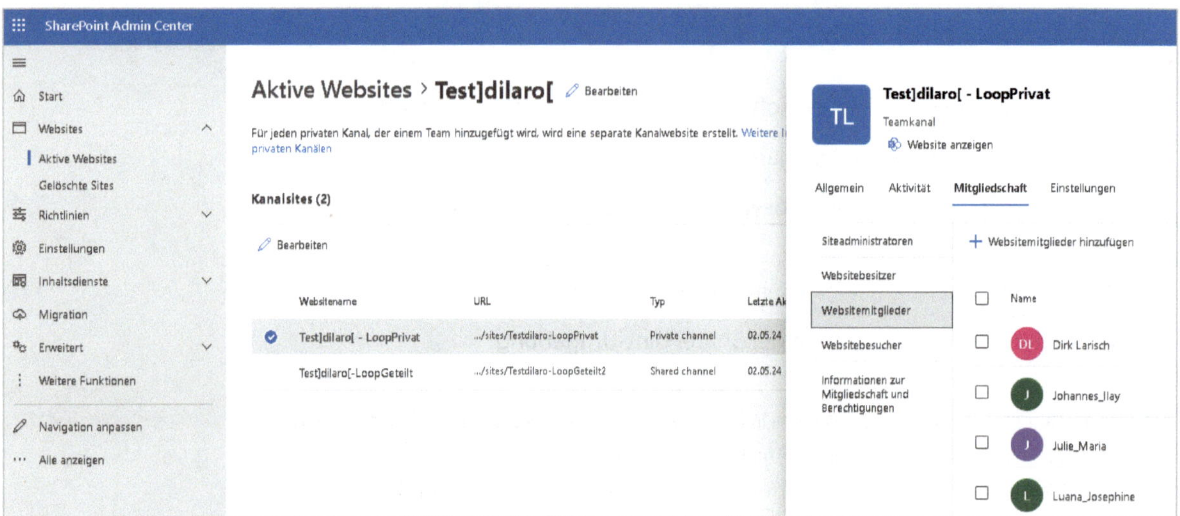

Bild 4.26 Verwaltung der Kanalberechtigungen im SharePoint Admin Center.

5 Suchen oder Finden?

Was in der heutigen Welt der Speicherung und Verarbeitung von Daten und Informationen vielmals noch nicht angekommen ist, ist das Thema „Finden ist das neue Suchen"! Allzu oft wird auch in einer SharePoint-Umgebung die Ordnerstruktur eines bestehenden Dateisystems „eins zu eins" abgebildet, weil die Anwender sich damit auskennen.

Bei der Suche nach einer bestimmten Datei oder eines bestimmten Dateiinhaltes wird dann der Ordnerbaum durchgeklickt, bis die Datei, die die gewünschten Inhalte aufweisen könnte, gefunden ist. Vergleichbares gilt bei der Nutzung von Webseiten (siehe Kapitel 6 dieses Buches), wo von Unterseite zu Unterseite gesprungen wird, bis die gesuchte Information gefunden wurde. Dies gilt auch bei weiteren Produkten einer Microsoft-365-Umgebung, welche die in SharePoint integrierte Suche für ihre eigenen Zwecke nutzen (z. B. Microsoft Teams).

Die Suche bei SharePoint Online ist sehr vielfältig und komplex und bietet dementsprechend auch eine Vielzahl von Einstellungs- oder Konfigurationsmöglichkeiten. Dabei bieten gerade aktuelle Systeme zur Dokumenten- oder Informationsverwaltung wie SharePoint über das Zusammenspiel von Metadaten und Dateiablage wesentlich komfortablere und schnellere Möglichkeiten das zu finden, was man sucht.

5.1 Sucharchitektur von SharePoint Online

Spätestens, wenn eine SharePoint-Umgebung eine gewisse Größe bzw. die dort abgelegten Daten einen gewissen Umfang erreicht haben, wird das Thema *Suche* immer wichtiger. Aus der Praxis ist zu empfehlen, sich schon beim Aufbau einer solchen Umgebung mit der Thematik auseinanderzusetzen, wie die Anwender später die benötigten Daten und Informationen finden sollen.

Die in SharePoint integrierten Formen der Suche ermöglichen den Aufbau einer unternehmensweiten „Suchzentrale" (Suchcenter), die nicht nur die SharePoint-Daten durchsucht, sondern beispielsweise auch Daten finden kann, die nicht in SharePoint, sondern an anderer Stelle (z. B. Dateifreigabe) abgelegt sind. Ebenso besteht die Möglichkeit, die Inhalte anderer Webseiten in die SharePoint-Suche zu integrieren. Auch dies ist mit den Suchoptionen von SharePoint umsetzbar und Gegenstand der nachfolgenden Ausführungen.

Entwicklung der Suche

Die in SharePoint integrierten Suchoptionen sind sehr vielfältig und umfangreich. So haben insbesondere die Suchoptionen von SharePoint im Laufe der Entwicklung teilweise gravierende Veränderungen erlebt, beispielsweise durch die Integration von Zusatzprodukten (z. B. der Firma FAST), um die Möglichkeiten noch weiter zu optimieren. Dazu zählen auch die Erkenntnisse und Erfahrungen von Microsoft mit dem Suchdienst *Bing*, die Schaffung einer speziellen Suche mit der *Microsoft Suche* (*Microsoft Search & Intelligence*) und natürlich eine ganz besondere Form der Datenauswertung mittels des Copilots.

Bei den Suchoptionen in SharePoint wird zwischen der klassischen Suche und der sogenannten modernen Suchoberfläche (*Microsoft Search*) unterschieden, wobei es viele Gemeinsamkeiten, aber auch einige Unterschiede gibt (siehe nachfolgend). Wichtig zu wissen ist, dass die Option für eine Microsoft-365-Umgebung (*Microsoft Search & Intelligence*) teilweise (*Microsoft Search Connection*) lizenzpflichtig ist (*Graph Connector*).

Klassisch oder modern?

Das Besondere der Suche in SharePoint Online ist, dass Sie sowohl die klassischen Suchmöglichkeiten als auch die in Microsoft 365 integrierte *Microsoft Suche* (*Microsoft Search & Intelligence*) nutzen können. Dabei schließen sich diese beiden Formen nicht aus, sondern ergänzen sich; so verwenden beispielsweise beide denselben Suchindex.

Beide Suchformen sind in einer SharePoint-Umgebung standardmäßig aktiviert, wobei sich der Einsatzort der modernen Form schwerpunktmäßig auf Webseiten (Kommunikationswebseite, Teamwebseiten usw.) bezieht. Die Suchzeile für die moderne Suche befindet sich in SharePoint immer am oberen Rand der jeweiligen Fensterdarstellung.

Da sich *Microsoft Search* nicht nur auf die SharePoint-, sondern auf die gesamte Microsoft-365-Umgebung bezieht und dabei alle M365-Anwendungen berücksichtigt, erfolgt die Verwaltung und Konfiguration über die entsprechende Zentraladministration (*Microsoft 365 Admin Center*). Im Gegensatz dazu wird die klassische SharePoint-Suche in der Zentraladministration von SharePoint (*SharePoint Admin Center*) gepflegt, wobei bestimmte Einstellungen der klassischen Suche durchaus Einfluss auf die Ergebnisse der modernen Suche haben.

Anhand des Suchschemas wird definiert, wie Inhalte im Suchindex gesammelt und daraus abgerufen werden. Aufgrund des identischen Suchindex werden Änderungen in beiden Suchformen abgebildet. Im Übrigen ist die klassische Option der Suche für eine SharePoint-Umgebung granularer zu definieren. Eine Option ist beispielsweise das Höherstufen von Ergebnissen, mit dem ein Systemverwalter in der klassischen Suche festlegen kann, dass Ergebnisse auch auf der obersten Ebene (z. B. Kommunikationswebseite) angezeigt werden.

Die unterschiedlichen Möglichkeiten bei der Suche in einer Microsoft-365-Umgebung werden unter dem Begriff *Microsoft Search & Intelligence* zusammengefasst, bei der immer die Option des *Graph Connectors* eingebunden wird.

Nachfolgend sind die wesentlichen Unterschiede, aber auch Gemeinsamkeiten zwischen der klassischen und der M365-Suche (*Microsoft Search & Intelligence*) dargestellt:

- **Konfiguration:** Die moderne Suche wird im *Microsoft 365 Admin Center* und die klassische Suche dagegen im *SharePoint Admin Center* verwaltet.
- **Suchindex:** Die beiden Suchfunktionen verwenden denselben Suchindex, um Ergebnisse zu finden.
- **Suchfeld:** Das Abfrage- oder Suchfeld wird bei der modernen Suche am oberen Rand in der Kopfzeile angezeigt. Bei der klassischen Suche lässt sich diese Position noch individuell anpassen.
- **Suchoberfläche:** Die klassische Suchoberfläche kann angepasst werden, jedoch nicht die Benutzeroberfläche von *Microsoft Search* (*Microsoft Suche*).
- **Suchschema:** Mit dem Suchschema wird festgelegt, wie Inhalte im Suchindex gesammelt und daraus abgerufen werden. Da die beiden Optionen denselben Suchindex verwenden, gelten alle Änderungen immer für beide Umgebungen.
- **Personalisierung:** Die Darstellung der Suchergebnisse hängt bei *Microsoft Search* immer auch von den Rechten des angemeldeten Benutzers ab, sodass unterschiedlichen Benutzern mit identischen Suchbegriffen ggf. unterschiedliche Ergebnisse angezeigt werden. Dies gilt aber auch bei der klassischen Suche, wo die Darstellung immer auch von den zugewiesenen Berechtigungen abhängt.
- **Zugriff:** Die moderne Suchoberfläche (*Microsoft Search*) steht den Anwendern auf der SharePoint-Startseite, Hubwebseiten, Kommunikationswebseiten oder

Teamwebseiten zur Verfügung. Im Gegensatz dazu greifen die Anwender auf die klassische Suchumgebung auf Veröffentlichungsseiten, klassischen Teamwebseiten und im SharePoint-Suchcenter zu.

> Die moderne Suche in einer SharePoint-Umgebung bildet (noch) nicht alle Funktionen der klassischen Suche ab. Es steht zu erwarten, dass zukünftig alle Funktionen „rund um die Suche" in *Microsoft Search & Intelligence* (*Suche & Intelligenz*) integriert werden.

Struktureller Aufbau der Suche

Die Suchoptionen einer SharePoint-Umgebung (klassisch, modern) ermöglichen leistungsfähige und skalierbare Lösungen für die Unternehmenssuche und das Finden von Daten und Informationen in Teilbereichen einer SharePoint-Umgebung.

Die Inhalte für die Suchergebnisse werden dynamisch generiert, indem es neben den bekannten Suchvorgängen (vollständig, inkrementell) mit der kontinuierlichen Suche (*continuous*) eine weitere Option gibt, die einen permanenten Crawlvorgang (*Durchforstung der Daten*) erlaubt, um so die Suchergebnisse stets aktuell zu halten. Eine solche Echtzeit-Indizierung ermöglicht es, dass Dokumente, Listenelemente, Webseiteninhalte usw. unmittelbar nach dem Hochladen oder Erstellen im Suchindex verfügbar sind.

> Das bereits von anderen Suchdiensten her bekannte *Profiling* hat auch bei der Suche in einer SharePoint-Umgebung Einzug gehalten, wodurch der Anwender Hinweise auf bestimmte Suchkriterien erhält, die aus früheren Suchanfragen abgeleitet werden.

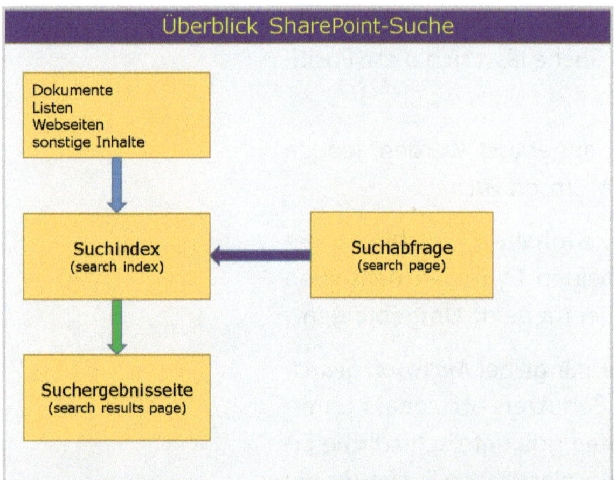

Bild 5.1 Struktureller Aufbau der Suche in SharePoint.

Die Struktur der klassischen Suche in SharePoint lässt sich grundsätzlich in mehrere Teilbereiche aufgliedern, von denen jeder Bereich ganz bestimmte Funktionen oder Aufgaben wahrnimmt. So stehen in einer SharePoint-Umgebung in der Regel immer sogenannte Indexserver und spezielle Abfrageserver zur Verfügung. Der Indexserver oder Indexdienst dient dazu, die definierten Speicherorte der Daten (Suchquellen) zu durchsuchen, die entsprechenden Daten zu erfassen und diese in einem zentralen Index bereitzustellen. Dieser Index wird dann über einen Abfrageserver für die Suchanfragen der Anwender zur Verfügung gestellt bzw. in dem Moment durchsucht.

> Die in SharePoint integrierte Suche ist so strukturiert, dass es grundsätzlich von den Berechtigungsstufen bzw. von den, einem Anwender zugewiesenen Zugriffsrechten abhängt, welche Suchergebnisse angezeigt werden.

Das Ergebnis der Indizierung, also des sogenannten Crawlvorgangs (Durchforstung; siehe nächster Abschnitt), wird dem Abfragedienst (Abfrageserver) zur Verfügung gestellt. Sobald vom System oder von einem Anwender eine Suchanfrage gestellt wird, kommt die zweite wesentliche Komponente der SharePoint-Suche zum Einsatz, der sogenannte Abfrageserver oder *Query-Dienst*. Dieser Dienst nimmt die Suchanfrage an, bereitet sie für den Indexserver auf und übergibt sie an diesen. Als Ergebnis einer Suchanfrage stellt der Abfragedienst dann die Ergebnisse zusammen und liefert sie zurück an den Suchanfrager.

„Crawlen" ist wichtig!

Mit dem Begriff *Crawlen* wird in SharePoint die Aufbereitung der Daten einer SharePoint-Umgebung bezeichnet. Ein Crawler durchsucht bestimmte Datenquellen (z. B. *Webcrawler*) und fasst die Daten in einem Index zusammen. Der deutsche Begriff *Durchforstung* kennzeichnet etwas verständlicher das Prinzip und die Funktionsweise.

Crawlen (Durchforstung) steht als Synonym für die Selektion der Daten aus den verfügbaren bzw. angegebenen Datenquellen, um diese anschließend dem zentralen Indexdienst zur Verfügung zu stellen. Neben dem Zugriff auf die definierten Speicherorte (Such- oder Inhaltsquellen) gehört zu diesem Vorgang auch, dass die Inhaltsquellen ggf. extrahiert werden und der Inhalt im Index integriert wird.

> Der Einfachheit halber (und weil die Übersetzung ggf. nicht sehr aussagekräftig ist) wird in den Erläuterungen dieses Buches überwiegend der Begriff *Crawlen* verwendet, da die Praxis zeigt, dass sich dieser Begriff bei vielen SharePoint-Anwendern eingeprägt hat.

Sobald in einer Ergebnisquelle (siehe nachfolgender Abschnitt) spezielle Regeln definiert werden (Crawlregeln), so werden auch diese bei der Extraktion der Daten bzw. der Zusammenstellung der Indexdaten berücksichtigt. Dies kann sich beispielsweise auf die Reduzierung der Daten beziehen, wenn bestimmte Daten nicht indiziert werden sollen.

Nach der Ermittlung der Crawlergebnisse werden diese nach definierten Kriterien in einer *Ranking-Liste* angeordnet und dann dem zentralen Indexdienst zur Verfügung gestellt. Zusätzlich werden die Indizes auf die verfügbaren Abfrageserver kopiert und die Suchdatenbank aktualisiert.

> Abfrageserver dienen in einer SharePoint-Umgebung zur Entgegennahme der diversen Suchanfragen der Anwender.

Bei den Festlegungen von Ergebnisquellen (Inhaltsquellen) und den Zeitplänen zur Durchführung eines Crawls (Ermittlung des Suchindex) wird zwischen dem vollständigen, dem inkrementellen und einem kontinuierlichen Crawl unterschieden.

Der vollständige Crawl dient zum einen der erstmaligen Ermittlung der Inhalte und legt so eine neue Datenbasis für den Index an. Zum anderen werden bei einem inkrementellen Crawl nur die Daten berücksichtigt, die seit dem letzten Crawl geändert oder neu hinzugefügt wurden. Ein kontinuierlicher Crawl kann am besten mit dem Begriff Echtzeit-Indizierung umschrieben werden, wo sämtliche Änderungen an Inhalten der SharePoint-Umgebung indiziert und somit bei der Suche berücksichtigt werden.

Die Indizierung über einen vollständigen Crawl (Vollständige Durchforstung) ist die einzige Möglichkeit, gelöschte oder verschobene Objekte der Inhaltsquellen (z. B. Dokumente) aus dem Index zu entfernen. In der Praxis bietet es sich in einer Produktivumgebung an, einmal wöchentlich einen vollständigen Crawl durchzuführen und beispielsweise einmal täglich eine inkrementelle Durchforstung (Inkrementeller Crawl) oder die kontinuierliche Durchforstung anzustoßen.

Einsatz von Ergebnisquellen

Mit dem Begriff *Ergebnisquelle* (ein anderer Begriff für *Inhaltsquelle*) wird der Bereich definiert, der dem Indexdienst mitteilt, welche Daten er indizieren soll. Neben der Angabe des Speicherortes kann bei einer Ergebnis- oder Inhaltsquelle auch Einfluss darauf genommen werden, wie die Suche erfolgen soll, ob beispielsweise bestimmte Datenbereiche (z. B. spezielle Dateitypen) von der Suche ausgenommen werden sollen.

In den vorhergehenden Abschnitten wurde darauf hingewiesen, dass sich die Suche einer SharePoint-Umgebung nicht nur auf die, in SharePoint hinterlegten Daten (Listen, Dokumente usw.), sondern durchaus auch auf andere Datenbestände beziehen kann. In der nachfolgenden Aufstellung sind die möglichen Inhaltsquellen oder Daten-Speicherorte aufgeführt:

- SharePoint-Server (Webseiten)
- Webseiten anderer Webserver (auch extern)
- Dateifreigaben
- Öffentliche Exchange-Ordner
- Daten aus *Business Connectivity Service* (BCS)
- Inhalte externer Datenquellen, in Abhängigkeit von entsprechenden Zusatzmodulen

Abfrageregeln

Die Suche innerhalb eines Index erfolgt grundsätzlich über alle Inhaltsquellen und mithilfe sämtlicher Crawlregeln, also innerhalb der gesamten Indexdatenbank. Tatsächlich angezeigt werden aber nur die Daten, zu denen der entsprechende Anwender „Zugang" hat; die Suche bzw. die Darstellung der Suchergebnisse ist also grundsätzlich immer „berechtigungssensitiv". Dies bedeutet, dass ein Anwender immer nur die Daten sieht, auf die er im Rahmen der zugewiesenen Berechtigungen Zugriff hat.

So wird sichergestellt, dass Unbefugte nicht auf Daten zugreifen können, für die sie in der SharePoint-Umgebung keine Berechtigung haben.

Darüber hinaus kann bei den verschiedenen SharePoint-Objekten (z. B. Webseiten, Listen, Bibliotheken) teilweise individuell festgelegt werden, ob die Inhalte bei der Suche berücksichtigt werden sollen oder nicht; auch dies hat natürlich Auswirkungen auf die Anzeige der Suchergebnisse. Diese Festlegungen erfolgen in der Suchdefinition über spezielle Abfrageregeln.

5.2 Moderne Suche in einer Microsoft-365-Umgebung

Die moderne Suche bei den Anwendungen in einer Microsoft-365-Umgebung – und damit auch bei SharePoint – verbirgt sich hinter dem Begriff *Microsoft Search & Intelligence* (Suche & Intelligenz). Da sich diese Suche auch auf andere Anwendungen der Microsoft-365-Umgebung beziehen kann, erfolgt die Konfiguration in einem speziellen Verwaltungsprogramm (*Microsoft 365 Admin Center*).

Aufgerufen wird die Konfiguration der modernen Suche im *Microsoft 365 Admin Center* am schnellsten, indem Sie dort auf *Alle Admin Center* klicken und anschließend in der Aufstellung im rechten Bereich *Suche und Intelligenz* anwählen.

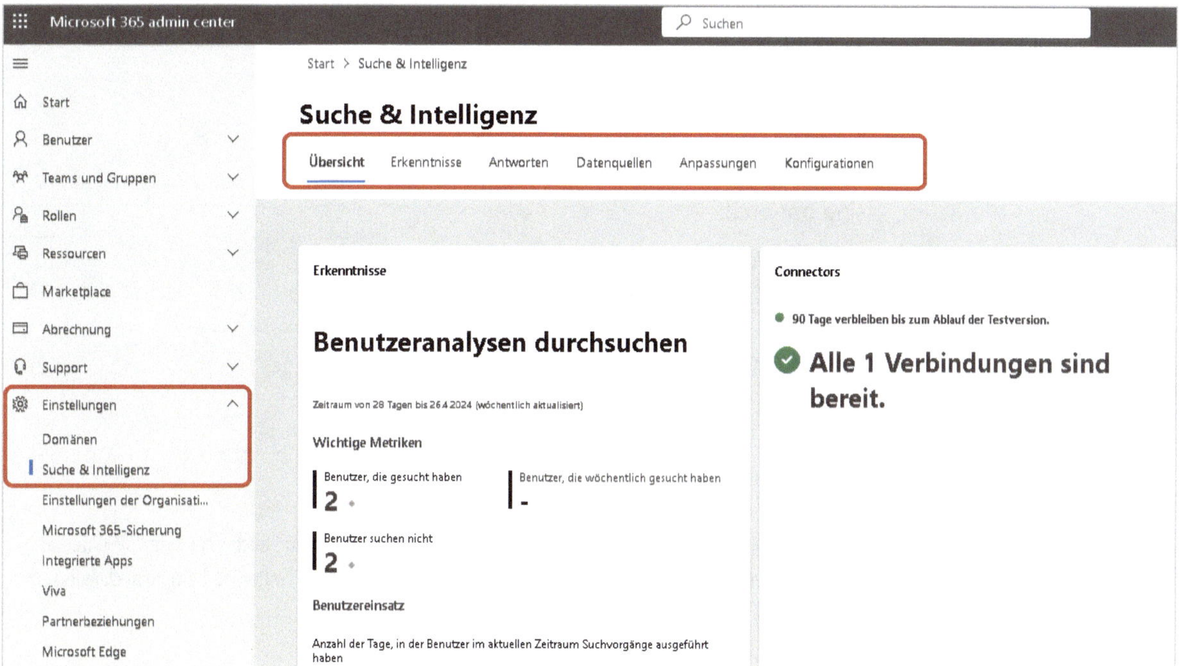

Bild 5.2 Startseite der Konfiguration von Microsoft Search.

> Die Konfiguration der modernen Suche können Sie alternativ auch aufrufen, indem Sie im Menü des *Microsoft 365 Admin Centers* den Punkt *Einstellungen* anwählen und anschließend *Suche & Intelligenz* anklicken.

Innerhalb der Konfiguration der *Microsoft Suche* stehen verschiedene Optionen zur Verfügung, von denen nachfolgend einige beispielhaft dargestellt werden. Die Orientierung erfolgt dabei an den Möglichkeiten, die sich in der Praxis bewährt haben und am häufigsten eingesetzt werden.

Akronyme und Lesezeichen

Sehr häufig kommen Akronyme (Kürzel) und Lesezeichen zum Einsatz. Damit können Sie Anwender in die Lage versetzen, zu bestimmten Begriffen oder Abkürzungen der Begriffe sinnvolle Hinweise und Erläuterungen zu finden.

1. Um ein Kürzel (Akronym) festzulegen, das ggf. in Ihrem Unternehmen häufig benötigt wird und bei der Suche auswählbar sein soll, müssen Sie im Konfigurationsfenster das Register *Antworten* anklicken (s. Bild 5.2 auf Seite 155).
2. Nach Anwahl der Option *Akronyme* (links) erscheint eine Liste der definierten Kürzel, wo Sie diese wiederum direkt bearbeiten können.
3. Zur Neufestlegung klicken Sie auf dann auf die Option *Fügen Sie ein Akronym hinzu*.
4. Als Nächstes müssen Sie dann die benötigten Angaben eintragen: im Feld *Akronym* das Kürzel und im Feld *Steht für* die ausgeschriebene Form oder eine Umschreibung für das Kürzel, die weiteren Angaben sind optional.
5. Nach dem Klick auf die Schaltfläche *Veröffentlichen* steht das neue angelegte Kürzel dem Anwender sofort zur Verfügung.

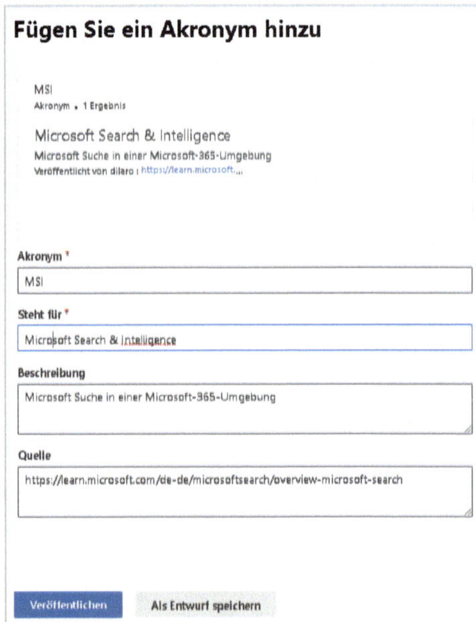

Bild 5.3 Anlegen eines Akronyms für die moderne Suche.

> Neben der manuellen Anlage können Sie in der Suchkonfiguration Akronyme auch über eine CSV-Datei importieren und zuweisen; zudem können Sie die entsprechenden Einträge zur Weiterbearbeitung auch jederzeit exportieren.

Sobald Sie in der SharePoint-Umgebung nach einem definierten Kürzel suchen, erscheinen die bei der Konfiguration hinterlegten Informationen. Mit Anklicken des Links bei der Beschreibung erfolgt anschließend die Ausweitung der Suche.

Bild 5.4 Suchergebnis über eine Akronymsuche.

> Die Suche bzw. die Darstellung der Ergebnisse einer modernen Suche über *Microsoft Search* bezieht sich immer auf die gesamte Organisation oder das Unternehmen. Demzufolge sollte diese Suche immer auf der obersten Ebene einer Webseite eingesetzt werden; alternativ können Sie bei der Suche über einen entsprechenden Link dorthin wechseln.

Frage und Antworten

Bild 5.5 Festlegung von Frage und Antwort.

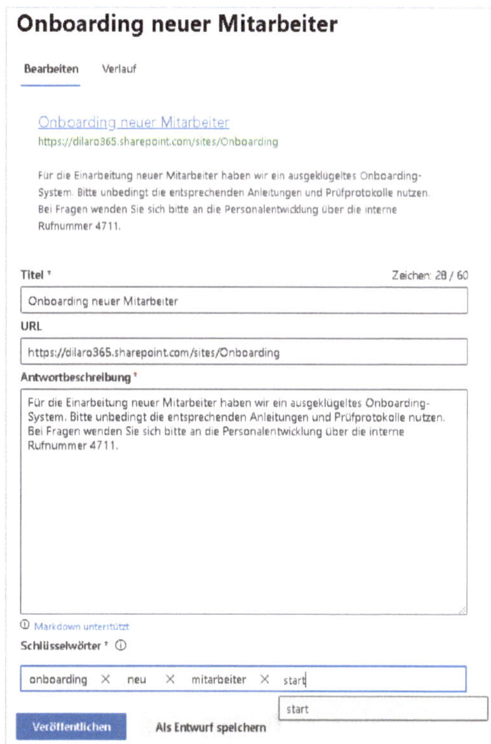

Eine weitere Konfigurationsmöglichkeit bezieht sich auf das Hinterlegen von Antworten auf konkrete Fragestellungen (F&A). Auf diese Art und Weise können Sie in Ihrem Unternehmen oder Ihrer Organisation beispielsweise Antworten auf sich ständig wiederholende Fragestellungen standardisieren.

1. Zur Konfiguration von F&A müssen Sie auf der Suchkonfigurationsseite das Register *Antworten* anwählen.
2. Im Untermenü klicken Sie dann links den Punkt *F&A* an, worauf die aktuell definierten Fragen und Antworten angezeigt werden.
3. Für eine Neukonfiguration müssen Sie im nächsten Schritt den Punkt *Frage hinzufügen* anklicken.
4. Es erscheint ein Konfigurationsfenster, in dem Sie zunächst einen *Titel* für den Eintrag festlegen müssen.
5. In dem darunterliegenden Feld (*URL*) können Sie die Verlinkung auf eine gewünschte Webseite hinterlegen. Sobald das Suchergebnis angezeigt wird, kann der Anwender dann über diesen Link an die entsprechende Stelle der SharePoint-Umgebung oder auf eine externe Webseite verzweigen.

6 Im Feld *Antwortbeschreibung* wird der Text hinterlegt, der dem Anwender beim Ergebnis der Suche angezeigt wird.

7 Das Feld *Schlüsselwörter* ist sehr wichtig, denn hier werden letztlich die Suchbegriffe definiert, nach denen ein Anwender auf die gewünschte Information zugreifen kann.

> Bei den Schlüsselwörtern sollten Sie sich genau überlegen, mit welchen Begriffen oder Kriterien ein Anwender nach dem gewählten Thema suchen könnte.

8 Über die Schaltfläche *Veröffentlichen* erfolgt die Speicherung der Festlegung; diese steht dem Anwender anschließend auch direkt zur Verfügung und kann bei der Suche genutzt werden.

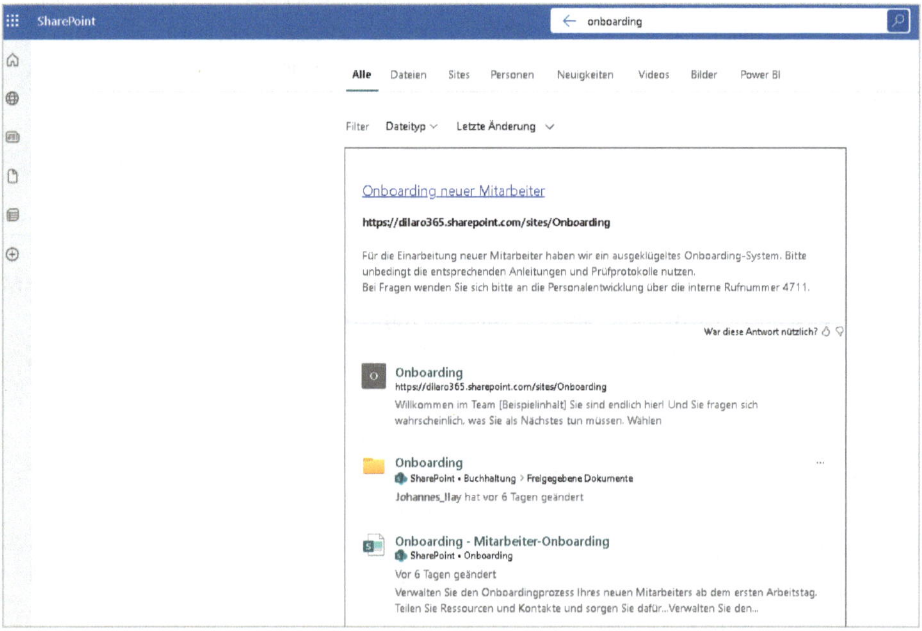

Bild 5.6 Ergebnis einer definierten F&A-Suche.

> Neben der manuellen Anlage können Sie in der Suchkonfiguration Akronyme auch über eine CSV-Datei importieren und zuweisen; zudem können Sie die entsprechenden Einträge zur Weiterbearbeitung auch jederzeit exportieren.

Datenquellen

In den vorhergehenden Abschnitten wurde erläutert, auf welche Art die interne Suche konfiguriert und optimiert werden kann. Sehr interessant wird die Suche in dem Moment, wo Sie damit nahezu beliebige Datenquellen „anzapfen“ und durchsuchen können. Dazu stellt die Microsoft-Suche in einer Microsoft-365-Umgebung den Graph

Connector zur Verfügung, der die Durchforstung (*Crawl*) anderer Datenquellen ermöglicht.

> Da die Verbindungen zu anderen Datenquellen über den Graph Connector laufen, benötigen Sie zur Nutzung in der Regel eine separate Lizenz.

1 Um beispielsweise eine externe Webseite in die Suche zu integrieren, müssen Sie im *Microsoft 365 Admin Center* in der Suchkonfiguration das Register *Datenquellen* anklicken.

2 Nach Auswahl der Option *Verbindung hinzufügen* erscheint ein Auswahlfenster, in dem Sie zunächst die Art der Datenquelle auswählen müssen.

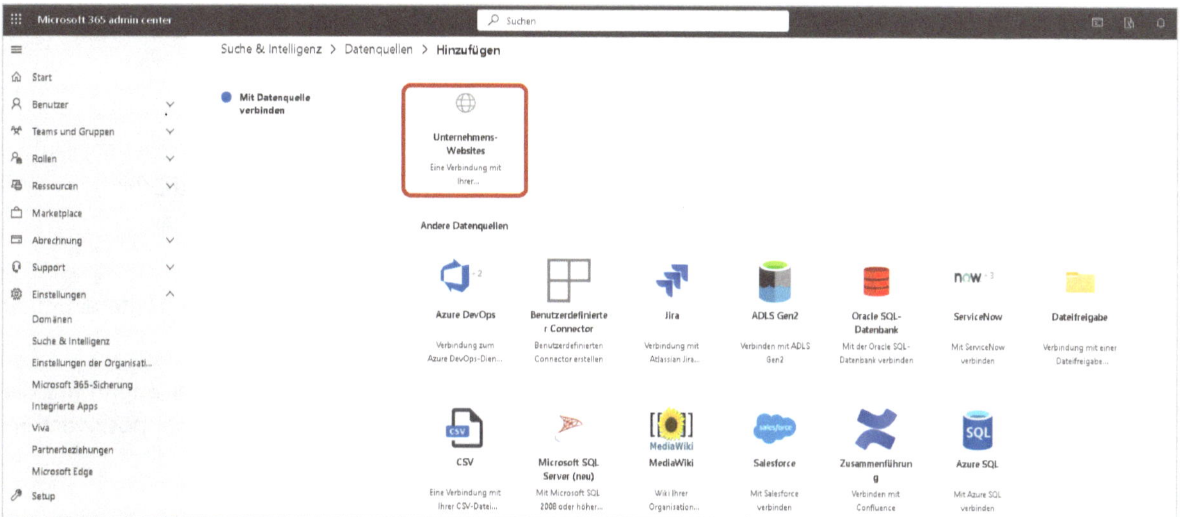

Bild 5.7 Art der Datenquelle auswählen.

> Über den Link im oberen Teil des Fensters *Weitere Connectors suchen* können Sie eine zusätzliche Dokumentation abrufen, die Sie bei der Konfiguration zusätzlicher Quellen unterstützen kann.

3 Für die beispielhafte Zuweisung einer externen Webseite wählen Sie die Option *Unternehmens-Websites*.

4 Nach Anklicken der Schaltfläche *Weiter* erscheint ein Konfigurationsfenster, in dem Sie dann die benötigten Angaben eintragen müssen.

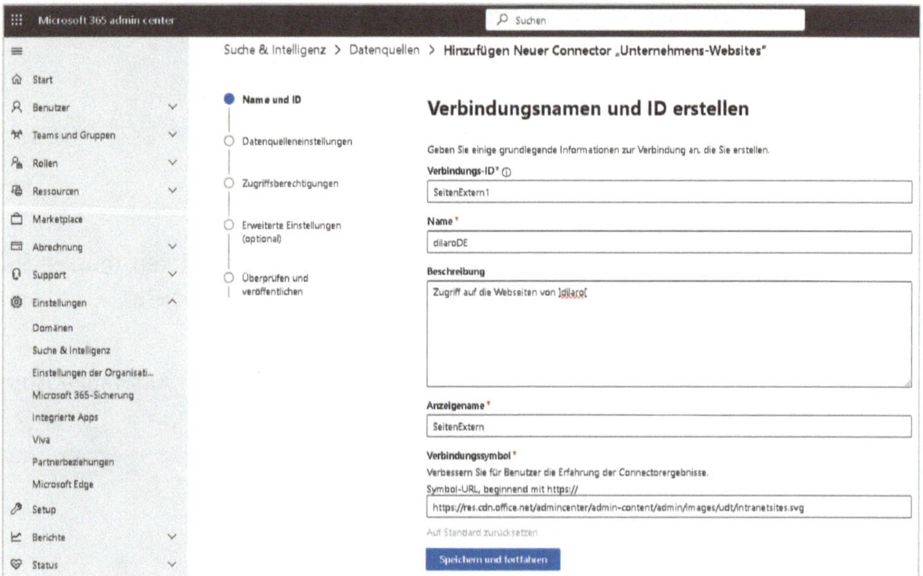

Bild 5.8 Teil 1 der Konfiguration für den Zugriff auf externe Webseiten.

5 Nachdem Sie den ersten Teil der Konfiguration mit der Schaltfläche *Speichern und fortfahren* bestätigt haben, müssen Sie im nachfolgenden Dialog *Datenquelleneinstellungen* weitere Einstellungen vornehmen.

6 Im Feld *URLs* tragen Sie zunächst die Adresse der externen Webseite ein (hier: *https://www.dilaro.de*).

7 Über die Schaltfläche *Verbindung testen* wird überprüft, ob der Zugriff auf die Webseite über die definierten Einstellungen möglich ist; nur bei positivem Ergebnis können Sie fortfahren.

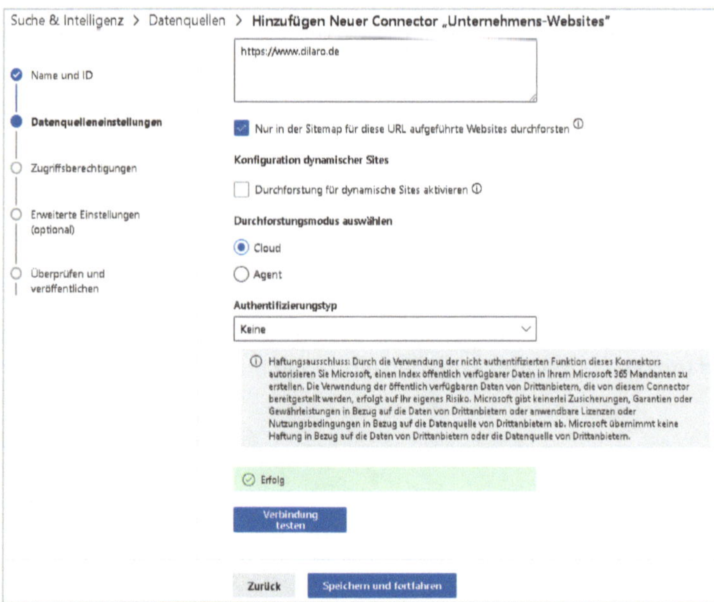

Bild 5.9 Teil 2 der Konfiguration für den Zugriff auf externe Webseiten.

> Sie können im Feld *URLs* grundsätzlich auch mehrere Adressen eingeben, jeweils durch Kommata getrennt.

8 Nach Bestätigung der Einstellungen mit der Schaltfläche *Speichern und fortfahren* legen Sie auf der nächsten Konfigurationsseite (*Zugriffsberechtigungen*) fest, wer Zugriff auf die Suchergebnisse dieser Definition erhalten soll; standardmäßig wird an dieser Stelle die Option *Jeder* ausgewählt.

9 Mit Auswahl der Option *Schnelle Veröffentlichung* erscheint eine Zusammenfassung der vorgenommenen Konfiguration.

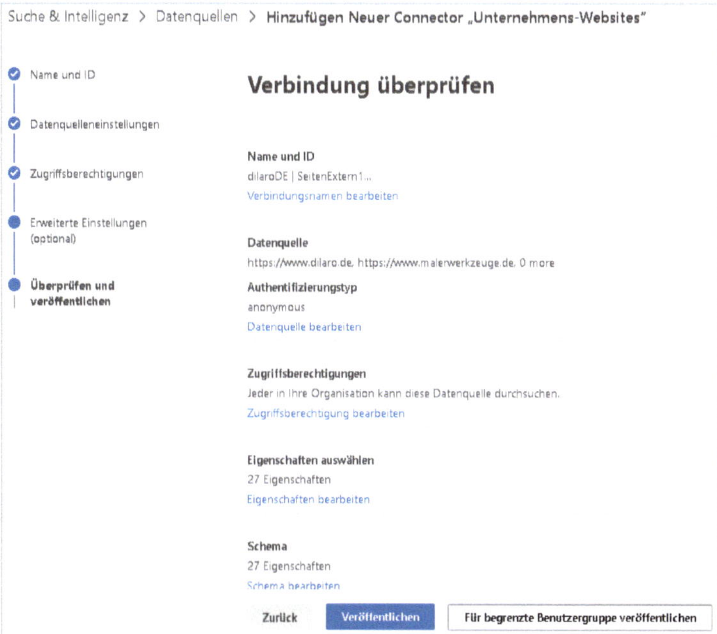

Bild 5.10 Zusammenfassung der Suchkonfiguration.

> Mit *Speichern und fortfahren* könnten Sie an dieser Stelle weitergehende Einstellungen vornehmen, die Sie aber auch jederzeit nachträglich ändern können.

10 Die abschließende Bestätigung über die Schaltfläche *Veröffentlichen* legt die neue Konfiguration an und veröffentlicht diese.

In der Übersicht der Konfiguration können Sie die Veröffentlichung des neuen Suchbereichs nachvollziehen. Dabei wird automatisch eine erste Durchforstung (*Crawl*) der angegebenen Webseite durchgeführt. Dies sollte sich dann bei der Darstellung der Suchergebnisse auch direkt bemerkbar machen, indem die Ergebnisse auf die Angaben der Webseite ausgedehnt werden.

Optimierung der Ergebnisdarstellung

Bei der Darstellung der Ergebnisse einer Suche mit *Microsoft Search* werden im oberen Bereich automatisch immer eine Reihe von Registern angezeigt, die als *Sparten* (*Suchvertikale*) bezeichnet werden. Auf diese Weise haben Sie die Möglichkeit, die Suchergebnisse sehr schnell auf bestimmte Filterkriterien einzugrenzen.

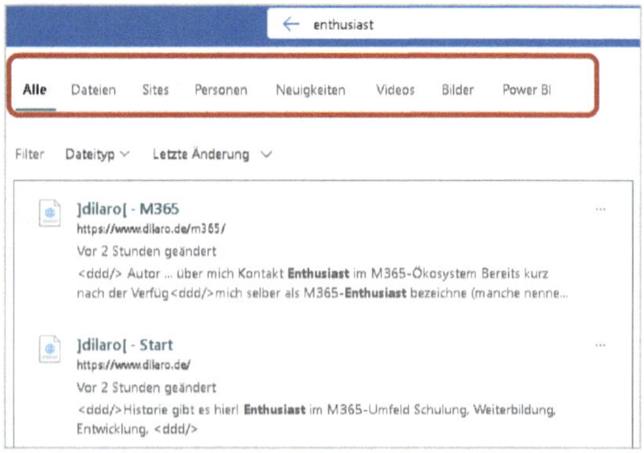

Bild 5.11 Darstellung von Suchergebnissen mit Sparten als Filter.

1 Die Darstellung der Sparten können Sie beliebig nach Ihren eigenen Vorstellungen anpassen oder erweitern; dazu müssen Sie in der Suchkonfiguration das Register *Anpassungen* und dort die Option *Sparten* anwählen.

2 An der Stelle können Sie die bestehenden Einträge bzw. Register bearbeiten, indem Sie diese durch Ankreuzen (vor dem Namen) auswählen und dann oben den Punkt *Bearbeiten* anklicken.

3 Um ein Register auszublenden, wählen Sie dieses durch Ankreuzen aus und klicken dann in der Menüleiste auf *Deaktivieren*. Damit wird es als Deaktiviert angezeigt und an das Ende der Liste verschoben. Bei der Suchanzeige wird dieses Register somit ausgeblendet.

> Die in der Suche standardmäßig hinterlegten Register (Sparten) lassen sich nicht löschen, sondern nur deaktivieren. Gelöscht werden können immer nur eigene Einträge.

4 Zur Anlage eines neuen Registers (Sparte) müssen Sie die Option *Hinzufügen* anklicken, worauf ein Eingabefeld erscheint, in das Sie zunächst die Bezeichnung der neuen Sparte eingeben müssen.

5 Nach Bestätigung der Eingabe mit der Schaltfläche *Weiter* legen Sie im nächsten Schritt fest, welche Inhaltsquelle für die neue Sparte verwendet werden soll (Bild 5.12). Im Fall einer Webseite klicken Sie die Option *Connectors* an, worauf die zugewiesenen Verbindungen (Konnektoren) angezeigt werden.

6 Wählen Sie die gewünschte Verbindung aus und bestätigen Sie dann auch dies mit der Schaltfläche *Weiter*.

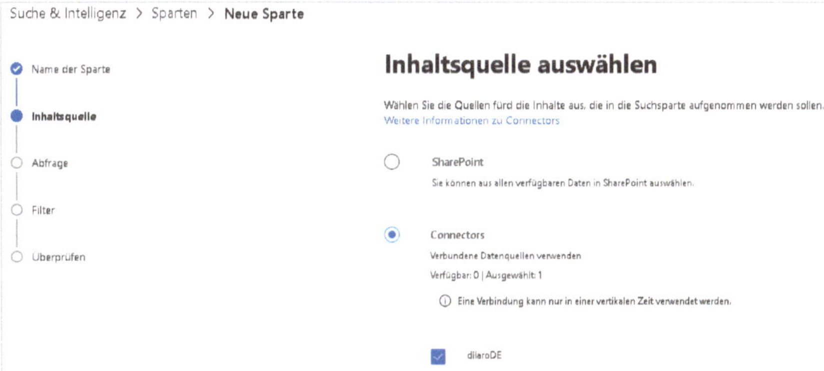

Bild 5.12 Auswahl der Inhaltsquelle einer neuen Sparte.

7 In der nachfolgenden Konfigurationsmaske können Sie eine Eingrenzung der Suche vornehmen, indem Sie diese über eine sogenannte KQL-Abfrage eingrenzen. Hier könnten Sie beispielsweise festlegen, dass nur Beiträge eines bestimmten Verfassers (Autors) berücksichtigt werden sollen. Grundsätzlich können Sie das Eingabefeld an der Stelle auch leer lassen, wodurch die Ergebnisse nicht speziell gefiltert werden.

Bild 5.13 Einsatz der KQL-Abfragesprache.

> KQL (*Keyword Query Language*) ist eine leistungsstarke Abfragesprache, die dazu dient, Suchkriterien einzugrenzen und eine gezielte Mustererkennung durchzuführen.

8 Neben einer Abfrage können Sie zusätzlich weitere Filter hinterlegen, wobei Sie auch dies zunächst leer lassen und später konfigurieren können.

9 Mit Bestätigung der Konfiguration über die Schaltfläche *Sparte hinzufügen* wird diese angelegt und auf Wunsch automatisch aktiv gesetzt; sie steht somit bei der Darstellung der Suchergebnisse zur Verfügung.

> Sie können die Spartendarstellung auch auf einzelnen Webseiten oder nur für Unterwebseiten einrichten; dazu müssen Sie dort in den *Websiteeinstellungen* die Option *Sucherkenntnisse und Konfiguration* einsetzen.

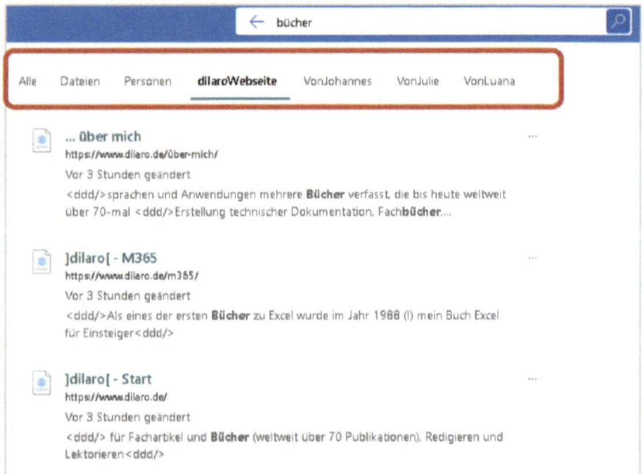

Bild 5.14 Suchergebnisse mit individuellen Sparten.

Weitergehende Konfiguration

Neben den Standardkonfigurationsmöglichkeiten stellt die Option *Suche & Intelligenz* der Zentraladministration (*Admin Center*) weitergehende Einstellungsmöglichkeiten zur Verfügung, die hier beispielhaft erwähnt werden sollen.

Layout der Ergebnisdarstellung

Wünschen Sie beispielsweise ein spezielles Layout bei der Ergebnisdarstellung, so können Sie dazu in der Suchkonfiguration die *Ergebnistypen* einsetzen, die unter dem Register *Anpassungen* zu finden sind. Zum Einsatz kommen dazu sogenannte *Adaptiv Cards* (Adaptive Karten), die konfiguriert und über entsprechende JSON-Anweisungen eingebunden werden.

Bild 5.15 Definition eines Layouts für die Ergebnisdarstellung.

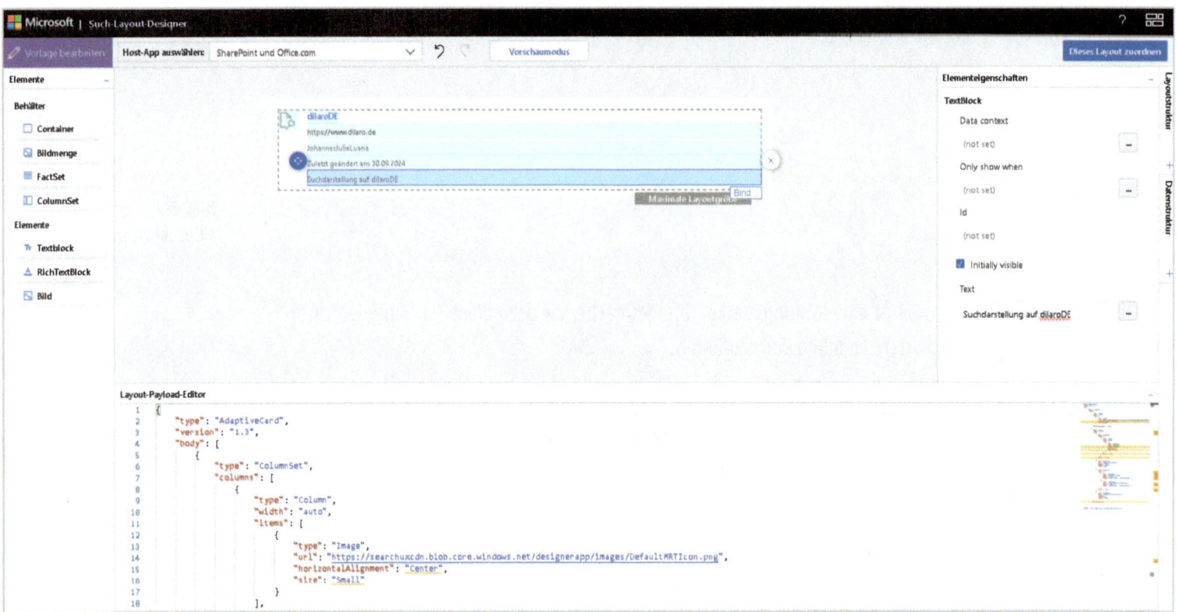

Schema einer Datenquelle

Sobald Sie eine Datenquelle (Inhaltsquelle) definiert haben (siehe Seite 158), können Sie über eine entsprechende Schemaanpassung festlegen, welche Daten gesucht bzw. bei der Durchforstung (*Crawl*) berücksichtigt werden. Die entsprechende Option finden Sie in der Suchkonfiguration im Register *Anpassungen*. Über den Eintrag *Schema* gelangen Sie in den Bereich zur Auswahl einer definierten Datenquelle; an der Stelle können Sie ganz dezidiert festlegen, welche Eigenschaften bei der Durchforstung der Datenquelle berücksichtigt und damit in der Ergebnisdarstellung (Layoutanpassung!) angezeigt werden sollen. Neben der Änderung bestehender Eigenschaften können Sie dabei auch neue Eigenschaften zuweisen.

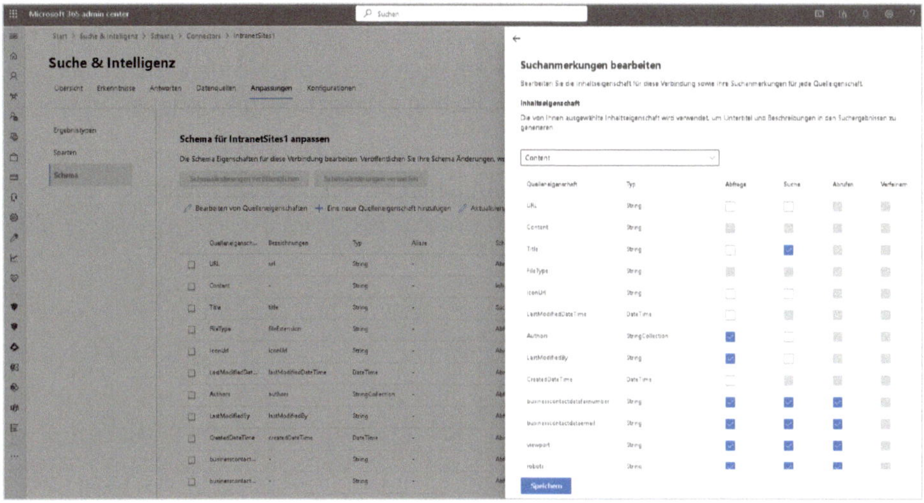

Bild 5.16 Konfiguration des Schemas der Suche in einer Inhaltsquelle (Datenquelle).

Suche auf Webseiten

Mit Integration der Suchmaschine *Bing*, die von Microsoft zur Verfügung gestellt wird, haben Sie eine weitere Möglichkeit, die Ergebnisse der Suche zu optimieren. Standardmäßig ist beispielsweise die Bing-Suche in der Microsoft-Suche aktiviert, aber über das Register *Konfiguration* stehen Ihnen weitergehende Einstellungsmöglichkeiten zur Verfügung.

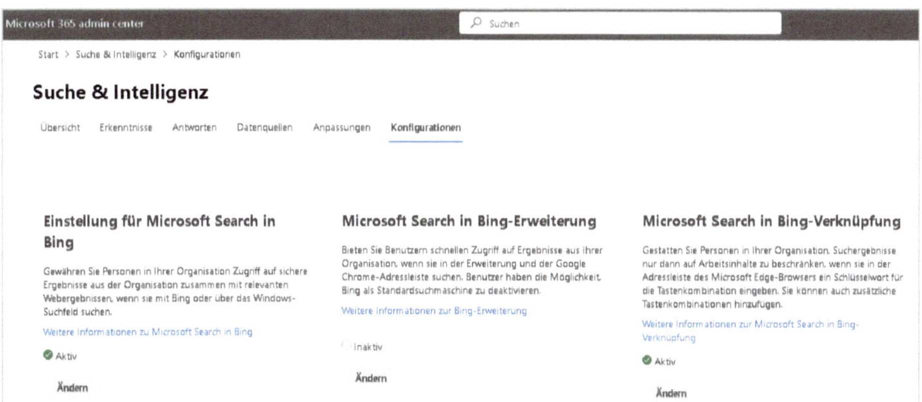

Bild 5.17 Suchoptimierung mit Integration der Bing-Suche.

Auswertungen

Bei der Konfiguration der Suche und deren vielfältigen Erweiterungsmöglichkeiten machen Sie sich zwangsläufig viele Gedanken darüber, welche Inhalte für die Anwender interessant sein könnten und was diese als mögliche Suchbegriffe eingeben könnten. Ob man damit immer richtigliegt, lässt sich nur prüfen, wenn entsprechende Möglichkeiten existieren, die Eingaben und Ergebnisse einer durchgeführten Suche auszuwerten. Auch dafür stellt *Microsoft Search* umfassende Auswertungsmöglichkeiten zur Verfügung.

So stehen in der Konfiguration der Suche einer Microsoft-365-Umgebung mit dem Register *Erkenntnisse* vielfältige Analyse- und Auswertemöglichkeiten zur Verfügung. Die Option *Zusammenfassung* liefert einen Gesamtüberblick über die Nutzung der Suche. Dabei können Sie auf dieser Seite durch Anwahl der entsprechenden Auswahlflächen in die tiefergehende Analyse einsteigen; alternativ direkt über die Optionen am linken Bildschirmrand.

- Die *Benutzeranalyse* liefert Ihnen Angaben zur Anzahl und Häufigkeit der Nutzung der Suchmöglichkeiten durch einzelne Benutzer.

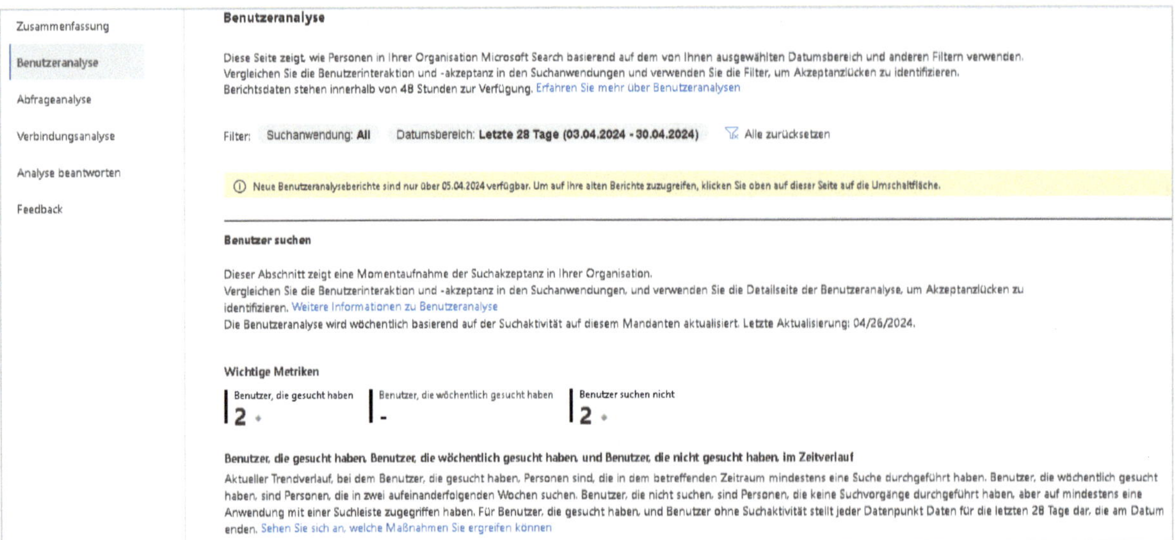

Bild 5.18 Analyse der Benutzer mit Nutzung der Suche.

- Mit der *Abfrageanalyse* werden Ihnen Informationen zu den eingesetzten Suchbegriffen, nebst entsprechendem *Ranking*, zur Verfügung gestellt. Auf diese Art und Weise können Sie beispielsweise auch sehr schnell eruieren, welche Suchbegriffe die Anwender verwenden, aber unter Umständen keine Ergebnisse angezeigt werden.

> Die Ergebnisse der Abfrageanalyse können Sie grundsätzlich auch als separate Datei im Excel-Format herunterladen; dazu steht auf der Seite eine entsprechende Option zur Verfügung.

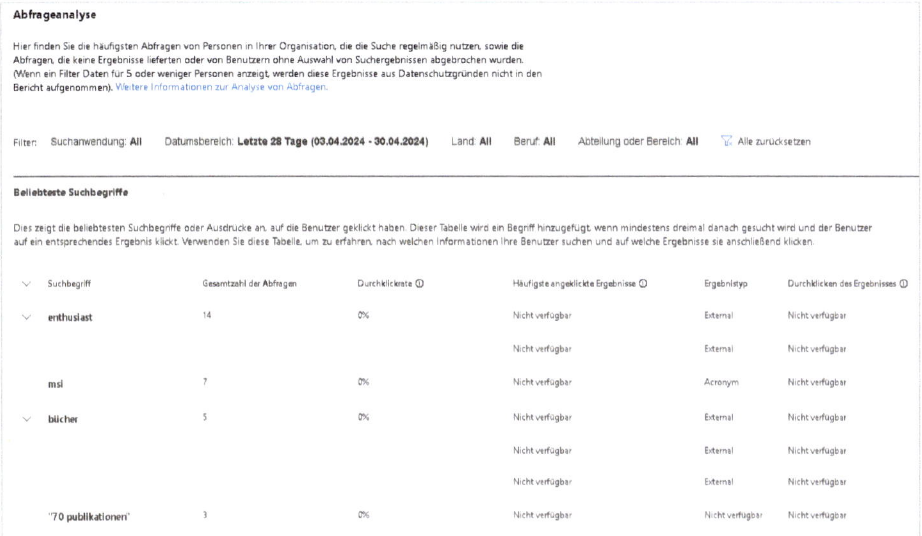

Bild 5.19 Darstellung von Suchbegriffen in der Abfrageanalyse.

- Über die *Verbindungsanalyse* können Sie die eingebundenen Inhalts- oder Datenquellen auswerten, indem dazu der entsprechende Nutzungsgrad und die Häufigkeit angezeigt wird.
- Unter dem Punkt *Analyse beantworten* können Sie z. B. sehr einfach und schnell analysieren, welche Lesezeichen oder Akronyme genutzt und über Ihre Konfiguration umgesetzt wurden. Dabei erhalten Sie auch nützliche Informationen über den generellen Nutzungsgrad von Lesezeichen oder Kürzeln (Akronymen).

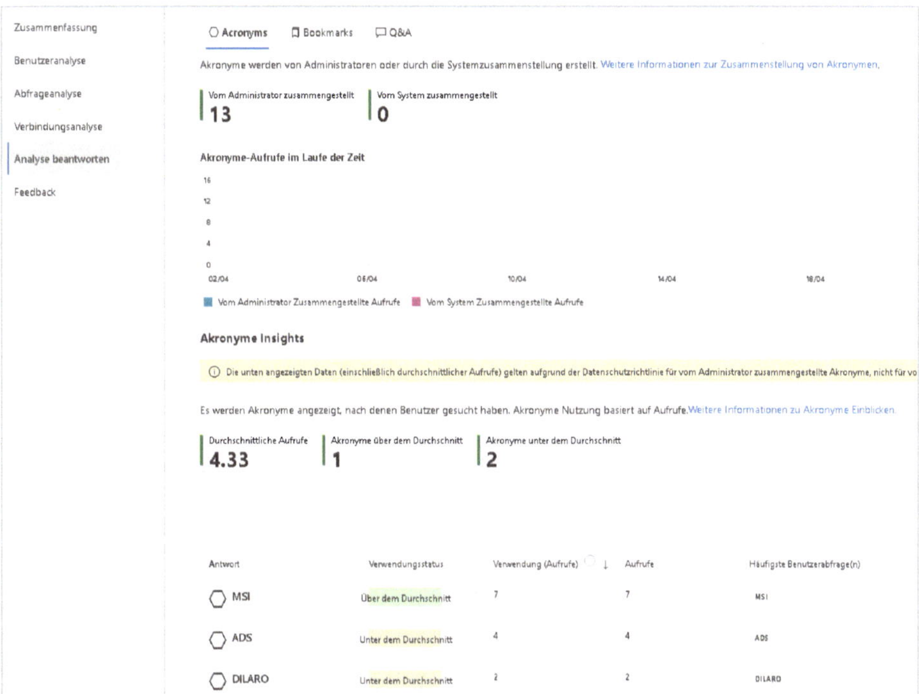

Bild 5.20 Analyse der konfigurierten Akronyme.

An vielen Stelle einer Microsoft-365-Umgebung und insbesondere bei der Suche werden die Anwender immer wieder aufgefordert, eine Rückmeldung (*Feedback*) zu geben. Ein solches Feedback hilft einem Systemverwalter oder einem Suchadministrator, bestimmte Konfigurationen anzupassen, um auf diese Art und Weise eine Optimierung der entsprechenden Funktion realisieren zu können.

Dies kann sich bei der Suche beispielsweise widerspiegeln, indem aufgrund von Hinweisen der Anwender etwa zusätzliche Lesezeichen, Akronyme usw. eingesetzt hat oder weitergehende Daten zur Verfügung gestellt werden.

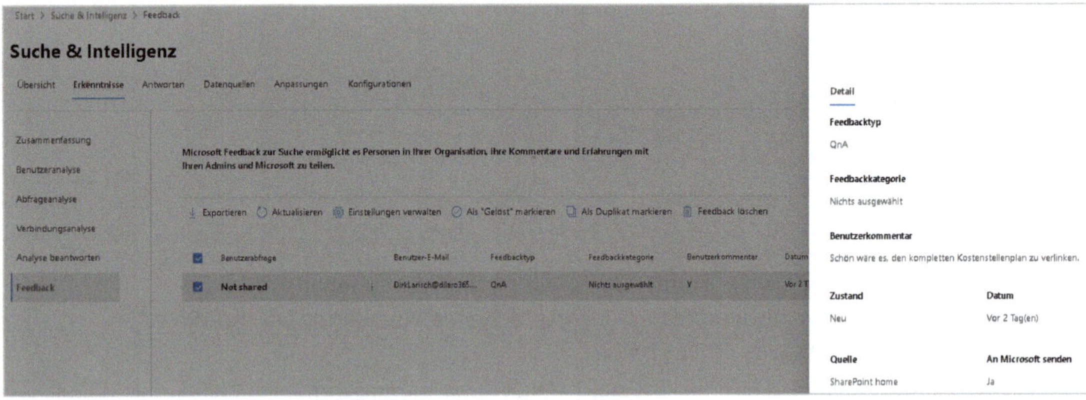

Bild 5.21 Auswertung der Rückmeldungen von Anwendern.

5.3 Klassische Suche

Auch wenn die moderne Suche über *Microsoft Search* mehr und mehr Einzug in SharePoint hält, ist die integrierte Suche nach wie vor wichtig, nicht zuletzt aus Kompatibilitätsgründen. Zur Darstellung verschiedener Suchmöglichkeiten werden nachfolgend einige ausgewählte Optionen der klassischen Suche dargestellt und erläutert.

> Sie sollten immer im Einzelfall entscheiden, ob Sie die Möglichkeiten der modernen Suche (*Microsoft Search*) oder die klassischen Suchoptionen verwenden; durch den Evergreen-Ansatz von Microsoft ist davon auszugehen, dass die klassische Suche irgendwann komplett in die moderne Suche übergehen wird. Beachten Sie dabei aber immer, dass sich die beiden Suchkonfigurationen (momentan noch) gegenseitig ergänzen bzw. bedingen.
>
> Beim Aufbau einer neuen SharePoint-Umgebung empfiehlt es sich, ausschließlich die Microsoft-Suche (*Microsoft Search*) einer Microsoft-365-Umgebung einzusetzen.

Konfiguration der Suche

Die meisten Konfigurationsmöglichkeiten der klassischen Suche werden über die Zentraladministration der SharePoint-Umgebung durchgeführt, setzen also entsprechende Berechtigungen voraus (so wie auch bei der modernen Suche).

> **Die Konfiguration für die gesamte SharePoint-Umgebung, also für den gesamten Mandanten, erfolgt standardmäßig über die Zentraladministration (*SharePoint Admin Center*). Einstellungen für einzelne Webseiten dagegen werden über die Optionen im Konfigurationsfenster *Websiteeinstellungen* vorgenommen.**

Die Konfigurationsseite der (klassischen) SharePoint-Suche können Sie in der SharePoint-Zentraladministration (*SharePoint Admin Center*) durch Anwahl der Option *Weitere Funktionen* aufrufen. Über die Schaltfläche *Öffnen:* beim Eintrag *Suche* gelangen Sie zur entsprechenden Konfigurationsoberfläche.

Bild 5.22 Konfigurationsoberfläche der klassischen Suche.

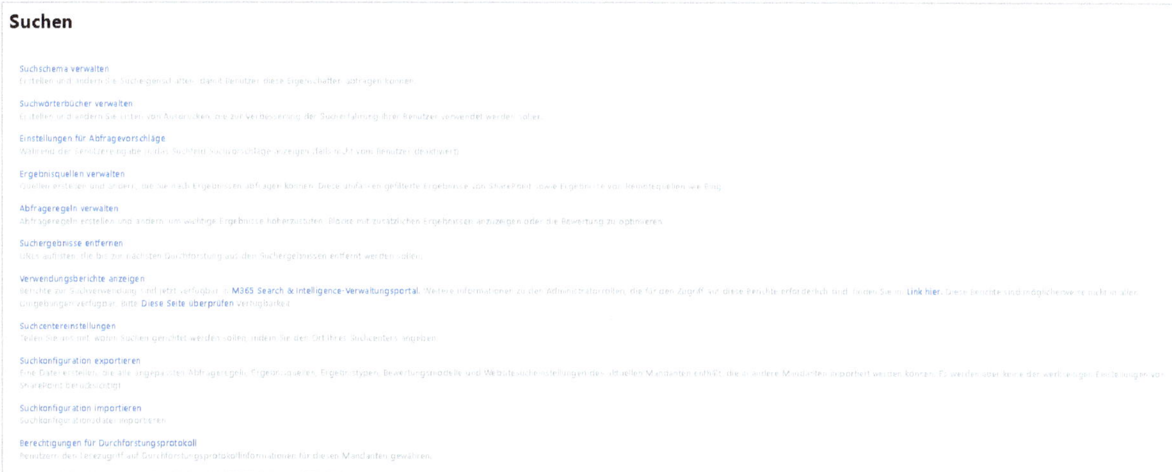

In der Zentraladministration von SharePoint (*SharePoint Admin Center*) werden die wesentlichen Angaben zur Suche in einer SharePoint-Umgebung festgelegt. Unter anderem werden dort in Bezug auf die Suche folgende Einstellungen definiert:

- Kennung (Standardkonto) für die Indexerstellung.
- Festlegung Ergebnisquelle (Inhaltsquelle).
- Festlegung des Zeitplans für das Crawlen (Durchforstung).
- Festlegung der Regeln für das Crawlen (Durchforstung).

Ergebnisquellen und Crawlregeln

Mit der Festlegung von Inhalts- oder Ergebnisquellen und der Definition entsprechender Regeln für die Indizierung (Durchforstung) wird die SharePoint-Suche komplettiert bzw. aktiviert.

Festlegung einer Ergebnisquelle

Für die Nutzung der Suchfunktionen einer SharePoint-Umgebung ist die Definition einer Ergebnis- oder Inhaltsquelle wichtig, die zu vorgegebenen Zeiten indiziert und das Ergebnis dem Suchindex zugewiesen wird.

1. Wählen Sie dazu den Punkt *Ergebnisquellen verwalten* an, worauf die aktuell definierten Quellen angezeigt werden.
2. Zur Definition einer neuen Quelle dient an dieser Stelle die entsprechende Option *Neue Ergebnisquelle*.
3. Im nachfolgenden Dialogfenster müssen Sie dann die wesentlichen Angaben für die neue Ergebnis- bzw. Inhaltsquelle eintragen.
4. Mit abschließender Bestätigung über die Schaltfläche *Speichern* wird die Definition der neuen Ergebnisquelle abgeschlossen.

> Bei der Quelle für die Suche kann es sich um andere Webseiten, um Inhalte eines anderen SharePoint-Servers oder auch um eine Dateifreigabe handeln.

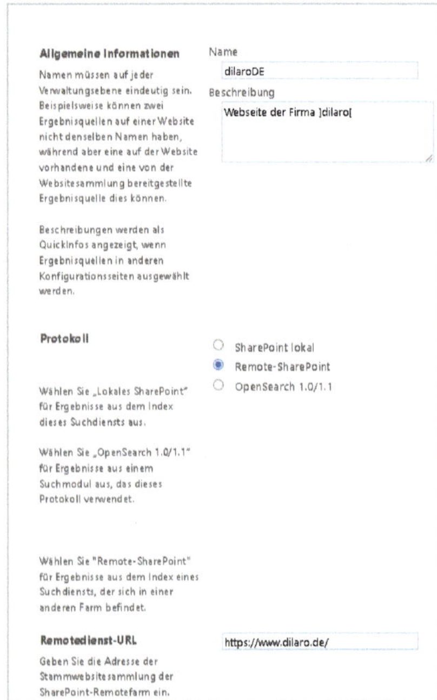

Bild 5.23 Festlegungen für eine neue Inhaltsquelle.

Inhalte bei der Indizierung ausnehmen

Neben der Festlegung spezieller Crawl- oder Durchforstungsregeln besteht zusätzlich eine Möglichkeit, die Indexerstellung zu begrenzen, indem beispielsweise definiert wird, dass nur bestimmte Dateitypen indiziert bzw. im Suchergebnis angezeigt werden.

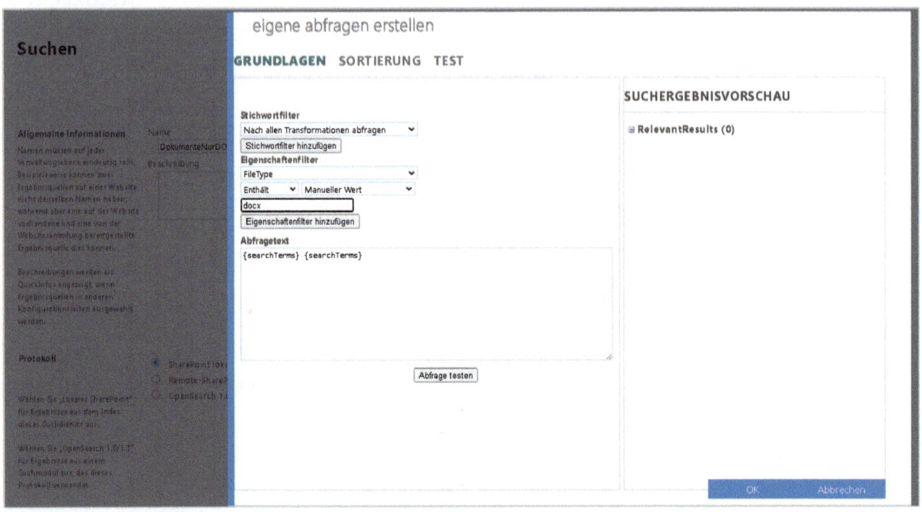

Bild 5.24 Ergebniseingrenzung über den Abfragegenerator.

Für eine solche Festlegung müssen Sie in der Verwaltung der Ergebnisquellen den speziellen Abfragegenerator verwenden. Dort können Sie dann Ausnahmen festlegen, dass also beispielsweise Dateien mit bestimmten Endungen von der Anzeige ausgenommen werden sollen (Bild 5.24).

Webseiten bei der Suche ausschließen

Neben der Festlegung globaler Ausnahmen ergeben sich hin und wieder auch mögliche Anwendungsfälle oder Szenarien, in denen bestimmte Bereiche der SharePoint-Umgebung von der Suche ausgeschlossen werden sollen. Dies kann sich auf Listen oder Bibliotheken ebenso beziehen wie auf ganze Webseiten bzw. Webseitensammlungen (*Site Collection*).

1 Um eine Webseite von der Suche auszuschließen, muss diese Seite zunächst einmal angewählt werden.

2 Im nächsten Schritt klicken Sie die Option *Websiteeinstellungen* an.

3 Aus den verfügbaren Optionen selektieren Sie dann im Bereich *Suchen* den Punkt *Suche und Offlineverfügbarkeit*.

4 Im nachfolgenden Dialogfenster können Sie für die gewählte Webseite global festlegen, ob die Webseite (Webseitensammlung) bei der Indexerstellung berücksichtigt werden soll. Mit der Option *Nein* wird die gewählte Seite bei der Indizierung ausgelassen.

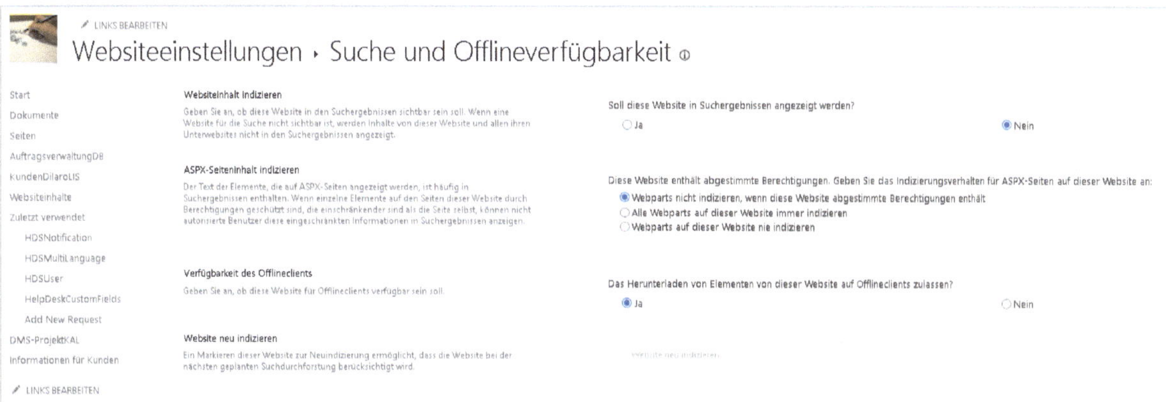

Bild 5.25 Inhalt einer Webseite bei der Indexerstellung ausnehmen.

5 Mit der abschließenden Bestätigung der Auswahl über die Schaltfläche *OK* wird die Zuweisung aktiviert und die gewählte Webseite von der Indexerstellung und damit von der Suche ausgenommen.

> Nach Deaktivierung der Indexerstellung bzw. Suche für eine Webseite werden die Inhalte aus dem Index erst nach dem nächsten vollständigen Crawl (Durchforstung) entfernt.

Liste oder Bibliothek von der Suche ausschließen

So wie bei Webseiten kann auch eine Liste oder Bibliothek von der Suche ausgenommen werden. Nachfolgend soll dies beispielhaft anhand einer Liste erläutert werden.

1 Zunächst einmal muss in der SharePoint-Umgebung die Liste angewählt werden, deren Inhalt aus dem Suchindex entfernt werden soll.

2. In der Konfiguration der *Listeneinstellungen* klicken Sie dann auf den Punkt *Erweiterte Einstellungen* (dieser Punkt lautet auch bei einer Bibliothek so).
3. Im nachfolgenden Dialogfenster ist die entsprechende Option zur Aktivierung bzw. Deaktivierung der Suche in der Liste verfügbar. So kann dort im Bereich *Suchen* durch Auswahl der Option *Nein* festgelegt werden, dass der Inhalt der Liste bei der Indexerstellung und damit auch bei der Suche nicht mehr berücksichtigt wird.

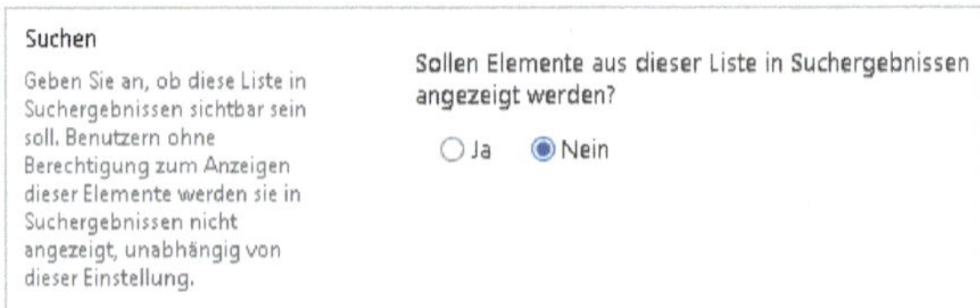

Bild 5.26 Deaktivierung der Suche in Listenelementen.

Mit abschließender Bestätigung der Einstellung über die Schaltfläche *OK* wird die Zuweisung aktiviert und der Inhalt der gewählten Liste von der Suche (Indexerstellung) ausgenommen.

> Die entsprechende Einstellung bei Bibliotheken ist vergleichbar mit der hier dargestellten Vorgehensweise bei Listen. Auch hier gilt, dass nach Deaktivierung der Suche für eine Liste oder Bibliothek die Inhalte aus dem Index erst nach dem nächsten vollständigen Crawl (Durchforstung) entfernt werden.

Integration gecrawlter Eigenschaften

Die Indexerstellung folgt grundsätzlich unterschiedlichen Ansätzen. Während beispielsweise Office-Dokumente komplett indiziert werden, werden zugewiesene Metadaten (im Dokument definierte Eigenschaften) unter Umständen nicht berücksichtigt und somit bei der Suche auch nicht gefunden.

Bei der Indizierung eines Geschäftsdatenkataloges (BCS = *Business Connectivity Services*) werden ebenfalls nicht standardmäßig sämtliche Daten in den Index aufgenommen. Gleiches gilt auch für Listenelemente, bei denen nur bestimmte Daten in den Index aufgenommen werden sollen, andere wiederum nicht. Dabei werden zwar bei den Crawlvorgängen die Daten ermittelt, diese aber aufgrund der Konfigurationseinstellungen nicht in den Index aufgenommen; sie wären aber theoretisch dennoch verfügbar.

Um allen Anforderungen gerecht zu werden, stellt Microsoft für eine SharePoint-Umgebung die sogenannten *verwalteten Eigenschaften* zur Verfügung. Damit ist es möglich, alle verfügbaren Eigenschaften einer Inhaltsquelle (gecrawlte Eigenschaften) individuell zu markieren und damit festzulegen, ob sie in den Suchindex aufgenommen werden oder ob nicht. Dabei kann die Konfiguration der verwalteten Eigenschaften, auch *Metadaten* genannt, nach folgenden Kriterien bzw. Vorgaben erfolgen:

- Aufnahme in Index
- Auswahl bei der Suchdefinition
- Eigenschaft bei der erweiterten Suche

1 Um für bestimmte Daten bzw. Eigenschaften festzulegen, dass diese bei der Indexerstellung berücksichtigt und damit auch bei der Suche angezeigt werden, müssen Sie auf der Konfigurationsseite der klassischen Suche die Option *Suchschema verwalten* anklicken.

2 Nach Anwahl der Option *Durchforstete Eigenschaften* (oben) werden die verfügbaren Eigenschaften angezeigt, jeweils zugeordnet zu bestimmten Kategorien.

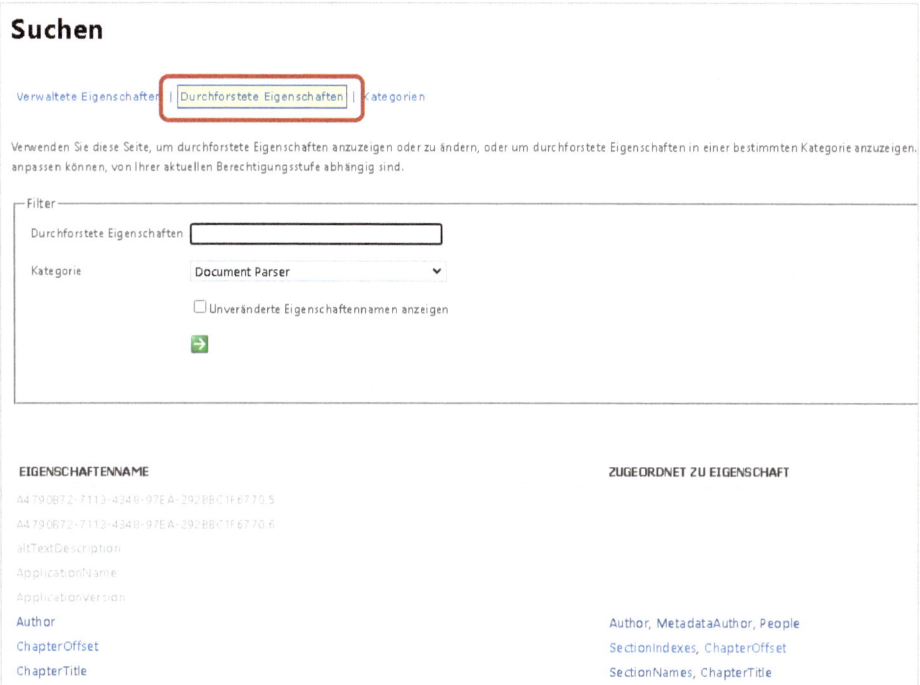

Bild 5.27 Anzeige der Eigenschaften einer bestimmten Kategorie.

> Zur korrekten Anzeige der Eigenschaften (Metadaten) ist es erforderlich, dass ein erster (vollständiger) Crawlvorgang (Durchforstung) abgeschlossen wurde.

3 Innerhalb der Aufstellung können Sie dann die gewünschte Eigenschaft durch Anklicken auswählen, worauf ein Dialogfenster erscheint, in dem Sie dann diverse Einstellungen vornehmen können.

4 Nach Bestätigung der vorgenommenen Zuordnungen sollten Sie anschließend eine neue vollständige Durchforstung (Crawl) durchführen, damit die Suchergebnisse aktualisiert werden.

SharePoint-Suchcenter

Ein SharePoint-Server stellt auf Wunsch verschiedene *Suchcenter* zur Verfügung. Allen Formen ist prinzipiell gleich, dass dabei eine zentrale Webseite (Suchzentrale) für die Durchführung der verschiedensten Suchanfragen zur Verfügung steht. Unabhängig davon sind standardmäßig auf den Webseiten einer SharePoint-Umgebung verschiedene Formen der Suche im Angebot.

> Auf einer Standardwebseite von SharePoint befindet sich am oberen Rand ein entsprechendes Feld, in das Anwender beliebige Suchbegriffe eingeben können.

Neuanlage eines Suchcenters

Hin und wieder bietet es sich in einer SharePoint-Umgebung an, ein spezielles Suchcenter zur Verfügung zu stellen, mit dessen Hilfe Anwender die Inhalte finden, die sie für ihre tägliche Arbeit benötigen.

1. Um eine neue Webseite als Suchcenter einzurichten bzw. anzulegen, muss zunächst einmal die übergeordnete Webseite angewählt werden, also beispielsweise die oberste Ebene der Webseitensammlung (Root-Webseite).
2. Nach Anwahl der Option *Websiteinhalte* klicken Sie im Menü *Neu* auf den Punkt *Unterwebsite*.

   > Der Punkt *Unterwebseite* ist nur verfügbar, wenn Sie in der SharePoint-Zentraladministration (*Einstellungen-Klassische Oberfläche*) die Erstellung von Unterwebseiten aktiviert haben (diese Option ist standardmäßig deaktiviert).

3. Im nachfolgenden Dialogfenster müssen Sie dann im mittleren Bereich das Vorlagenregister *Enterprise* und die entsprechende Vorlage auswählen, z. B. *Basissuchcenter* (Bild 5.28).
4. Nachdem im unteren Bereich die weiteren Festlegungen getroffen wurden (Berechtigungen, Navigation usw.), kann die Neuanlage mit der Schaltfläche *Erstellen* bestätigt werden.

Mit diesen Arbeitsschritten wird eine neue Webseite als *Suchcenter* angelegt (unterhalb der angewählten Seite) und anschließend der Inhalt am Bildschirm angezeigt. Sie ist somit direkt einsetzbar.

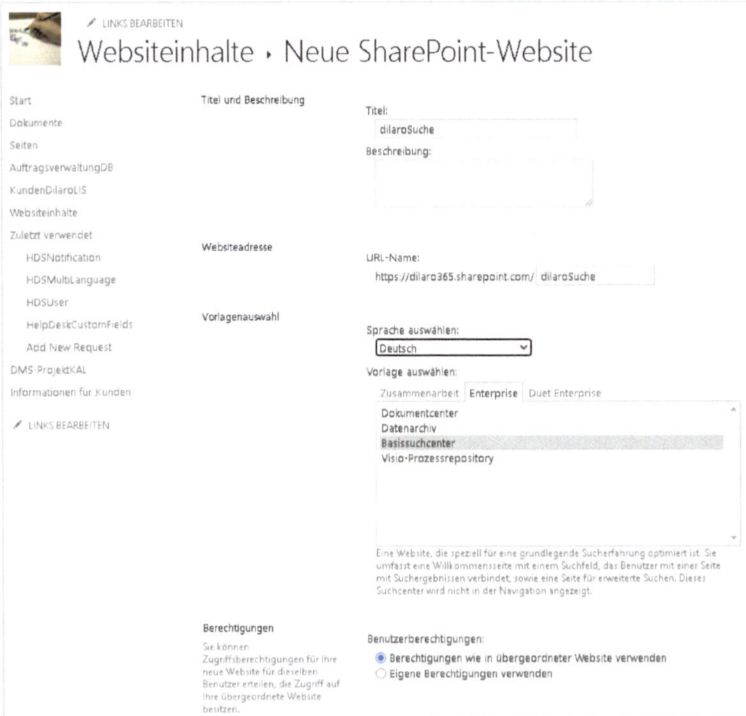

Bild 5.28 Konfiguration der Neuanlage eines Suchcenters.

Durchführung der Suche

Für die Suche in einer SharePoint-Umgebung stehen grundsätzlich verschiedene Möglichkeiten zur Verfügung. Dies ist zum einen die bereits erwähnte Suchmöglichkeit in der Kopfzeile jeder Webseite. Da die Anzeige des Suchfeldes vom gewählten Layout der Webseite abhängig ist, stehen darüber hinaus in einem speziellen *Suchcenter* zusätzliche Funktionen zur Verfügung, die helfen, das Ergebnis zu optimieren bzw. die Anzahl der Suchergebnisse anhand einer weitergehenden Eingrenzung der Suchbegriffe zu reduzieren und damit übersichtlicher zu gestalten.

Sobald die Oberfläche eines Suchcenters aufgerufen wird, befindet sich dort ein Eingabefeld, in das der gewünschte Suchbegriff eingetragen wird. Daneben kann, je nach Einstellung, auch ein Dropdown angewählt werden, mit dem auf Wunsch ein spezifischer Suchbereich ausgewählt werden kann (Bild 5.29).

Jedes Suchcenter stellt in der Ergebnisdarstellung zusätzliche Optionen zur Verfügung, um die Suche beispielsweise nach bestimmten Personen oder Inhalten einzugrenzen. Dazu genügt das Anklicken der gewünschten Option im linken Teil der Ergebnisanzeige.

Über die Option *Erweiterte Suche* am unteren Bildschirmrand des Suchcenters können Sie zudem individuelle Vorgaben für die Suche festlegen. So können weitere Angaben eingetragen bzw. vorgegeben werden, um ein möglichst genaues Ergebnis zu erzielen.

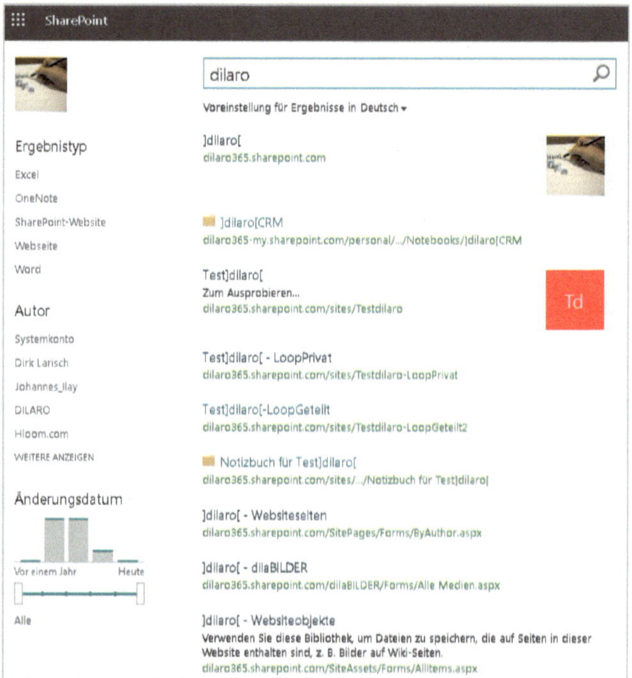

Bild 5.29 Ergebnisdarstellung mit zusätzlichen Optionen.

Benachrichtigung über neue Suchergebnisse

An vielen Stellen einer SharePoint-Umgebung können Sie sich mittels E-Mail automatisch über Veränderungen informieren lassen. Diese Option steht auch bei der Suche zur Verfügung, wobei das Interessante daran ist, dass Sie sich informieren lassen können, sobald die definierte Suchabfrage zusätzliche oder geänderte Ergebnisse liefern würde. Dies kann beispielsweise der Fall sein, wenn in der SharePoint-Umgebung neue Dokumente oder Listeneinträge hinzugefügt werden.

Zur Festlegung der automatisierten E-Mail-Benachrichtigung muss zunächst einmal in einem Suchcenter die Suchabfrage definiert werden, sodass diese auf einer Ergebnisliste angezeigt wird.

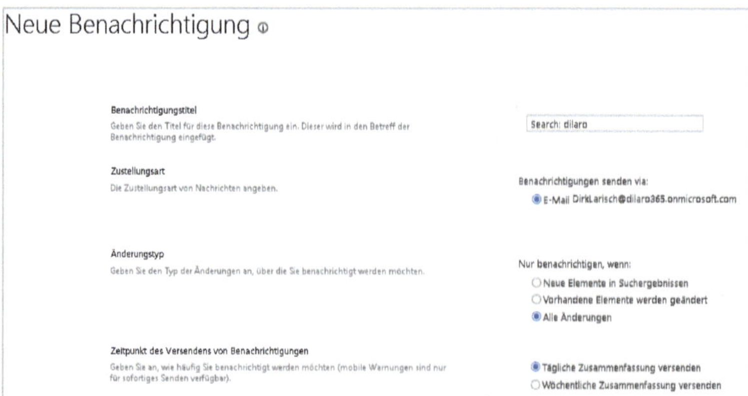

Bild 5.30 Festlegung einer Benachrichtigung für neue Suchergebnisse.

Sobald die Abfrage ein Ergebnis liefert, erscheint im unteren Fensterbereich (Ergebnisfenster der Suche) unter anderem die Option *Benachrichtigung*. Nach Anwahl erscheint ein Konfigurationsfenster, wo Sie neben einer Bezeichnung für die Benachrichtigung (diese wird später im Betreff der E-Mail angezeigt) auch festlegen können, welche Änderungen berücksichtigt und in welchem Zeitraum die E-Mails versendet werden sollen (Bild 5.30).

Abfrageregeln und Suchbereiche

Der Einsatz spezieller Abfrageregeln bzw. Suchbereiche ermöglicht in einer SharePoint-Umgebung, die Suche auf bestimmte Inhalts- oder Ergebnisquellen zu begrenzen, indem die Indexergebnisse gruppiert werden. Auf diese Art und Weise wird die Ergebnisanzeige reduziert, wobei ein Anwender bei der Suche definieren kann, dass nur in bestimmten (Such-)Bereichen gesucht werden soll.

Während eine Suche ausgeführt wird, nimmt der Anwender eine Eingrenzung vor, indem er Abfrageregeln (*Scopes*) auswählt. Mit dem Start der Suche wird dann auch nur in diesen Inhaltsquellen nach dem Suchbegriff oder den Suchbegriffen gesucht; die übrigen Bereiche bzw. Ergebnisse bleiben außen vor. Suchbereiche werden unter SharePoint 2013 in der Regel auf Ebene der Suchdienstanwendung, also auf Ebene einer Webanwendung, definiert und konfiguriert. Die Festlegung eines freigegebenen Bereichs hat zur Folge, dass diese Scopes dann für alle Webseiten einer Webanwendung zur Verfügung stehen.

1. Zur Neuanlage eines Suchbereichs klicken Sie in der Suchkonfiguration der klassischen Suche auf die Option *Abfrageregeln verwalten*.
2. Im nachfolgenden Konfigurationsfenster muss dann im oberen Bereich der Kontext (also die Ergebnisquelle) angewählt werden, worauf die bisher definierten Regeln angezeigt werden.
3. Zur Neuanlage einer Abfrageregel müssen Sie dann den Punkt *Neue Abfrageregel* anklicken.
4. Im nachfolgenden Dialogfenster legen Sie dann einen Namen für die Abfrageregel (*Regelname*) und im Bereich *Abfragebedingungen* fest, welche Suchoptionen bzw. welche Ergebnisse verfügbar sein sollen (Bild 5.31).
5. Da die neue Regel noch veröffentlicht werden muss, stehen im unteren Teil des Fensters dafür entsprechende Einstellungsmöglichkeiten zur Verfügung, um einen bestimmten Zeitpunkt oder Zeitraum festzulegen.
6. Nach der Bestätigung der Vorgaben mit *OK* wird die neue Abfrageregel angelegt und anschließend in der Aufstellung der verfügbaren Bereiche angezeigt.

> Abfrageregeln helfen, die Suchergebnisse noch weiter zu verfeinern. Zusätzlich können Sie dabei mit dem Einsatz von Suchoperatoren ebenfalls Einfluss auf die Ergebnisdarstellung nehmen (siehe nachfolgend).

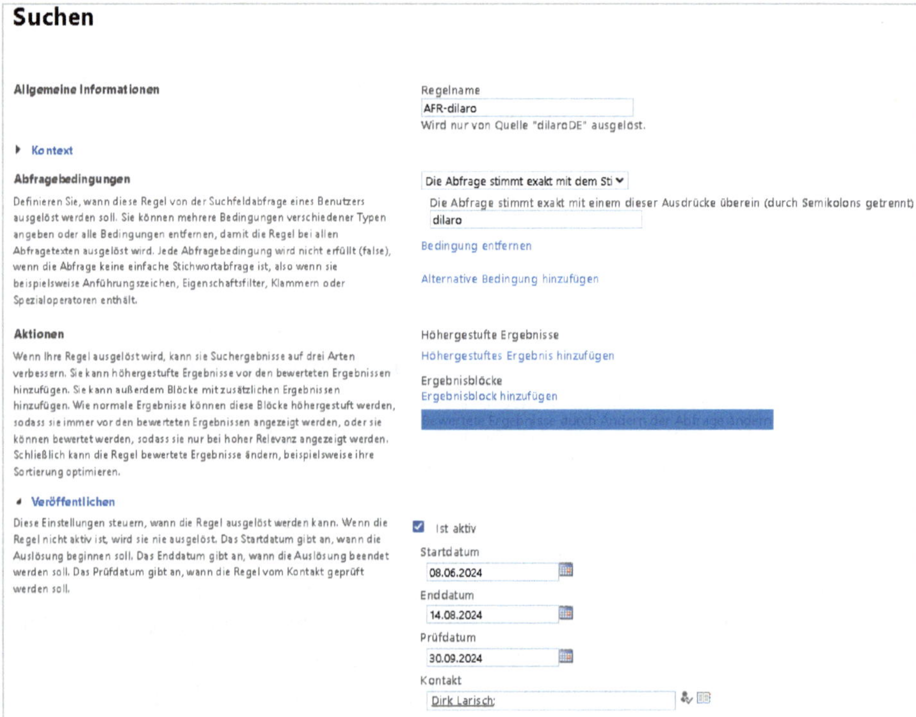

Bild 5.31 Konfigurationsangaben für einen neuen Suchbereich.

5.4 Suchoperatoren

Der Einsatz spezieller Suchoperatoren ermöglicht es dem Anwender, seine Suche noch genauer zu definieren, um möglichst gute Suchergebnisse zu erhalten. Denn es gibt nichts Schlimmeres, als dass Sie eine Vielzahl von Ergebnissen erhalten, unter denen Sie dann manuell den richtigen Eintrag auswählen müssen.

Die wichtigsten Suchoperatoren, die bei der SharePoint-Suche eingesetzt werden können, sind nachfolgend aufgeführt:

- **UND**

  Der Operator *UND* (AND) verknüpft zwei Suchbegriffe bzw. ermöglicht es dem Anwender, nach Inhalten zu suchen, die beide Begriffe enthalten; jeder der Begriffe muss im Ergebnis enthalten sein. Es ist allerdings unerheblich, in welcher Reihenfolge die Begriffe im Ergebnis enthalten sind.

  Suchbegriff-Beispiel: *365Opi und Enthusiast*
  Ergebnis: Textstellen, die diese beiden Begriffe enthalten.

  > Anstelle des Operators *UND* genügt es auch, wenn der Anwender ein Leerzeichen setzt.

- **ODER**
  Mit dem Operator *ODER* (OR) können Sie zwei Begriffe angeben, wobei es für das Suchergebnis ausreicht, wenn einer der beiden Begriffe enthalten ist.

Suchbegriff-Beispiel:	*365Opi ODER Enthusiast*
Ergebnis:	Textstellen, die entweder den Begriff *365Opi* oder den Begriff *Enthusiast* enthalten.

- **" " (Anführungszeichen)**
  Werden mehrere Suchbegriffe in Anführungszeichen eingeschlossen, müssen diese exakt in der angegebenen Reihenfolge im Ergebnis enthalten sein.

Suchbegriff-Beispiel:	*"365Opi und Enthusiast"*
Ergebnis:	Textstellen, die den Text *365Opi und Enthusiast* enthalten.

- **NICHT**
  Mit dem Suchoperator *NICHT* (NOT) wird der nachfolgende Begriff bei den Ergebnissen ausgenommen.

Suchbegriff-Beispiel:	*Enthusiast NICHT M365*
Ergebnis:	Textstellen, die den Text *Enthusiast* enthalten, aber nicht die Textstellen, in denen zusätzlich die Zeichenfolge *M365* vorkommt.

  > Anstelle des Operators NICHT genügt es auch, wenn der Anwender ein Minuszeichen setzt (z. B. *Enthusiast -M365*) oder auch *-Enthusiast*).

- *** (Platzhalter)**
  Der Suchoperator *Platzhalter (*)* kommt immer dann zum Einsatz, wenn die genaue Schreibweise des Suchbegriffs nicht genau bekannt ist. So kann ein Teilbegriff eingegeben und der Rest des Wortes mit dem Platzhalter (*) abgekürzt werden.

Suchbegriff-Beispiel:	*M365**
Ergebnis:	Textstellen, an denen in irgendeiner Form der Text *M365* vorkommt.

- **Dateityp**
  Der Operator *Dateityp* (Filetyp) ermöglicht bereits bei der Suche eine Eingrenzung der Suchergebnisse auf die angegebenen Dateitypen.

Suchbegriff-Beispiel:	*365* Dateityp:pdf*
Ergebnis:	Dateien, die im Namen die Zahl *365* aufweisen und als Dateiendung *PDF* haben.

- **Autor**
  Mit Einsatz des Suchoperators *Autor* können Sie die Ergebnisse der Suche auf Einträge bestimmter Anwender einschränken.

Suchbegriff-Beispiel:	*365* Autor:Johannes*
Ergebnis:	Textstellen, die die Zahl *365* enthalten und von *Johannes* erstellt worden sind.

> Die Suchoperatoren lassen sich in der Suche auch jederzeit kombinieren. Zudem werden die unterschiedlichen Operatoren und deren Möglichkeit von Microsoft permanent erweitert, sodass die obige Aufstellung nur einen Auszug darstellt.

5.5 Ist Copilot die bessere Suche?

Mit dem Zusatzprodukt *Copilot* integriert Microsoft die sogenannte Künstliche Intelligenz (KI) in die Microsoft-365-Welt. Auch wenn KI nur am Rande etwas mit der eigentlichen Suche zu tun hat, soll an dieser Stelle darauf Bezug genommen werden und die beiden Technologien gegenübergestellt werden.

Microsoft Copilot ist ein KI-gestütztes Programm, das in der Lage ist, Inhalte (Aufsätze, Verträge usw.) schneller und effizienter zu erstellen. Dabei hängt es zwingend von einem guten *Prompting*, also den Anweisungen ab, wie gut oder schlecht die Ergebnisse sind. Der Copilot greift dafür auf einen riesigen Wissensschatz zu, der ihm beim Formulieren der Antworten hilft. So lassen sich nahezu unendliche Datenmengen erschließen und auswerten. Damit soll er aber weniger die Suche ersetzen, als vielmehr eine neue Form des Wissensmanagements abbilden.

Die in SharePoint integrierte Suche (*Suche & Intelligenz*) stellt ein leistungsstarkes Werkzeug dar, das speziell für die Suche nach Inhalten innerhalb von SharePoint bzw. einer Microsoft-365-Umgebung entwickelt wurde. Es zeichnet sich ab, dass Microsoft den Copiloten mehr und mehr in SharePoint bzw. die M365-Suche einbeziehen wird und die Übergänge somit fließend werden. Der Copilot kann in SharePoint integriert werden und bietet eine Schnittstelle für den Zugriff auf die Daten einer SharePoint-Umgebung wie E-Mails, Kalenderdaten, Chats, Dokumente, Webseiten usw.

> Eine Besonderheit, die jedoch sowohl für die Suche als auch den Copiloten gilt, ergibt sich noch beim Einsatz von Freigaben über Verlinkungen; standardmäßig erfolgt die Zuweisung der Berechtigung beim ersten Anklicken des Links. Durch die Verzögerung der Freigabeberechtigung gilt es zu beachten, dass dadurch der Suchindex aber auch die Ergebnisse des Copiloten für einen Anwender unter Umständen nicht vollständig sind und Ergebnisse nicht angezeigt werden.

Die Frage: *Ist Copilot die bessere Suche?* lässt sich nicht einfach mit einem *Ja* oder *Nein* beantworten. Welche Option Sie letztlich in Ihrer SharePoint-Umgebung einsetzen, hängt immer von den konkreten Anforderungen ab. Beide Werkzeuge haben ihre Stärken und Schwächen, wobei Sie in dem Zusammenhang auch beachten müssen, dass der Einsatz des Copiloten immer mit zusätzlichen Lizenzkosten verbunden ist.

> Mit einer entsprechenden Zusatzoption besteht die Möglichkeit, in einer SharePoint-Umgebung beliebige individuelle Copilot-Umgebungen zu erstellen.

6 SharePoint als Basis für Webseiten

Oft verkannt oder vernachlässigt sind die Möglichkeiten, die SharePoint im Bereich der Webseitengestaltung zur Verfügung stellt. So hat diese Funktion nicht zuletzt durch das automatisierte Anlegen von Webseiten bei der Neuanlage eines Teams/Kanals in Microsoft Teams erheblichen „Aufwind“ erlebt.

6.1 Grundlagen

SharePoint Online stellt mittlerweile eine sehr komfortable Entwicklungsumgebung für (externe) Webseiten eines Unternehmens oder einer Organisation zur Verfügung. Ergänzt wird dies nicht zuletzt durch Entwicklungsmöglichkeiten über separate Produkte wie *Power Pages* oder den Einsatz spezieller Webparts.

Web-Content-Management

Der Begriff *Web-Content-Management* (WCM) war jahrelang das Synonym für den Aufbau und die Gestaltung von Webseiten; Hintergrund war in der Regel der Einsatz einer speziellen Software, die als *Content Management System* (CMS) bezeichnet wird. Der Begriff wurde nach und nach ausgedehnt und so handelt es sich bei einem CMS um ein System zur Erstellung, Bearbeitung, Organisation, Darstellung und Auslieferung digitaler Inhalte (Content) für die Verwendung auf Webseiten, Apps und anderen Kommunikationsformen.

So ermöglicht es ein CMS, Autoren nahezu beliebige Inhalte (Text, Bild, Film usw.) zu verwalten und zu veröffentlichen. Dazu passen Entwickler die Funktionen des Systems für den jeweiligen Nutzungszweck an und sorgen somit für einen reibungslosen und sicheren Betrieb der Umgebung. Dabei lässt sich die Qualität eines CMS insbesondere an der reibungslosen und unabhängigen Nutzung durch unterschiedliche Nutzergruppen (Autoren, Entwickler, Anwender usw.) ablesen.

Jedes klassische CMS besteht aus zwei Hauptkomponenten:

- *Content Management Application* (CMA)
  Der CMA-Teil ermöglicht es, Inhalte auf einer Webseite hinzuzufügen und zu verwalten.
- *Content Delivery Application* (CDA)
  Der CDA kann als Hintergrundprozess (Backend) bezeichnet werden, der die in der CMA eingegebenen Inhalte übernimmt, ordnungsgemäß speichert und für die Anwender darstellt und sichtbar macht.

Erst durch die Integration und Kombination der beiden Systeme wird die Erstellung und Verwaltung von Webseiten ermöglicht. Bekannte Content Management Systeme, die sich an den Grundprinzipien ausrichten, sind: TYPO3, WordPress, Joomla, Drupal, Wix.com usw.

> Bei SharePoint Online gibt es keine spezifische Trennung oder Aufteilung zwischen CMA und CDA, da es sich um ein integriertes System handelt, bei dem es keine explizite Aufteilung gibt. Dennoch kann SharePoint grundsätzlich als CMS (*Content Management System*) betrachtet werden.

Seitentypen und Vorlagen

Die Inhalte der Webseitensammlungen oder einzelner Webseiten sind in SharePoint mit eine der wichtigsten Bestandteile einer solchen Umgebung. Wie sich der Aufbau einer SharePoint-Umgebung darstellt, wird anhand der nachfolgenden Übersicht noch einmal verdeutlicht.

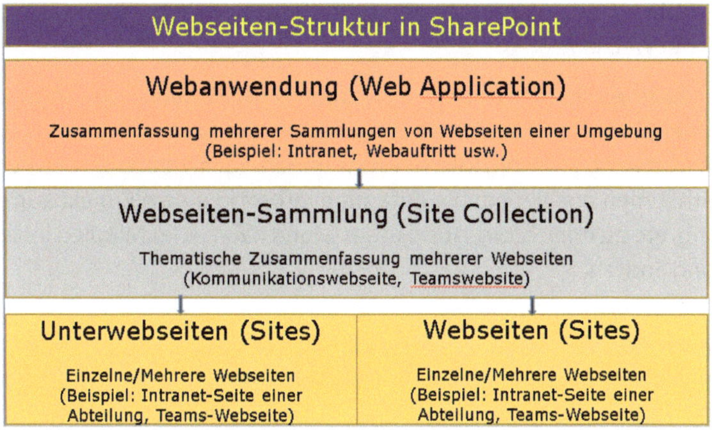

Bild 6.1 Struktur der Webseiten in SharePoint.

Grundsätzlich kann die Struktur von Webseiten in einer SharePoint-Umgebung auf verschiedenen Ebenen organisiert und den Anforderungen entsprechend gestaltet werden.

- **Webanwendung (Web Application)**
  Eine Webanwendung (Web Application) bildet als oberste Ebene in der Hierarchie die Klammer um eine komplette SharePoint-Umgebung (Tenant-Ebene), der sich alle sonstigen Objekte und Elemente unterordnen. Sie bildet somit den Kopf einer Containerstruktur, wo mehrere Webseitensammlungen eines Unternehmens oder einer Organisation zusammengefasst werden können.

  > Hinter der Bezeichnung *Webanwendung* verbirgt sich heute nur noch ein Strukturmerkmal von SharePoint Online. Im praktischen Einsatz ist eher die Rede von *Site Collection* (Webseitensammlung) und einzelnen Webseiten.

- **Webseitensammlung (Site Collection)**
  Die Webseitensammlung (Site Collection) ist die Zusammenfassung mehrerer Webseiten eines Themas, wobei jede *Site Collection* über eine sogenannte *Root-Website* als Startseite verfügt; diese wiederum kann mehrere Webseiten enthalten und pro Webseite können wiederum weitere Webseiten oder Unterwebseiten zugewiesen werden. Eine Webseitensammlung fungiert als Container für eine Gruppe von Webseiten.

  Eine *Site Collection* wird in SharePoint Online auch oft als Hub-Webseite bezeichnet und kann in Form einer Kommunikationswebseite oder als Teamwebseite

(*Teamwebsite*) angelegt werden. Dabei bietet sich eine Kommunikationswebseite (Portal) an, wenn Sie einen größeren Teilnehmerkreis zur Bearbeitung oder auch zum Konsumieren haben (z. B. Intranet, Webauftritt). So dient eine Kommunikationswebseite in erster Linie der Information von Mitarbeitern in einer Organisation (Intranet). Nur wenige Mitarbeiter haben Berechtigungen, Inhalte zur Verfügung zu stellen. Die Kommunikationswebseite bietet dafür mehr Tools und Vorlagen zur ansprechenden Gestaltung und Anpassung (Responsive Design) der Webseite.

Eine Teamwebseite (*Teamwebsite*) kommt in der Regel bei einem überschaubaren oder eingegrenzten Thema wie einem Projekt oder auch bei einem Auftritt einer Abteilung in einem Intranet zum Tragen. Teamwebseiten werden in einem Unternehmen erstellt, um die Zusammenarbeit in einem Projektteam, einer Abteilung, etc. zu erleichtern. Aus diesem Grund kann jedes Mitglied Inhalte einstellen und ändern.

> Eine Teamwebseite darf an dieser Stelle nicht verwechselt werden mit Webseiten, die bei bestimmten Objekten von Microsoft Teams (Team, Kanal usw.) angelegt werden, um die Daten dieser Teams-Objekte dort abzulegen.

- **Unterwebseiten und Webseiten (Sites)**
  Webseiten (Sites) und Unterwebseiten sind jeweils eine einzelne Instanz innerhalb einer Webseitensammlung und sind als eigenständige Organisationseinheit frei gestaltbar. *Sites* können für verschiedene Zwecke erstellt werden, wie beispielsweise Informationssammlung, Wissensmanagement oder auch für spezifische Funktionen wie die Verwaltung bestimmter Dokumente. Innerhalb einer Webseite können verschiedene Bereiche (z. B. Webparts) oder Unterseiten eingerichtet werden, um Inhalte weiter zu strukturieren und zu organisieren.

> Das Anlegen von Unterwebseiten ist in einer SharePoint-Umgebung seitens Microsoft standardmäßig deaktiviert und muss explizit aktiviert werden. Sofern Sie diese Option einsetzen möchten, muss dies zunächst in der Zentraladministration (*SharePoint Admin Center*) aktiviert werden.

Neben der bereits erwähnten Unterscheidung zwischen Kommunikationswebseite und Teamwebseite stellt SharePoint für die Verwendung eine Reihe von benutzerdefinierten Inhaltstypen und Vorlagen zur Verfügung, um die Erstellung und Verwaltung von Seiten zu standardisieren und zu erleichtern.

Während die Verwendung von Inhaltstypen ermöglicht, bestimmten Webseiten bestimmte Metadaten, Formatierungen oder sonstige Festlegungen zuzuweisen, helfen Vorlagen dabei, sehr einfach und schnell Webseiten anzulegen und mit „Leben zu füllen"!

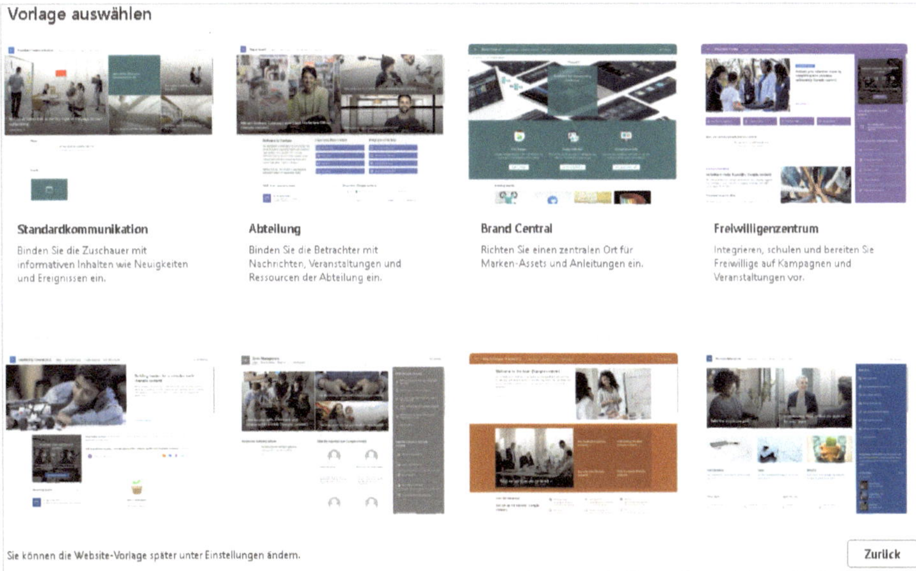

Bild 6.2 Vorlagen bei der Anlage einer Kommunikationswebseite.

Hub-Seiten

Neben der internen Struktur, der Anordnung und der Verwaltung von Webseiten, steht mit der Zuordnung von Webseiten an sogenannte Hubs eine sehr einfache und schnelle Möglichkeit zur Verfügung, um zusammenhängende Webseiten oder Sammlungen von Webseiten (Site Collections) zu verbinden.

> Es führt hier und da zu Verwirrung, den Begriff *Site* ins Deutsche mit *Seite* zu übersetzen, denn eigentlich bezeichnet der englische Begriff *Site* einen Bereich oder einen Standort; so kann es sich bei einer *Site* also durchaus um mehrere Webseiten handeln. Im Rahmen dieses Buches wird dennoch dem Begriff *Website* die Übersetzung *Webseite* zugeordnet, was inhaltlich keinen großen Unterschied macht.

Der Vorteil einer solchen Zuordnung ist die Schaffung und Organisation einer einheitlichen Navigationsstruktur der Webseiten, einschließlich allgemeiner Navigationselemente oder auch einer einheitlichen Menüführung. Das Besondere daran ist, dass Sie eine solche Hubzuordnung mit bestehenden Webseiten jederzeit vornehmen und auch wieder rückgängig machen können.

Durch den Einsatz von Hubs und der Zuordnung untergeordneter Hubs erhalten Sie eine einheitliche Navigationsstruktur, wodurch sich Benutzer schnell in der SharePoint-Umgebung orientieren und relevante Inhalte finden können. Dabei ermöglicht die Verwendung der vorhandenen Strukturierungsmöglichkeiten eine effektive Nutzung und Sie können damit eine übersichtliche und gut organisierte Umgebung für die Verwaltung von Webseiten und Inhalten schaffen.

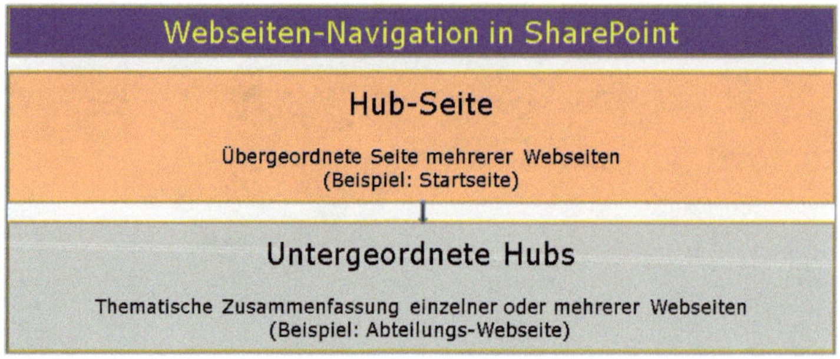

Bild 6.3 Zuordnung von Hubs und untergeordneten Hubs.

In einer SharePoint-Umgebung können Sie grundsätzlich auch mehrere Hub-Seiten (*Hub Sites*) definieren und so eine weitergehende Strukturierung der Webseiten vornehmen.

Microsoft Teams und Webseiten

Der Einsatz von Microsoft Teams hat nicht nur die Nutzung der CMS-Möglichkeiten von SharePoint verbessert und publik gemacht, sondern grundsätzlich sind damit auch bestimmte Automatismen bei der Webseitenerstellung verbunden. So gilt bei der Anlage bestimmter Objekte (Teams, Kanäle) in Microsoft Teams die folgende Standardzuordnung:

- **Team**: Eigene Webseite in der SharePoint-Umgebung.
- **Kanal Standard**: Nutzung der Webseite des Teams. Für jeden neuen Kanal wird ein separater Ordner angelegt.
- **Kanal Geteilt (Share)**: Eigene Webseite in der SharePoint-Umgebung.
- **Kanal Privat**: Eigene Webseite in der SharePoint-Umgebung.

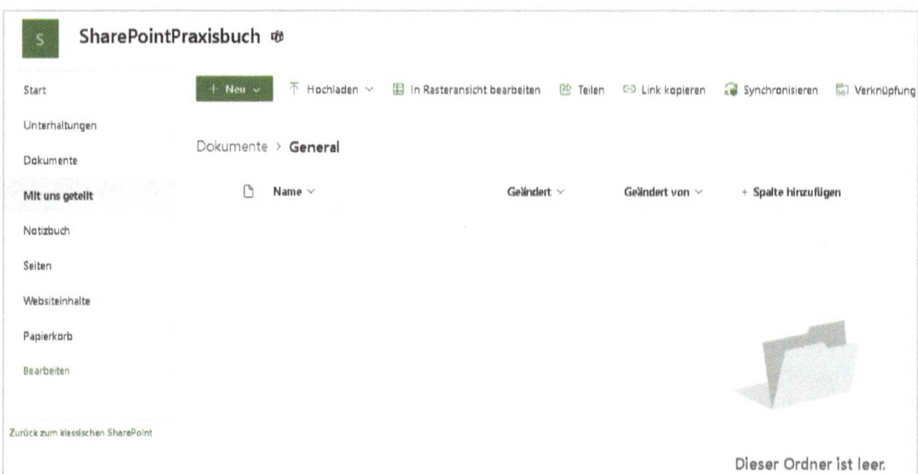

Bild 6.4 Standardwebseite eines Teams aus Microsoft Teams.

> Die automatisch von Microsoft Teams angelegten Webseiten werden dort als Webseite vom Typ Teamwebseite (*Teamwebsite*) verwaltet. Sie können diese Seiten einer SharePoint-Umgebung wie jede andere, manuell angelegte Webseite anpassen und verwalten.

6.2 Webseitensammlungen

Bei den allgemeinen Erläuterungen zur Webseitenstruktur einer SharePoint-Umgebung wurde bereits darauf hingewiesen, dass der Webseitensammlung (*Site Collection*) eine ganz besondere Bedeutung zukommt; vereint sie doch die Dienste und Anwendungen eines bestimmten Bereichs, Themas oder Projekts. Eine Webseitensammlung kann somit beispielsweise als Sammelbecken aller Webseiten eines Portals betrachtet werden. Demzufolge gibt es natürlich auch in diesem Bereich vielfältige Anforderungen an die Verwaltung und die Konfiguration.

> Strukturell gesehen repräsentiert eine Webseitensammlung (Site Collection) immer die oberste Ebene einer Sammlung von Webseiten; jede Webseitensammlung verfügt auch immer über eine sogenannte *Root-Website*. Im Gegensatz dazu findet der Begriff *Webanwendung* bei SharePoint Online eigentlich nur noch als Strukturmerkmal im Hintergrund Verwendung.

Neuanlage

Die Neuanlage einer Webseitensammlung kann entweder gezielt durch Einsatz der entsprechenden Punkte in der Zentraladministration (*SharePoint Admin Center*) oder auf der Tenant-Ebene erfolgen bzw. automatisch nach dem Anlegen einer Tenant-Umgebung bzw. bei Anlage eines Objekts aus Microsoft Teams erfolgen (siehe oben).

> Zur (manuellen) Neuanlage in der Zentraladministration (*SharePoint Admin Center*) müssen Sie den Punkt *Aktive Websites* und anschließend die Option *Erstellen* anwählen.

1. Bei der manuellen Anlage in einer bestehenden Umgebung müssen Sie zunächst auf die oberste Ebene wechseln. Klicken Sie dazu das Haus-Symbol (oberes Symbol im linken Fensterbereich) an, um so auf die SharePoint-Startseite zu gelangen.
2. Nach Anwahl der Option *Website erstellen* erscheint im nächsten Schritt das Auswahlfenster des Seitentyps, wo Sie dann *Kommunikationswebsite* anklicken.
3. SharePoint stellt in Abhängigkeit vom Seitentyp verschiedene Vorlagen zur Verfügung; wählen Sie an dieser Stelle die aus Ihrer Sicht am besten zum Thema passende Vorlage durch Anklicken aus, worauf weitergehende Angaben zur gewählten Vorlage erscheinen.

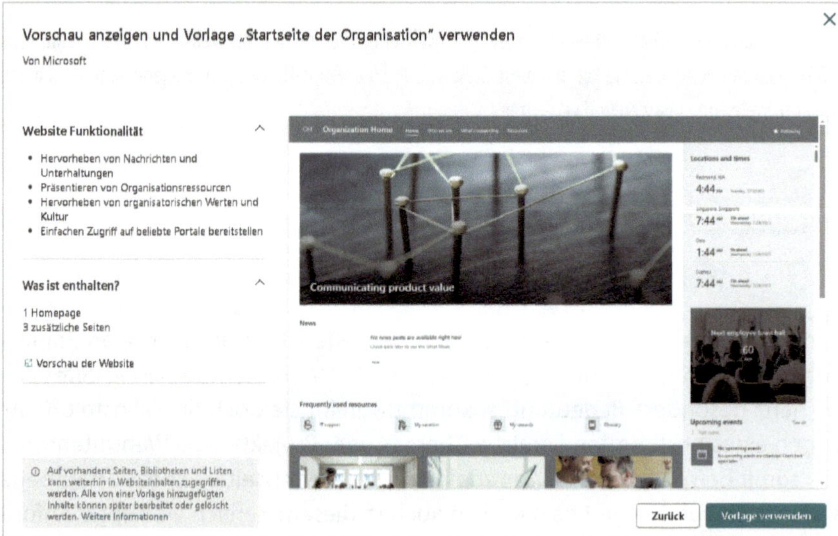

Bild 6.5 Detailangaben einer ausgewählten Vorlage.

> Mit der Schaltfläche *Zurück* können Sie an dieser Stelle zur Vorlagenauswahl zurückwechseln; zudem können Sie bei einer bestehenden Webseitensammlung auch jederzeit nachträglich die Vorlage ändern.

4 Nach Anwahl der Option *Vorlage verwenden* erscheint ein Dialogfenster, in dem Sie dann für den neu anzulegenden Bereich (Startseite der Webseitensammlung) einen Namen, eine weitergehende Beschreibung und eine Adresse angeben bzw. auswählen können.

5 Darüber hinaus können Sie im unteren Bereich des Dialogfensters bei *Websitebesitzer* auf Wunsch eine Anpassung des Besitzers dieser Webseite vornehmen bzw. einen zusätzlichen Verwalter des Bereichs ergänzen (standardmäßig wird immer der angemeldete Benutzer als Besitzer vorgeschlagen).

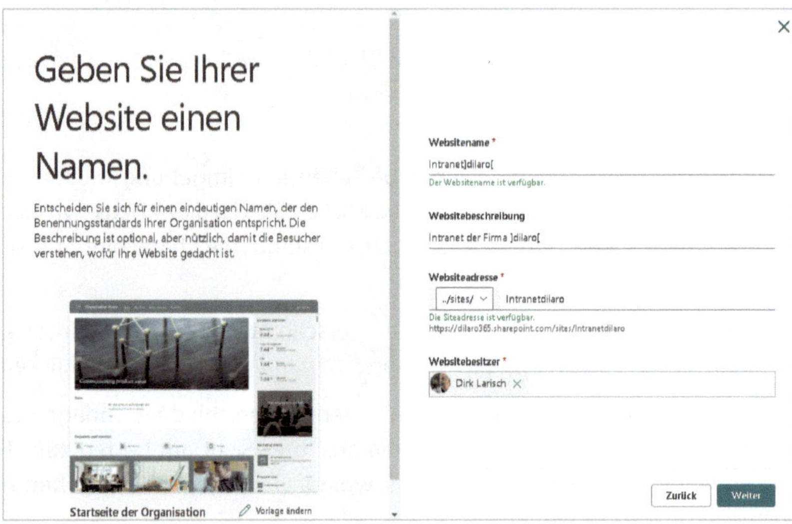

Bild 6.6 Konfigurationsangaben einer Webseitensammlung.

> Aus der Praxis bietet es sich an, die Bezeichnung der Adresse (*Websiteadresse*) und des Namens (*Websitename*) einer Webseite entweder gleich oder zumindest ähnlich zu wählen; denn nur so ist eine schnelle und eindeutige Zuordnung gewährleistet.

6 Mit *Weiter* gelangen Sie zum nächsten Fenster, in dem Sie die Sprache der Darstellung festlegen können.

7 Abschließend erfolgt dann über *Seite erstellen* der Abschluss; der neue Bereich wird angelegt und anschließend direkt angezeigt.

> Die Festlegung eines *Websitebesitzers* bei der Neuanlage ist abhängig von der gewählten Vorlage; darüber hinaus können Sie diese Einstellung auch jederzeit in der Zentraladministration anpassen.

Damit sind alle notwendigen Arbeitsschritte zur Neuanlage der Startseite (*Root-Webseite*) einer Webseitensammlung durchgeführt. Nach dem Aufruf der neuen Webseitensammlung (Angabe der zugewiesenen Adresse im Webbrowser bzw. Anklicken des dargestellten Links) wird der Inhalt am Bildschirm angezeigt.

> Der Zugriff auf die neu erstellte Webseitensammlung (Root-Webseite) kann auch über das Haus-Symbol am linken oberen Rand erfolgen. Aus der Auswahl der verfügbaren Webseiten können Sie dann die gewünschte anklicken.

Weitergehende Vorlagen im Lookbook

Die Vorlagen für Webseiten lassen sich jederzeit in Form entsprechender Templates erweitern, indem Sie eigene Templates anlegen, speichern und zuweisen.

Darüber hinaus gibt es auch weitergehende Designs und Vorlagen, beispielsweise bietet auch Microsoft mit dem *SharePoint Lookbook* Zusatzvorlagen an, die Sie unter folgendem Link aufrufen und verwenden können:

https://lookbook.microsoft.com/

6.3 Navigation einer Webseite

Sobald eine neue Webseite angelegt wurde, ist es wichtig, dass Sie sich mit der Navigation vertraut machen. Auch wenn der Aufbau und die Bedienungselemente teilweise von der Vorlage abhängig sind, die Sie ausgewählt haben, gibt es dennoch wiederkehrende Elemente, die standardmäßig auf jeder Webseite vorhanden sind.

Im oberen Bereich wird ein Menübereich angezeigt, der – in Abhängigkeit von der gewählten Vorlage – die verschiedenen Optionen der Vorlage und ggf. Verzweigungen auf Unterwebseiten ermöglicht.

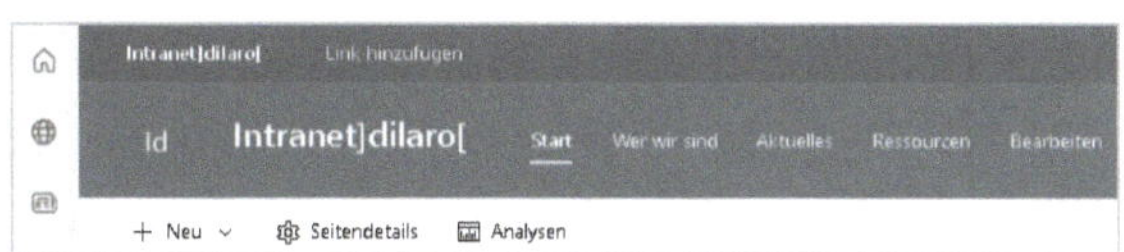

Bild 6.7 Menübereich einer Webseite.

SharePoint stellt unterschiedliche Formen der Vorlagen zur Verfügung; entweder eine einzelne Webseite oder auch eine Startseite mit entsprechenden Unterwebseiten.

Auf der linken Seite sind die Standardsymbole der SharePoint-Webseiten angegliedert, von denen das oberste Symbol, das Haus-Symbol, immer dazu dient, auf die oberste Ebene des Tenants (Mandant) zu verzweigen; dort werden dann alle verfügbaren Webseitenbereiche (Webseitensammlungen) bzw. deren *Root-Webseite* angezeigt.

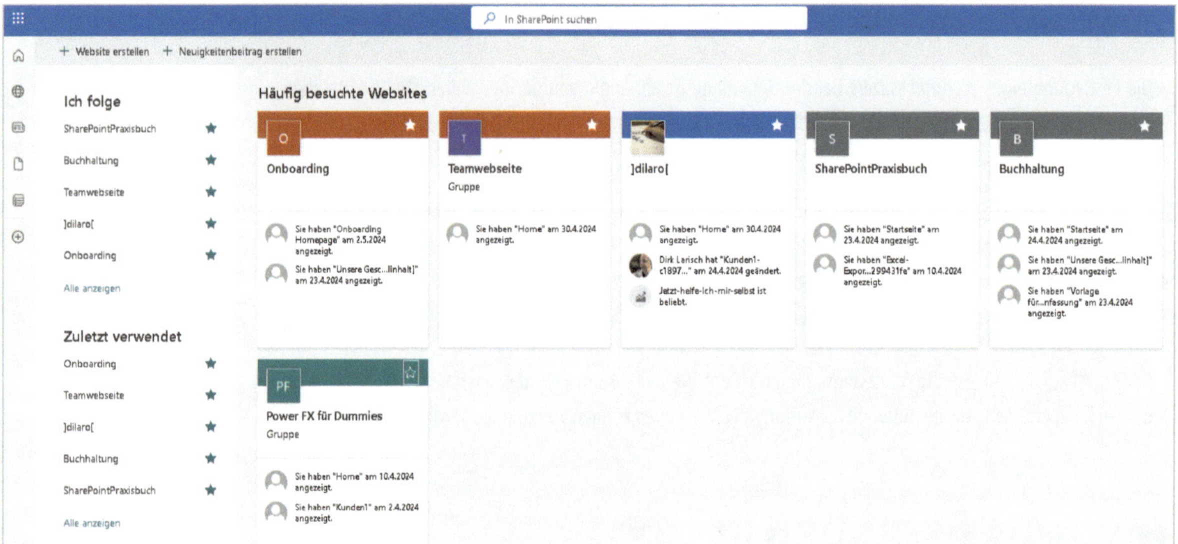

Bild 6.8 Beispiel für die oberste Ebene der Webseitensammlungen.

Die Anzeige der Webseitensammlungen (*Site Collections*) auf der obersten Ebene hängt in der Regel immer von den Berechtigungen des angemeldeten Benutzers ab.

Im rechten Bereich einer Webseitendarstellung werden Optionen angezeigt, um weitere Webseiten zu erstellen (*Site erstellen*) und Sie können diese Seite zu Ihren Favoriten hinzufügen (*Sie folgen*). Der Punkt *Für Zugriff freigegebene Websites* ermöglicht die direkte Zuordnung eines Zugriffs auf die aktuelle Webseite.

Bild 6.9 Menübereich rechts einer Webseite.

Je nach verwendeter Vorlage werden die einzelnen Punkte ggf. nicht in der Menüzeile angezeigt; in diesem Fall müssen Sie das 3-Punkte-Menü anwählen, hinter dem sich dann die Inhalte verbergen. Zudem ist die Option *Site erstellen* nur auf Ebene der obersten Hub-Seite verfügbar.

Grundsätzlich stehen Ihnen verschiedene Möglichkeiten und Wege zur Verfügung, um beispielsweise die Berechtigungen für eine Webseite bzw. eine Webseitensammlung festzulegen. So können Sie dies direkt auf der Seite vornehmen (siehe Kapitel 4) oder dafür auch die Möglichkeiten der Zentraladministration (*SharePoint Admin Center*) nutzen.

Oberhalb des rechten Menübereichs erreichen Sie über das Zahnradsymbol weitergehende Einstellungsmöglichkeiten; diese betreffen sowohl die grundsätzliche Konfiguration der gewählten Umgebung (z. B. *Websiteinhalte*) als auch den Aufbau oder das Aussehen der Webseite zu verändern (*Seite hinzufügen* oder *Aussehen ändern*).

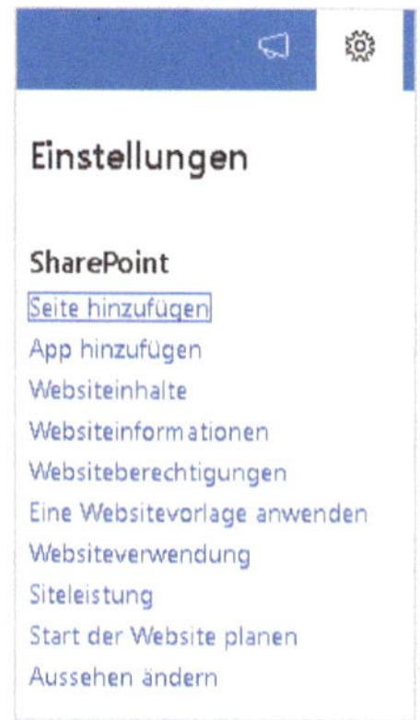

Bild 6.10 Inhalt des Konfigurationsmenüs (Zahnradsymbol) einer Webseite.

Die Webseiten bei SharePoint Online sind strukturell so aufgebaut, dass die Darstellung der Inhalte und Informationen immer anhand sogenannter *Webparts* erfolgt; so setzt sich in der Regel der mittlere Teil einer Webseite, also die eigentliche Webseite, immer aus mehreren dieser Komponenten zusammen; diese enthalten die Daten und Informationen und lassen sich relativ frei anordnen. Zur Bearbeitung der Webseite bzw. der Webparts einer Webseite dient der Punkt *Bearbeiten*, der rechts oben unterhalb des Menübereichs angezeigt wird.

Nähere Informationen zu Webparts enthält das nachfolgende Kapitel 6.5.

6.4 Unterwebseite und Einzelwebseite

Sobald eine Webseitensammlung bzw. deren Root-Webseite erstellt wurde, ist es prinzipiell sehr einfach, weitere Webseiten anzulegen. Haben Sie z. B. eine Seite (Root-Webseite) für eine Intranet-Darstellung angelegt, möchten Sie ggf. für die verschiedenen Abteilungen oder Themen separate Webseiten vereinbaren und zuordnen. Dabei ist es wichtig, zu unterscheiden, ob Sie für eine bestehende Root-Webseite weitere Unterwebseiten anlegen oder eine einzelne vollkommen losgelöste Webseite erstellen möchten.

Unterwebseiten

In der Regel wird ein Webauftritt (z. B. Intranet) mit mehreren Unterwebseiten angelegt, die das gleiche Design (*Branding*) und die gleiche Navigation aufweisen. Dazu ist es wichtig, dass Sie das in Kapitel 6.1.3 beschriebene Prinzip der Hubzuordnung verstanden haben.

Während früher die Struktur eines Webauftrittes aus einer Startseite mit mehreren Unterwebseiten bestand, empfiehlt auch Microsoft, eine flache Struktur aus mehreren gleichberechtigten bzw. nebeneinanderliegenden Seiten zu erstellen und diese miteinander zu verbinden. Die gemeinsame „Klammer" ist dann jeweils der Hub, der eine Webseite oder eine Webseitensammlung als solchen deklariert und dann weitere Webseiten diesem unterordnet. Letztlich ist dies auch der Grund, warum in SharePoint Online das Erstellen (echter) Unterwebseiten deaktiviert ist.

Hub-Registrierung

Beim Aufbau einer Webseitenstruktur kommt den sogenannten Hubs (*Hubsite*) und den zugeordneten Hub-Seiten (*Hubsite site*) eine wesentliche Bedeutung zu. Dies ermöglicht ein einheitliches Aussehen (Design) und beispielsweise auch eine einheitliche Navigation über mehrere Webseiten hinweg. Dabei besteht aber nach wie vor die Möglichkeit, Besonderheiten auf den Unterwebseiten zu berücksichtigen.

> **Eine Webseite wird in der Regel als Hub registriert, wenn es sich dabei um die oberste Seite einer Webseitenumgebung handelt (Root-Webseite einer Webseitensammlung).**

1 Sobald Sie eine Root-Webseite (Webseitensammlung) angelegt haben (siehe Seite 187), müssen Sie diese Webseite zunächst einmal als Hub-Seite definieren; dazu müssen Sie die Zentraladministration von SharePoint (*SharePoint Admin Center*) aufrufen.

2 Wählen Sie dort im nächsten Schritt im Menü *Websites* den Punkt *Aktive Websites* aus.

3 Es erscheint eine Liste der in der Umgebung definierten Webseiten. Wählen Sie in dieser Aufstellung die entsprechende Root-Webseite, die als Hub definiert werden soll, im Auswahlfeld aus.

4 Danach wechseln Sie in das Menü *Hub* und klicken auf den Punkt *Als Hubsite registrieren*.

5 Im nachfolgenden Dialogfenster können Sie – sofern gewünscht – den Namen der Hub-Webseite noch anpassen oder den angezeigten Namen übernehmen.

6 Darüber hinaus können Sie in dem darunterliegenden Feld *Personen* weitere Benutzer hinterlegen, die berechtigt sind, diesem Hub andere Webseiten als Hub-Seiten zuzuordnen.

Bild 6.11 Webseite als Hub registrieren.

7 Mit Einsatz der Schaltfläche *Speichern* wird die Zuordnung und damit die Festlegung als Hub-Seite abgeschlossen.

Wird das Personenfeld für die Hubzuordnung leer gelassen, so bedeutet dies, dass alle anderen Anwender diesem Hub Webseiten zuordnen können, was ggf. nicht immer gewünscht ist. Aus der Praxis bietet es sich an, eine Azure-AD-Gruppe (Entra-ID-Gruppe) mit Zuweisung der entsprechenden Anwender anzulegen, die eine solche Zuordnung vornehmen sollen.

Hubzuordnung

Sobald Sie in Ihrer Umgebung eine Webseite als Hub definiert haben, können Sie diesem Hub nachgeordnete Hub-Webseiten manuell zuordnen. Dies bietet sich beispielsweise an, wenn Sie bereits bestehende SharePoint-Webseiten haben, die Sie gerne designmäßig und von der Navigation her „unter einem Dach" zusammenfassen möchten.

1 Eine manuelle Zuordnung erfolgt in der Zentraladministration im Bereich *Aktive Websites*.

2 Wählen Sie dort die Webseite, die einem Hub zugeordnet werden soll, mit dem Anwahlkästchen aus.

3 Im nächsten Schritt klicken Sie im *Hub*-Menü auf den Punkt *Einem Hub zuordnen*.

4 Es erscheint ein Dialogfenster, in dem Sie im Feld *Hub auswählen* den übergeordneten bzw. zugeordneten Hub auswählen müssen.

Bild 6.12 Zuordnung einer Webseite zu einem Hub.

Um eine entsprechende Zuordnung vornehmen zu können, muss natürlich in der Umgebung wenigstens eine Webseite als Hub registriert worden sein.

5 Nach der Auswahl können Sie diese Zuordnung dann über die Schaltfläche *Speichern* abschließen.

Auf diese Art und Weise können Sie einem bestehenden Hub andere Webseiten als Zuordnung unterordnen. Dies wirkt sich bei den zugeordneten Webseiten automatisch auf das Design (z. B. Farbgebung) und die Navigation aus.

Grundsätzlich können Sie die Einstellungen bzgl. der Hubs im *SharePoint Admin Center* (Zentraladministration) in den Eigenschaften einer Webseite vornehmen bzw. verändern. Dazu steht dort der Eintrag *Hubzuordnung* zur Verfügung.

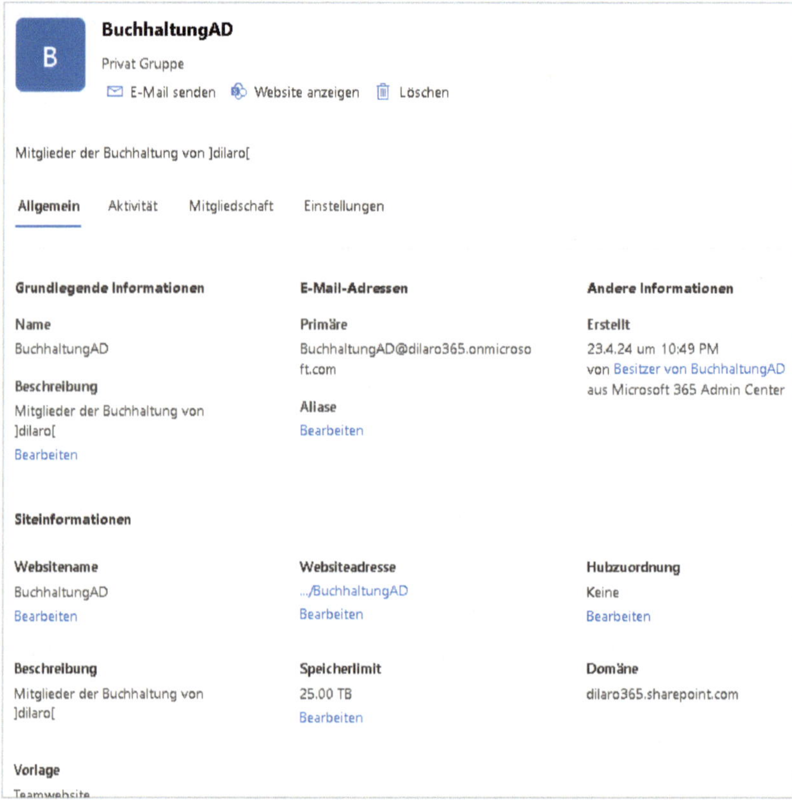

Bild 6.13 Hub-Einstellungen im Eigenschaften-Dialog einer Webseite.

> Eine nachträgliche Änderung der Hubzuordnung bzw. das Aufheben einer Zuordnung führt nicht zum Zurücksetzen des Designs der ursprünglichen Webseite.

Neuanlage einer zugeordneten Webseite

In einer Umgebung mit einem definierten Hub können Sie sehr einfach und schnell neue Webseiten erstellen, die dann automatisch dem Hub zugeordnet werden können.

1. Zur Neuanlage einer Webseite müssen Sie auf der Hub-Seite (Root-Webseite) rechts oben den Punkt *Site erstellen* anklicken (ggf. im 3-Punkte-Menü).
2. Der nachfolgende Dialog bezieht sich zunächst auf die Frage, ob eine *Teamwebsite* oder eine *Kommunikationswebsite* angelegt werden soll.
3. Nach Anwahl der Option *Kommunikationswebsite* erscheint ein Auswahlfenster für die gewünschte Vorlage. Möchten Sie mit einer leeren Vorlage beginnen, steht Ihnen dazu am Ende der Darstellung ein Eintrag zur Verfügung.

> Bei Anwahl der Option *Teamwebsite* werden im nächsten Schritt andere Vorlagen als bei einer Kommunikationswebseite angezeigt.

4 Sobald Sie eine Vorlage ausgewählt haben, erscheinen weitergehende Informationen, die Sie dann mit der Schaltfläche *Vorlage verwenden* bestätigen müssen.

5 Im nächsten Schritt erscheint eine Dialogbox, in der zunächst ein Name für die neue Webseite eingegeben werden muss (*Websitename*). Des Weiteren können Sie hier noch eine weitergehende *Websitebeschreibung* eingeben und ggf. die *Websiteadresse* (URL) anpassen.

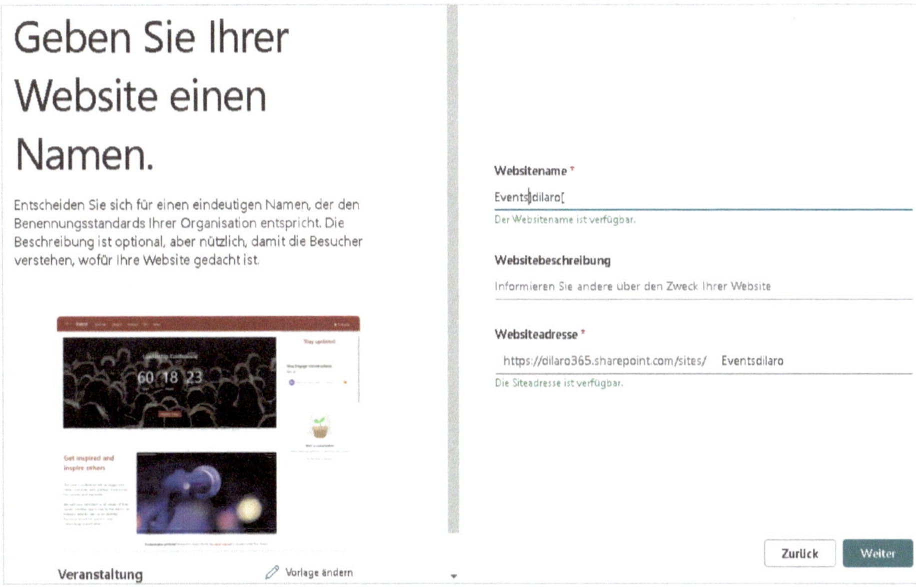

Bild 6.14 Name für den neuen Webseitenbereich.

6 Nach Bestätigung der Eingaben mit der Schaltfläche *Weiter* können Sie im nächsten Dialog eine Sprache auswählen.

> Möchten Sie die Sprache einer Webseitensammlung nachträglich ändern, steht Ihnen dazu in den *Websiteeinstellungen* eine entsprechende Option zur Verfügung (*Spracheinstellungen*).

7 Abschließend können Sie die Anlage einer neuen Webseite mit der Schaltfläche *Site erstellen* abschließen.

Damit wird die neue Webseite angelegt und der Inhalt am Bildschirm angezeigt. Es fällt ins Auge, dass das Design (z. B. Farbgebung) und die Navigation an die übergeordnete Hub-Seite angepasst ist.

> Grundsätzlich stehen auf einer untergeordneten Hub-Seite auch Möglichkeiten zur Gestaltung der Webseite zur Verfügung, aber an grundsätzlichen Einstellungen wie beispielsweise dem Design können Sie immer nur auf der obersten Ebene Änderungen vornehmen.

Die neue Webseite wird damit auch automatisch als nachgeordnete Hub-Seite konfiguriert, was Sie auch sehr leicht im *SharePoint Admin Center* kontrollieren können.

Bild 6.15 Automatische Hubzuordnung in der Zentraladministration.

> Sobald eine Webseitensammlung (Root-Webseite) als Hub angelegt wurde, können dieser Sammlung eine nahezu beliebige Anzahl von Webseiten als Hub-Seiten zugeordnet werden. In Abhängigkeit von der gewählten Vorlage werden dabei bestimmte Seiten standardmäßig zugeordnet.

Verlinkung nachgeordneter Webseiten

Webseiten, die ausgehend von der obersten Ebene einer Webseitensammlung (Hub) angelegt werden, werden auf der Startseite standardmäßig nicht als zusätzliche Einträge angezeigt. Hier bietet es sich an, die Option *Link hinzufügen* einzusetzen, die auf der Webseite, die als Hub registriert worden ist, zur Verfügung steht.

1. Mit Anwahl des Punktes *Link hinzufügen* erscheint links oben ein Dialogfenster zur Festlegung der gewünschten Einträge.

   > Sollte es bereits Einträge in der Hub-Navigation (Linkmenü) geben, können Sie diese mit dem Punkt *Bearbeiten* aufrufen und anpassen.

2. Wählen Sie dort zunächst die Option *Bezeichnung* aus ❶ und geben Sie als Anzeigename beispielsweise *Abteilungen* ❷ ein.

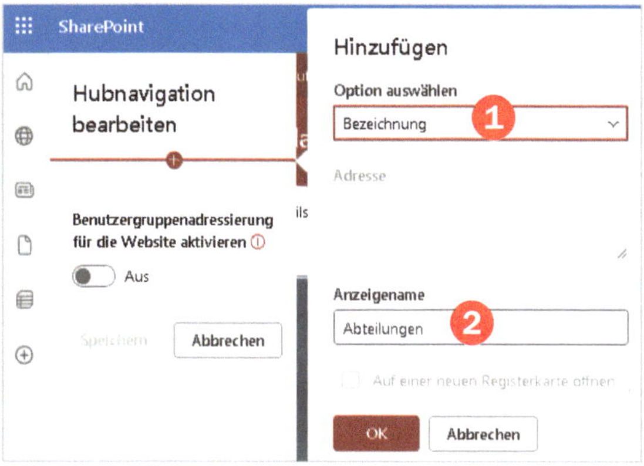

Bild 6.16 Festlegung eines Sammelbegriffs für die Verlinkung.

3 Nach Bestätigung mit *OK* können Sie dann im Bereich *Hubnavigation bearbeiten* die jeweiligen Links zuordnen; dazu müssen Sie zunächst einmal das *Pluszeichen* (+) ❸ anklicken.

4 Als Nächstes wählen Sie die Option *Link* ❹ aus und tragen in dem darunterliegenden Feld (*Adresse*) die Adresszeile für die gewünschte Webseite ein.

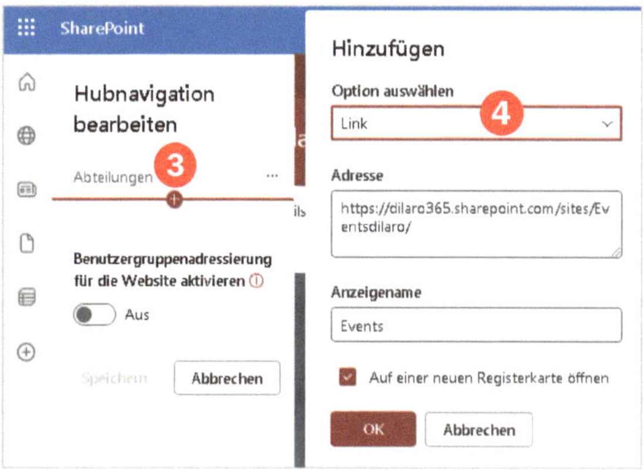

Bild 6.17 Zuordnung einer untergeordneten Webseite als Linkeintrag.

5 Nach Bestätigung der einzelnen Eintragungen über die jeweiligen *OK*-Schaltflächen müssen Sie den neuen Eintrag als Unterlink des Eintrags *Abteilungen* definieren. Dazu wählen Sie im Kontextmenü des Eintrags (3-Punkte-Menü) die Option *Zu Unterlink machen*.

6 Nach abschließender Bestätigung mit der Schaltfläche *Speichern* wird der Eintrag vorgenommen und ist somit im Menübereich auch direkt sichtbar.

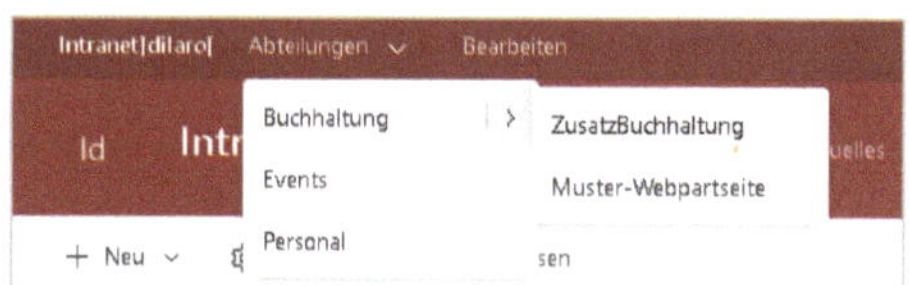

Bild 6.18 Beispieleinträge einer Menüauswahl.

Die Sortierung der Einträge müssen Sie manuell durchführen, indem Sie dies im Bereich *Hubnavigation bearbeiten* bei dem entsprechenden Eintrag vornehmen; dort steht Ihnen auch die Option zum Bearbeiten der einzelnen Einträge zur Verfügung.

Einzelwebseite

Neben der Anlage von Webseiten über entsprechende Vorlagen, so wie in den vorhergehenden Abschnitten beschrieben, können Sie natürlich jederzeit auch einzelne Webseiten anlegen und zuordnen. Diese Einzelwebseiten sind frei gestaltbar und können in jedem Bereich einzelner Webseitensammlungen angelegt und auch entsprechend verlinkt werden.

Die Anlage erfolgt entweder über das *Neu*-Menü einer Webseite, wo sich der Eintrag *Seite* befindet, oder alternativ über den Punkt *Seite hinzufügen* im Konfigurationsmenü (Zahnradsymbol) einer Webseite. Es stehen einige wenige Templates (Vorlagen) zur Verfügung, die Sie bei der Gestaltung der Seite unterstützen.

Eine einzelne Webseite können Sie wie jede andere Webseite oder Webseitensammlung natürlich über entsprechende Verlinkungen auch in andere Webseiten integrieren.

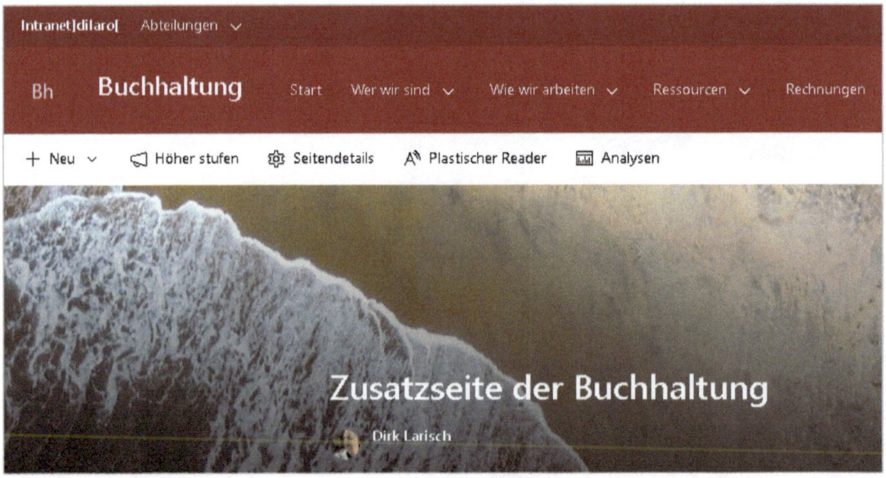

Bild 6.19 Beispiel für eine einzelne Zusatzwebseite mit separater Verlinkung.

> Über den Menüpunkt *Neuigkeitenbeitrag* im Menü *Neu* werden Ihnen eine Reihe von Vorlagen zur Gestaltung einer Nachricht angeboten. Diese Nachricht können Sie dann entweder auf der Webseite ablegen oder in Form eines Newsletters per E-Mail versenden. Als Vorlage können Sie beispielsweise auch ein Video aus der Microsoft-Anwendung *Stream* verwenden, welches Sie dort als *Video-News* exportieren können.

Bei den Einzelwebseiten handelt es sich grundsätzlich um einzelne ASPX-Seiten, die in SharePoint in den Webseiteninhalten unter dem Ordner *Websiteseiten* abgelegt werden. Dort können Sie dann auch die Funktionen und Eigenschaften dieser Seiten bearbeiten.

> In der Aufstellung *Websiteseiten* werden beispielsweise auch diejenigen Webseiten abgelegt, die als Teil einer Vorlage bei der Neuanlage einer Webseitensammlung erstellt werden. Zudem können einzelne Webseiten grundsätzlich keinem Hub als untergeordnete Hub-Seite zugeordnet werden.

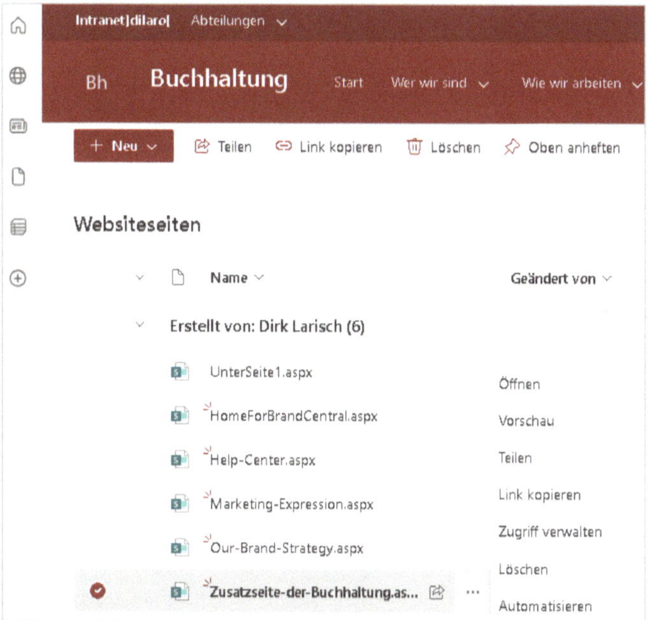

Bild 6.20 Speicherort der ASPX-Seiten.

Entfernen von Webseiten oder Webseitensammlungen

In der täglichen Praxis kommt es sicherlich auch hier und da einmal vor, dass Webseiten gelöscht werden müssen. Dies bietet sich auch deshalb an, um Wildwuchs einzudämmen und unnötige Speicherplatzverschwendung zu vermeiden. Wichtig ist dabei, zwischen dem Löschen einer Webseitensammlung und einer einzelnen Webseite zu unterscheiden.

Webseitensammlung löschen

Das Löschen einer Webseite bzw. Webseitensammlung kann sowohl direkt in den Webseiteneinstellungen der Webseite oder in der Zentraladministration (*SharePoint Admin Center*) vorgenommen werden.

1 Auf der Webseite müssen Sie zunächst im Eigenschaften- oder Konfigurationsmenü (Zahnradsymbol) die Option *Websiteinhalte* anklicken.

2 Wählen Sie anschließend oben rechts auf der Seite den Punkt *Websiteeinstellungen* an.

3 Im Konfigurationsfenster können Sie dann im rechten Bereich unter *Websiteaktionen* den Punkt *Diese Website löschen* anklicken.

4 Nach abschließender Bestätigung mit der Schaltfläche *Löschen* und erneuter Bestätigung wird die Webseite/Webseitensammlung inklusive zugeordneter Strukturelemente und Objekte (Webseiten, Gruppen, Bibliotheken, Listen usw.) entfernt.

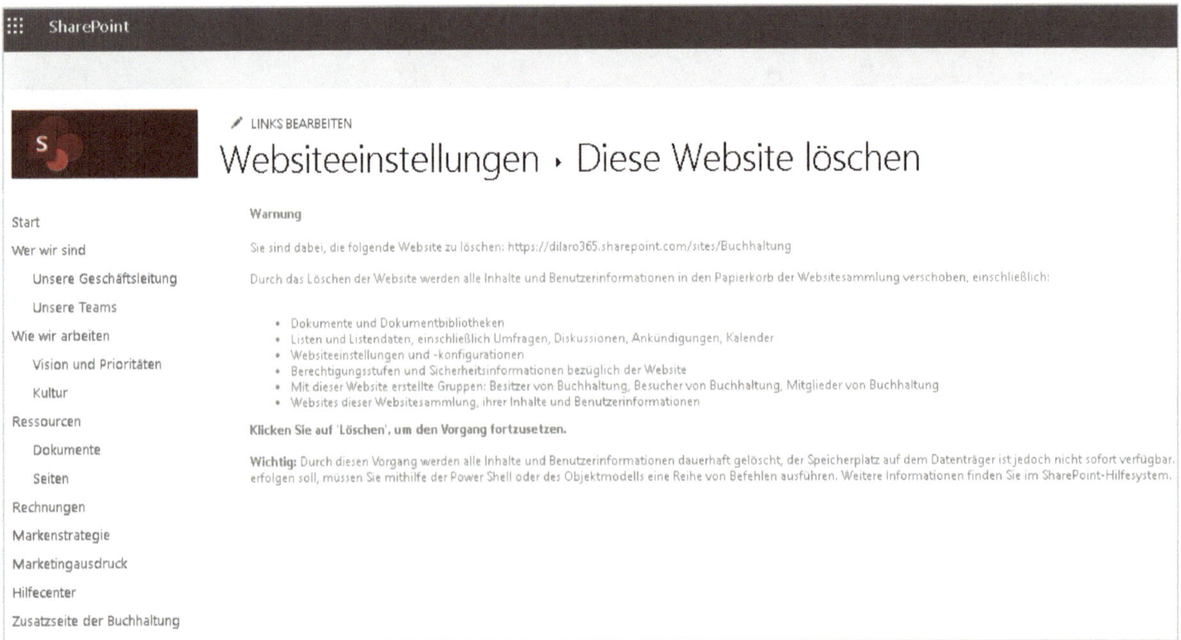

Bild 6.21 Hinweise beim Löschen einer Webseitensammlung.

Neben diesem Löschvorgang steht natürlich auch im *SharePoint Admin Center* eine entsprechende Option zur Verfügung. Nach Anwahl des Punktes *Aktive Websites* müssen Sie die gewünschte Webseite/Webseitensammlung in der Aufstellung anklicken. Mit dem Menüpunkt *Löschen* kann der Löschvorgang nach anschließender Bestätigung durchgeführt werden.

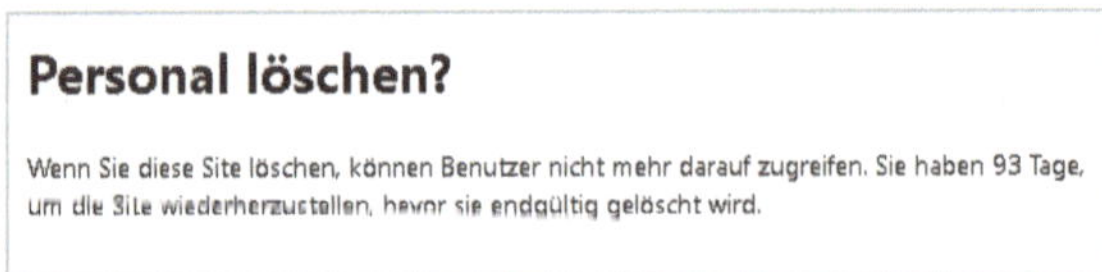

Bild 6.22 Bestätigung beim Löschen in der Zentraladministration.

> Gelöschte Webseiten/Webseitensammlungen werden für eine gewisse Zeit im Papierkorb vorgehalten, aus dem sie wiederhergestellt werden können. Der Zugriff erfolgt über den Menüpunkt *Gelöschte Sites* in der Zentraladministration (*SharePoint Admin Center*).

Webseite löschen

Im Gegensatz zu einer Webseitensammlung oder einer Webseite ist eine einzelne Webseite als ASPX-Datei im System hinterlegt und kann dort wie folgt gelöscht werden.

1 Zunächst muss auf der zugeordneten (übergeordneten) Webseite im Eigenschaften-Menü der Punkt *Websiteinhalt* angewählt werden (Zahnradsymbol).

2 Aus den verfügbaren Elementen klicken Sie anschließend auf die Option *Websiteseiten*.

3 Damit wird eine Liste oder Aufstellung von der Webseite zugewiesenen (Unter)-Webseiten angezeigt. Suchen Sie die entsprechende Datei und wählen Sie dann das zugehörige Kontextmenü (3-Punkte) an.

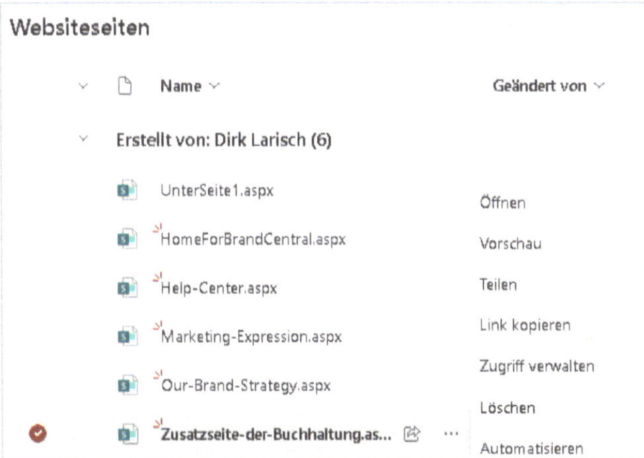

Bild 6.23 Kontextmenü einer ASPX-Datei.

4 Im Kontextmenü klicken Sie dann auf die Option *Löschen*, worauf eine Sicherheitsabfrage erscheint.

5 Nach Bestätigung der Sicherheitsabfrage wird die Datei gelöscht und in den Papierkorb verschoben.

Eine gelöschte Webseite (ASPX-Datei) wird in den Papierkorb der zugeordneten Webseite verschoben und kann daraus im Rahmen des definierten Zeitraumes bis zur endgültigen Löschung wiederhergestellt werden.

> Beim Löschen einer Webseitendatei, einer Webseite oder einer Webseitensammlung ist es wichtig, die Navigation bzw. die Verlinkung auf anderen Webseiten anzupassen.

6.5 Webparts

Beim Aufbau von Webseiten stellt SharePoint mit den sogenannten Webparts ein sehr nützliches Gestaltungselement zur Verfügung. Dabei ist ein solches Webpart ein Baustein, der auf nahezu allen SharePoint-Seiten eingesetzt werden kann. Es handelt sich um Komponenten, die Daten oder Inhalte enthalten und in bestimmten Bereichen einer Seite platziert werden können.

Webparts sind zwar schon eine etwas ältere Technologie einer SharePoint-Umgebung, die aber im Laufe der Jahre von Microsoft permanent weiterentwickelt und optimiert worden ist. Beim Erstellen einer Webseite (oder nachträglich) können Sie Webparts hinzufügen und diese entsprechend anpassen. Auf diese Art und Weise können Sie

Text, Bilder, Dateien, Videos, dynamische Inhalte und vieles mehr auf einer SharePoint-Webseite darstellen und bearbeiten.

> Webparts sind Teil der ASP.NET-Technologie und werden vor allem intensiv bei Microsoft-SharePoint-Installationen eingesetzt. Sie dienen der Anzeige oder auch Bearbeitung von Daten und Inhalten auf einer SharePoint-Webseite durch den Endbenutzer.

Funktion eines Webparts

Webparts bilden das Herzstück einer jeden SharePoint-Webseite! Es handelt sich um modular aufgebaute Informationseinheiten, die eine Darstellung verfügbarer Daten oder sonstiger Informationen auf einer SharePoint-Seite ermöglichen; so können Sie mit Einsatz eines Webparts als speziellem Steuerelement auf einer Webseite beispielsweise die Anzeige von Inhalten aus Listen oder sonstigen Daten einer SharePoint-Umgebung realisieren.

So übernehmen Webparts je nach Inhalt und Ansicht eine bestimmte Funktion und ergänzen die übliche Seitendarstellung einer SharePoint-Seite um die gewünschten Informationen. Die Anzeige eines Webparts oder des Ergebnisses wiederum kann von der persönlichen Berechtigung des betreffenden Benutzers abhängig gemacht werden, wobei auf einer SharePoint-Seite durchaus mehrere (auch unterschiedliche) Webparts eingesetzt werden können.

Bei den Informationen bzw. Angaben eines Webparts kann es sich um den Inhalt einer SharePoint-Liste, um die Anzeige verfügbarer Dokumente, um die Daten einer externen Datenanbindung oder auch um sonstige Angaben handeln, die durch eine individuelle Webpart-Erstellung möglich sind; für letztere Option ist es jedoch in der Regel immer erforderlich, einen entsprechenden Programmcode zu erstellen.

> Auf einer Webseite können unter anderem die in SharePoint verfügbaren Listen, Bibliotheken usw. als Webpart eingebunden werden. In den Anfängen der Webpart-Entwicklung wurden Webparts auch als *App* bezeichnet (z. B. SharePoint-Server 2013).

Webparts werden in der Regel als einzelne Bausteine auf den Webseiten einer SharePoint-Umgebung zusammengefasst, die wiederum ein oder mehrere Webparts enthalten können. In den klassischen SharePoint-Versionen wurden dafür spezielle Webpart-Seiten eingesetzt, um Webparts an verschiedenen Stellen des Bildschirms, den sogenannten Abschnitten oder Webpart-Zonen, zu positionieren oder anzuordnen. Diese Unterscheidung ist in SharePoint Online nicht mehr notwendig, da Webparts auf modernen Webseiten jederzeit eingesetzt werden können.

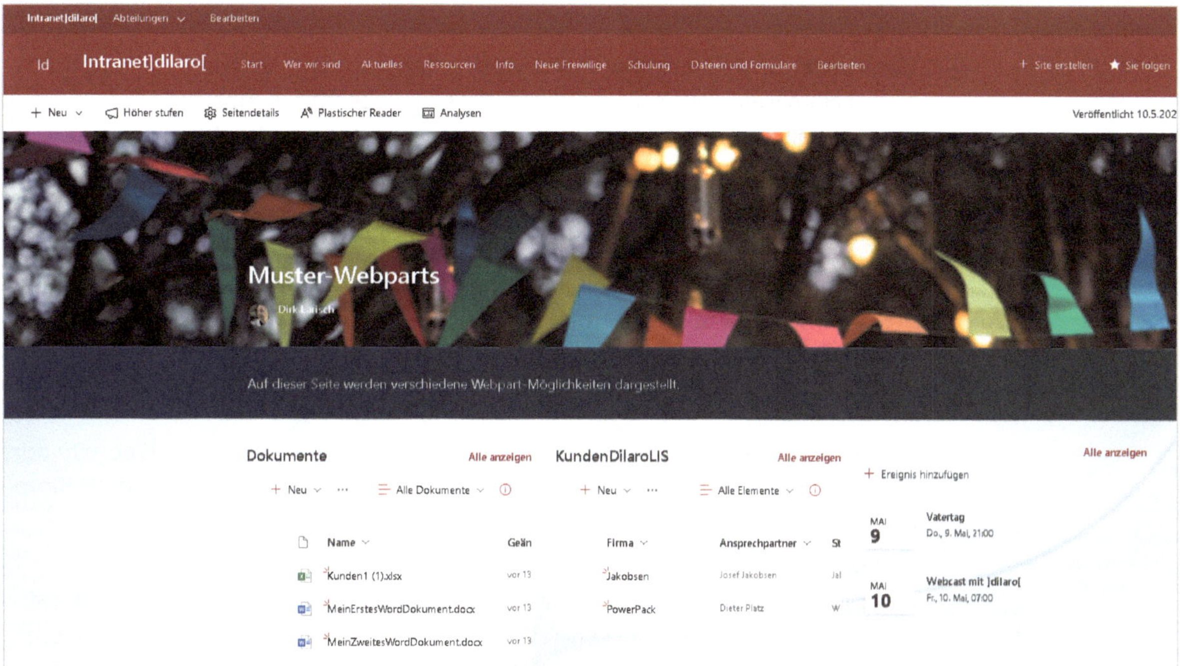

Bild 6.24 Beispiel einer Webseite mit mehreren Webparts.

> Bei der Gestaltung wird unterschieden zwischen den Webparts für klassische Webseiten und den Webparts für moderne Webseiten wie beispielsweise in SharePoint Online. Darüber hinaus stehen neben den Standard-Webparts von Microsoft auch eine Vielzahl von Webparts zur Verfügung, die von externen Firmen mit weitergehender Zusatzfunktionalität entwickelt werden.

Webpart-Katalog

Durch den Einsatz sogenannter Webpart-Kataloge kann eine Gruppe von Webparts zentral gespeichert und an den gewünschten Stellen der SharePoint-Umgebung zur Verfügung gestellt werden. In Abhängigkeit vom gewählten Typ und Layout gibt es in der Regel je Webseite oder Webseitensammlung unterschiedliche Webpart-Kataloge; so kann es neben dem Standardkatalog (in dem auch die aktuellen Apps der Sammlung abgelegt sind) durchaus noch weitere Webpart-Kataloge geben, in dem spezielle Webparts abgelegt werden.

> Bei einem Webpart-Katalog handelt es sich um eine besondere Form einer Bibliothek; das Hinzufügen zusätzlicher Kataloge und Webparts erfolgt über die sogenannte *SharePoint Online Management Shell*, einer Sonderform der PowerShell von Microsoft.

Webseite als Webpart-Seite

Um in einer SharePoint-Umgebung Webparts nutzen zu können, muss natürlich zunächst einmal eine Webseite existieren, die entsprechende Webparts aufnehmen bzw. deren Inhalt darstellen kann. Je nach gewählter Vorlage der Webseitensammlung (*Teamwebsite, Kommunikationswebsite*) stehen dann verschiedene Webparts zur Verfügung.

> Aus praktischen Erwägungen ist zu empfehlen, sich eine Muster-Webpart-Seite anzulegen, wo Sie dann die einzelnen Webparts in ihrer Funktion testen und ausprobieren können. So vermeiden Sie, dass Sie Änderungen eventuell direkt an einer Produktivwebseite vornehmen müssen.

Webparts können dabei in der Regel auf jeder beliebigen SharePoint-Webseite oder den Seiten einer Webseitensammlung platziert werden; dazu zählen auch die Einzelwebseiten, die als ASPX-Seiten angelegt werden.

> In früheren Versionen von SharePoint mussten explizit spezielle Webpart-Seiten angelegt werden, um dort Webparts hinterlegen zu können. Dies ist in SharePoint Online nicht erforderlich, da dort jede Webseite über die Möglichkeit der Webpart-Gestaltung verfügt.

1 Im ersten Schritt muss zunächst einmal eine Webseite angelegt (siehe Abschnitt 6.2 auf Seite 187) bzw. eine bestehende Webseite angewählt werden, der Webparts zugeordnet werden sollen.

2 Zum Bearbeiten des Layouts einer bestehenden Webseite klicken Sie im Menü (oben rechts) auf den Punkt *Bearbeiten*.

> Die Anzeige des Menüpunktes setzt natürlich entsprechende Berechtigungen auf der Webseite voraus.

3 Im Bearbeitenmodus einer Webseite können Sie über den Punkt *Seitendetails* weitergehende Grundeinstellungen vornehmen (Beschreibung, Miniaturansicht usw.); dazu wird am rechten Bildschirmrand ein entsprechendes Zusatzfenster angezeigt (Bild 6.25).

4 Im mittleren Hauptbereich der Webseite werden - in Abhängigkeit von der gewählten Vorlage (Template) - ggf. schon Webparts angezeigt, die Sie direkt bearbeiten können.

5 Zum Einfügen eines neuen Webpart-Abschnitts (Webpart-Zone) fahren Sie im Bearbeitenmodus mit dem Mauszeiger an den linken Rand und klicken dort auf das Pluszeichen (+) bzw. auf *+Abschnitt*.

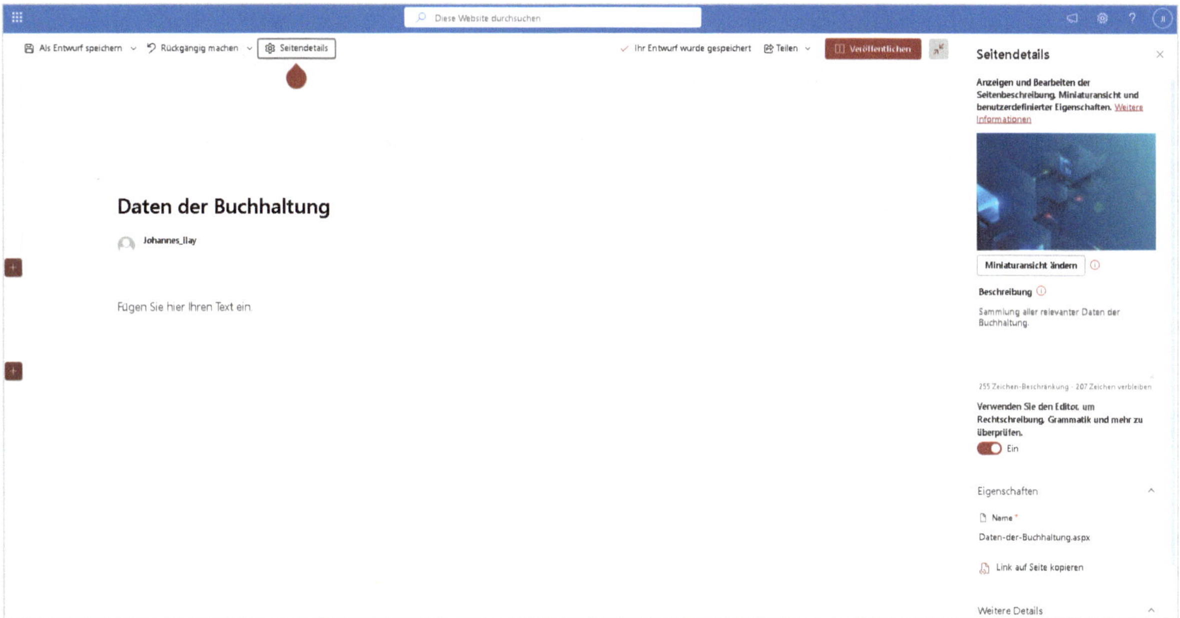

Bild 6.25 Bearbeiten der Details einer Webseite.

6 Im nächsten Schritt müssen Sie dann ein Layout für die neue Webpart-Zone festlegen, um auf diese Weise die verschiedenen Webparts auf der Seite zu platzieren (*Neuen Abschnitt einfügen*). Dazu stehen Ihnen nach Anklicken des Pluszeichens (+) im Register *Abschnitte* unterschiedliche Gestaltungsoptionen zur Verfügung; alternativ haben Sie im gleichnamigen Register die Auswahlmöglichkeit von Vorlagen.

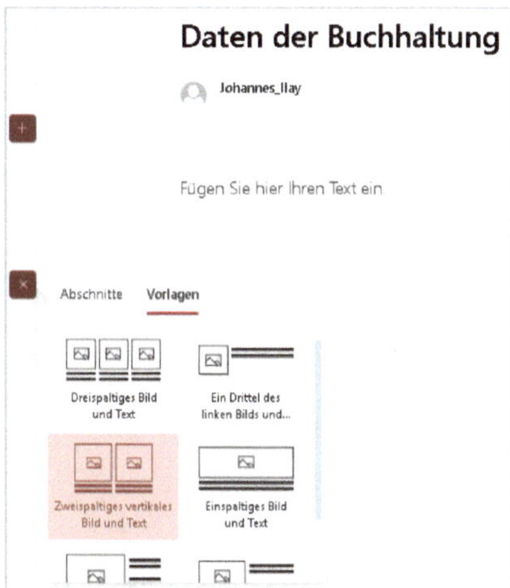

Bild 6.26 Optionen bei Neuanlage eines Webpart-Abschnitts.

7 Sobald Sie eine der verfügbaren Optionen ausgewählt haben, erscheint der neue Bereich auf der Webseite.

> Zum Einfügen eines neuen Webparts müssen Sie mit dem Mauszeiger an den oberen Rand des Abschnitts fahren und dort das Pluszeichen (+) anklicken.

8 Zur Bearbeitung der Einträge innerhalb eines Abschnitts stehen Ihnen am Rand folgende vier Optionen zur Verfügung:

- Abschnitt bearbeiten
- Abschnitt verschieben
- Abschnitt duplizieren
- Abschnitt löschen

Sollten Sie an dieser Stelle bereits feststellen, dass Sie eine falsche Vorauswahl des Abschnittsbereichs (Webpart-Zone) getroffen haben, können Sie diesen hier mit dem Punkt *Abschnitt löschen* wieder entfernen.

9 Zur Bearbeitung der Einstellungen für den gesamten Abschnitt (Webpart-Zone) müssen Sie die Option *Abschnitt bearbeiten* auswählen. Danach erscheint rechts ein Auswahlmenü mit verschiedenen Layout-Optionen. Neben der Änderung des Abschnittslayouts (Spalten usw.) können Sie eine Hintergrundfarbe auswählen und im unteren Teil weitergehende Einstellungen vornehmen, die sich auf den gesamten Abschnitt auswirken.

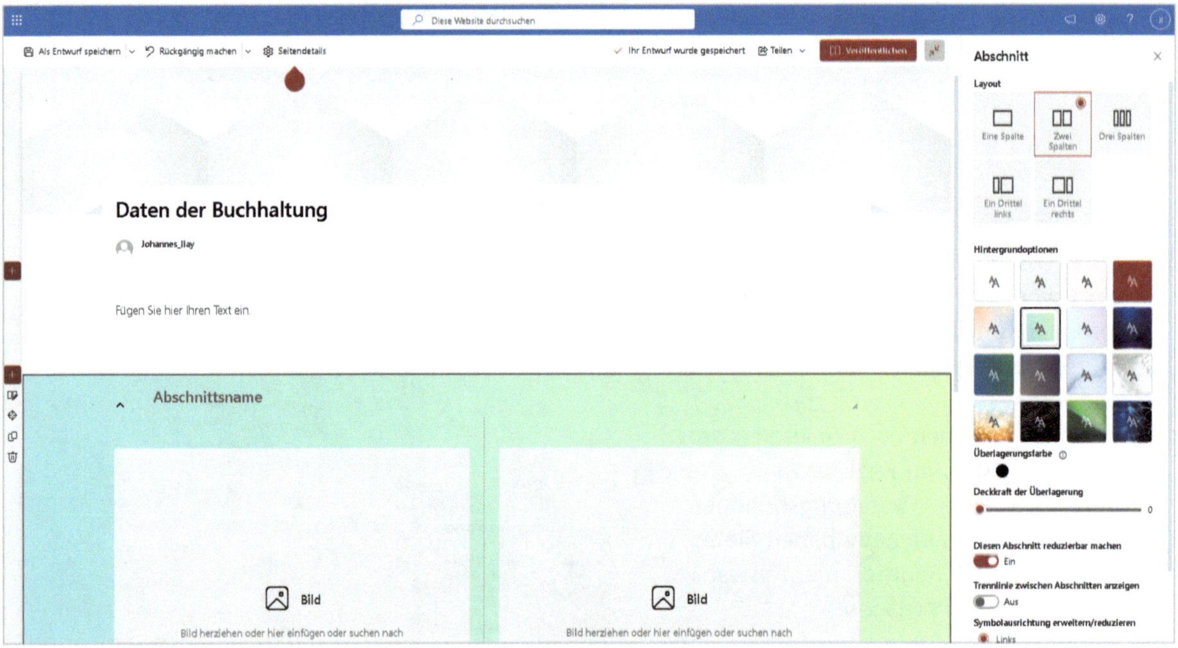

Bild 6.27 Konfigurationsvorgaben für einen Webpart-Abschnitt.

10 Neben den Einstellungen für einen Webpart-Bereich oder -Abschnitt können Sie bei jedem einzelnen Webpart des Abschnitts weitergehende Einstellungen vornehmen; dazu müssen Sie einen Webpart des Bereichs durch Anklicken anwählen, worauf am oberen Bildschirmrand des Webparts verschiedene Bearbeitungsoptionen eingeblendet werden.

11 Nachdem Sie die gewünschten Eingaben und Zuordnungen ausgeführt haben, können Sie die Einstellungen der Webseite mit der Schaltfläche *Erneut veröffentlichen* speichern und freigeben oder mit der Option *Als Entwurf speichern* (jeweils im oberen Menübereich) zunächst nur zwischenspeichern.

Bearbeitung bestehender Webparts

Ein Webpart, das einer Seite zugeordnet wird, verfügt über spezielle Eigenschaften und Definitionen, vergleichbar mit einem Webpart-Abschnitt. Diese Eigenschaften können grundsätzlich von einem Benutzer mit den entsprechenden Berechtigungen jederzeit nachträglich geändert werden.

Eigenschaften eines Webparts

In Abhängigkeit vom Typ eines Webparts bzw. eines Webpart-Abschnitts (Webpart-Zone) stehen eine Vielzahl von Einstellungsmöglichkeiten zur Verfügung.

1. Um die Eigenschaften eines bestehenden Webparts zu ändern, muss zunächst einmal die entsprechende Webseite angewählt werden.
2. Mit dem Punkt *Bearbeiten* im oberen Menübereich wird dann der Bearbeitenmodus der aktuellen Webseite aufgerufen.
3. Im Bearbeitenmodus verfügt jedes Webpart in der Regel oberhalb über eine Leiste mit Optionen, die mit Anklicken des Webparts erscheint. Die Optionen für einen Abschnitt (Webpart-Zone) befinden sich jeweils im linken Bildschirmbereich.

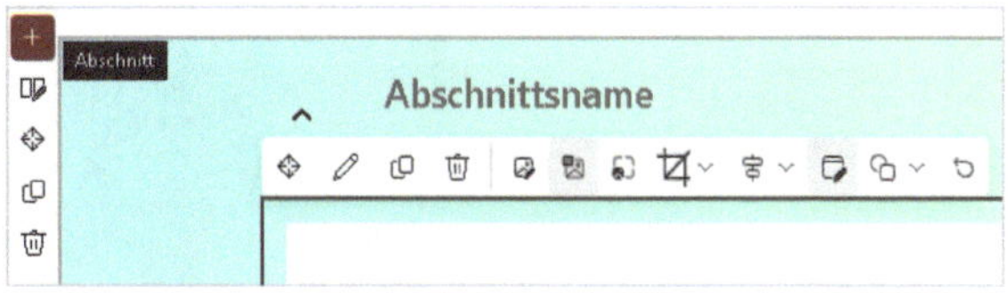

Bild 6.28 Konfigurationsvorgaben eines Webparts.

> Die ersten vier Optionen zur Webpart-Bearbeitung sind immer identisch mit den Optionen eines Webpart-Abschnitts; die übrigen Konfigurationsmöglichkeiten orientieren sich am Typ des gewählten Webparts.

4. Durch Anklicken des entsprechenden Symbols wird die gewünschte Option ausgewählt und kann dann den Vorstellungen entsprechend angepasst oder ausgewählt werden.
5. Zum Beenden des Bearbeitenmodus und zum Speichern der vorgenommenen Änderungen muss die Schaltfläche *Erneut veröffentlichen* angewählt werden (rechts oben).

Wie bereits erwähnt, hängen die Eigenschaften eines Webparts nicht zuletzt auch vom Typ desselben ab. Daneben gibt es eine Reihe von Eigenschaften, die allen Webparts gemein sind. Da die Optionen der einzelnen Webparts nahezu selbsterklärend sind, sollen nachfolgend einige ausgewählte Möglichkeiten separat erläutert werden.

Größe und Form eines Webparts

Die Darstellung eines Webparts auf einer Webseite hängt nicht unwesentlich von seiner Höhe und Breite ab. Dabei lässt sich die Größe eines Webparts fast nach Belieben an eigene Vorstellungen anpassen, dies immer in Abhängigkeit vom gewählten Webpart-Typ.

1 Um die Größe eines Webparts anzupassen, müssen Sie in den Bearbeitenmodus der Webseite wechseln, auf dem das Webpart angeordnet ist.

2 Handelt es sich beispielsweise um ein Bild-Webpart und Sie haben dort bereits ein Bild eingefügt, können Sie die Webpart-Option *Größe ändern* anwählen und diese anschließend über die vier Auswahlkästchen den Wünschen entsprechend anpassen.

3 Über die Webpart-Option *Form* können Sie an der Stelle beispielsweise eine andere Darstellungsform einer Grafik auswählen.

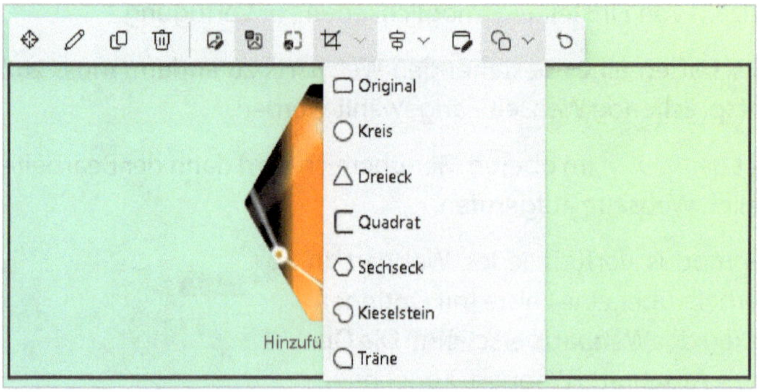

Bild 6.29 Auswahl der Darstellungsform einer Webpart-Grafik.

4 Mit abschließender Bestätigung der Einstellungen über die Schaltfläche *Erneut veröffentlichen* werden diese dann dem gewählten Webpart zugewiesen und veröffentlicht.

Über die Option *Als Entwurf speichern* können Sie vorgenommene Änderungen ebenfalls speichern, diese werden aber dann nicht veröffentlicht und sind somit für andere Benutzer noch nicht sichtbar.

Löschen eines Webparts oder eines Abschnitts

Ein Webpart oder ein Webpart-Abschnitt, die einer bestimmten Webseite zugeordnet wurden, können in der Regel auch jederzeit wieder entfernt werden.

1 Zunächst muss auch zum Löschen der Bearbeitenmodus der Webseite aufgerufen werden.

2 In den Menüoptionen eines Webparts bzw. eines Abschnitts steht zum Entfernen über das entsprechende Symbol die Option *Webpart löschen* bzw. *Abschnitt löschen* zur Verfügung.

3 In beiden Fällen erfolgt **keine** Sicherheitsabfrage, dies bedeutet, dass das Webpart bzw. der Abschnitt sofort aus der Webseitendarstellung entfernt wird. Sollten Sie sich vertan haben, haben Sie an dieser Stelle nur die Möglichkeit, dies über den Menüeintrag *Rückgängig machen* wiederherzustellen.

4 Über *Erneut veröffentlichen* wird die vorgenommene Änderung endgültig gespeichert und veröffentlicht.

> Mit dem Löschen eines Webparts oder eines Webpart-Abschnitts wird die Zuordnung zur Webseite unwiderruflich gelöscht. So werden die gelöschten Objekte auch nicht etwa im Papierkorb der Webseite abgelegt und können somit auch nicht wiederhergestellt werden.

Anordnen und Duplizieren von Webparts

Je nach gewählter Einteilung auf einer Webseite erfolgt die Anordnung der Webparts in den verschiedenen Abschnitten. In der Regel wird eine SharePoint-Webseite, auf der Webparts hinterlegt sind, grundsätzlich aus verschiedenen Abschnitten (Webpart-Zonen) bestehen, denen Webparts zugeordnet sind.

Sie sind dabei relativ frei in der Gestaltung bzw. Anordnung der Webpart-Abschnitte wie auch der darin enthaltenen Webparts. So können Sie Webparts sowohl innerhalb eines Abschnitts, als auch Abschnitt-übergreifend zwischen verschiedenen Abschnitten verschieben. Die Option des Duplizierens ermöglicht Ihnen dabei weitergehende Flexibilität.

Im Bearbeitenmodus kann innerhalb eines Abschnitts oder eines Webparts mit der Option *Webpart verschieben* bzw. *Abschnitt verschieben* eine beliebige Anordnung vorgenommen werden. Dazu müssen Sie die Option des Objekts mit der linken Maustaste anwählen und es bei gedrückter Maustaste verschieben, entweder innerhalb eines Abschnitts oder in einen anderen Abschnitt.

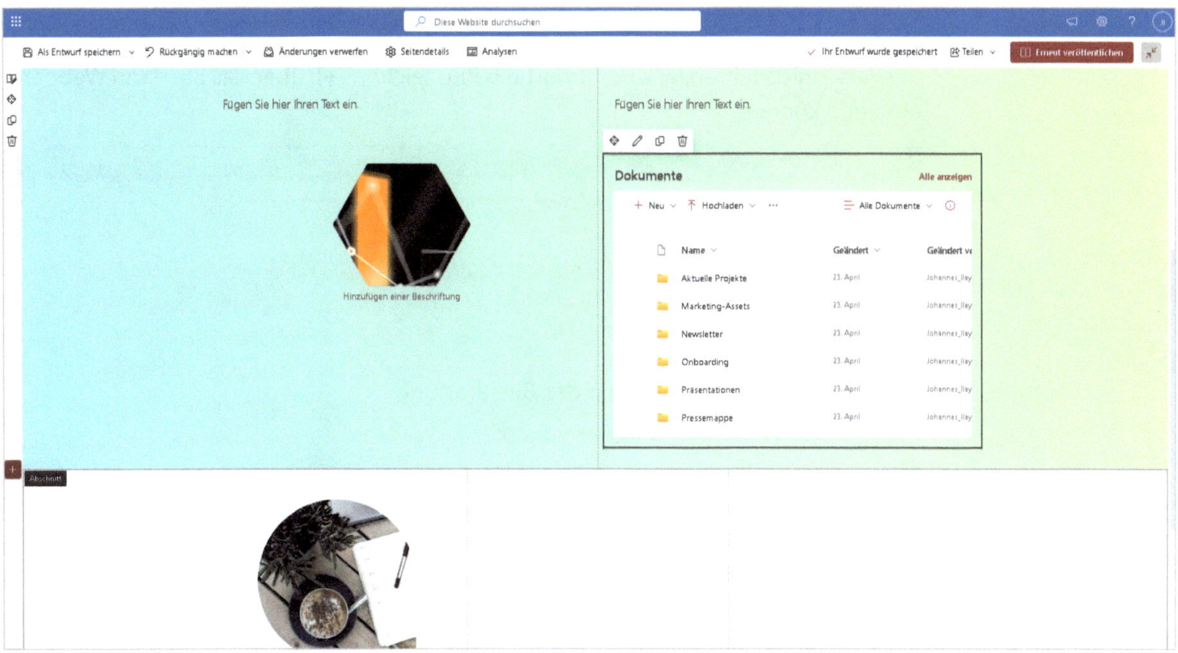

Bild 6.30 Frei gestaltbare Anordnung von Abschnitten und Webparts.

Während mittels des dargestellten Vorgangs des *Drag and Drop* die Objekte verschoben werden, kann sich in der Praxis auch das Duplizieren entsprechender Objekte als sinnvolle Unterstützung bei der Seitengestaltung erweisen. So steht sowohl bei Abschnitten (*Abschnitt duplizieren*) als auch bei Webparts (*Webpart duplizieren*) eine entsprechende Option zur Verfügung, um eine Kopie bestehender Objekte anzulegen.

Webparts veröffentlichen

Sobald auf einer Webseite Änderungen an Webparts oder Webpart-Abschnitten vorgenommen werden, werden diese den anderen Anwendern nicht automatisch angezeigt. Dies hängt einfach und allein damit zusammen, dass sämtliche Änderungen an einer Webseite einer speziellen Freigabe unterliegen.

> In Kapitel 7.2 wird erläutert, wie Sie die Freigabe der Änderungen einer Webseite über einen speziellen Genehmigungsworkflow steuern können.

Diese Freigabe verbirgt sich hinter der Schaltfläche *Erneut veröffentlichen*, die im Bearbeitenmodus einer Webseite angezeigt wird. Erst damit werden die Änderungen für die anderen Anwender (mit Zugriffsrechten) sichtbar. Auf diese Art und Weise kann ein Webseitenentwickler nach und nach gewünschte Anpassungen vornehmen und dies jeweils *Als Entwurf speichern*. Erst nach endgültiger Fertigstellung aller Anpassungen wird die Seite dann veröffentlicht.

Verfügbare Webparts

Bereits im Standardlieferumfang von SharePoint Online sind eine Vielzahl von Webparts enthalten, die eine sehr einfache und schnelle Möglichkeit darstellen, Daten, Inhalte und sonstige Informationen auf Webseiten einer SharePoint-Umgebung sichtbar zu machen (Webpart-Katalog).

Sobald Sie im Bearbeitenmodus einer Webseite mit der Maus an den oberen Rand eines Abschnitts fahren, erscheint dort ein Pluszeichen (+), über das Sie dann Webparts einfügen können.

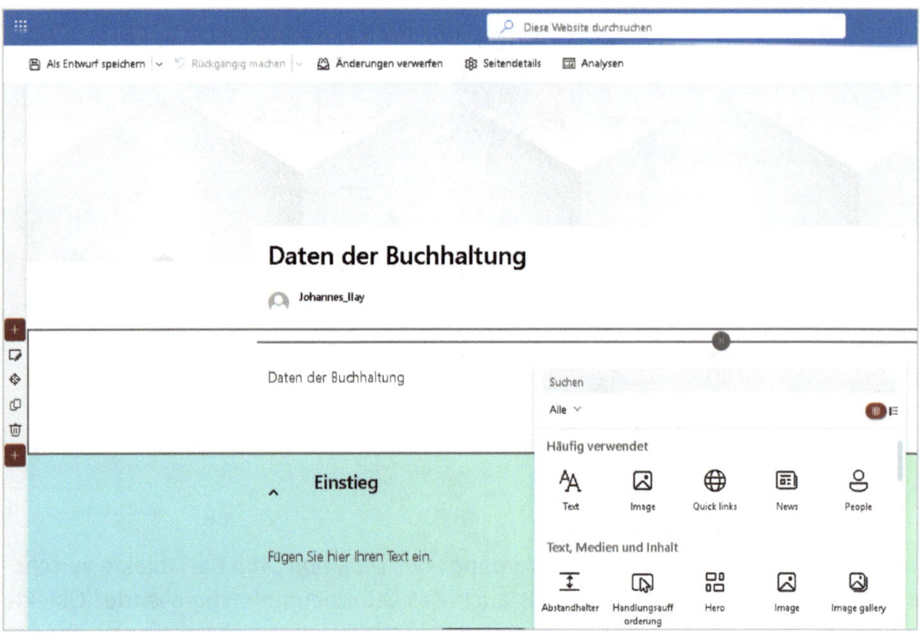

Bild 6.31 Auswahl eines Webparts aus der Webpart-Liste.

> Die Anzeige der verfügbaren Webparts kann je nach Typ der gewählten Webseite unterschiedlich sein. So werden auf einer Teamwebseite andere Webparts angezeigt als beispielsweise auf einer Kommunikations- oder Veröffentlichungsseite.

Bei den Standard-Webparts einer SharePoint-Webseite wird zwischen folgenden Objektgruppen unterschieden:

- Text, Medien und Inhalt
- Dokumente, Listen und Bibliotheken
- Feeds
- Nachrichten, Menschen und Ereignisse
- Datenanalyse
- Regionale Informationen
- Erweitert

Diesen Oberbegriffen werden dann jeweils die einzelnen Webparts zugeordnet; beispielhaft werden nachfolgend einige ausgewählte Webparts erläutert, die im Praxisbetrieb häufig zum Einsatz kommen. So lernen Sie sehr schnell die Funktionsweise und den Leistungsumfang der Webparts kennen.

> Die Aufstellung der Webparts unterliegt nicht nur seitens Microsoft einer permanenten Anpassung, sondern lässt sich auch jederzeit durch Eigenentwicklungen oder Entwicklungen von Drittanbietern anpassen.
>
> Über das Symbol oben rechts können Sie im Webpart-Fenster zwischen der Gruppierungs- und der Listendarstellung wechseln.

Webpart für Bibliotheken

Wenn in einer SharePoint-Umgebung entsprechende Bibliotheken verfügbar sind (z. B. Dokument- oder Bild-Bibliotheken), können diese in Form eines Webparts auf beliebigen Seiten dargestellt werden. Dabei kann es sich um Standardbibliotheken handeln, aber ebenso auch um neu angelegte Bibliotheken.

1. Zur Zuweisung des Webparts für eine Bibliothek müssen Sie im Bearbeitenmodus der Webseite am oberen Rand eines Abschnitts das Pluszeichen (+) anklicken.
2. Aus der nachfolgenden Darstellung der verfügbaren Webparts wählen Sie dann unter *Dokumente, Listen und Bibliotheken* den Eintrag *Dokumentbibliothek* durch Anklicken aus.
3. Das Webpart wird eingefügt und die auf der Webseite verfügbaren Bibliotheken werden angezeigt; wählen Sie dann aus der Aufstellung der Bibliotheken die gewünschte aus.

4 Der Inhalt der Bibliothek wird im Vorschaumodus angezeigt und kann dann mit der Schaltfläche *Erneut veröffentlichen* direkt publiziert werden.

> Ein Webpart lässt sich nicht nur einem bestehenden Abschnitt hinzufügen, sondern Sie können dazu natürlich auch vorher einen neuen Abschnitt hinzufügen. Nutzen Sie dafür das Pluszeichen (+) im linken Fensterbereich der Webseite.

Inhalt einer Liste als Webpart anzeigen

Vergleichbar mit einer Bibliothek können Sie auch Standardlisten von SharePoint (z. B. Kalender, Aufgaben usw.), aber ebenso auch selbst definierte oder neu angelegte Listen als Webpart in eine Webseite einfügen.

1 Nach Anwahl der Webseite müssen Sie den Bearbeitenmodus über die gleichnamige Schaltfläche aufrufen.

2 Klicken Sie dort entweder auf das Pluszeichen (+) zum Einfügen eines Webparts in einem bestehenden Abschnitt oder fügen Sie einen neuen Abschnitt hinzu und wählen dort dann das Pluszeichen an.

3 Aus der Aufstellung der verfügbaren Webparts klicken Sie dann im Bereich *Dokumente, Listen und Bibliotheken* auf den Eintrag *Liste*.

4 Das Webpart wird eingefügt und es werden die auf der Webseite verfügbaren Listen angezeigt, aus denen Sie dann die gewünschte auswählen müssen.

Bild 6.32 SharePoint-Liste als Webpart-Darstellung.

Quicklinks-Webparts

Mit Hyperlinks besteht die Möglichkeit, auf einer Webseite (beispielsweise auf der Startseite) Einträge zu bestimmten Themen, Listen oder auch Dokumenten zu hinterlegen, die dann durch Anklicken angewählt werden können. SharePoint stellt dafür ein spezielles Webpart mit dem Namen *Quicklinks* zur Verfügung. Dabei spielt es keine Rolle, ob damit Verlinkungen auf interne oder externe Webadressen hinterlegt werden.

> Hyperlink ist ein Verweis auf eine beliebige Webseite bzw. eine Freigabe; die Syntax ergibt sich dabei aus der zugeordneten URL (z. B. https://www.dilaro.de).

1 Zum Hinzufügen eines Hyperlink-Webparts muss im Bearbeitenmodus der Webseite das Webpart *Quicklinks* ausgewählt werden; standardmäßig ist dieses im Bereich *Text, Medien und Inhalt* abgelegt.

2 Nach dem Einfügen des Webparts können die spezifischen Eigenschaften bearbeitet werden. So gehört dazu beispielsweise die Festlegung der angezeigten Felder. Dazu muss innerhalb des Webparts der Punkt *Link hinzufügen* angewählt werden.

3 Es erscheint ein Konfigurationsfenster, in dem Sie aus bestehenden Webseiten dann die gewünschte Seite auswählen können, die verlinkt werden soll. Alternativ können Sie mit der Option *Von einem Link* (siehe linker Bereich im folgenden Bild) eine beliebige Webadresse (URL) angeben.

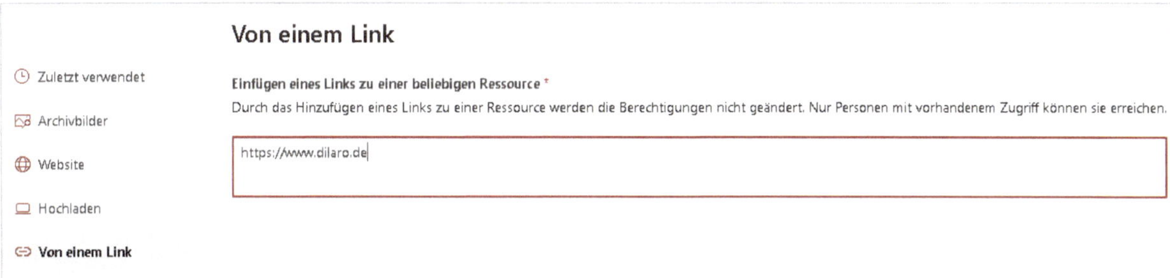

Bild 6.33 Konfiguration einer externen Webadresse als Quicklink.

4 Nachdem Sie die gewünschten Einstellungen mit der Schaltfläche *Hinzufügen* bestätigt haben, wird der Eintrag im Webpart angezeigt.

5 Auf diese Weise können Sie weitere Links ergänzen und diesen Webpart anschließend über die Schaltfläche veröffentlichen.

Nach der Konfiguration des Webparts können neue Einträge (Hyperlinks) hinzugefügt (oder bestehende bearbeitet) werden, wozu Sie erneut in den Bearbeitenmodus der Webseite wechseln müssen.

6.6 Systemeinstellungen

Eine Webseitenumgebung hält eine Vielzahl von Einstellungsmöglichkeiten zur Verfügung. Diese werden teilweise direkt auf der Webseite, teilweise aber auch nur auf Ebene der Zentraladministration im *SharePoint Admin Center* verwaltet.

Speicherplatz einer Webseitensammlung

Die Beschränkung des verfügbaren Speicherplatzes kann zum einen auf der Ebene einer Webseitensammlung vorgenommen werden. Zum anderen erfolgt die Zuweisung eines Kontingents in der Zentraladministration in der Regel nach der Neuanlage.

Standardmäßig wird einer Webseitensammlung (*Kommunikationswebsite*) bei der Neuanlage ein Speicherplatz von maximal 25 Terabyte zugewiesen. Im Gegensatz dazu erhält eine *Teamwebsite* standardmäßig 1 Terabyte Speicherplatz.

1 Zur Zuweisung eines Speicherkontingents sollte das gewünschte Kontingent zunächst einmal global definiert werden. Dazu muss in der Zentraladministration der Menüpunkt *Einstellungen* und dann *Websiteerstellung* angewählt werden.

2 Im nachfolgenden Dialogfenster müssen die benötigten Angaben eingetragen bzw. ausgewählt werden. Zum Anlegen eines Speicherkontingents für alle neuen Webseitensammlungen müssen Sie dies im Feld *Standardspeicherlimit für neue Sites* entsprechend festlegen, indem Sie dort den Maximalwert eintragen.

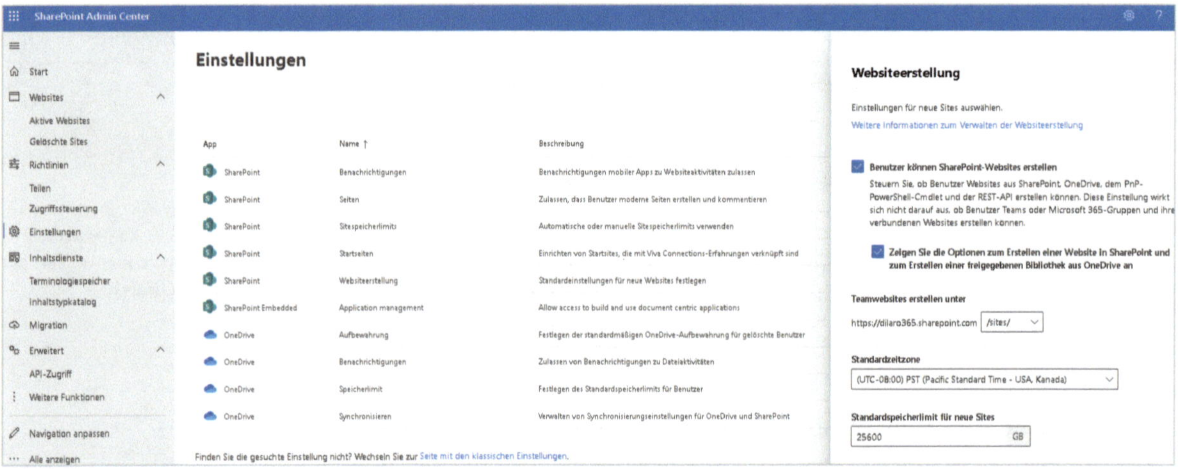

Bild 6.34 Festlegung eines Standardspeicherlimits.

3 Mit der Schaltfläche *Speichern* wird diese Einstellung für alle zukünftig anzulegenden Webseiten aktiviert.

Mit der Option *Sitespeicherlimits* können Sie festlegen, ob das Speicherkontingent für jede Webseite individuell festgelegt wird oder ob mehrere Seiten den Speicherplatz unter sich aufteilen können.

4 Um das Speicherlimit für eine bestehende Webseitensammlung anzupassen, klicken Sie dann in der Zentraladministration links auf den Menüpunkt *Aktive Websites*.

5 Nach Anwahl der gewünschten Webseite oder Webseitensammlung erscheint das Eigenschaftenfenster, in dem Sie mit der Option *Speicherlimit* Einfluss auf den zugewiesenen Speicherplatz nehmen können.

6 Nach Anklicken der Option *Bearbeiten* erscheint ein Dialogfenster, in dem Sie nicht nur das Speicherlimit festlegen können, sondern auch eine automatische

Benachrichtigungsfunktion konfigurieren können, wenn der Speicherplatz ausgeschöpft ist.

Bild 6.35 Speicherlimit einer Webseitensammlung.

7 Nach abschließender Bestätigung über die Schaltfläche *Speichern* wird das gewählte Kontingent für die gesamte Webseitensammlung zugewiesen und ist auch direkt aktiv.

> Mit der Zuweisung eines Speicherkontingents an eine Webseitensammlung hat dies automatisch Gültigkeit für alle Webseiten der Sammlung. Bei Überschreitung des Speicherkontingents erscheint am Bildschirm ein entsprechender Hinweis.

Verwalter einer Webseitensammlung

Bei der Neuanlage einer Webseitensammlung wird in der Regel auch festgelegt, wer sogenannter *Webseitensammlungsadministrator* ist. Damit werden in der Regel ein oder zwei Personen definiert, die für die Systemverwaltung der Webseitensammlung verantwortlich sind (primärer und sekundärer Webseitensammlungsadministrator).

Die mit der Funktion eines Webseitensammlungsadministrators verbundenen Aufgaben beziehen sich auf die komplette und eigenständige Systemverwaltung einer solchen Umgebung. Somit besteht auf diese Weise eine Möglichkeit, für einen Bereich Ihres Unternehmens oder Ihrer Organisation eine neue Webseitensammlung anzulegen, die dann vollkommen autark von dem entsprechenden Fachbereich verwaltet wird.

1 Um eine nachträgliche Zuordnung der Webseitensammlungsadministratoren vorzunehmen, muss in der Zentraladministration (*SharePoint Admin Center*) unter *Aktive Websites* der Eintrag für die Webseite bzw. Webseitensammlung angeklickt werden.

2 Im nachfolgenden Dialogfenster müssen Sie dann das Register *Mitgliedschaft* anwählen und können sich bei *Siteadministratoren* die aktuelle Zuordnung der angewählten Webseitensammlung anzeigen lassen.

3 Mit dem Punkt *Websiteadministratoren hinzufügen* können Sie dann weitere Administratoren ergänzen.

4 Soll ein zugewiesener Administrator entfernt werden, müssen Sie den Namen anhand des Auswahlkästchens markieren und dann auf den Punkt *Als Websiteadministrator entfernen* klicken.

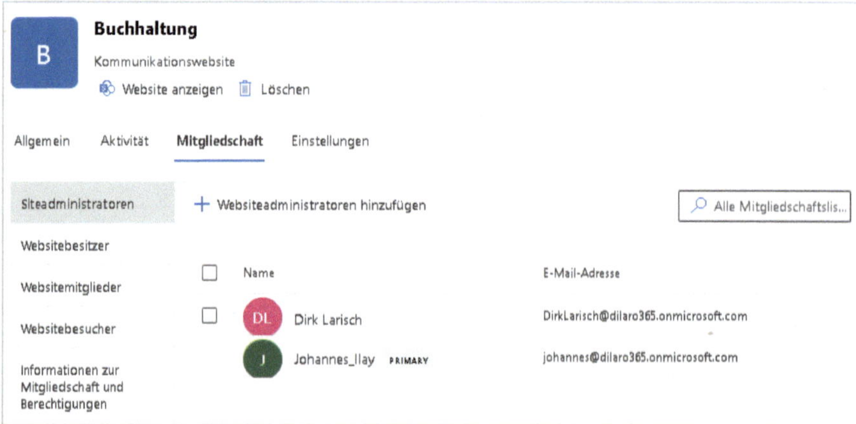

Bild 6.36 Verwaltung der Websiteadministratoren.

Ein *Primärer Websiteadministrator* kann aus der Aufstellung nur entfernt werden, wenn Sie vorher einen anderen Administrator zum primären Administrator hochgestuft haben. Zudem müssen Sie pro Webseitensammlung wenigstens einen Administrator festlegen; die Definition eines *Sekundären Webseitensammlungsadministrators* ist dagegen optional.

Einsatz von Unterwebseiten

Microsoft hat standardmäßig in einer SharePoint-Umgebung das Anlegen von Unterwebseiten deaktiviert. Hintergrund ist ein übermäßig hoher Verwaltungsaufwand, wenn bei einer Webseitensammlung weitere Unterwebseiten angelegt und verwaltet werden müssen. Stattdessen empfiehlt Microsoft das Anlegen von nebeneinander angelegten Webseiten in einer Hierarchiestufe, die dann wiederum über die Hub-Technologie miteinander verbunden werden können.

Da sich dennoch hier und wieder die Notwendigkeit ergeben kann, einer Webseitensammlung spezielle Unterwebseiten zuzuordnen, müssen Sie diese Option zunächst in der Zentraladministration von SharePoint aktivieren.

1 Wählen Sie zunächst im *SharePoint Admin Center* den Menüpunkt *Einstellungen* an.

2 Als Nächstes klicken Sie dann im unteren Bereich der nachfolgenden Seite auf den Punkt *Wechseln Sie zur Seite mit den klassischen Einstellungen*.

3 Es erscheinen eine Reihe von Konfigurationseinstellungen, wo Sie dann bis zu dem Punkt *Unterwebsiteerstellung* scrollen müssen.

4 Sofern dies deaktiviert ist, müssen Sie in diesem Bereich dann die Option *Erstellung von Unterwebsites für alle Websites aktivieren* durch Anklicken auswählen.

5 Über die Schaltfläche *OK* wird die vorgenommene Einstellung anschließend aktiviert und die Auswahloption für Unterwebseiten steht unmittelbar zur Verfügung.

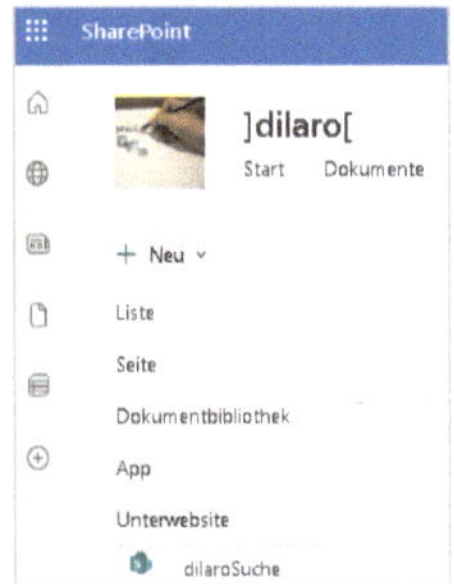

Bild 6.37 Option zum Anlegen einer Unterwebseite.

> Nach Möglichkeit sollten Sie bei neuen Webseiten einer SharePoint-Umgebung das Prinzip der Hub-Seiten nutzen und anwenden. Auch wenn es hier und da Anwendungsfälle gibt, scheint absehbar, dass die Unterwebseiten nach und nach nicht weiter unterstützt werden.

Neue Startseite

Die Startseite einer Webseitensammlung wird in der Regel durch die Auswahl einer Vorlage festgelegt. Es kann aber auch Situationen geben, in denen eine andere Webseite als Startseite einer Webseitensammlung definiert werden soll. Dies lässt sich in einer SharePoint-Umgebung mit wenigen Arbeitsschritten umsetzen.

1 Die Webseiten einer Webseitensammlung sind als separate ASPX-Seiten abgelegt. Die Auflistung erhalten Sie, wenn Sie auf der Webseite im *Einstellungen*-Menü (Zahnradsymbol) den Punkt *Websiteinhalte* anwählen.

2 Über den Eintrag *Websiteseiten* gelangen Sie im nächsten Schritt zur Aufstellung der zugeordneten Webseiten.

3 Um eine beliebige Webseite als Startseite der Webseitensammlung einzusetzen, wählen Sie zunächst das Kontextmenü dieser Datei an (3-Punkte).

4 Dort erhalten Sie mit dem Punkt *Zur Startseite machen* die Möglichkeit, die bestehende Startseite gegen eine andere auszutauschen.

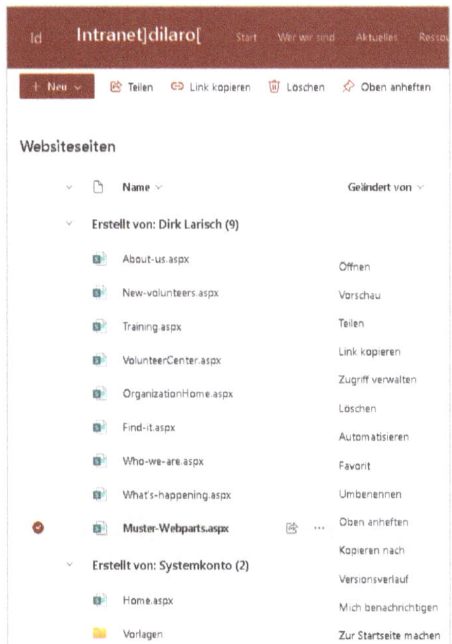

Bild 6.38 Beliebige Webseite als Startseite einer Webseitensammlung.

> Auf diese Art und Weise können Sie sehr einfach und schnell eine Startseite ersetzen, wobei Sie natürlich auch jederzeit wieder zurück wechseln können.

6.7 Microsoft Teams und Teamwebseiten

Die Integration von Microsoft Teams in die Microsoft-365-Umgebung hat auch im Bereich der Webseiten einige interessante Besonderheiten. Neben den speziellen Teamwebseiten, die erstellt werden können, ergeben sich auch bei der Integration von Webseiten in Microsoft Teams einige interessante Ansätze.

Verwaltung

In einer SharePoint-Umgebung können Sie bei der Erstellung von Webseiten oder Webseitensammlungen am Anfang zwischen einer *Teamwebsite* und einer *Kommunikationswebsite* unterscheiden. Im Gegensatz zu einer *Kommunikationswebsite* zum Publizieren bestimmter Inhalte können Sie eine *Teamwebsite* beispielsweise für die gemeinsame Arbeit an einem Thema oder Projekt nutzen.

> Beim Anlegen eines neuen Bereiches (Team, Kanal) in Microsoft Teams wird standardmäßig immer automatisch eine zugeordnete *Teamwebsite* (Übergeordnete Webseite) angelegt; auf dieser SharePoint-Seite werden alle Daten des Teams (oder Kanals) gespeichert.

Wählen Sie bei der Seitenerstellung in SharePoint (*Website erstellen*) die Option *Teamwebsite* aus, erhalten Sie zunächst einmal auch andere Mustervorlagen als bei einer *Kommunikationswebsite*. So gibt es beispielsweise dabei unter anderem eine separate Vorlage *Projektmanagement*.

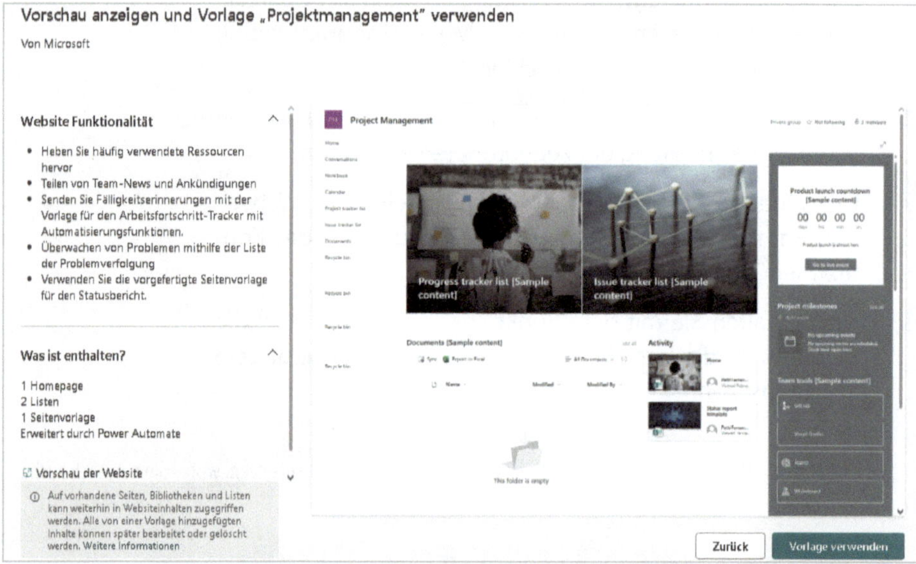

Bild 6.39 Auswahl einer Vorlage bei einer Teamwebsite.

Genau wie bei der Erstellung eines Teams (Bereichs) in Microsoft Teams, so wird auch beim Erstellen einer Teamwebseite zwischen einem öffentlichen und einem privaten Bereich unterschieden; dies ermöglicht eine explizite Steuerung der Zugriffe auf diese Webseite.

Bild 6.40 Festlegung der Zugriffsrechte beim Anlegen einer Teamwebseite.

Wie in Microsoft Teams können Sie auch bei der Anlage einer Teamwebseite für den Zugriff direkt entsprechende Mitglieder zuweisen. Unterschieden wird dabei – genau wie in Microsoft Teams – zwischen *Mitgliedern* und *Besitzern*.

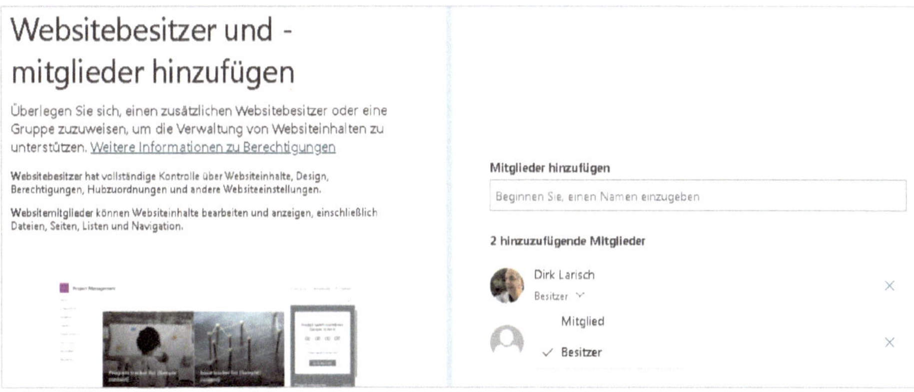

Bild 6.41 Festlegung der Art der Mitgliedschaft.

> Beim Anlegen einer Webseite als *Teamwebsite* wird in Azure AD (*Entra ID*) automatisch eine M365-Gruppe angelegt, der wiederum die Mitglieder und Besitzer zugewiesen werden.

Bild 6.42 Verbindung einer Teamwebseite mit Microsoft Teams.

Das Besondere an Webseiten, die als *Teamwebsite* angelegt werden, ist – neben der Verwaltung über eine separate M365-Gruppe – dass Sie über eine solche Webseite auf Wunsch einen Bereich (Team) in Microsoft Teams anlegen bzw. zuweisen können. Auf diese Art und Weise können Sie die gesamte Verwaltung der Webseite über Microsoft Teams steuern.

Webseiten einer Teams-Umgebung

Eine spezielle Form der Integration beliebiger Webseiten in Microsoft Teams stellt der Einsatz der Anwendung *Viva Connections* dar. Damit ist es möglich, beliebige Webseiten in die Umgebung von Microsoft Teams zu integrieren, sodass der Anwender nicht mehr zwischen Microsoft Teams und einem Browser wechseln muss.

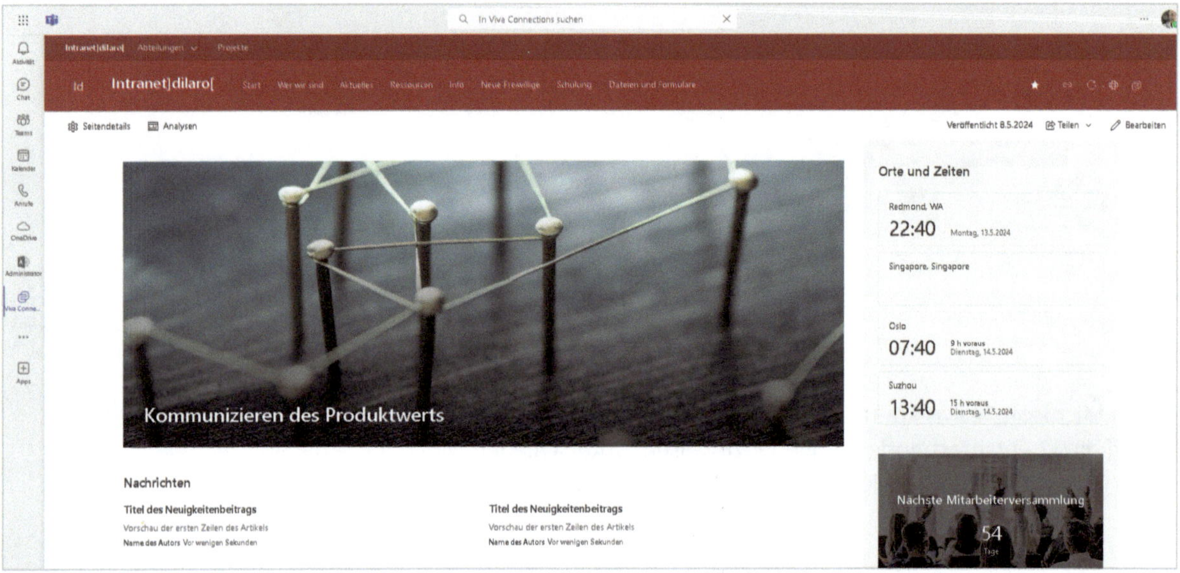

Bild 6.43 Integration einer Webseite in Viva Connections.

Die Einbindung in *Viva Connections* kann dabei beispielsweise als separate Verlinkung erfolgen, die innerhalb der Anwendung konfiguriert wird. Grundsätzlich kann es sich dabei auch um externe Webseiten handeln.

Bild 6.44 Einbindung einer externen Webseite in Viva Connections.

Bild 6.45 Einfacher Aufruf der integrierten Webseiten.

Während interne Webseiten der SharePoint-Umgebung integriert als separater Bereich in Microsoft Teams dargestellt werden, erfolgt bei der Verlinkung externer Webseiten immer der Aufruf der Seite in einem Browser.

Beim Einsatz der Anwendung *Viva Connections* können Sie grundsätzlich auch ohne spezielle Verlinkung in einer Microsoft-Teams-Umgebung sehr einfach und schnell auf die zugewiesenen Webseiten einer SharePoint-Umgebung zugreifen. Sobald Sie das Symbol der Anwendung anklicken, erscheinen die zugeordneten Webseiten, aus denen Sie dann durch Anklicken eine beliebige auswählen können (Bild 6.45).

> Mit den Möglichkeiten von *Viva Connections* verfügen Sie über sehr einfache und übersichtliche Funktionen, um die Webseiten (Webseitensammlungen) einer SharePoint-Umgebung in Microsoft Teams zu integrieren.

6.8 Power Pages

Grundsätzlich besteht auch mit den Funktionen und Komponenten einer SharePoint-Umgebung die Möglichkeit, professionelle Webseiten zu erstellen, die beispielsweise als Webseiten für externe Firmen dienen. Mittlerweile verfolgt Microsoft aber mit dem Einsatz der *Power Pages* einen anderen Ansatz, der mehr Flexibilität verspricht. Dabei ist *Power Pages* ein Produkt, das durch eine Übernahme von Microsoft (Adxstudio) Eingang in die Microsoft-365-Umgebung gefunden hat.

Power Pages integriert sich als Teil der Power-Plattform von Microsoft (neben Power Apps, Power Automate, Power BI und Copilot Studio, ehemals Power Virtual Agents) prima in diese Umgebung, die als Low-Code-/No-Code-Plattform für eine professionelle Anwendungsentwicklung dient. Nicht dass SharePoint nicht professionell wäre, aber die Datenhaltung und -verwaltung in SharePoint ist heutzutage für bestimmte Anforderungen nicht mehr zeitgemäß.

> Während die mit SharePoint erstellten Webseiten allesamt in SharePoint selber gespeichert werden, erfolgt die Speicherung von Daten und Webseiten, die mit *Power Pages* erstellt werden, in *Microsoft Dataverse*, dem zentralen Cloud-Datenspeicher der Power-Plattform von Microsoft.

Power Pages funktioniert – wie die anderen Komponenten der Power-Plattform – ebenfalls browserbasiert, sodass Sie dafür keinen speziellen Client benötigen; der Aufruf selbst erfolgt mit folgender Adresszeile: https://make.powerpages.microsoft.com

Bild 6.46 Startseite von Power Pages.

Power Pages wird von Microsoft separat lizenziert; Sie haben jedoch die Möglichkeit, die Funktionen dieser Anwendung für einen Testzeitraum kostenfrei auszuprobieren.

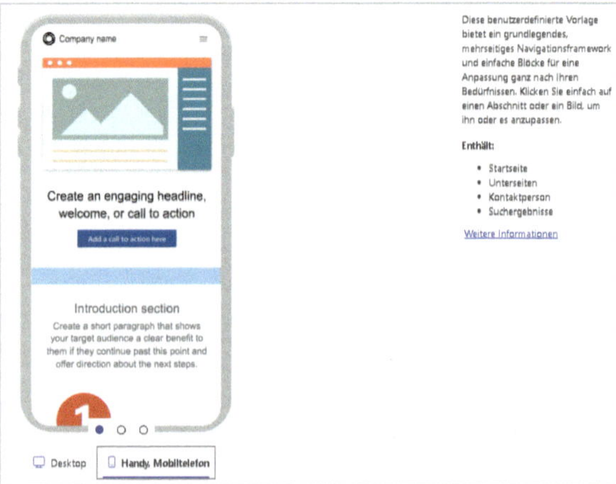

Bild 6.47 Vorlagenauswahl bei Power Pages.

Vergleichbar mit der Webseitenentwicklung in einer SharePoint-Umgebung können Sie auch in *Power Pages* auf eine Vielzahl von Vorlagen zurückgreifen. Dabei erhalten Sie dann beispielsweise auf Wunsch in einer Voransicht auch direkt einen Einblick, wie die Webseite für ein Mobilgerät gestaltet sein könnte.

Auf der grafischen Oberfläche von Power Pages werden sich Entwickler von SharePoint-Webseiten sehr schnell wiederfinden. Gibt es doch dort vergleichbare Funktionen und Möglichkeiten. So können Webseiten auch bei Power Pages mithilfe von Abschnitten und Webparts gestaltet werden, um auf diese Art die gewünschten Daten und Informationen darzustellen.

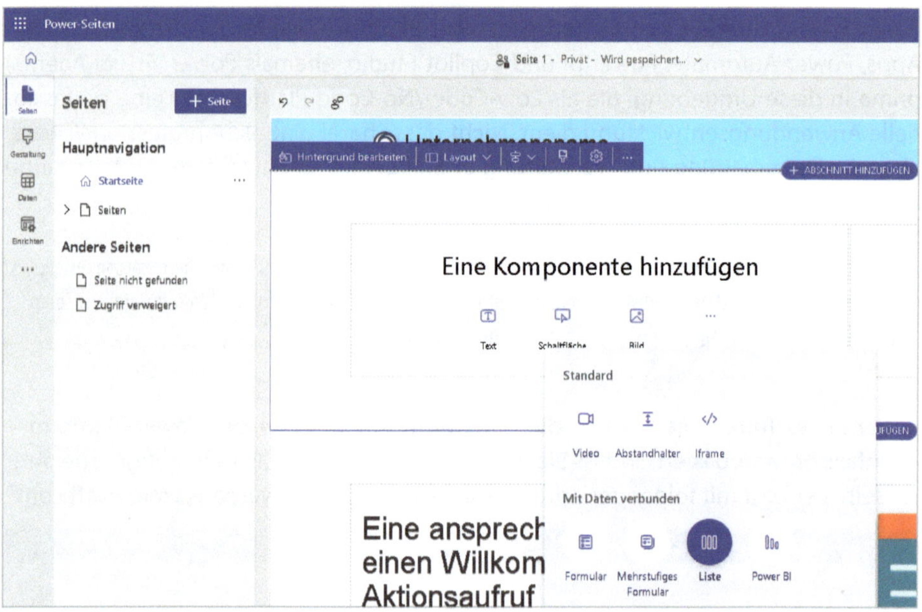

Bild 6.48 Abschnitte und Webparts in der grafischen Oberfläche.

Ein weiterer, großer Vorteil von *Power Pages* ist, dass Sie sich bei der Erstellung von Webseiten nicht nur in der grafischen Oberfläche bewegen können, sondern professionellen Entwicklern ermöglicht diese Umgebung auch, Anpassungen direkt im Quellcode der einzelnen Webseiten vorzunehmen.

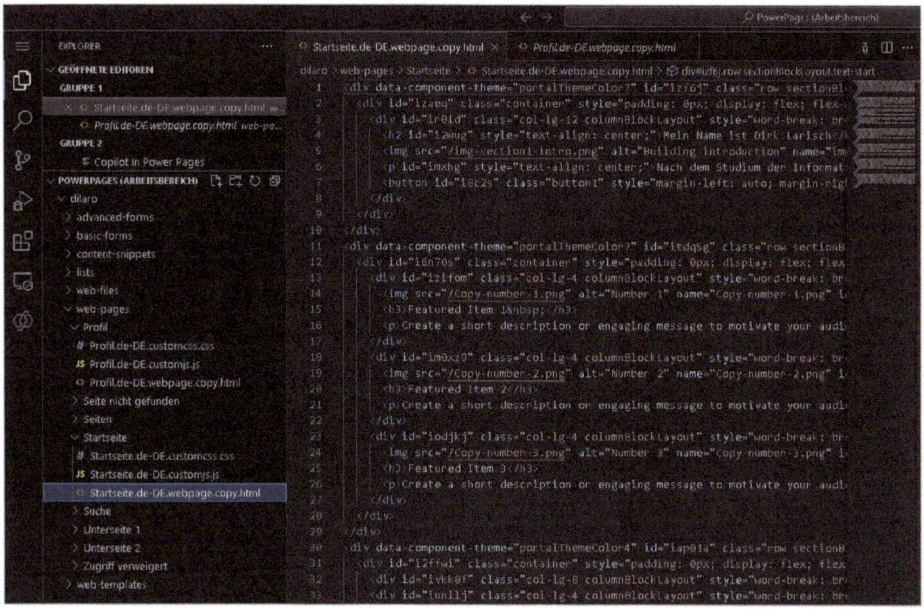

Bild 6.49 Programmcode einer Power-Pages-Webseite.

Eine These: *Power Pages* wird die Erstellung von Webseiten einer SharePoint-Umgebung nicht ablösen! Zu tief ist auch die Integration von Microsoft Teams in die SharePoint-Umgebung. So wird *Power Pages* parallel existieren und den Anwendern bzw. Entwicklern die Möglichkeit geben, professionelle Webseiten jenseits einer SharePoint-Umgebung zu erstellen und zu vermarkten.

6.9 SharePoint Brand Center

Mit dem *Brand Center* können Sie in einer SharePoint-Umgebung einen zentralen Ort schaffen, wo Sie sämtliche Vorgaben und Vorlagen für das *Corporate Identity* (das *branding*) Ihres Unternehmens oder Ihrer Organisation zusammenfassen können.

Sie können im SharePoint Brand Center Vorlagen für Webseiten, Schriftarten für Webseiten, Farbgebungen oder auch Logos und andere Designelemente hinterlegen. Ergänzen können Sie das beispielsweise um beliebige Fotos, Vorgaben für Hintergrundbilder oder auch Vorgaben für Unternehmensvideos. Daraus ergeben sich unter anderem folgende Vorteile für den Einsatz eines *Brand Centers*:

- **Zentrale Ablage und Verwaltung**
  Alle Markenelemente können an einem zentralen Ort verwaltet werden, wodurch die Organisation und der Zugriff optimiert werden.

- **Einrichtung und Verwendung**
  Die Einrichtung des *Brand Centers* ist einfach und erfordert nur einige wenige Arbeitsschritte im Microsoft 365 Admin Center. Die Bedienung oder der Einsatz setzt keine tiefergehenden, technischen Kenntnisse voraus.
- **Effektivität und Effizienz**
  Das *Brand Center* ermöglicht Zeit- und Ressourceneinsparungen, indem Doppelungen oder Verwechslungen von Elementen vermieden werden. Die Konzentration liegt damit auf der Erstellung hochwertiger Inhalte.
- **Konsistenz**
  Durch die zentralisierte Verwaltung Ihrer Markenelemente wird eine konsistente Markenidentität sichergestellt; dies stärkt das professionelle Image der Marke und des Unternehmens oder der Organisation.
- **Sicherheit und Compliance**
  Das *Brand Center* ist in die Microsoft-365-Umgebung integriert, sodass dafür auch bestehende Sicherheits-, Datenschutz-, Identitäts- und Compliance-Richtlinien Gültigkeit haben.

> Im *Brand Center* werden alle Vorgaben und Ressourcen (Markenelemente) zusammengefasst, die für einen einheitlichen Auftritt eines Unternehmens oder einer Organisation benötigt werden.

7 Integration in der Microsoft-365-Umgebung

SharePoint ist die zentrale Integrationsplattform einer Microsoft-365-Umgebung. Demzufolge gibt es an verschiedenen Stellen Anbindungen anderer Anwendungen bzw. die Möglichkeit, die von anderen Anwendungen zur Verfügung gestellten Möglichkeiten und Funktionen in SharePoint einzubinden und zu verwenden und natürlich die Daten anderer mit anderen Anwendungen auszutauschen.

Bei den nachfolgenden Erläuterungen handelt es sich ausnahmslos um M365- Anwendungen, die beispielsweise wie Microsoft Teams in die SharePoint-Umgebung integrierbar sind. Genauso aber auch um Möglichkeiten, die Funktionen und Systeme der *Microsoft Power Platform* zu nutzen, um beispielsweise aus SharePoint heraus über definierte Abläufe (Workflows) Daten mit anderen Systemen auszutauschen.

7.1 Microsoft Teams

In den vorhergehenden Kapiteln 4 und 6 wurde bereits auf die enge Bindung zwischen SharePoint und Microsoft Teams hingewiesen. Nicht nur, dass Dokumente, die in Microsoft Teams hinterlegt werden, in entsprechenden SharePoint-Bibliotheken abgelegt werden, sondern auch bei der Verwaltung von Webseiten ergeben sich enge Anknüpfungen und Verbindungen.

Webseite

Sobald Sie in Microsoft Teams einen neuen Bereich in Form eines Teams anlegen, wird im zugeordneten SharePoint-Bereich automatisch eine Teamwebseite (*Teamwebsite*) erstellt. Eine solche Webseite dient dabei der Speicherung von Daten innerhalb des Kanals *Allgemein* (*General*) in einer Dokumentbibliothek mit dem Namen *Dokumente*. Darüber hinaus können Sie aber auch weitergehende Bibliotheken anlegen und Daten zuordnen.

Die automatisch angelegte Webseite kann aber nicht nur zur Dateiablage genutzt werden, sondern ermöglicht es, als eigenständige Webseite auch die Zusammenarbeit innerhalb eines Teams (z. B. Projektgruppe) zu unterstützen.

Der Aufruf der Webseite kann standardmäßig direkt aus Microsoft Teams erfolgen, indem Sie im entsprechenden Team das Register *Dateien* anwählen und dann aus dem Eigenschaften-Menü (3-Punkte-Menü) den Punkt *In SharePoint öffnen* anklicken.

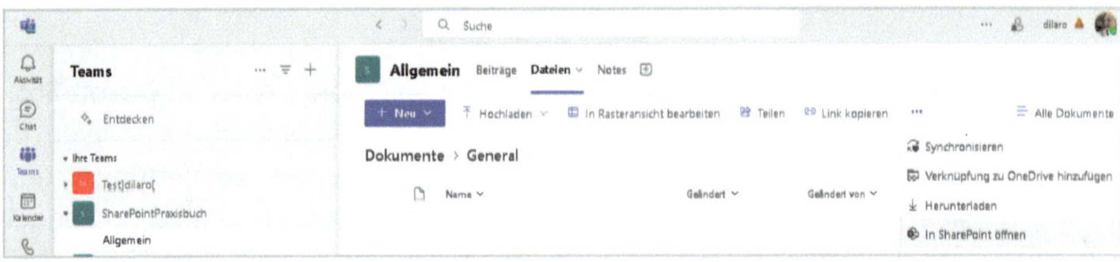

Bild 7.1 Aufruf einer SharePoint-Webseite aus Microsoft Teams.

Damit erfolgt ein Browseraufruf und die Darstellung der zugehörigen Webseite des Teams mit Darstellung des Inhalts der Dokumentbibliothek *Dokumente* (im Kanal *Allgemein*). An dieser Stelle können Sie beispielsweise Dokumente hochladen, so wie Sie es von sonstigen Bibliotheken gewohnt sind; der Inhalt wird anschließend direkt sowohl in der Bibliothek als auch in Microsoft Teams angezeigt.

Bild 7.2 SharePoint-Bibliothek mit den Daten einer Teams-Umgebung.

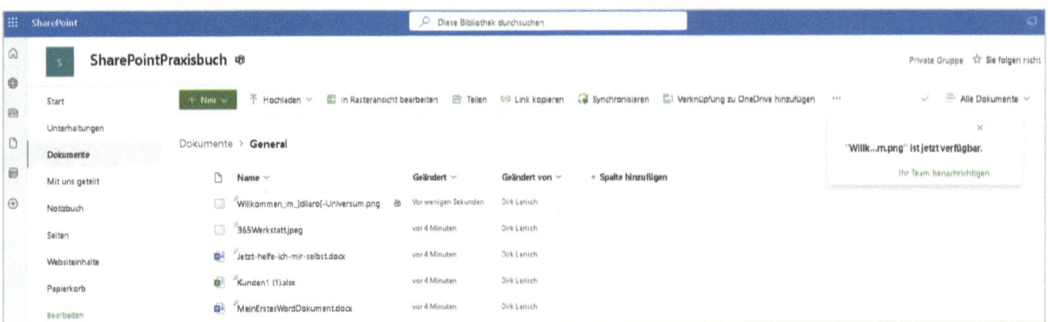

Mit der Navigation am Bildschirmrand (links, oben) können Sie die verschiedenen Funktionen der Webseite aufrufen. So können Sie beispielsweise mit dem Punkt *Start* die oberste Webseite der Teamwebseite aufrufen, wo Sie unterschiedliche Gestaltungsmöglichkeiten zur Förderung der Zusammenarbeit vorfinden.

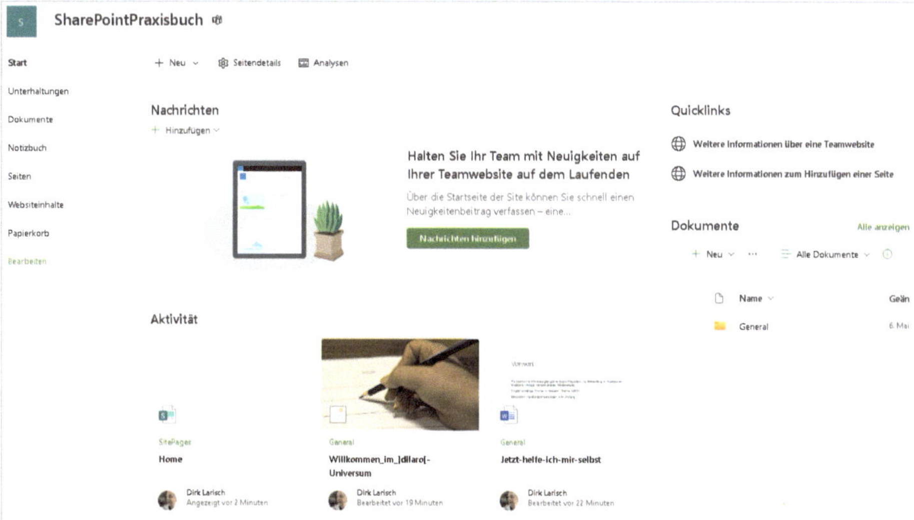

Bild 7.3 Startwebseite eines Teams.

> Weitergehende Angaben zum Aufbau und zur Verwaltung einer Webseite oder Webseitensammlung enthält das Kapitel 6 dieses Buches.

Dokumentenablage

Die Standarddateiablage eines Teams oder eines (geschützten) Kanals von Microsoft Teams ist eine SharePoint-Bibliothek. Den Aufbau der Standardbibliothek (Dokumente) können Sie beliebig strukturieren, indem Sie beispielsweise neue Ordner und Dateien zuweisen. Sie erhalten automatisch immer direkt eine „Spiegelung" in Microsoft Teams, wo die Änderungen direkt wirksam werden.

Möchten Sie auf der SharePoint-Ebene beispielsweise weitere Bibliotheken einrichten und diese den Mitgliedern des Teams zur Verfügung stellen, so müssen Sie diese Bibliothek zunächst einmal auf Ebene der (obersten) Webseite des Teams anlegen.

Bild 7.4 Neuanlage einer Dokumentbibliothek.

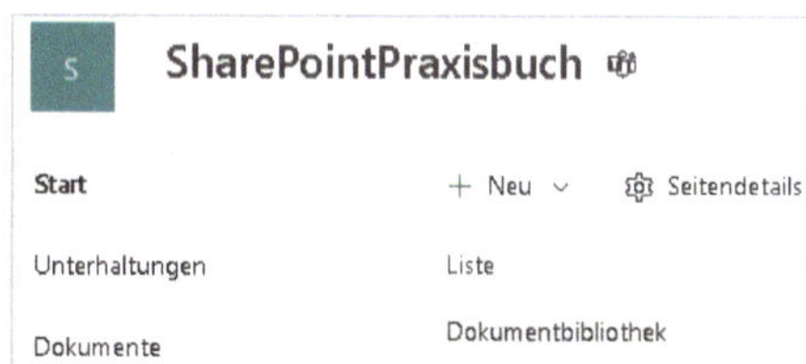

1. Rufen Sie also zunächst die Startseite der Webseite auf (siehe oben).
2. Wählen Sie im nächsten Schritt aus dem Menü *Neu* den Punkt *Dokumentbibliothek* an.
3. Im nachfolgenden Dialogfenster haben Sie dann verschiedene Auswahloptionen (Leere Bibliothek, Vorlage).

4 Nach Eingabe eines Namens und einer Beschreibung wird die neue Bibliothek mit dem Punkt *Erstellen* angelegt und damit in der SharePoint-Umgebung zur Verfügung gestellt.

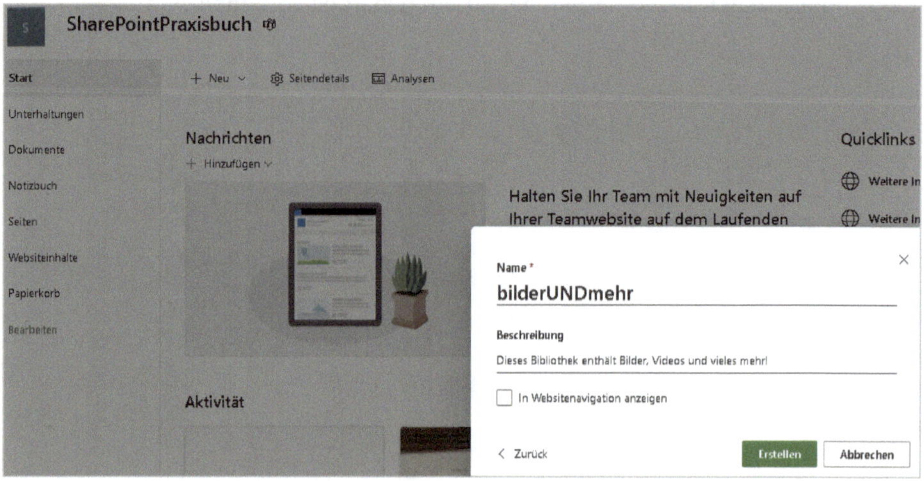

Bild 7.5 Bestätigung zur Neuanlage einer Bibliothek.

> Nähere Angaben zur Neuanlage und der ggf. erforderlichen Anpassung (Stichwort: Metadaten) einer Bibliothek enthält das Kapitel 2.2 dieses Buches.

5 Eine auf SharePoint-Ebene angelegte Bibliothek wird nicht automatisch in Microsoft Teams angezeigt. Um auf die neue Bibliothek zuzugreifen, gibt es verschiedene Möglichkeiten; die schnellste ist die Anwahl des Registers *Dateien* im Kanal *Allgemein* (*General*).

6 Klicken Sie dann oberhalb der Dokumentenliste im Menü den Punkt *Dokumente* ❶ an.

7 Damit erscheint rechts neben *Dokumente* ein kleines Symbol (Bücher und Pfeil nach unten ❷), das Sie auswählen müssen.

8 In der Liste klicken Sie dann die Bibliothek an ❸, deren Inhalt Sie in Microsoft Teams anzeigen möchten.

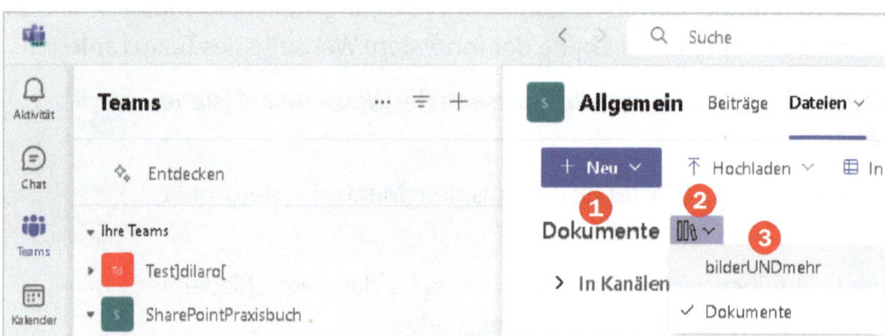

Bild 7.6 Auswahl anderer Bibliotheken in Microsoft Teams.

Neben der temporären Auswahl einer Bibliothek, so wie gerade beschrieben, bietet es sich bei der täglichen Arbeit an, eine andere Bibliothek, die in Teams permanent genutzt wird, entsprechend zu verlinken.

1 Die einfachste Form einer Verlinkung steht in dem Bereich in Microsoft Teams nach Anwahl des Kanals *Allgemein* zur Verfügung.

2 Klicken Sie als Nächstes auf das Register *Dateien*.

3 Im zugehörigen Kontextmenü (3-Punkte-Menü) müssen Sie dann den Punkt *Dokumentbibliothek hinzufügen* anwählen.

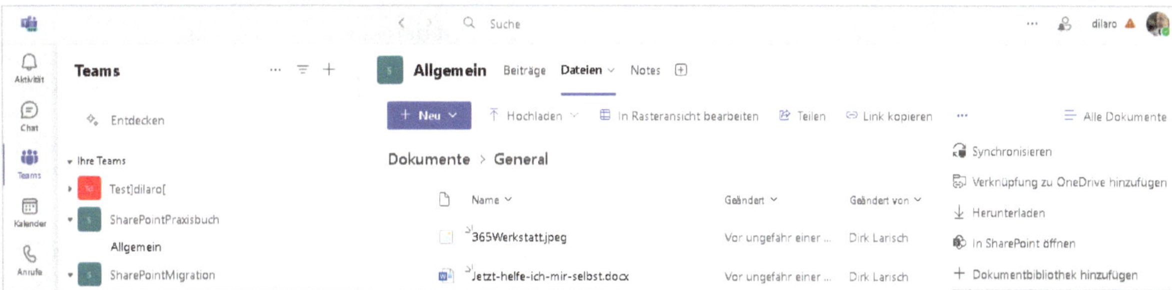

Bild 7.7 Bibliothek zu einem Team in Microsoft Teams hinzufügen.

4 Es erscheint eine Aufstellung anderer Bereiche der SharePoint-Umgebung; dabei ist diese Darstellung natürlich immer abhängig von den Berechtigungen, die dem angemeldeten Benutzer zugewiesen worden sind. Wählen Sie durch Anklicken den Bereich an, der die Bibliothek enthält (Bild 7.8).

> Mit der Option *Eingefügter Link* können Sie in dem Dialogfenster auch direkt eine beliebige Verlinkung eingeben.

5 Nach Bestätigung der Auswahl mit der Schaltfläche *Weiter* werden die Bibliotheken des gewählten SharePoint-Bereichs angezeigt.

6 Im letzten Schritt müssen Sie dann die gewünschte Bibliothek auswählen und die Zuordnung mit der Schaltfläche *Bestätigen* abschließen (Bild 7.9).

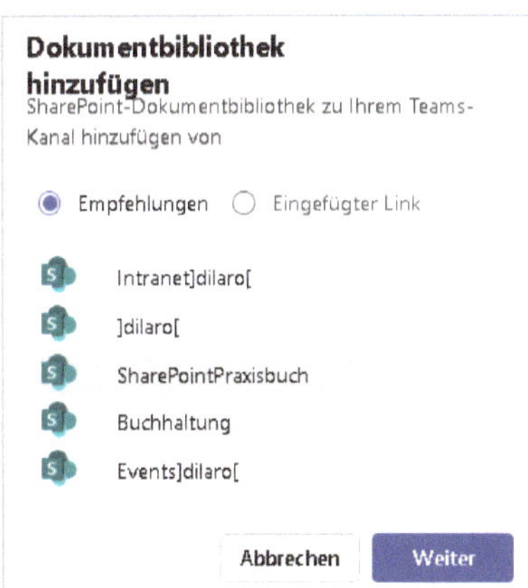

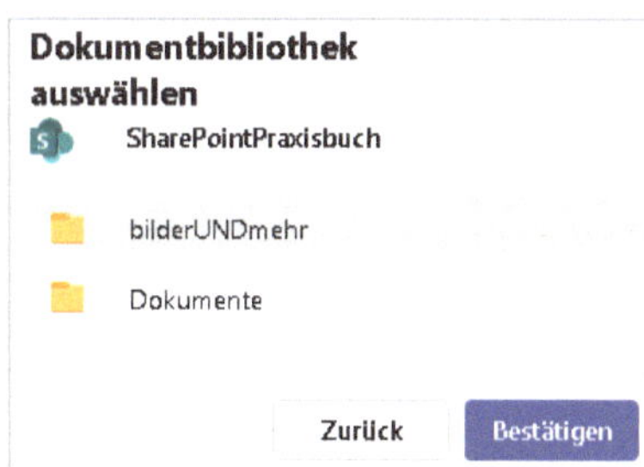

Bild 7.8 Anzeige verfügbarer SharePoint-Bibliotheksbereiche.

Bild 7.9 Bestätigung der Bibliotheksauswahl.

Auf diese Weise wird in der Dateienaufstellung des Kanals *Allgemein* eine Verlinkung zu der gewählten Bibliothek eingefügt. Mit Anklicken gelangen Sie direkt zu der entsprechenden Bibliothek.

> Mit der hier dargestellten Möglichkeit können Sie auch Verlinkungen auf Bibliotheken in anderen SharePoint-Bereichen umsetzen. Voraussetzung ist natürlich, dass Sie über entsprechende Berechtigungen verfügen.

Eine andere Möglichkeit, in Microsoft Teams den Zugriff auf eine andere Bibliothek zu gestalten, besteht in der Zuordnung der Verlinkung in der Registerzeile.

1. Wählen Sie in Microsoft Teams zunächst den Kanal *Allgemein* an.
2. Klicken Sie dann im Register rechts auf das Pluszeichen (+) zur Auswahl der Option *Registerkarte einfügen*.
3. Im nachfolgenden Dialogfenster geben Sie dann in der obersten Zeile den Suchbegriff *sharepoint* ein.
4. Es erscheinen die zum Suchbegriff passenden Ergebnisse (Apps), aus denen Sie dann die App mit dem Namen *SharePoint* durch Anklicken auswählen müssen (Bild 7.10).
5. Im nachfolgenden Dialogfenster wählen Sie dann das Register *Dokumentbibliotheken* aus.
6. Damit werden die in der Umgebung verfügbaren Dokumentbibliotheken angezeigt, aus denen Sie dann die gewünschte anklicken und die Auswahl mit *Speichern* bestätigen müssen (Bild 7.11).

Bild 7.10 Suchergebnis von Apps für einen Registereintrag.

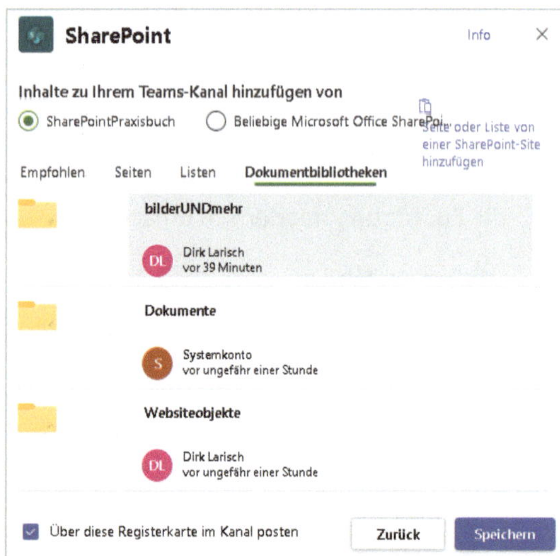

Bild 7.11 Zuordnung einer Bibliothek zum Registereintrag.

> Mit der Option *Beliebige Microsoft Office SharePoint-Site* können Sie in dem Dialogfenster auch direkt eine beliebige Verlinkung eingeben.

Damit haben Sie in Microsoft Teams einen weiteren Registereintrag hinzugefügt, durch dessen Anwahl Sie sehr einfach und schnell direkt zur entsprechenden Bibliothek wechseln können.

Teams-Kanäle

Generell wird eine separate SharePoint-Webseite nicht nur bei Teams, sondern auch bei geschützten Kanälen (privat, share) angelegt. Dabei gilt in Microsoft Teams generell folgende Zuordnung:

- **Team**: Eigene Webseite in der SharePoint-Umgebung.
- **Kanal Standard**: Nutzung der Webseite des Teams. Für jeden neuen Kanal wird ein separater Ordner angelegt.
- **Kanal Geteilt (share)**: Eigene Webseite in der SharePoint-Umgebung.
- **Kanal Privat**: Eigene Webseite in der SharePoint-Umgebung.

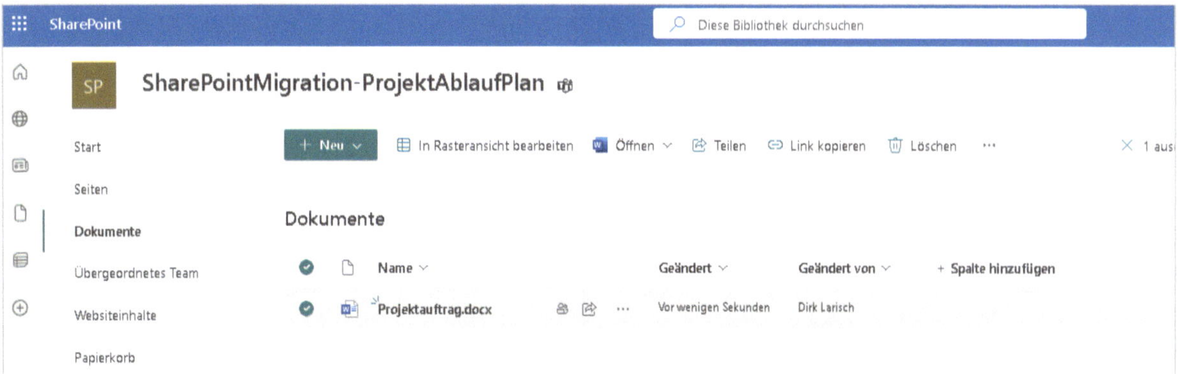

Bild 7.12 Separate Webseite für einen geschützten Teams-Kanal.

Die Webseite eines geschützten Teams-Kanals ist vollkommen eigenständig und kann auch individuell gestaltet werden. Neben der Möglichkeit der Dateiablage für den Kanal verfügt sie beispielsweise auch über eine Startseite, die den Mitgliedern dieses Kanals zur Verfügung steht. Auf diese Art können Sie damit vollkommen getrennte Arbeitsbereiche für die verschiedenen Themen abbilden.

Systemverwaltung

Die Integration von Microsoft Teams in die SharePoint-Umgebung, aber auch in die Verwaltung über das *Microsoft Entra Admin Center* von Azure AD (Entra ID) ist sehr hoch und ermöglicht den Anwendern, aber auch den Administratoren höchste Flexibilität.

So kann ein Team, das mit Microsoft Teams angelegt worden ist, und die zugeordneten Webseiteneinstellungen der *Teamwebsite* administrativ komplett in der SharePoint-Zentraladministration (*SharePoint Admin Center*) verwaltet werden. Dazu gehören im Register *Allgemein* die allgemeinen Angaben zum Team (Name, Beschreibung usw.) ebenso wie Einstellungen zur Freigabe eines Teams (Register *Einstellungen*) beispielsweise für Zugriffe durch externe Benutzer.

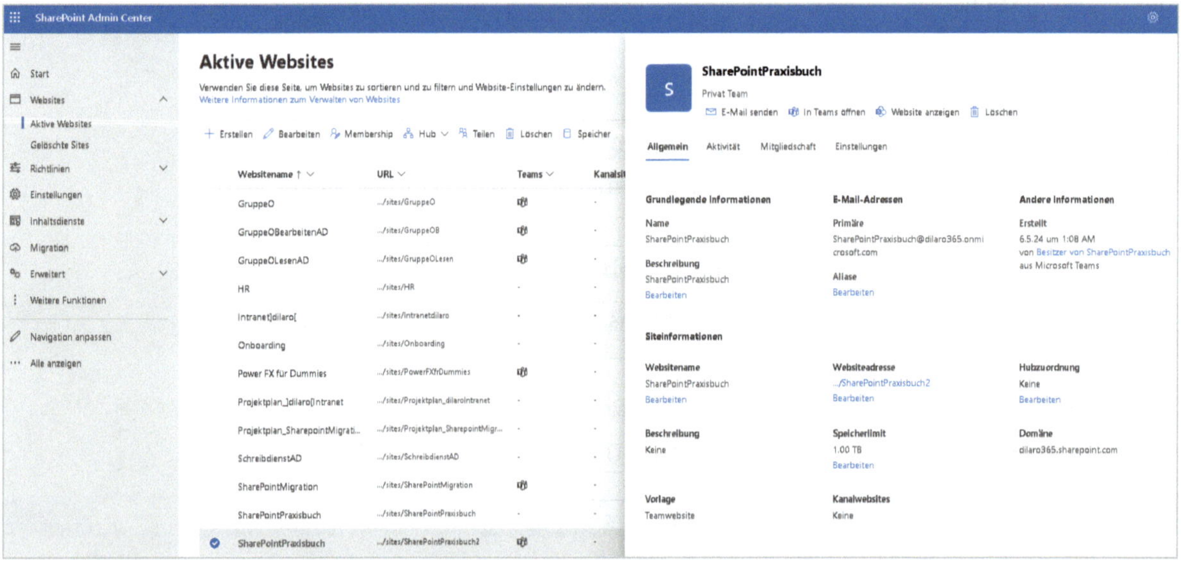

Bild 7.13 Verwaltung der Teamwebsite im SharePoint Admin Center.

Im Register *Mitgliedschaft* können Sie die Mitglieder oder auch Besitzer eines Teams abrufen bzw. festlegen. Sobald Sie Änderungen vornehmen (egal ob in Microsoft Teams oder im *SharePoint Admin Center*) werden diese unmittelbar auf der anderen Seite korrespondierend „nachgezogen" und sind dort zeitnah sichtbar.

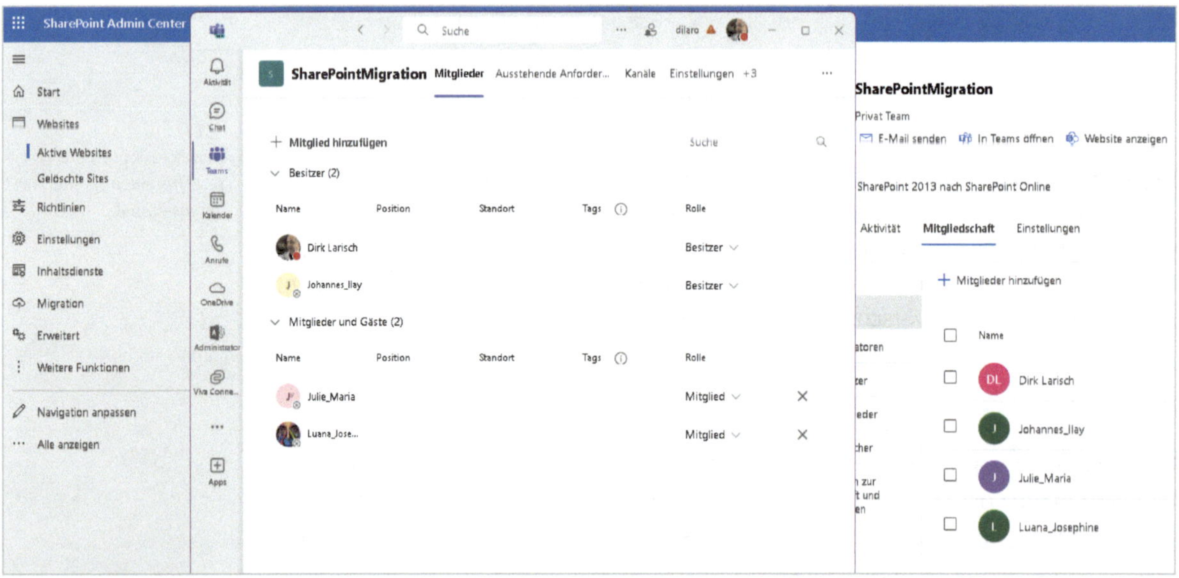

Bild 7.14 Korrespondierende Einstellungen in Microsoft Teams und im SharePoint Admin Center.

Die Integration von Microsoft Teams in die Microsoft-365-Umgebung ermöglicht einem Systemverwalter selbst in der Zentraladministration bzw. dem *Admin Center* von Entra ID (Azure AD) die Verwaltung bestimmter Eigenschaften des Teams, wozu natürlich auch die Verwaltung der Mitglieder oder auch Besitzer eines solchen Teams gehören.

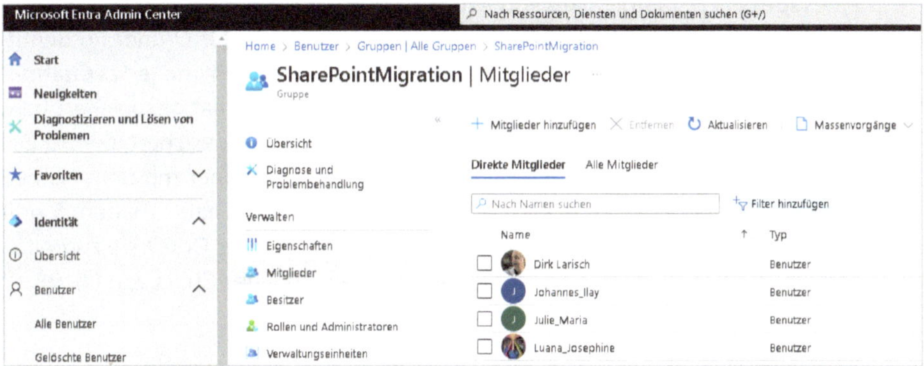

Bild 7.15 Teams-Konfiguration in der Entra-ID-Zentraladministration.

Sobald Sie einem Team in Microsoft Teams einen geschützten Kanal (privat, geteilt) zuordnen, wird für diesen Kanal eine separate *Teamwebsite* angelegt. Dies macht sich auch in der SharePoint-Systemverwaltung (*SharePoint Admin Center*) bemerkbar, indem beim Webseiteneintrag für das Team (Spalte *Kanalwebsites*) beispielsweise der Hinweis *1 Site* erfolgt. Dies deutet darauf hin, dass es bei dieser Teamwebseite eine weitere Webseite gibt, die zu einem zugeordneten Kanal gehört.

Bild 7.16 Hinweis auf eine verfügbare Webseite für einen Teams-Kanal.

> Zur Verwaltung der Webseite eines Kanals im *SharePoint Admin Center* kann ein Eintrag in der Spalte *Kanalwebsites* angeklickt und anschließend die gewünschte Kanalwebseite ausgewählt werden.

Speicherorte

Auch wenn SharePoint in einer Teams-Umgebung die zentrale Ablageplattform für Dokumente jedweder Art darstellt, gibt es weitere Speicherorte innerhalb der Microsoft-365-Umgebung (Cloud), an denen Daten eines Teams abgelegt werden. Zur Vervollständigung und besseren Einordnung sollen diese Zuordnungen bzw. Speicherorte nachfolgend erläutert werden:

- **Dateiablage**
  Wird in Microsoft Teams ein Team erstellt, werden automatisch eine Microsoft-365-Gruppe, ein Gruppenpostfach und eine SharePoint-Webseite erstellt. Innerhalb der SharePoint-Webseite wird für jeden Kanal (Standard) im Team eine Dokumentenbibliothek erstellt; geschützten Kanälen wird eine separate Webseite zugewiesen. Dateien, die in einem Team oder Kanal abgelegt und freigegeben werden, werden in dem zugehörigen SharePoint-Bereich gespeichert. Der Zugriff in Microsoft Teams erfolgt über die Registerkarte *Dateien*.

- **Inhalte der Chats**
  Sowohl die Inhalte der Einzelchats als auch der Gruppenchats werden innerhalb eines speziellen Chatdienstes von Azure gespeichert. Zudem werden diese Informationen auch in Exchange Online gespeichert (versteckter Ordner im Benutzerpostfach). Dieser Ordner enthält alle Chatunterhaltungen und jedes Chatmitglied bekommt eine Kopie. Dateien, die in einem Teams-Chat gespeichert bzw. freigegeben werden, werden im OneDrive des Anwenders gesichert, der die Dateien freigegeben hat. Dabei wird standardmäßig ein Ordner mit dem Namen *Microsoft Teams Chat Files* erstellt und alle Mitglieder des Chats erhalten Zugriff auf die Dateien im Ordner, auf den sie über ihr persönliches OneDrive zugreifen können. Alternativ erfolgt der Zugriff auf die Dateien eines Chats von Microsoft Teams über die Registerkarte *Dateien*.

- **Kanalnachrichten**
  Nachrichten in dem Kanal eines Teams werden in einem separaten Chatdienst (Azure) gespeichert; die Daten werden zum Schutz der Informationen auch in einen versteckten Ordner im Gruppenpostfach kopiert. Bei privaten Channels werden die Nachrichten in das Benutzerpostfach der Kanal-Mitglieder kopiert.

  In einem Standardkanal freigegebene Dateien werden in der für diesen Kanal erstellten Dokumentenbibliothek auf der zugehörigen SharePoint-Webseite des Teams gespeichert. Jeder geschützte Kanal verfügt über eine eigene Webseite, auf der die Kanaldateien gespeichert werden. Dadurch wird sichergestellt, dass die in einem privaten Kanal freigegebenen Dateien nur für die Mitglieder dieses Kanals verfügbar sind. E-Mails, die an einen Teams-Kanal gesendet werden, werden innerhalb der entsprechenden Webseite des Teams in einem Ordner (*E-Mail-Messages…*) gespeichert.

- **Besprechungsaufzeichnungen**
  Die Besprechungsaufzeichnungen werden in einem separaten Ordner (Aufzeichnungen) gespeichert. Dabei wird unterschieden zwischen der Aufzeichnung einer Kanal-Besprechung, die in SharePoint gespeichert werden, und der Aufzeichnungen von Besprechungen zwischen einzelnen Benutzern, die im OneDrive-Bereich des Anwenders gespeichert und freigegeben werden, der die Aufzeichnung gestartet hat. Die mit Live-Events (Teams-Live, Townhall) verbundenen Daten (Aufzeichnung, Transkriptionen usw.) werden für einen definierten Zeitraum (90 Tage) in *Azure Media Services* gespeichert; dort können sie innerhalb des Zeitraumes heruntergeladen werden.

- **Voicemail, Anrufliste und Kontakte**
  Inhalte von Voicemails, Anruflisten und Kontakten werden im Postfach (Exchange Online) des entsprechenden Benutzers gespeichert.

- **Kalenderdaten**
  Kalenderdaten von Microsoft Teams werden in Exchange Online gespeichert. Der persönliche Kalender wird im Benutzerpostfach gespeichert, während der Gruppenkalender im Gruppenpostfach des jeweiligen Teams gespeichert wird.

OneNote

Mit OneNote stellt Microsoft eine Anwendung zur Verfügung, die eine Sammlung von beliebigen Informationen (Notizen usw.) an einem zentralen Ort ermöglicht und so die Arbeitsorganisation optimieren kann. Die Speicherung kann in verschiedenen Notizbüchern erfolgen, die dann wiederum auch für andere Benutzer freigegeben werden können. Auf diese Art können Notizen, Ideen, Gedanken und Schriftgut jedweder Form thematisch geordnet und gesammelt werden. Zudem stellt OneNote auch Funktionen zur Speicherung und Ablage von Dokumenten zur Verfügung.

Einsatzgebiete von OneNote können beispielsweise sein:

- Ideensammlung eines Projekts
- Vorbereitung von Präsentationen
- Mitschrift von Vorträgen
- Internet-Recherche
- … und vieles mehr

Die Speicherung der Notizbücher kann an verschiedenen Stellen (lokal, *OneDrive*, SharePoint) erfolgen. Microsoft Teams stellt standardmäßig bei jedem Kanal *Allgemein* eines Teams ein Register *Notes* zur Verfügung; damit können Sie sehr einfach und schnell ein Notizbuch anlegen und darauf auch über die Webseite des Teams zugreifen.

Bild 7.17 Eintrag Notizbuch in der SharePoint-Umgebung eines Teams.

Die Speicherung der Notizbücher in der Cloud (OneDrive, SharePoint) hat grundsätzlich Vorteile gegenüber einer lokalen Speicherung und bietet mehr Sicherheit und flexiblere Möglichkeiten der Freigabe und Synchronisation der Notizbücher.

Sobald Sie auf das Standardnotizbuch über die Webseite des *Allgemein*-Kanals des Teams zugreifen, öffnet sich ein separates Browserfenster mit Darstellung des Inhalts (Bild 7.18). Dabei spielt es keine Rolle und ist auch unerheblich, ob Sie über SharePoint oder Microsoft Teams auf das Standardnotizbuch zugreifen; Sie arbeiten im gleichen Notizbuch mit identischem Inhalt und es erfolgt ein direkter Abgleich des Inhalts.

Bild 7.18 Notizbuch in Microsoft Teams und SharePoint.

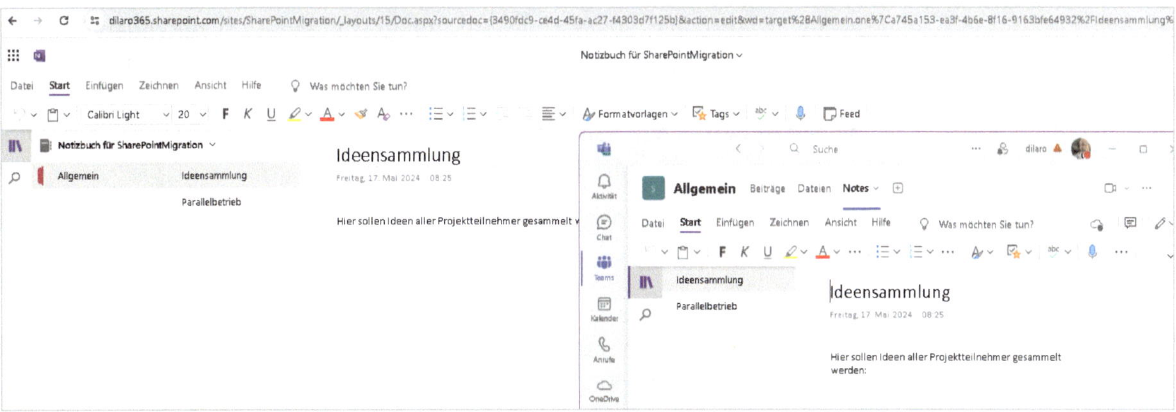

Neben dem Standardnotizbuch eines Teams, das sich in Microsoft Teams hinter dem Registereintrag *Notes* verbirgt, können Sie auf der SharePoint-Webseite eines Teams oder eines Kanals beliebige Notizbücher anlegen und zuordnen.

Auf der zugeordneten Webseite brauchen Sie dazu nur im Bereich der *Dokumente* im Menü *Neu* die Option *OneNote-Notizbuch* anwählen. Nach Eingabe eines Namens und Bestätigung mit der Schaltfläche *Erstellen* wird ein neues Notizbuch angelegt. Das neue Notizbuch wird in der SharePoint-Umgebung gespeichert und ist anschließend auch direkt in Microsoft Teams sichtbar.

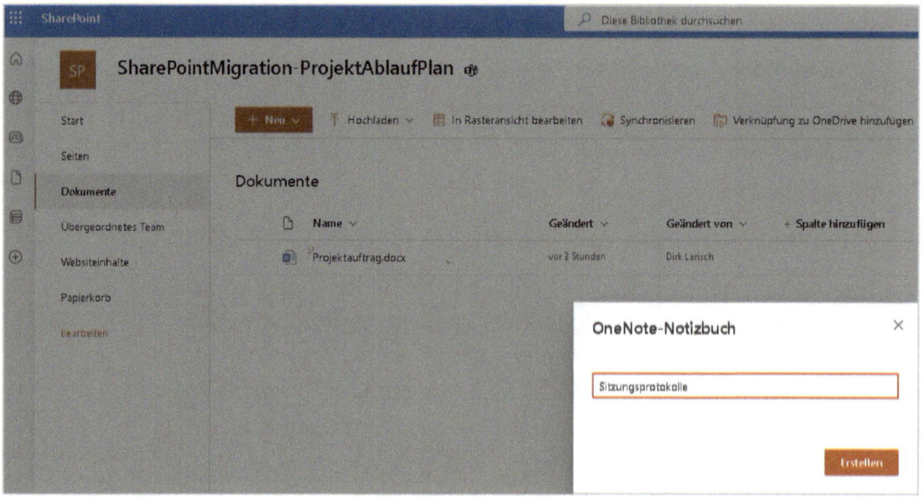

Bild 7.19 Anlegen eines individuellen Notizbuches in SharePoint.

> Sie können ein neues Notizbuch auch jederzeit direkt in Microsoft Teams anlegen, wobei auch dabei der Ablageort die SharePoint-Umgebung ist.

Anwender

Wie bereits im Abschnitt auf „Systemverwaltung" auf Seite 231 beschrieben, stellt sich die Verwaltung der Anwender einer Teams-Umgebung (Mitglieder, Besitzer) als höchst integrativ dar. So erlaubt sowohl die zentrale Administration über Entra ID als auch die SharePoint-Zentraladministration (*SharePoint Admin Center*) die Verwaltung und Zuordnung der Anwender eines Teams.

Berechtigungen

So wie Sie die Verwaltung und Zuordnung von Anwendern in Microsoft Teams über die unterschiedlichen Administrationsoberflächen (*Admin Center*) steuern können, trifft dies auch auf die Berechtigungen einer solchen Umgebung zu. Auch wenn die Optionen der Berechtigungsvergabe im Vergleich zu einer SharePoint-Umgebung bei einem Team in Microsoft Teams eher eingeschränkt sind, lässt sich die Zuordnung von

Mitgliedern und Besitzern komplett über das *Microsoft Entra Admin Center* oder das *SharePoint Admin Center* steuern.

Nähere Angaben zu den Möglichkeiten der Vergabe von Berechtigungen in Microsoft Teams enthält das Kapitel 4 dieses Buches.

7.2 Power Automate

Früher *Workflows*, heute Power Automate! So kann man die Entwicklung der automatisierten Möglichkeiten bezeichnen, die SharePoint in Zusammenarbeit mit Power Automate sinnbildlich zum *Dreamteam* machen. Sowohl mit in SharePoint integrierten Möglichkeiten wie der Regelerstellung als auch mit den Funktionen von Zusatzprodukten wie Power Automate stehen Ihnen nahezu unbegrenzte Möglichkeiten der Automatisierung zur Verfügung.

Power Automate ist ein Dienst bzw. eine Anwendung in einer Microsoft-365-Umgebung, mit dem Sie Workflows erstellen können, die Aufgaben und Aktionen über verschiedene Anwendungen und Dienste hinweg automatisieren helfen. Dabei ermöglicht Power Fx, die Logik für diese Abläufe festzulegen, indem auch Trigger und Aktionen aus unterschiedlichen Quellen wie Outlook, Teams oder eben auch SharePoint verwendet werden können.

Die (alte) Workflow-Funktionalität der SharePoint-Installationen vor SharePoint Online wurde am 02.04.2024 deaktiviert und die Unterstützung bestehender Workflows am 02.04.2026 beendet.

Workflows und Geschäftsprozesse

Zur Unterstützung der täglichen Aufgaben in einer Microsoft-365-Umgebung mit den unterschiedlichen Anwendungen kommt den Workflows eine besondere Bedeutung zu. Ein Workflow ist dabei als eine Abfolge fest definierter (elektronischer) Arbeitsabläufe zu verstehen, die zum Beispiel die Bearbeitung von Dokumenten oder Listen automatisieren und wesentlich vereinfachen kann. Ein solcher Workflow kann beispielsweise die Genehmigung bzw. Freigabe eines Dokuments steuern.

Ein Workflow oder Flow ist allgemein ausgedrückt dadurch charakterisiert, dass er bestimmte Abläufe oder Verfahren (Geschäftsprozesse) automatisiert und diese nach Möglichkeit elektronisch unterstützt. Der „Anstoß“ oder Auslöser zur Automatisierung kann entweder manuell oder (wie in den meisten Fällen) automatisch erfolgen, jeweils in Abhängigkeit eines Ereignisses oder in Abhängigkeit einer bestimmten Situation. Als Konsequenz erfolgt in der Regel die Ausführung bestimmter Handlungsanweisungen (z. B. Genehmigung eines Dokuments) oder vergleichbarer Aktivitäten.

In SharePoint kann ein solches Ereignis beispielsweise das Anlegen oder das Hochladen eines Dokuments in eine SharePoint-Bibliothek sein. Ein anderes Beispiel könnte das Durchführen einer Änderung an einem Dokument oder an einem SharePoint-Listenelement sein. So könnten Sie auf diese Art beispielsweise beim Erstellen eines Sitzungsprotokolls bestimmte Erstellungs- und Freigabeschritte durchlaufen, bevor es endgültig in der SharePoint-Umgebung veröffentlicht und für die übrigen (berechtigten) Anwender sichtbar wird.

Das Auslösen einer Aktion oder einer Handlungsanweisung erfolgt dabei in der Regel automatisiert (wobei Flows auch manuell gestartet werden können), wobei es sich bei einem solchen Workflow beispielsweise um die Genehmigung oder die Freigabe eines Dokuments, die Überprüfung eines bestimmten Listeneintrags oder eine beliebige andere, frei definierbare Aktion handeln kann.

Ein Flow oder Workflow wird immer so lange ausgeführt, bis das definierte Ende oder Ziel erreicht ist. Dazu werden die einzelnen Workflow-Aktionen jeweils einer Transaktion in der einer Datenbank gleichgesetzt, was die Verwaltung wesentlich vereinfacht. Die einzelnen Transaktionen werden durch sogenannte Threads gesteuert, die wiederum die Abarbeitung der jeweiligen Workflow-Warteschlange steuern. Die wesentlichen Funktionen eines Workflows in einer SharePoint-Umgebung sind durch die folgenden Merkmale charakterisiert:

- Abfrage bzw. Warten auf ein bestimmtes Ereignis.
- Die Workflow-Ereignisse orientieren sich in der Regel an einem Dokument, einem Inhaltstyp, einer Webseite oder einem Listenelement.
- Festlegung eines bestimmten Ablaufs (z. B. Dokumentenlenkung).
- Unterstützung der Erstellung eigener Workflows mit Zusatzprodukten wie Power Automate oder Visual Studio.
- Workflows lassen sich wiederverwenden (*Reusable Workflow*) und so beispielsweise anderen Objekten zuweisen.
- Zuordnung eines Vorgangs zu einer Person oder einem Ablauf.
- Benachrichtigung kann in einer Aufgabenliste oder per E-Mail erfolgen.

> Durch den Einsatz von Workflows verfügt nicht zuletzt eine SharePoint-Umgebung über ein äußerst leistungsfähiges Werkzeug zur Optimierung der Abläufe und Prozesse zur Bearbeitung beliebiger Daten. Dabei können Sie sowohl Zusatzprodukte einsetzen, als auch die in einer Microsoft-365-Umgebung vorhandenen Funktionalitäten nutzen.

SharePoint-integrierte Funktionen

In Kapitel 2 dieses Buches haben Sie bereits eine interne Funktion der Workflow-Funktionalitäten kennengelernt, indem Sie erfahren haben, wie Sie sich beispielsweise bei Änderungen an einem Dokument oder einer SharePoint-Liste automatisiert per E-Mail benachrichtigen lassen können. Derartige Funktionalitäten zur Prozessautomatisierung gibt es einige „out of the box“ in SharePoint Online.

Regeln für einen SharePoint-Bereich

In vielen Bereichen von SharePoint (Listen, Bibliotheken usw.) stehen Ihnen als *Regeln* bezeichnete Automatisierungsmöglichkeiten zur Verfügung.

1 Der Aufruf erfolgt beispielsweise in einer Bibliothek über den Menüpunkt *Automatisieren* am oberen Bildschirmrand.

2 Im Untermenü *Regeln* können Sie dann den Punkt *Eine Regel erstellen* anwählen, worauf die verfügbaren Standardregeln angezeigt werden.

Bild 7.20 SharePoint-integrierte Standardregeln.

3 Wählen Sie an der Stelle durch Anklicken das gewünschte Ereignis durch Anklicken an, bei dessen Eintreten eine Flow-Automatisierung gestartet werden soll.

4 Wählen Sie beispielsweise *Daten in einer Spalte ändern sich* an, so startet der Flow, sobald die Inhalte bestimmter Felder (Spalten) geändert werden.

5 Im nächsten Schritt erscheint ein Dialogfenster, indem Sie die verschiedenen Parameter einstellen müssen. Im genannten Beispiel gehört dazu die Auswahl der Spalte, des Änderungsvorgangs und des Empfängers einer E-Mail. In dem dargestellten Beispiel wird bei *allen Änderungen* an der Spalte (Feld) *Priorität* eine E-Mail an den *Ersteller* des Datensatzes gesendet.

Bild 7.21 Parameter einer SharePoint-Regel.

6 Mit der Schaltfläche *Erstellen* wird die Erstellung der Regel abgeschlossen.

7 Sämtliche Regeln für den ausgewählten Bereich werden anschließend in einer Übersicht dargestellt. Hier haben Sie nicht nur die Möglichkeit, sich die einzelnen Regel-Definitionen anzeigen zu lassen, sondern Sie können einzelne Regeln jeweils ein- oder ausschalten, Änderungen vornehmen oder diese auch wieder löschen.

Bild 7.22 Übersicht der definierten Regeln eines SharePoint-Bereichs.

> Die Übersicht der Regel-Definitionen eines Bereichs der SharePoint-Umgebung können Sie sich jederzeit anzeigen lassen, indem Sie im Menü *Automatisieren-Regeln* den Punkt *Regeln verwalten* aufrufen.

Regeln für ein Dokument

Eine Regel kann sich grundsätzlich nicht nur auf einen Bereich (z. B. Bibliothek, Liste) beziehen, sondern Sie können auch für ein einzelnes Dokument eine Automatisierung einleiten.

1. Wählen Sie dazu in einer Bibliothek das Kontextmenü (3-Punkte-Menü) eines Dokuments an, für das Sie eine Regel erstellen möchten.
2. Im Kontextmenü klicken Sie dann auf das Untermenü *Automatisieren*.
3. Es erscheint der Eintrag *Regeln*, der funktional identisch ist zu dem Eintrag, den Sie im vorhergehenden Abschnitt „Regeln für einen SharePoint-Bereich". kennengelernt haben
4. Aus dem Menü *Regeln* können Sie dann über *Eine Regel erstellen* einen eigenen Flow (Regel) für dieses Dokument anlegen.

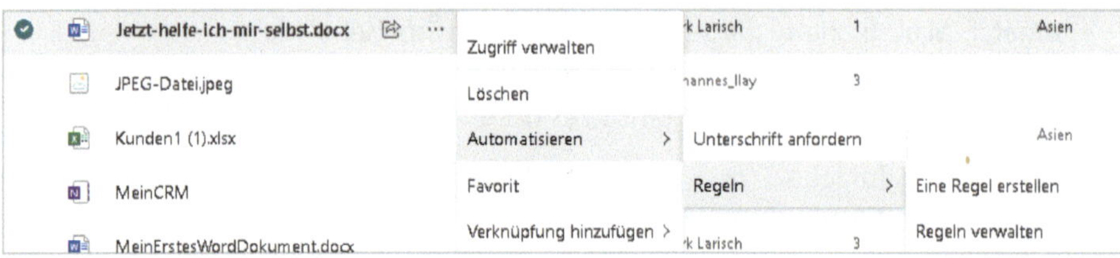

Bild 7.23 Regel für ein einzelnes Dokument.

5. Mit dem Eintrag *Unterschrift anfordern* steht Ihnen eine Möglichkeit zur Verfügung, Änderungen an dem gewählten Dokument über einen Genehmigungs-Workflow zu steuern, um so beispielsweise Dokumentenänderungen von einer anderen Person bestätigen zu lassen.
6. Im nächsten Schritt erscheint ein Fenster zur Festlegung der Berechtigungen der Verbindungen für diesen Flow, der mit der Schaltfläche *Flow erstellen* bestätigt werden muss.

7 Nach Anwahl müssen Sie die Anwender angeben, die an dem Freigabeprozess beteiligt sein sollen. Zusätzlich können Sie einen erläuternden Text hinzufügen.

8 Sobald diese Eingabe mit der Schaltfläche *Flow ausführen* bestätigt wurde, wird der Workflow unmittelbar aktiviert.

Der Einsatz des Genehmigungs-Workflows bewirkt, dass der Genehmiger bei einer Änderung des Dokuments eine E-Mail erhält, in der er zur Freigabe (bzw. Ablehnung) aufgefordert wird. Zusätzlich werden die Metadaten der Bibliothek um eine Spalte mit dem Namen *Status Unterschrift* ergänzt, in der jeweils der aktuelle Bearbeitungsstand angezeigt wird.

> Zum Löschen eines Genehmigungs-Workflows einer Liste oder Bibliothek müssen Sie in den erweiterten Einstellungen die Inhaltsgenehmigung deaktivieren.

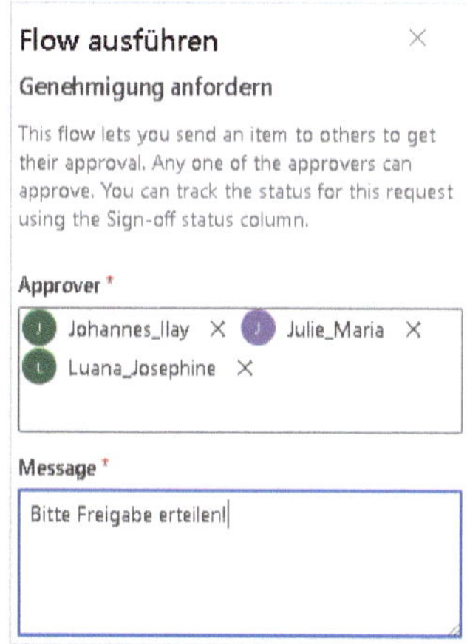

Bild 7.24 Vorgaben für einen Genehmigungs-Workflow eines Dokuments.

Terminerinnerung

Mit dem nachfolgend vorgestellten Flow (Workflow) können Sie sich automatisch an bestimmte Termine erinnern lassen. Voraussetzung ist, dass Sie beispielsweise in einer SharePoint-Liste oder in einer SharePoint-Bibliothek ein Datumsfeld integriert haben, das entsprechend überwacht werden soll. Zudem müssen Sie bei der Erstellung des Flows festlegen, wie viele Tage Vorlauf Sie haben möchten.

1 Wählen Sie die Bibliothek oder Liste an und rufen Sie dann das Menü *Automatisieren* auf.

2 Aus dem Untermenü müssen Sie dann den Punkt *Erinnerung festlegen* anwählen, worauf im nächsten Schritt das Datumsfeld angezeigt wird, auf das sich der Flow beziehen soll.

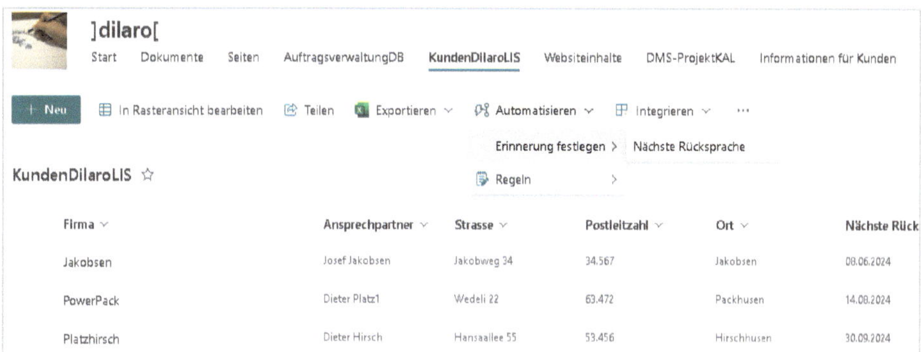

Bild 7.25 Auswahl des Datumsfeldes zur Terminerinnerung.

> SharePoint erkennt automatisch, ob in den Metadaten (Spalten) ein Datumsfeld enthalten ist und stellt dann den Flow (Regel) zur Verfügung. So wird der Punkt *Erinnerung festlegen* nur dann angezeigt, wenn die Liste oder die Bibliothek in den Metadaten ein Datumsfeld aufweist.

3 Im nächsten Schritt erscheint ein Fenster zur Festlegung der Berechtigungen der Verbindungen für diesen Flow, der mit der Schaltfläche *Weiter* bestätigt werden muss.

4 Danach können Sie im nachfolgenden Dialogfenster einen Namen für den neuen Flow vergeben bzw. den Vorschlag übernehmen und Sie müssen im Feld *Erinnerung diese Anzahl von Tagen im Voraus* die Anzahl der Tage für den Vorlauf der Erinnerung eingeben (Standard: 1).

Bild 7.26 Parameter für eine Terminerinnerung.

5 Mit Bestätigung über die Schaltfläche *Erstellen* wird der Flow angelegt und direkt aktiviert.

Mit diesem Standard-Workflow erhält der aktuell angemeldete Benutzer (Verbindung!) eine E-Mail, sobald Änderungen an den Objekten der gewählten Liste oder Bibliothek vorgenommen werden. Im Hintergrund wird in Power Automate ein Flow angelegt, der dort auch verwaltet werden kann (siehe nächster Abschnitt „Power Automate nativ" auf Seite 244).

> Die Überwachung mittels Terminerinnerung können Sie auch bei einem einzelnen Objekt einer Liste oder einem Dokument individuell über das zugehörige Kontextmenü einstellen.

Webseitengenehmigung

Bei der Bearbeitung von Webseiten gibt es unter Umständen auch mehrere Anwender, die eine solche Seite gestalten. Dann haben Sie die Möglichkeit, über einen Workflow die Freigabe explizit zu steuern.

1 Klicken Sie zunächst auf der entsprechenden Webseite bzw. Webseitensammlung über das *Einstellungen*-Menü (Zahnradsymbol) auf den Punkt *Websiteinhalte*.

2 In der Bibliothek *Websiteseiten*, die Sie durch Anklicken anwählen können, liegen die einzelnen Seiten der Webseitensammlung oder Webseite (ASPX-Seiten).

3 Klicken Sie auf das Kontextmenü (3-Punkte-Menü) der Seite, deren Bearbeitung Sie überwachen möchten und wählen dort den Punkt *Seitengenehmigungsflow konfigurieren* an.

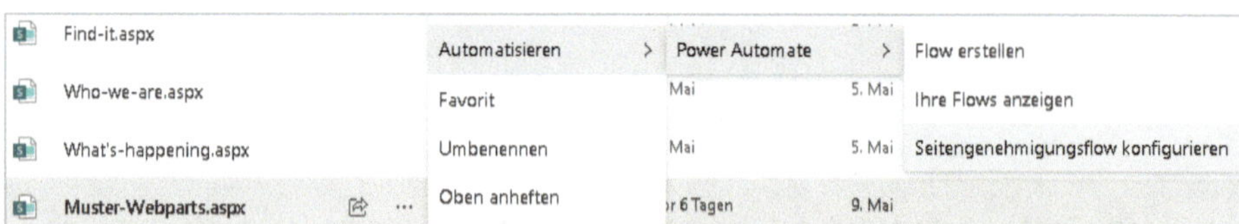

Bild 7.27 Flow zur Freigabe von Webseitenänderungen.

> Sie können einen solchen Flow auch für alle Seiten der Webseitensammlung konfigurieren. In diesem Fall müssen Sie den entsprechenden Punkt im Menü *Automatisieren* am oberen Bildschirmrand wählen.

4 Nach Bestätigung der nachfolgenden Schaltfläche *Flow erstellen* werden die bestehenden Verbindungen zu den Datenquellen überprüft, was wiederum mit *Weiter* bestätigt werden muss.

5 Im darauffolgenden Dialogfenster kann dann der Name des Workflows angegeben bzw. der Vorschlag übernommen werden. Zusätzlich muss im Feld *Genehmigende Personen* der oder die Anwender angegeben werden, die die Änderung an der Webseite genehmigen können.

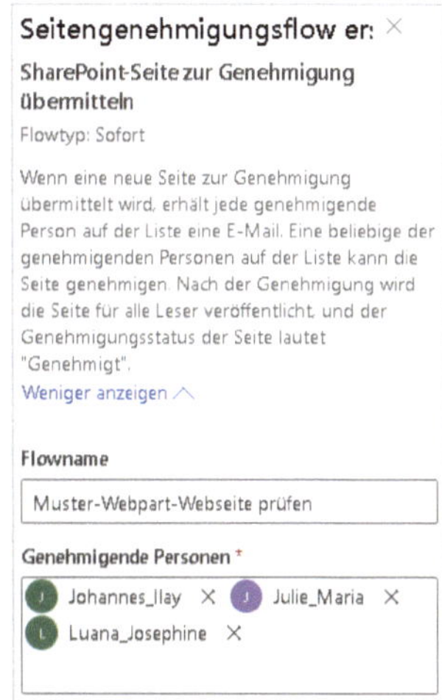

Bild 7.28 Einstellungen zur Freigabe von Webseitenänderungen.

> **Werden bei diesem Standard-Workflow mehrere Personen als Genehmiger eingetragen, reicht es, wenn eine der Personen die Freigabe erteilt.**

6 Abschließend muss der Flow dann mit der Schaltfläche *Erstellen* angelegt und aktiviert werden.

Mit der Definition dieses Standard-Workflows erhalten die zugewiesenen Anwender eine E-Mail, sobald Änderungen an der Webseite vorgenommen werden. Im Hintergrund wird in Power Automate ein Flow angelegt, der dort auch verwaltet werden kann (siehe Abschnitt „Power Automate nativ" auf Seite 244).

Hub-Seiten-Workflow

Mit dem Prinzip der Hub-Seiten steht in SharePoint eine Möglichkeit zur Verfügung, die Struktur von Webseiten wesentlich zu beeinflussen und zu steuern. Eine Komponente der Hub-Seitensteuerung bezieht sich dabei auch auf die Freigabe von Änderungen, die an einer solchen Seite vorgenommen werden bzw. in der Zuordnung weiterer, beliebiger Webseiten zu der registrierten Hub-Seite. Um dies überwachen zu können, sollten Sie dies (als Hub-Seiten-Besitzer) über einen Flow steuern.

> **Nähere Angaben zu Hub-Seiten und deren Konfiguration enthält das Kapitel 6 dieses Buches.**

1 Um einen Freigabe-Workflow für eine spezifische Hub-Seite zu definieren, müssen Sie diese als Hub-Seite registrierte Seite zunächst einmal anwählen.

2 Klicken Sie dann im *Einstellungen*-Menü (Zahnradsymbol) auf den Punkt *Hub-Websiteeinstellungen*.

3 Im rechten Fensterbereich erscheint daraufhin ein Dialogfenster, in dem Sie zunächst den Schalter bei *Genehmigung für den Zutritt zu zugeordneten Sites anfordern* einschalten (*Erforderlich*).

4 Im darunterliegenden Feld (*Einen Flow zum Anfordern der Genehmigung erstellen*) müssen Sie dann die Schaltfläche *Erstellen* anklicken.

5 Im nächsten Schritt erfolgt eine Prüfung der bestehenden Verbindungen zu den unterschiedlichen Datenquellen, was wiederum mit *Weiter* bestätigt werden muss.

6 Als Nächstes werden im Feld *Genehmigende Personen* der oder die Personen eingetragen, die eine Beitrittsanforderung zur gewählten Hub-Seite genehmigen können sollen.

7 Mit Bestätigung der Eingabe über die Schaltfläche *Erstellen* wird der Flow eingerichtet und aktiviert.

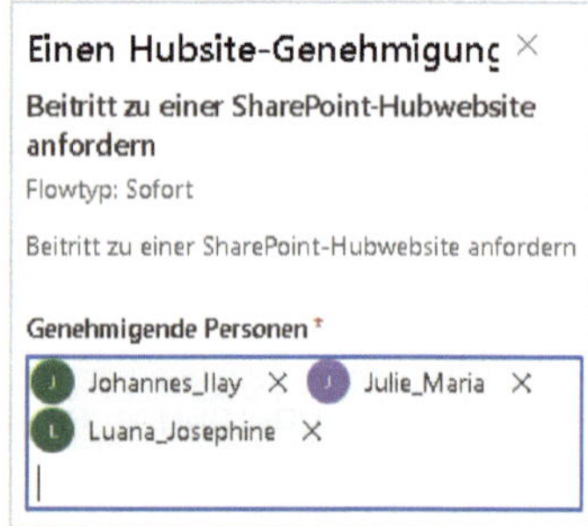

Bild 7.29 Festlegung zur Genehmigung des Beitritts zu einer Hub-Seite.

> Werden bei diesem Standard-Workflow mehrere Personen als Genehmiger eingetragen, reicht es, wenn eine der Personen die Freigabe erteilt.

8 Nach Rückkehr in das Dialogfenster *Hub-Websiteeinstellungen* muss die Konfiguration mit der Schaltfläche *Speichern* abgeschlossen werden.

Um einen derart konfigurierten Standard-Workflow zu bearbeiten, können Sie den Punkt *Hub-Websiteeinstellungen* aufrufen und dann im Dialogfenster den Link *Beitritt zu einer SharePoint-Hubwebsite anfordern* (Standardvorgabe) anklicken. Damit gelangen Sie automatisch zur Anwendung Power Automate, wo Sie weitergehende Einstellungen vornehmen können (siehe nachfolgender Abschnitt).

> Den Aufruf der verfügbaren Workflows in Power Automate können Sie direkt in SharePoint auch über den Menübereich *Integrieren* und Anwahl der entsprechenden Option vornehmen.

Power Automate nativ

Auch wenn SharePoint eine Reihe von Standard-Workflows und -Regeln zur Verfügung stellt (siehe vorhergehende Abschnitte), kommt dabei fast immer die Zusatzanwendung Power Automate zum Einsatz. Mit dieser Anwendung stehen Ihnen aber noch weitaus mehr Funktionen und Möglichkeiten zur Verfügung, um in einer SharePoint-Umgebung Automatismen und eine Steuerung nahezu beliebiger Prozesse zu integrieren.

Standard-Workflows

SharePoint stellt standardmäßig Workflows zur Verfügung, die aber größtenteils in Power Automate abgelegt und dort bearbeitet werden können. Sie können Power Automate in Ihrer Microsoft-365-Umgebung entweder über das *Waffelmenü* (links oben) aufrufen oder Sie geben im Browser folgende Adresszeile ein:

https://make.powerautomate.com

Nach erfolgter Anmeldung erscheint die Oberfläche der Anwendung, wo Sie sich dann über den Menüeintrag *Meine Flows* (links) direkt die für Ihre Umgebung definierten Workflows anzeigen lassen können. Sofern Sie die in den vorhergehenden Abschnitten erläuterten Standard-Workflows angelegt haben, erscheinen diese jetzt auch in der Umgebung von Power Automate.

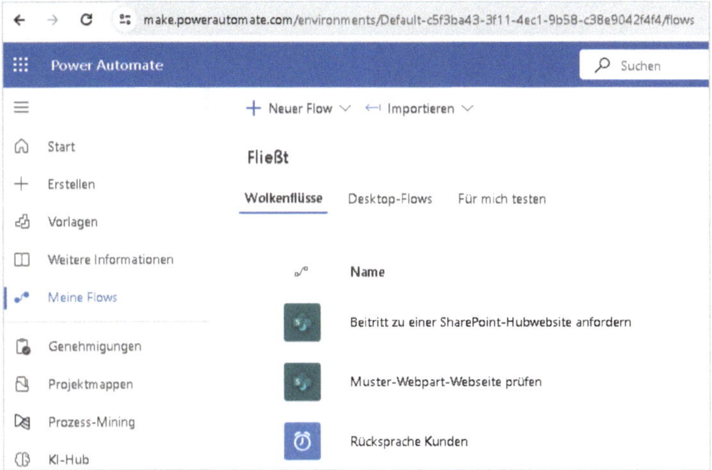

Bild 7.30 Anzeige der definierten Workflows in Power Automate.

Um einen solchen Workflow zu bearbeiten, wählen Sie diesen durch Anklicken aus, worauf die Einstellungsseite dieses Flows erscheint. Dort können Sie dann mit dem Punkt *Bearbeiten* (oben links) in den Bearbeitenmodus wechseln. Sie sehen eine Reihe von Kästchen und ein paar Verbindungspfeile zwischen den Kästchen. Hinter diesen Kästchen verbergen sich letztlich die Anweisungen für den Workflow.

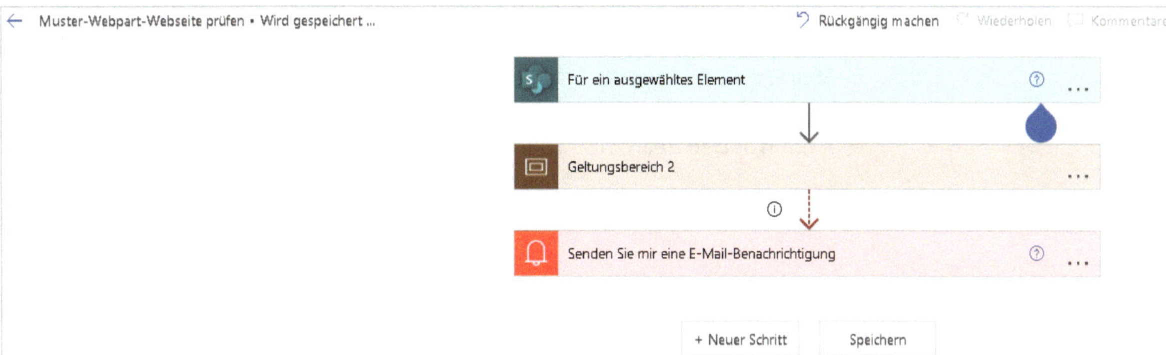

Bild 7.31 Bearbeitenmodus eines Workflows.

Ein Workflow besteht grundsätzlich immer aus einem Ereignis (Trigger) und nachfolgenden Aktionen.

Sobald Sie im Bearbeitenmodus die Kästchen anklicken, öffnen sich diese und es erscheinen weitergehende Festlegungen und Funktionalitäten. Im Fall des Ereignisfeldes (Trigger), das immer als erstes Kästchen angezeigt wird, kann es sich beispielsweise um die Änderung an einem bestimmten Objekt handeln. Die nachfolgenden Aktionen beschreiben dann, was im Falle des Eintretens des Ereignisses (hier: Objektänderung) zu unternehmen ist.

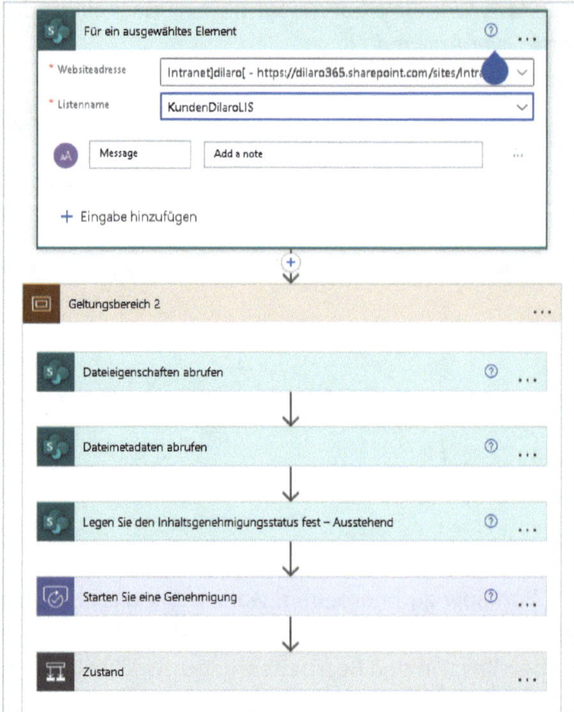

Bild 7.32 Detailangaben zu einem Workflow.

1 Um an dieser Stelle die Bearbeitung eines Workflows zu erläutern, sollten Sie einmal einen Workflow zur Terminerinnerung einrichten. Sie können dazu auch den in SharePoint-integrierte Standard-Workflow nutzen. Haben Sie einen solchen Flow generiert, rufen Sie diesen einmal direkt in Power Automate auf und wechseln dann in den Bearbeitenmodus.

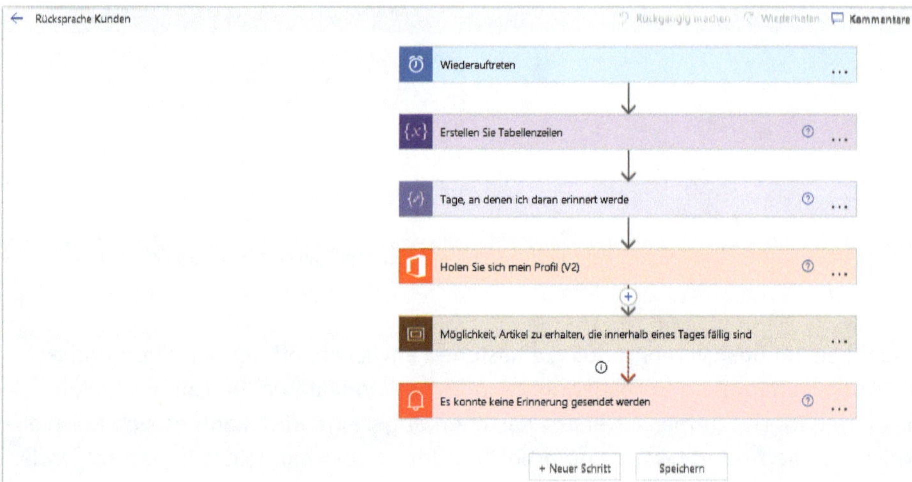

Bild 7.33 Standard-Workflow zur Terminerinnerung.

2 Im Bearbeitenmodus des Flows können Sie durch Anklicken der entsprechenden Kästchen den Auslöser oder das Ereignis (Trigger) ändern oder die einzelnen Arbeitsschritte beliebig anpassen.

3 Möchten Sie beispielsweise bei der Terminerinnerung die Tage für den Vorlauf anpassen, wählen Sie in diesem Beispiel das Kästchen *Tage, an denen ich daran erinnert werde* an.

4 Es erscheint ein Eingabefeld, in dem eine Zahl eingetragen ist, die bei der Anlage des Flows hinterlegt wurde. Diese Zahl können Sie an der Stelle einfach überschreiben.

5 Mit der Schaltfläche *Speichern* (im oberen Menübereich) wird der Flow in geänderter Fassung gespeichert und direkt aktiviert.

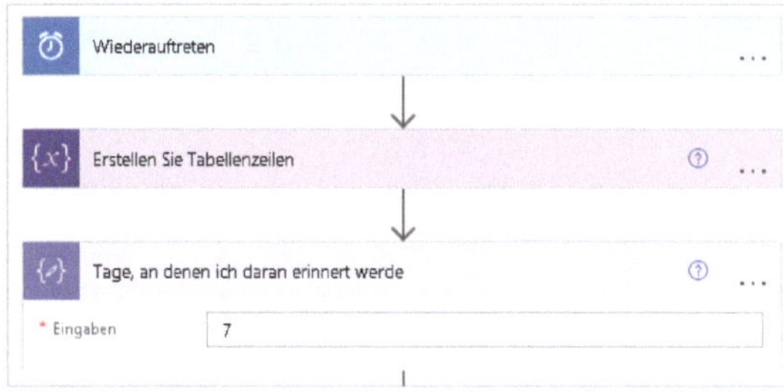

Bild 7.34 Änderung eines bestehenden Workflows.

Auf diese Art und Weise haben Sie sehr einfach und schnell die Änderung an einem bestehenden Workflow vorgenommen. Im folgenden Abschnitt werden Sie erfahren, wie Sie einen Workflow für Ihre SharePoint-Umgebung von Beginn an neu erstellen können.

Manuelle Workflow-Erstellung

Um Ihnen einmal die Möglichkeiten und einen Teil des Funktionsumfangs von Power Automate zu demonstrieren, folgen nachfolgend die Erläuterungen zur manuellen Erstellung eines Workflows. Der Workflow soll bei Änderungen an den Einträgen einer SharePoint-Liste (Listenelemente) eine Nachricht darüber in einen Kanal von Microsoft Teams versenden.

> Power Automate stellt eine Vielzahl von Vorlagen zur Verfügung, die insbesondere am Anfang sehr nützlich sein können, um sich mit den Möglichkeiten und Funktionen vertraut zu machen.

1 Nach dem Aufruf von Power Automate müssen Sie nach erfolgter Anmeldung zunächst den Menüeintrag *Erstellen* (links) anklicken.

2 Im nächsten Schritt entscheiden Sie dann, welche Art das Ereignis (Trigger) des Workflows sein soll. Da die Nachricht an einen Teams-Kanal bei einer Elementänderung versendet werden soll, müssen Sie die Option *Automatisierter Cloud-Flow* anwählen.

3 Es erscheint ein Dialogfenster, in dem Sie zunächst einen Namen für den Workflow eingeben.

4 Dann müssen Sie aus der Liste den Typ des Ereignisses (Trigger) auswählen. Geben Sie dazu im Feld *Alle Trigger durchsuchen* die Zeichenfolge *sharepoint* ein.

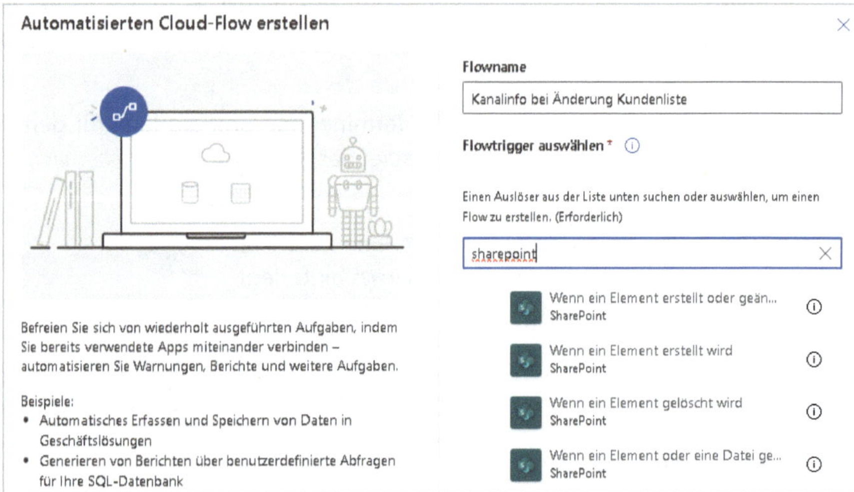

Bild 7.35 Anlegen eines automatisierten Workflows.

5 Wählen Sie aus der Liste die Option *Wenn ein Element erstellt oder geändert wird* aus und bestätigen Sie dies mit der Schaltfläche *Erstellen*.

6 Es erscheint der Bearbeitenmodus des Workflows, wo für das gewählte Ereignis ein Kästchen angezeigt wird. Klicken Sie das Kästchen an und wählen Sie dann die beiden Parameter *Websiteadresse* und *Listenname* an und ordnen Sie den gewünschten Eintrag zu (Auswahl des Pfeils nach unten beim Feldeintrag).

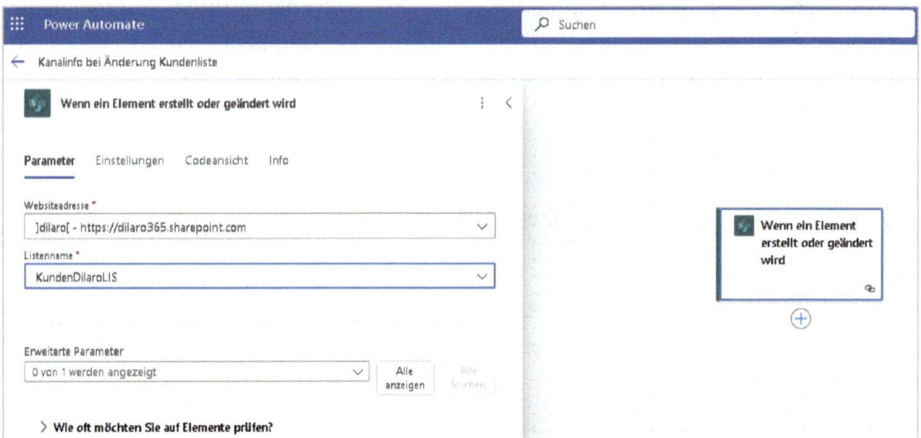

Bild 7.36 Parameter für ein Ereignis.

7 Mit dem Pluszeichen unterhalb des Ereignis-Kästchens und der Anwahl des Punktes *Aktion hinzufügen* können Sie dem Workflow dann eine Aktion zuordnen. Es erscheint eine Aufstellung der verfügbaren Aktionen von Power Automate, wo Sie dann im Suchfeld wieder *sharepoint* eingeben sollten.

8 Mit der Option *Mehr anzeigen* neben dem SharePoint-Eintrag können Sie sich alle verfügbaren Aktionen für eine SharePoint-Umgebung anzeigen lassen.

9 Da bei der Nachricht in dem Teams-Kanal nähere Angaben zu dem Listenelement, das geändert wurde, übermittelt werden sollen, müssen Sie diese Informationen zunächst abrufen. Wählen Sie dazu aus der Liste die Aktion *Element abrufen* aus.

10 Im nächsten Schritt müssen Sie die benötigten Parameter *Websiteadresse*, *Listenname* und *ID* eintragen bzw. auswählen (Pfeil nach unten). Die ID des Datensatzes des Elements erhalten Sie aus dem Ereignisfeld. Klicken Sie dazu das Feld an und wählen am rechten Feldrand das Symbol (Blitz) für den Zugriff auf Inhalte vorhergehender Arbeitsschritte an. Wählen Sie dann das Feld *ID* durch Anklicken aus.

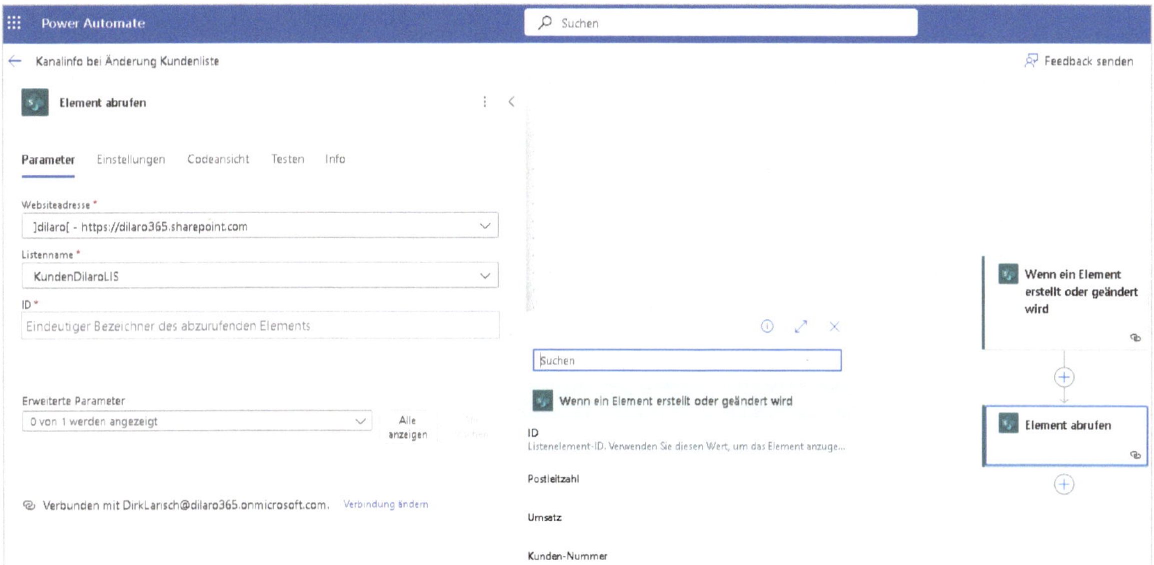

Bild 7.37 Auswahl des ID-Feldes aus dem vorhergehenden Arbeitsschritt.

11 Nachdem Sie auf diese Art die Angaben des geänderten Listenelements gesammelt haben, müssen Sie im letzten Arbeitsschritt die Nachricht an den Teams-Kanal übermitteln. Klicken Sie dazu zum Einfügen einer weiteren Aktion unterhalb des vorhergehenden Eintrages auf das Pluszeichen und wählen Sie *Aktion hinzufügen*.

12 Da Sie eine Nachricht versenden möchten, können Sie im Suchfeld direkt *nachricht* eingeben. Damit werden alle Aktionen aufgelistet, in denen es mehr oder weniger um den Versand von Nachrichten geht.

> Wenn Sie die Bezeichnung einer Aktion kennen, können Sie im Suchfeld auch direkt diesen Namen eingeben.

13 Im Bereich von *Microsoft Teams* können Sie dann den Eintrag *Nachricht in einem Chat oder Kanal veröffentlichen* durch Anklicken auswählen.

14 Die neue Aktion wird eingefügt und Sie brauchen dann im Bereich der Parameter (links) wie *Team*, *Kanal* (*Channel*) und *Nachricht* (*Message*) nur die benötigten Angaben eintragen. Dabei können Sie bei der Nachricht auf die Inhalte der vorhergehenden Aktion zurückgreifen.

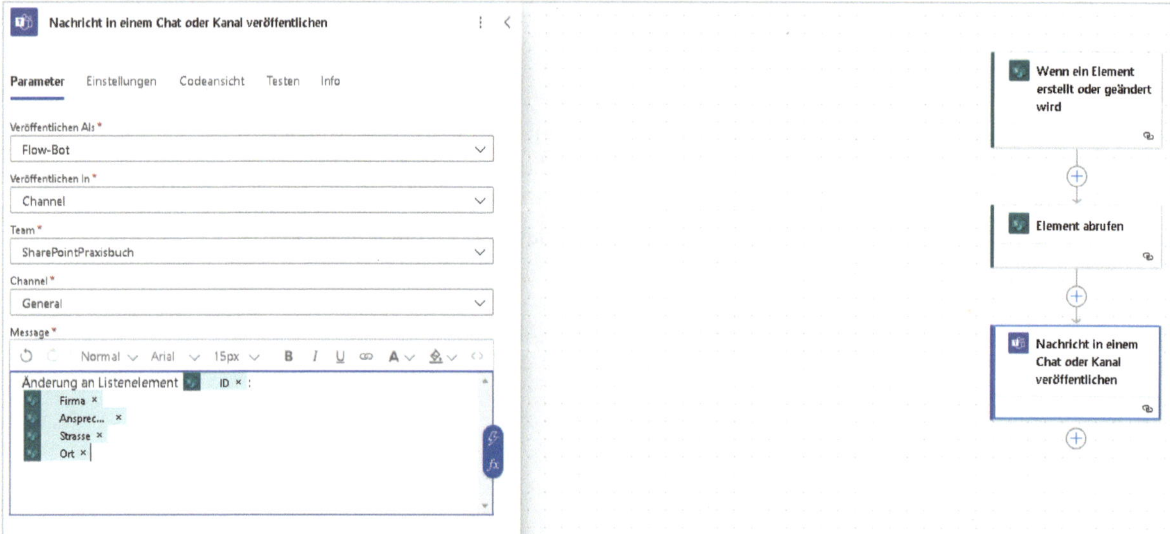

Bild 7.38 Festlegung der Parameter zur Nachrichtenübermittlung.

15 Abschließend müssen Sie den neu erstellten Workflow noch speichern, wozu die entsprechende Option am oberen Bildschirmrand dient.

Wenn gewünscht, können Sie an der Stelle dem Flow weitere Aktionen hinzufügen oder diesen direkt ausprobieren; dies können Sie beispielsweise innerhalb des Bearbeitenmodus mit der Option *Testen* durchführen oder Sie führen eine Änderung an einem der Elemente der gewählten Liste durch und sehen dann in Microsoft Teams nach der entsprechenden Meldung.

Bild 7.39 Anzeige der Nachricht in einem Teams-Kanal.

Durch den Einsatz von Power Automate steht Ihnen in einer SharePoint-Umgebung maximale Flexibilität in Bezug auf Workflows zur Verfügung. Dies geht weit über die aus früheren SharePoint-Versionen bekannten Workflow-Möglichkeiten hinaus.

> Es handelt sich bei Power Automate um ein sehr mächtiges Werkzeug zur Prozesssteuerung und Optimierung von Abläufen, die im Rahmen dieses Buches nur ansatzweise dargestellt und erläutert werden können.

Workflows aus Vorlagen

Bei der Erstellung von Webseiten bzw. zur Webseitengestaltung und auch bei dem Anlegen von Bibliotheken und Listen stellt Microsoft eine Vielzahl von Vorlagen zur Verfügung, bei denen teilweise bereits Workflows integriert sind. Dies gilt es zu beachten, wobei Sie dabei natürlich auch jederzeit die Möglichkeit haben, entsprechende Workflows anzupassen, zu deaktivieren bzw. zu verändern.

Sobald Sie beispielsweise bei der Erstellung einer Bibliothek über die Vorlage *Medienbibliothek* eine neue Bibliothek anlegen, so wird automatisch ein Workflow integriert, der eine Überwachung der Termine einbindet (Terminerinnerung). Gleiches gilt bei der *Ereignisplanung* als Vorlage einer Teamwebseite, die ebenfalls automatisch Workflow-Funktionalitäten aufweist.

> Nähere Angaben zur Erstellung und Gestaltung von Webseiten einer SharePoint-Umgebung enthält das Kapitel 6 dieses Buches. Angaben zum Anlegen und Verwalten von Bibliotheken und Listen finden Sie in Kapitel 2.

7.3 Power BI

Eine weitere Anwendung einer Microsoft-365-Umgebung, die Sie in SharePoint integrieren können, ist Power BI. Es handelt sich dabei um einen M365-Dienst, mit dem Sie Daten visualisieren und analysieren können, um daraus fundierte Entscheidungen treffen zu können. Dabei können Daten aus verschiedenen Quellen wie SharePoint, SQL-Server, Excel, Dataverse usw. genutzt werden.

Die Beschreibung, Steuerung und Optimierung von Abläufen in einem Unternehmen oder einer Organisation, die Darstellung von Ergebnissen in komprimierter und auswertbarer Form und die Erfüllung gesetzlicher Anforderungen werden unter dem Begriff *Geschäftsdatenmanagement* bzw. *Geschäftsprozessmanagement* zusammengefasst. Damit einhergehend fällt auch oft der Begriff *Business Intelligence* (daher der Name Power BI).

Generell geht es bei der Nutzung entsprechender SharePoint-Möglichkeiten darum, den Entscheidungsträgern in einem Unternehmen oder einer Organisation Zahlen und Fakten zur Verfügung zu stellen, um strategische oder operative Entscheidungen treffen zu können. War dies in der Vergangenheit sehr oft nur durch den Einsatz umfangreicher und hochkomplexer Software möglich (Stichwort: Data Warehouse), so stehen mit SharePoint und Power BI in einer Microsoft-365-Umgebung Möglichkeiten zur Verfügung, diese Informationen in komprimierter Form in einer webbasierten Oberfläche darzustellen.

Die Darstellung erfolgt meistens in Form eines sogenannten *Dashboards*; übersetzt bedeutet dies so viel wie *Armaturenbrett* oder *Instrumententafel*. Ein Dashboard kennzeichnet eine zentrale Einrichtung, in der sämtliche (wichtigen) Daten angezeigt werden. So wie bei einem Auto im Armaturenbrett alle wichtigen Fahrzeugdaten (Temperatur, Öldruck, Benzinstand, Geschwindigkeit usw.) angezeigt werden, kann ein solches Dashboard in Bezug auf ein Unternehmen alle relevanten Kennzahlen eines Unternehmens in gebündelter Form präsentieren. Das Besondere an einem in SharePoint-integrierten Dashboard ist, dass damit Kennzahlen eines Unternehmens auf einer Webseite in komprimierter Form dargestellt werden können, um wichtige Informationen „auf einen Blick" zur Verfügung stellen zu können.

Die Verwendung sogenannter KPI-Listen ist eine oft genutzte Möglichkeit einer Dashboard-Darstellung. KPI ist die Abkürzung für *Key Performance Indicator* und bedeutet so viel wie „Statusanzeige definierter Ziele". Es handelt sich dabei um eine grafische Darstellung betriebswirtschaftlicher Kennzahlen, anhand derer die Erreichung festgelegter Ziele überprüft werden kann. Oft wird eine solche Darstellung auch mit einer „Ampelfunktion" verglichen, wo die drei Farben Rot, Gelb und Grün den Erfüllungsgrad signalisieren. Die Zielerreichung wird dabei an kritischen Erfolgsfaktoren festgemacht, die letztlich Einfluss auf bestimmte Entscheidungen nehmen.

Die KPI-Darstellung ermöglicht nicht nur eine sehr einfache und schnelle Einschätzung des Erfüllungsgrades eines vorgegebenen Ziels, sondern es ist für jeden an einer Zielerfüllung beteiligten Bereich offensichtlich, ob und, wenn ja, in welcher Form bestimmte Aufgaben erledigt werden müssen. Als Beispiele für KIP-Listen können Umsatzzahlen dienen, indem eine Mindestanforderung definiert wird (das klassische KPI-Einsatzgebiet). Es kann sich aber auch um Zufriedenheitsanalysen der Kunden handeln, Bestellungen pro Monat oder die Bestellentwicklung für einen bestimmten Artikel angeben.

1 Um beispielsweise einen Bericht mit Power BI zu erstellen, können Sie nach Anwahl einer Liste im Menü *Integrieren* (oben) den Punkt *Power BI* anklicken.

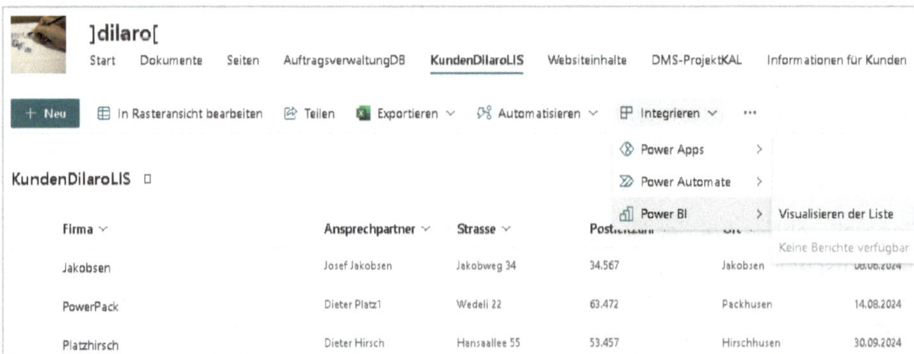

Bild 7.40 Integrierte Option zum Erstellen eines Power-BI-Berichtes.

2 Nach Anwahl des Punktes *Visualisieren der Liste* wird ein Assistent aufgerufen, der zu der gewählten Liste einen Bericht erstellen kann.

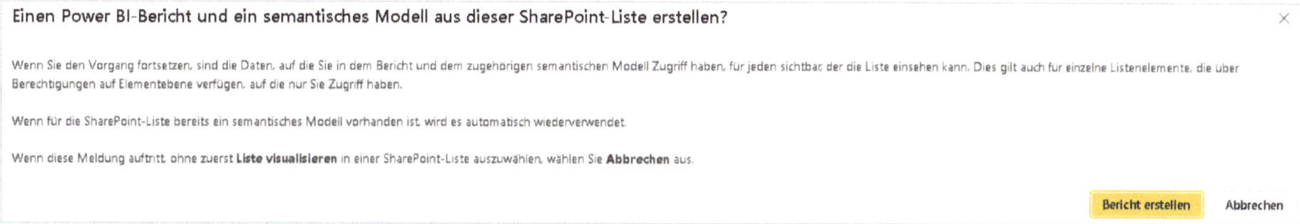

Bild 7.41 Assistent zur Berichterstellung.

3 Mit Betätigen der Schaltfläche *Bericht erstellen* greift Power BI auf die Daten der gewählten SharePoint-Liste zu und generiert daraus einen umfangreichen Bericht, der anschließend automatisch am Bildschirm angezeigt wird.

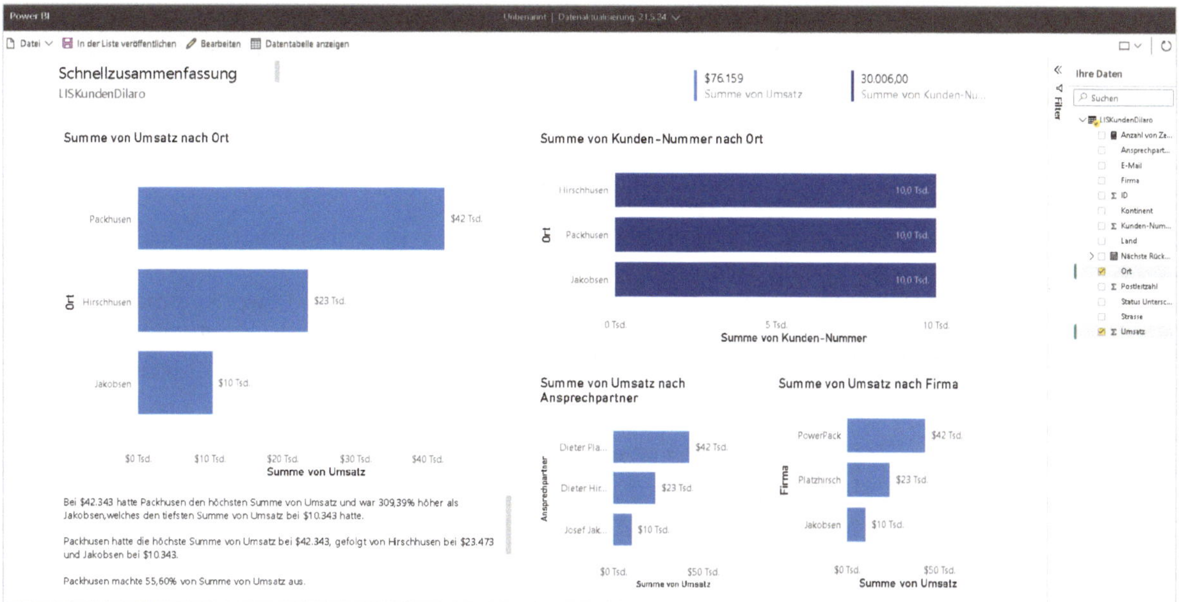

Bild 7.42 Berichtsdarstellung einer SharePoint-Liste.

4 Eine solche Darstellung können Sie dann noch bearbeiten bzw. den eigenen Vorstellungen entsprechend anpassen, abspeichern bzw. über die Option *In der Liste veröffentlichen* direkt in der SharePoint-Liste zum direkten Zugriff zuordnen.

Für den Dashboard-Einsatz stellt SharePoint in Zusammenarbeit mit Power BI spezielle Vorlagen zur Verfügung, mit dem auf die Daten aus Power BI zugegriffen werden kann. Darüber hinaus können auch individuelle Webseiten angelegt werden, in die dann die verschiedenen Komponenten einer Dashboard-Darstellung über entsprechende Webparts integriert werden.

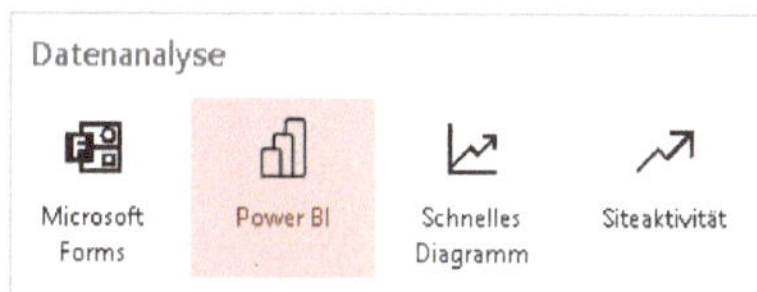

Bild 7.43 Einbindung spezieller Power-BI-Webparts.

> Den Aufruf der verfügbaren Power-BI-Berichte können Sie in SharePoint direkt über den Menübereich *Integrieren* und Anwahl der entsprechenden Option vornehmen.

7.4 Power Apps

In der Reihe der Anwendungen der Power-Plattform einer Microsoft-365-Umgebung nimmt auch Power Apps eine wichtige Rolle ein. So können Sie damit sehr einfach und schnell Anwendungen für Desktop-PCs oder auch mobile Geräte (Tablet, Smartphone usw.) erstellen, ohne dafür über Programmierkenntnisse verfügen zu müssen. Auf diese Art können Sie beispielsweise für eine SharePoint-Liste eine Erfassungs- oder Bearbeitungsmöglichkeit schaffen, die beispielsweise auf einem Smartphone genutzt werden kann.

Power Apps ist aber mehr als nur eine Anwendung zur Erstellung von Eingabemasken auf einem Smartphone, es enthält weitergehende Dienste und Möglichkeiten, externe Datenquellen über spezielle Konnektoren anzubinden. Letztlich ist Power Apps eine komplette Entwicklungsumgebung mit der Möglichkeit, Anwendungen (Apps) zu testen und für die Anwendung auf verschiedenen Endgeräten (Windows, MacOS, iOS, Android usw.) zu veröffentlichen.

SharePoint-integrierte Funktionen

Vergleichbar mit dem Zugriff auf Automatisierungen über Power Automate, so stehen in SharePoint auch integrierte Möglichkeiten für den Zugriff und die Nutzung von Power Apps zur Verfügung. So können Sie beispielsweise in einer Liste das Erfassungs- bzw. Bearbeitungsformular aus SharePoint anpassen.

1 Um bei einer SharePoint-Liste das standardmäßig vorhandene Formular eines Listenelements anzupassen, müssen Sie zunächst einmal die entsprechende Liste anwählen.

2 Im nächsten Schritt klicken Sie dann im Menü *Integrieren* (oben) auf den Punkt *Power Apps*.

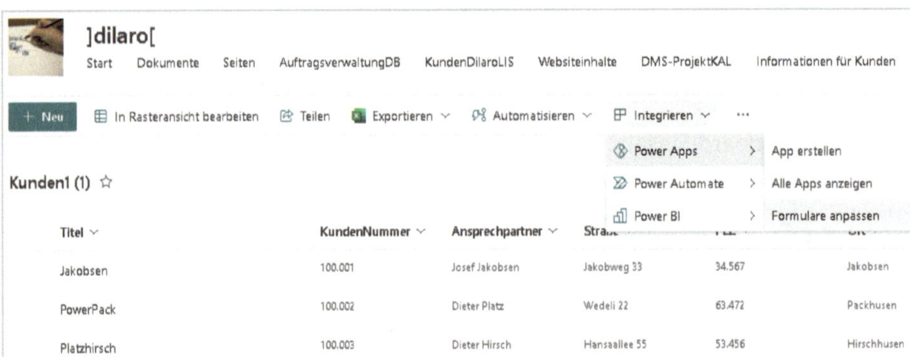

Bild 7.44 Anpassung eines Formulars mit Power Apps.

3 Mit Anklicken des Punktes *Formulare anpassen* öffnet sich automatisch das Zusatzprogramm Power Apps und nach einem kurzen Moment wird das Standardformular in Power Apps angezeigt.

4 An der Stelle können Sie in Power Apps die gewünschten Anpassungen am Formular vornehmen.

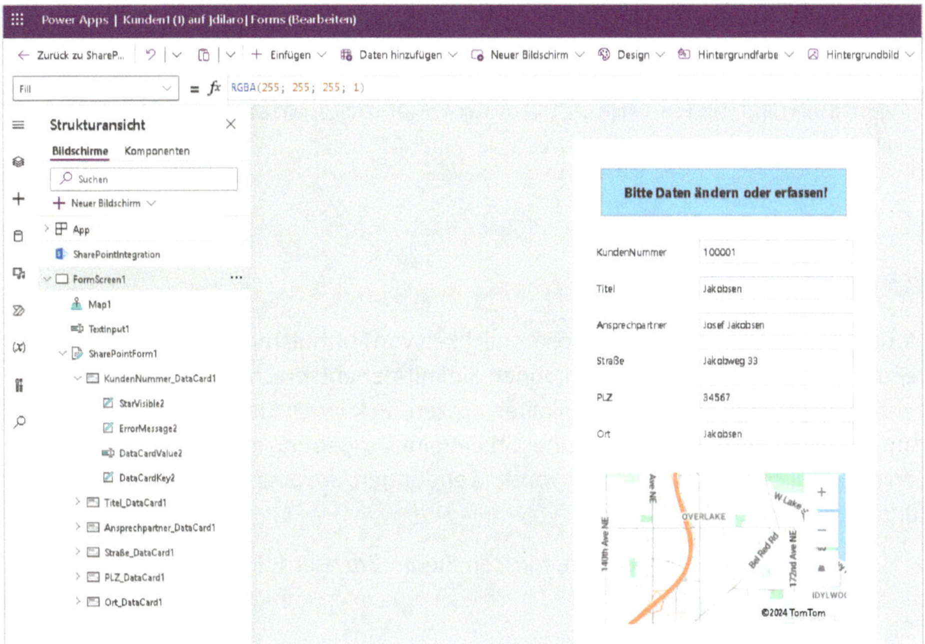

Bild 7.45 Anpassung eines SharePoint-Formulars in Power Apps.

5 Sobald Sie die gewünschten Anpassungen vorgenommen haben, gelangen Sie über die Schaltfläche *Zurück zu SharePoint* wieder zurück in die SharePoint-Umgebung und die gewählte Liste.

6 Mit *Speichern und veröffentlichen* wird das Formular freigegeben und steht somit allen Benutzern mit Zugriffsrechten auf die Liste zur Verfügung.

7 Sobald Sie anschließend in der Liste einen neuen Datensatz erfassen oder einen bestehenden Datensatz bearbeiten, wird die angepasste Maske (Formular) in der SharePoint-Umgebung angezeigt.

Bild 7.46 Angepasstes Listenformular in SharePoint.

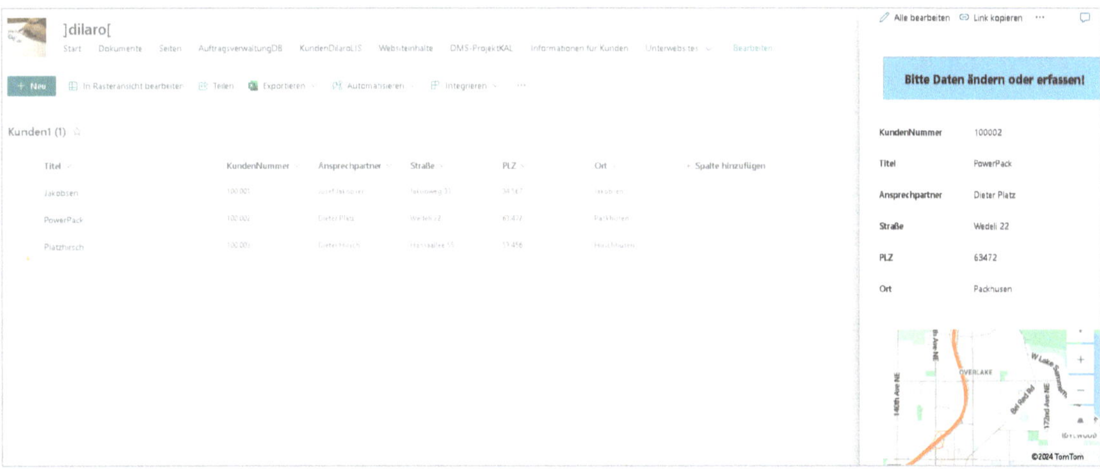

Damit haben Sie die Möglichkeit, Formulare Ihren Anforderungen entsprechend anzupassen, beispielsweise zur optimierten Nutzung auf Mobilgeräten. Da es sich bei den Formularen aber immer um eine eigenständige App handelt, wird für die betreffenden Benutzer auf jeden Fall eine entsprechende Lizenzierung von Power Apps benötigt.

> Angaben zum Einsatz von Power Apps und Erläuterungen zu den verfügbaren Funktionen und Möglichkeiten entnehmen Sie bitte weiterführender Literatur.

Power Apps nativ

Neben der integrierten Anpassungsmöglichkeit von Formularen, die Sie direkt aus SharePoint heraus aufrufen können, können Sie mit der entsprechenden Power-Apps-Lizenz auch weitergehende Möglichkeiten nutzen. So können Sie beispielsweise bei der App-Erstellung direkt auf Daten einer SharePoint-Umgebung zugreifen. Oder Sie nutzen die Möglichkeit zur Erstellung von Anwendungen, um eine optimierte Darstellung für mobile Geräte zu erhalten.

1. Um Power Apps aufzurufen, müssen Sie im Browser folgende Adresszeile eingeben:

   https://make.powerapps.com

2. Nach erfolgter Anmeldung können Sie dann in der Oberfläche der Anwendung über den Menüeintrag *Erstellen* direkt in die Ebene der App-Erstellung wechseln.

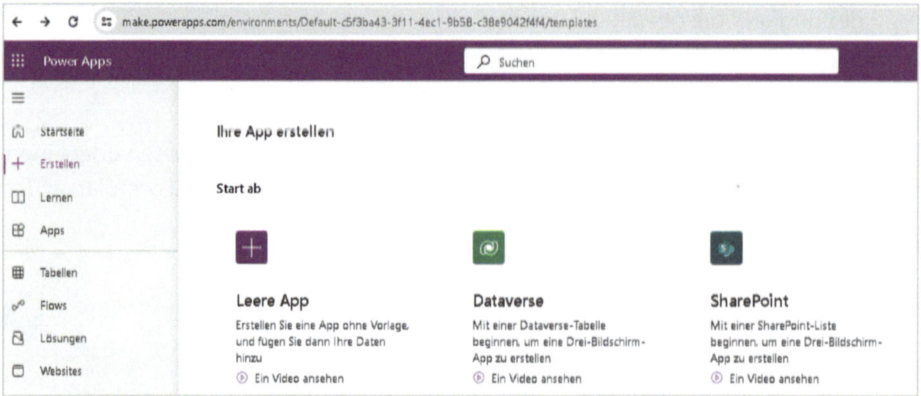

Bild 7.47 Oberfläche von Power Apps.

3. Da die App auf Grundlage einer SharePoint-Liste erstellt werden soll, können Sie an dieser Stelle das entsprechende Symbol (Kachel) durch Anklicken auswählen.

4. Im nächsten Schritt müssen Sie eine Verbindung zum SharePoint-Dienst aufbauen. Da Sie SharePoint bereits im Einsatz haben, werden Ihnen in der Regel die verfügbaren Datenverbindungen angezeigt.

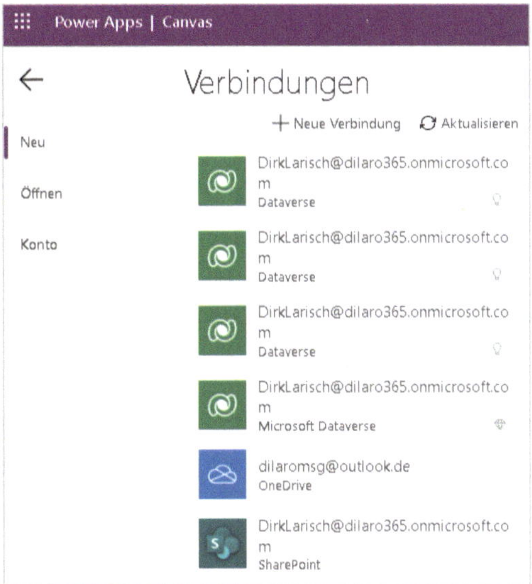

Bild 7.48 Auswahl einer Datenverbindung.

Um an dieser Stelle eine zusätzliche Verbindung aufzubauen, müssen Sie im oberen Bereich die Option *+ Neue Verbindung* auswählen.

5 Mit Anwahl der SharePoint-Datenverbindung werden im nächsten Schritt die Webseiten angezeigt, die der Verbindung zugeordnet sind. Durch Anklicken der gewünschten Webseite (bzw. Webseitensammlung) werden die zugeordneten Daten (Listen) der gewählten Webseite angezeigt.

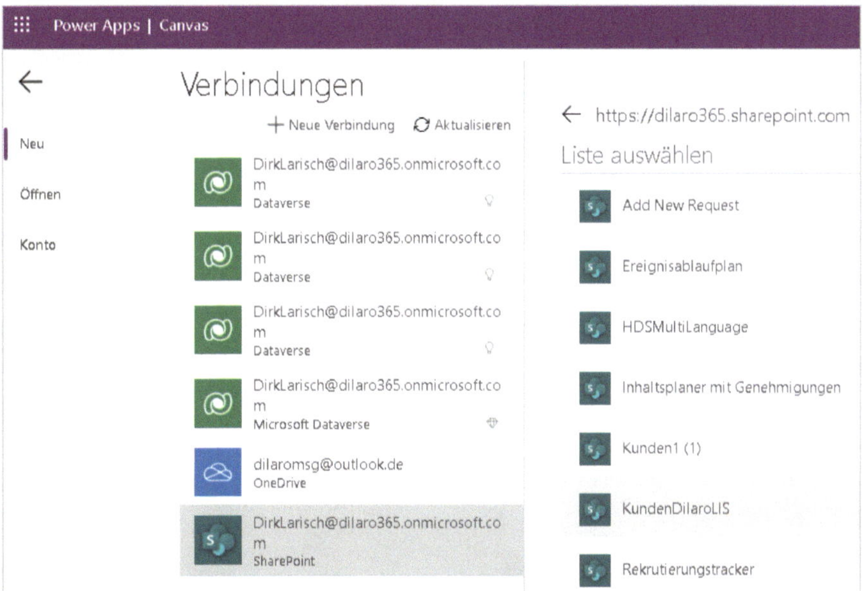

Bild 7.49 Auswahl der SharePoint-Liste.

6 Nachdem Sie die gewünschte Liste durch Anklicken ausgewählt und dies mit der Schaltfläche *Verbinden* bestätigt haben, startet der Assistent von Power Apps und erstellt für die gewählte Liste automatisch eine Anwendung (App), die anschließend in der Entwicklungsumgebung von Power Apps angezeigt wird.

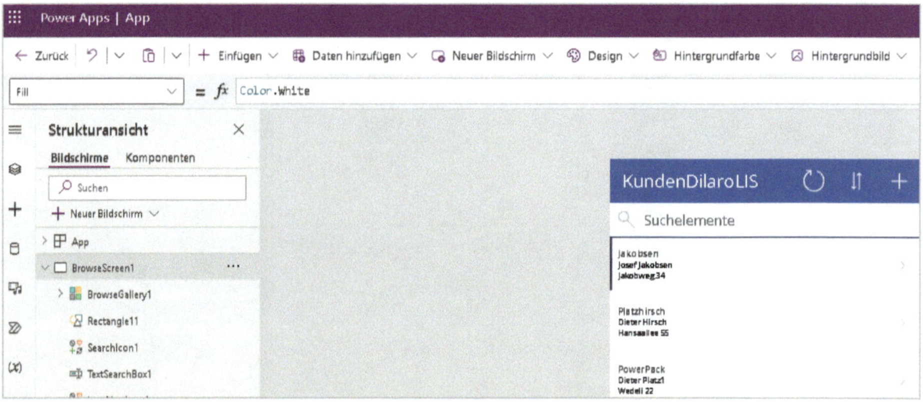

Bild 7.50 Vom Assistent erstellte Anwendung.

> **Die vom Assistenten erstellte *App* hat bereits Funktionen für das Bearbeiten oder auch Erfassen zusätzlicher Datensätze; diese Änderungen werden dann auch in Echtzeit in der zugeordneten SharePoint-Liste vorgenommen.**

7 Ohne an dieser Stelle auf weitergehende Funktionen von Power Apps einzugehen, können Sie diese Anwendung einmal im Vorschaumodus starten, indem Sie die Taste *F5* betätigen.

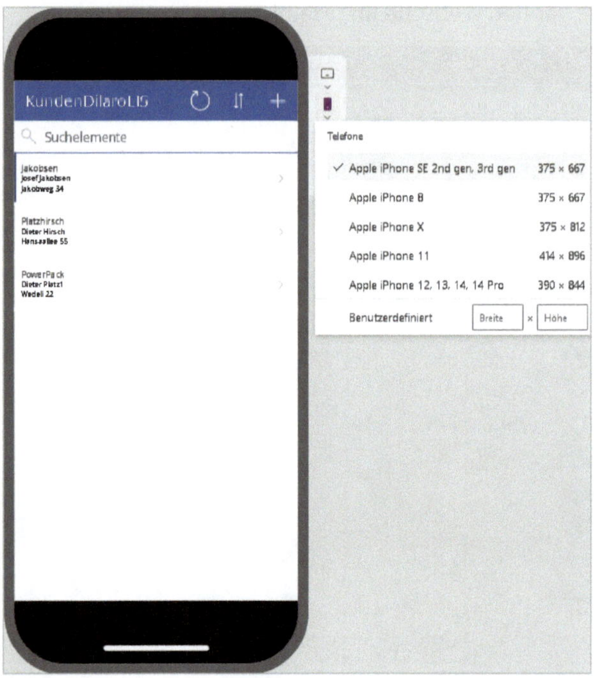

Bild 7.51 App-Darstellung auf einem Smartphone.

8 Im Vorschaumodus haben Sie die Möglichkeit, das Aussehen der *App* für verschiedene Geräte zu überprüfen. Dazu dienen die Symbole rechts neben der App-Darstellung, wo Sie sich beispielsweise anzeigen lassen können, wie die App auf einem beliebigen Smartphone aussehen wird.

9 Nachdem Sie den Vorschaumodus mit der Taste *Esc* beendet haben, sollten Sie die App einmal testweise speichern und veröffentlichen; dazu dienen die beiden Symbole am oberen rechten Bildschirmrand, womit die App-Erstellung abgeschlossen wird.

Den Aufruf der verfügbaren Anwendungen, die mit Power Apps erstellt worden sind, können Sie in SharePoint über den Menübereich *Integrieren* und Anwahl der entsprechenden Option (*Alle Apps anzeigen*) vornehmen. Um die App auf einem Smartphone zu testen, müssen Sie dort zunächst einmal die entsprechende Anwendung (Power Apps) herunterladen, sich an der Microsoft-365-Umgebung anmelden und können dann die App abrufen und darüber die Daten der SharePoint-Liste direkt bearbeiten.

> Es handelt sich bei Power Automate um ein sehr mächtiges Werkzeug zur Prozesssteuerung und Optimierung von Abläufen, die im Rahmen dieses Buches nur ansatzweise dargestellt und erläutert werden können.

7.5 Dataverse

Der zentrale Cloud-Datenspeicher von Microsoft wird unter dem Begriff *Dataverse* zusammengefasst; es handelt sich dabei um eine Datenablage in Form einer relationalen Tabelle. So stellt Microsoft mit Dataverse in einer Microsoft-365-Umgebung einen zentralen Datenspeicher zur Verfügung, der ebenfalls in der Azure-Cloud gehostet wird.

Mit der Verbindung zu Microsoft Fabric können Sie alle Daten, die in Dataverse abgelegt sind, auch in dem dem OneLake (Data Lake) von Microsoft Fabric über entsprechende Verknüpfungen verfügbar machen, ohne dass dabei Daten exportiert werden müssen. Microsoft Fabric ist dabei eine Datenplattform, die als Basis zur Integration und Analyse verschiedener Umgebungen dient.

1 Um eine SharePoint-Liste nach Dataverse zu überführen bzw. dort zu integrieren, müssen Sie zunächst Power Apps mit folgender Browserzeile aufrufen:

    https://make.powerapps.com

2 Nach erfolgter Anmeldung müssen Sie im nächsten Schritt aus dem Menü (links) den Punkt *Tabellen* anwählen; ggf. müssen Sie die Anzeige des Menüpunktes vorher mithilfe von *Mehr…* einblenden.

3 Klicken Sie im oberen Bereich auf die Option *Neue Tabelle* und aus dem nachfolgenden Menü anschließend auf den Punkt *Mit externen Daten erstellen*.

4 Im dargestellten Untermenü gilt es dann den Punkt *SharePoint-Liste* anzuwählen.

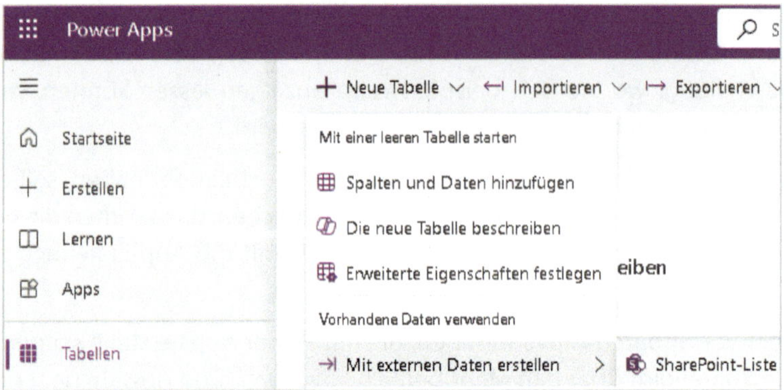

Bild 7.52 Integration einer SharePoint-Liste in Dataverse.

5 Im nachfolgenden Dialogfenster müssen Sie die SharePoint-Verbindung, die Webseite (Webseitensammlung) und die Liste anwählen, die Sie nach Dataverse migrieren möchten.

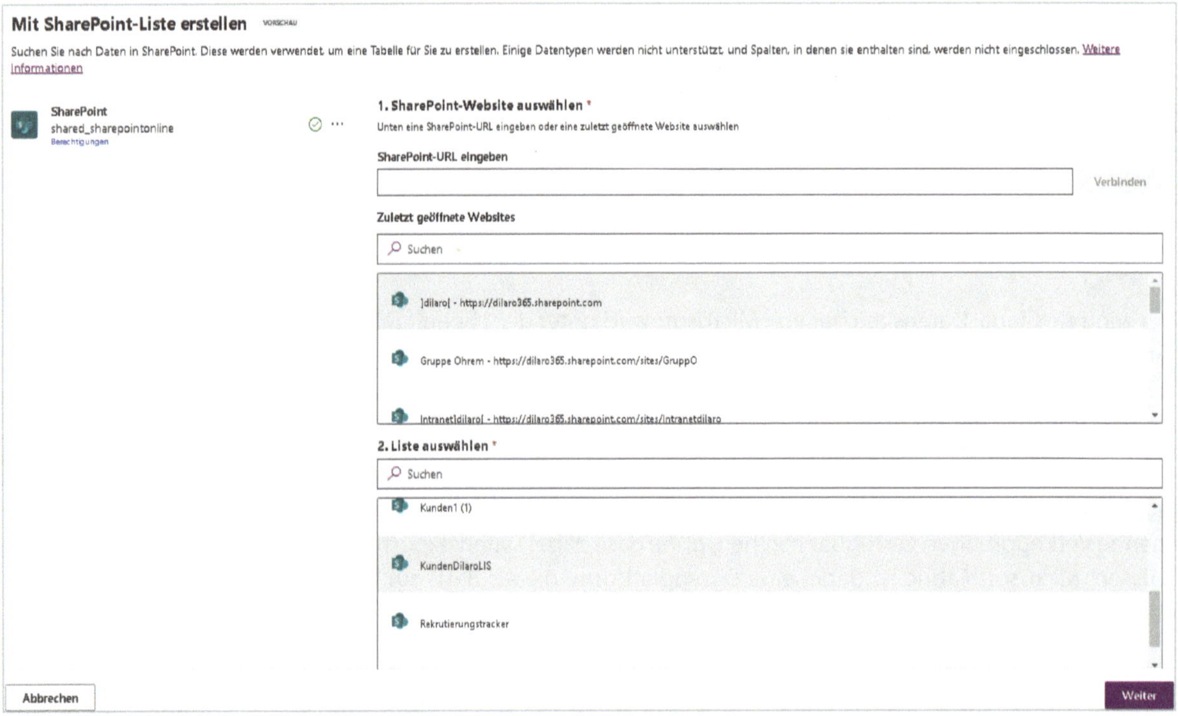

Bild 7.53 Auswahl der zu migrierenden SharePoint-Liste.

6 Nach Bestätigung mit der Schaltfläche *Weiter* wird der Inhalt der Liste ausgelesen und nach einem kurzen Moment am Bildschirm angezeigt. Hier haben Sie noch die Möglichkeit, die Tabelleneigenschaften anzupassen oder auch für jedes einzelne Feld (Spalte) der Liste Veränderungen (z. B. Name, Datentyp) vorzunehmen.

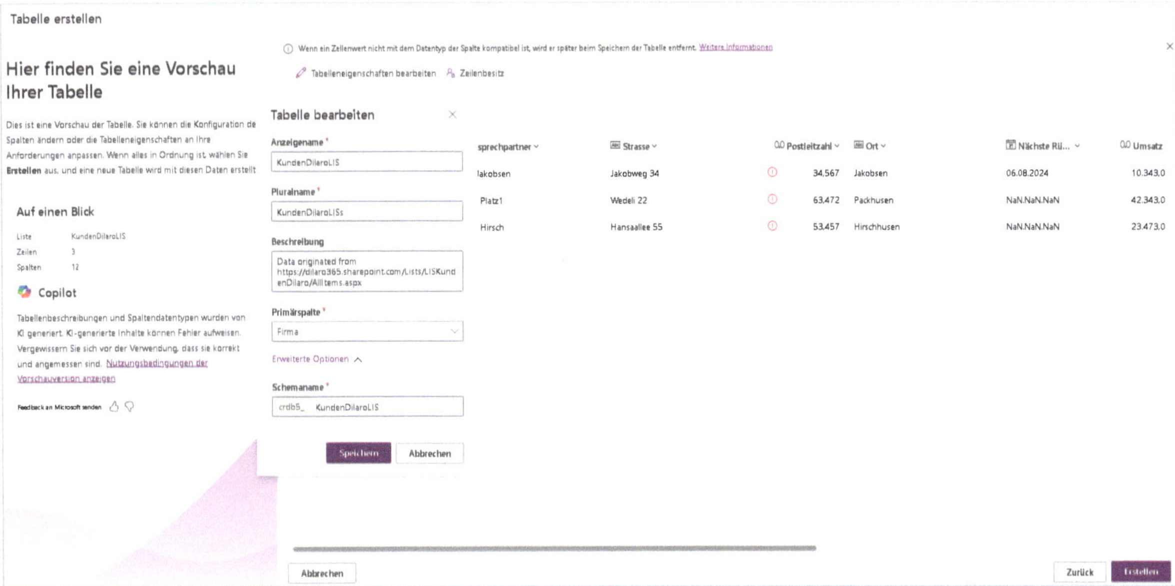

Bild 7.54 Anpassen der Tabelleneigenschaften vor dem Import.

7 Mit Anklicken der Schaltfläche *Erstellen* wird der Importvorgang gestartet und der Inhalt der SharePoint-Liste in der Dataverse-Umgebung angezeigt.

Mit der Migration einer SharePoint-Liste nach Dataverse haben Sie beispielsweise die Möglichkeit, diese Tabelle in anderen Anwendungen der Microsoft-365-Umgebung zu nutzen (z. B. Power Automate, Power Apps). Dies wird dann gerne verwendet, wenn es um die Zugriffsgeschwindigkeit oder auch die Größe einer Tabelle oder Liste geht.

> Vergleichbar mit Power Apps, so benötigen Sie für die kommerzielle Nutzung von Dataverse oder auch Microsoft Fabric ebenfalls entsprechende Lizenzen.

7.6 OneDrive

Eine Anwendung, die in einer Microsoft-365-Umgebung standardmäßig für jeden Benutzer eingerichtet und verfügbar ist, lautet *OneDrive*. Dabei ist es im Grunde ganz einfach: *OneDrive* ist SharePoint! Denn *OneDrive* als persönlicher Speicherort zur Dateiablage eines Benutzers basiert technologisch auf SharePoint.

> Während SharePoint der Ablage- und Speicherort für Daten ist, die von mehreren Benutzern im Zugriff ist, handelt es sich bei OneDrive um den persönlichen Speicherort eines Benutzers. Der Zugriff auf OneDrive-Daten muss dabei immer explizit von dem betreffenden Benutzer freigegeben werden.

Es gibt grundsätzlich verschiedene Möglichkeiten der Integration von *OneDrive* in eine SharePoint-Umgebung. Die einfachste und schnellste Form ist, dass Sie eine Bibliothek mit Ihrem persönlichen OneDrive-Bereich verbinden (verlinken) können. Dazu steht in einer SharePoint-Bibliothek im oberen Menübereich die Option *Verknüpfung zu OneDrive hinzufügen* zur Verfügung. Sobald Sie diese Option angewählt haben, wird Ihre OneDrive-Umgebung mit einer entsprechenden Verknüpfung ergänzt, über die Sie aus OneDrive heraus direkten Zugriff auf den Inhalt der Bibliothek erhalten.

Bild 7.55 OneDrive-Verknüpfung einer SharePoint-Bibliothek.

Eine weitere Möglichkeit für den Zugriff auf SharePoint-Inhalte bzw. deren Integration in OneDrive ist über den Schnellzugriff verfügbar. Im linken Fensterbereich von OneDrive können Sie auf Inhalte bestimmter SharePoint-Seiten zugreifen.

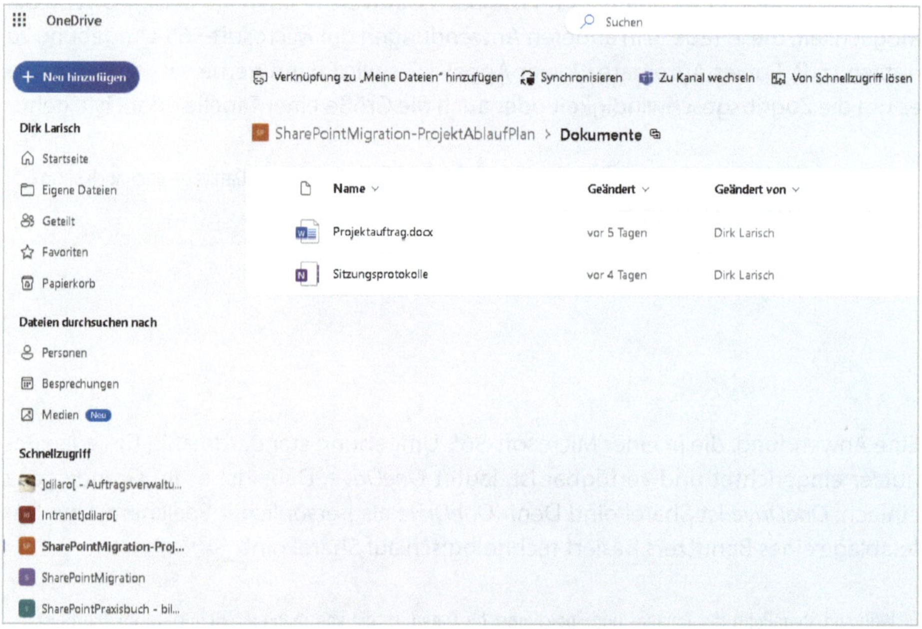

Bild 7.56 SharePoint-Zugriff über den Schnellzugriff.

Die dritte Möglichkeit bezieht sich auf die Integration von OneDrive in SharePoint-Webseiten über entsprechende Webparts. So können Sie beispielsweise mit der Einbindung des Webparts *Datei und Medien* auf einer SharePoint-Webseite gezielt eine Datei Ihrer OneDrive-Umgebung auswählen, deren Inhalt im Webpart angezeigt wird.

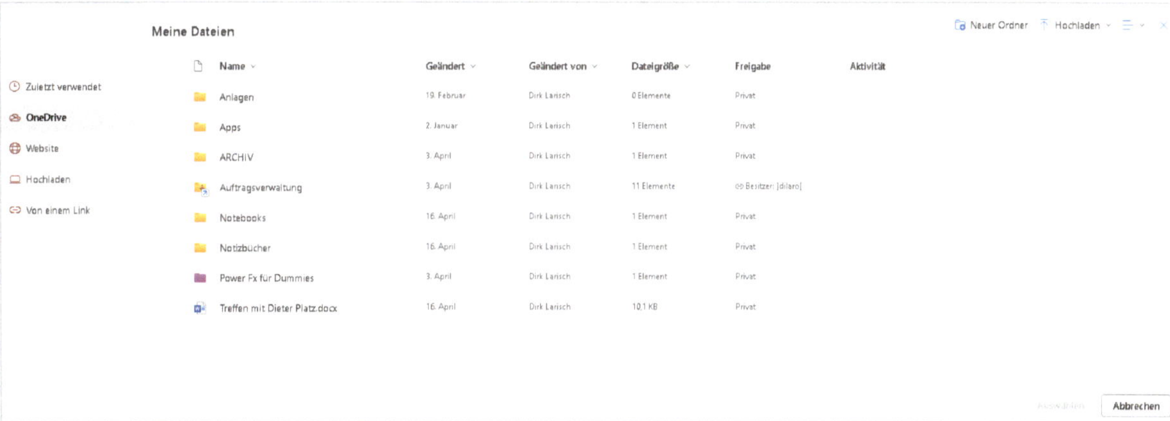

Bild 7.57 *Zugriff auf OneDrive-Dateien in SharePoint-Webparts.*

In der SharePoint-Umgebung gibt es bei der Nutzung von Webparts (z. B. *Hero*) einige Möglichkeiten zur Einbindung von Inhalten der OneDrive-Umgebung. Dabei ist natürlich immer zu beachten, dass Dateien oder Dateiinhalte ggf. für den Zugriff durch andere Benutzer freigegeben werden müssen.

7.7 Lists

Bereits in Kapitel 2 wurde kurz auf die Möglichkeiten der Anwendung *Lists* in Bezug auf die Listen einer SharePoint-Umgebung eingegangen. Die Integration in SharePoint geht aber noch einen Schritt weiter. So können Sie innerhalb von Lists ein Formular anlegen, mit dessen Hilfe die Anwender neue Datensätze erfassen können. Dazu steht in *Lists* der Punkt *Formulare* zur Verfügung, mit dem Sie auf Basis einer ausgewählten SharePoint-Liste ein Erfassungsformular erstellen können.

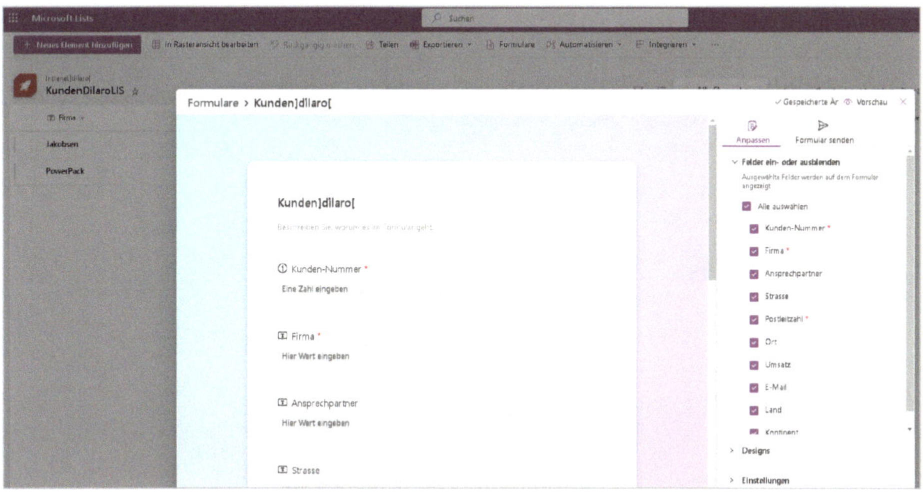

Bild 7.58 *Erstellung eines Listenformulars in Lists.*

Bei der Erstellung eines Formulars können Sie im rechten Fensterbereich die Felder auswählen, die im Formular angezeigt werden sollen. Zudem können Sie dort weitergehende Einstellungen bezüglich des Layouts oder Designs vornehmen.

Ein derart erstelltes Formular können Sie dann beispielsweise über einen Link anderen Benutzern zur Verfügung stellen, die darüber neue Datensätze erfassen können, die dann wiederum direkt der gewählten SharePoint-Liste zugeordnet werden.

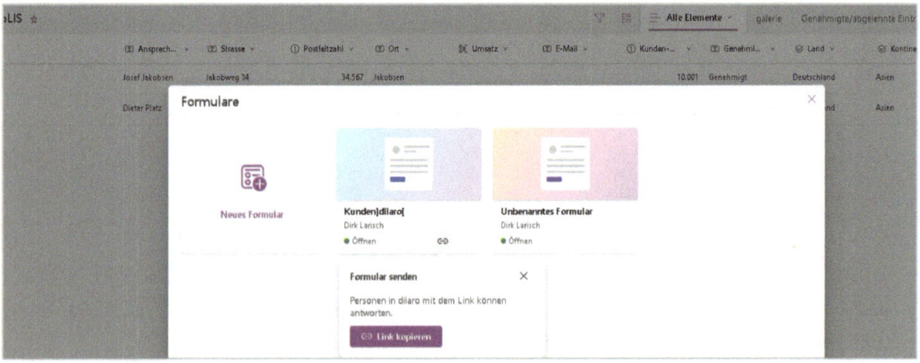

Bild 7.59 Formularversand per Link.

> Die Erfassung der Daten über ein Lists-Formular erfordert nicht zwingend eine Berechtigung auf die Liste. Jedoch können aus Sicherheitsgründen externe Gäste damit keine neuen Datensätze anlegen.

8 SharePoint-Administration

Ein System wie SharePoint Online erfordert eine stringente Handhabung und Planung auf der Ebene eines verantwortlichen Systemverwalters. Dabei sind die Aufgaben durchaus vielfältig und „fließend“, denn neben der SharePoint-Administration im *SharePoint Admin Center* stehen in einer Microsoft-365-Umgebung mit dem *Microsoft 365 Admin Center* und dem *Microsoft Entra Admin Center* (*Admin Center für Entra ID*) weitere Ebenen der Systemverwaltung zur Verfügung.

In einer Microsoft-365-Umgebung gibt es eine Vielzahl von Oberflächen, Ebenen bzw. Anwendungen zur Systemverwaltung. Durch das Zusammenwirken der unterschiedlichen Funktionen in den verschiedenen Bereichen erfolgt dadurch dann teilweise ein automatischer Wechsel der unterschiedlichen Anwendungen bzw. *Admin Center*.

8.1 SharePoint Admin Center

Die wichtigste Umgebung zur Systemverwaltung von SharePoint Online ist die Zentraladministration mit dem Namen *SharePoint Admin Center*. Damit stellt Microsoft ein mächtiges Werkzeug zur Verfügung, um die Aufgaben und Anforderungen zur Verwaltung einer SharePoint-Umgebung durchführen zu können.

Grundsätzlich werden mit der Zentraladministration einer SharePoint-Umgebung sämtliche Konfigurationsaufgaben durchgeführt, die an anderer Stelle, also auf den definierten Webseiten oder einer Webseitensammlung, nicht vorgenommen werden können. Dazu zählen beispielsweise die Verwaltung der Webseiten, allgemeine Konfigurationsaufgaben (Speicherlimit usw.), aber auch Möglichkeiten zur Migration bestehender Datenspeicher in die SharePoint-Umgebung.

Start im Browser

Bei der Zentraladministration handelt es sich grundsätzlich um eine browserbasierte Anwendung. Der Aufruf des *SharePoint Admin Centers* kann über entsprechende Verlinkungen in anderen Verwaltungsprogrammen oder mit der folgenden Syntax einer Browseradresszeile erfolgen:

https://tenant-admin.sharepoint.com

Dabei müssen Sie *tenant* durch den Namen Ihres eigenen Tenants (Mandaten) ersetzen. Der Tenant-Name wird also um die Angabe *-admin* ergänzt; lautet der Tenant-Name also beispielsweise *dasbinich*, dann müssen Sie im Browser folgende Adresszeile eingeben:

https://dasbinich-admin.sharepoint.com/

Alternativ zum direkten Aufruf über den Browser können Sie das *SharePoint Admin Center* auch aus anderen *Admin Centern* der Microsoft-365-Umgebung starten (siehe weiter unten).

Darüber hinaus benötigen Sie natürlich entsprechende Zugriffsrechte bzw. Rollenzuordnungen, um das *SharePoint Admin Center* aufrufen zu können.

Die Oberfläche

Nach dem Start der Zentraladministration erscheint die Einstiegsseite des SharePoint Admin Centers.

Im linken Bereich der Oberfläche befindet sich das Hauptmenü ❶ und in der Mitte des Bildschirms werden wesentliche Inhalte bzw. Informationen angezeigt. Mit dem Punkt *Neuigkeiten* ❷ (rechts oben) können Sie aktuelle Informationen von Microsoft zum *SharePoint Admin Center* abrufen.

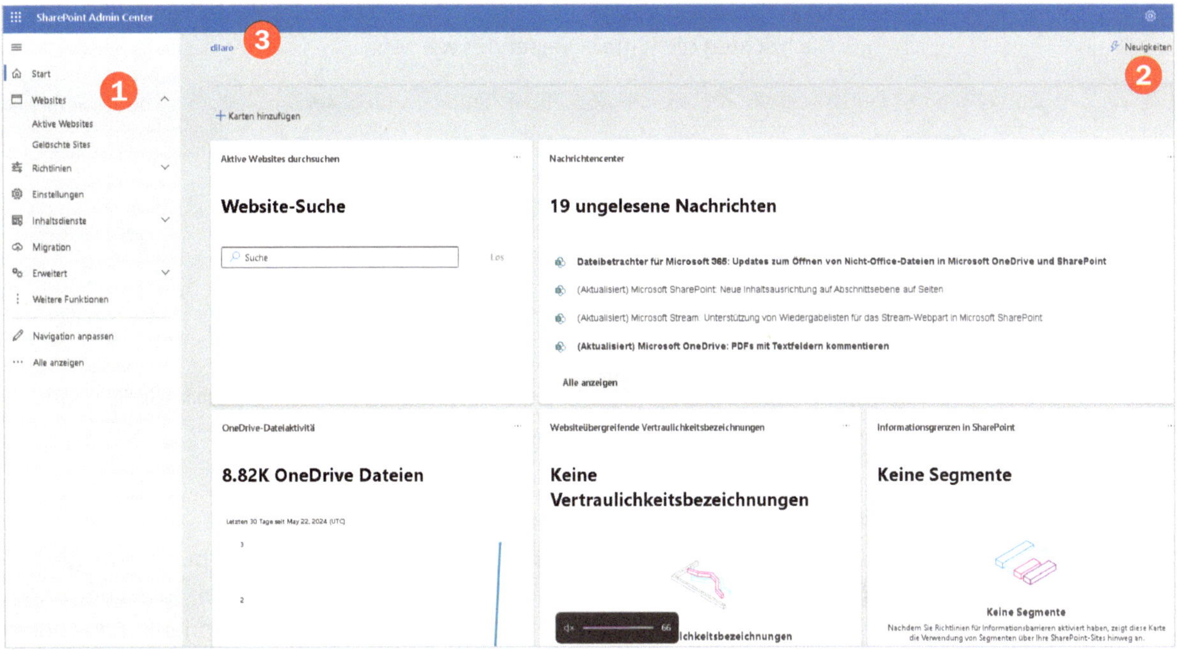

Bild 8.1 Oberfläche des SharePoint Admin Centers.

Mit einem Klick auf den Namen Ihrer Organisation ③ (Mitte oben) wechseln Sie in die Admin-Oberfläche (*Microsoft 365 Admin Center*), wo Sie die in der Microsoft-365-Umgebung hinterlegten Konfigurationsangaben einsehen bzw. bearbeiten können (siehe Punkt 8.3).

Einstellungen

Im Hauptmenü des *SharePoint Admin Centers* gibt es beim Eintrag *Einstellungen* einige wesentliche Funktionen zur Konfiguration der SharePoint-Umgebung, die nachfolgend erläutert werden.

Bild 8.2 Hauptmenü des SharePoint Admin Centers.

Spezielle Funktionen des *SharePoint Admin Centers* wie die Verwaltung von Webseiten oder auch die Festlegung von Richtlinien werden in den nachfolgenden Abschnitten separat behandelt.

SharePoint-Benachrichtigungen

Eine SharePoint-Umgebung stellt an verschiedenen Stellen Möglichkeiten zur Verfügung, dass Benutzer über bestimmte Ereignisse benachrichtigt werden. Neben einer Benachrichtigung per E-Mail zählen dazu beispielsweise auch Push-Nachrichten auf mobilen Geräten zu bestimmten Aktionen oder Ereignissen auf den SharePoint-Webseiten.

Da diese Nachrichten auf mobilen Geräten eventuell gegen Compliance-Regeln verstoßen könnten, hat der Systemverwalter die Möglichkeit, dies im Bereich *Einstellun-*

gen über den Punkt *SharePoint-Benachrichtigungen* zu deaktivieren, wodurch entsprechende Nachrichten nicht mehr versendet werden.

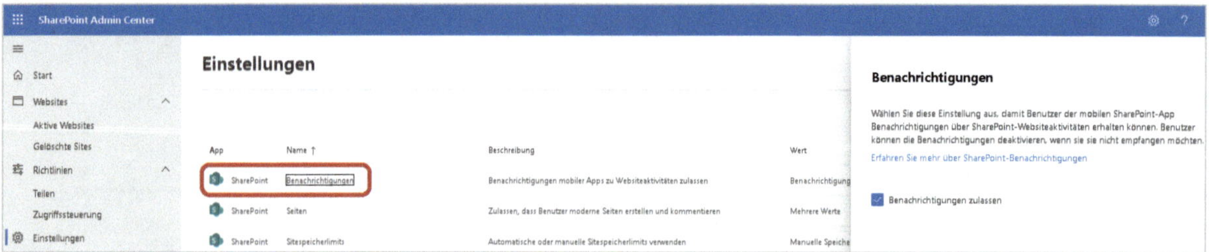

Bild 8.3 Festlegung der Benachrichtigung auf mobilen Geräten.

> Die Option *SharePoint-Benachrichtigung* ist eine organisationsweite Einstellung und standardmäßig aktiviert.

Deaktivierung der Kommentarfunktion

Die sogenannten modernen Webseiten einer SharePoint-Umgebung ermöglichen eine flexible Handhabung in Bezug auf die Gestaltung mit Bildern, Videos und anderen Multimedia-Inhalten, die auch sehr einfach und schnell mit anderen Anwendern ausgetauscht werden können. Moderne Webseiten stellen auch Funktionen zur Verfügung, dass ein Anwender dort beispielsweise Kommentare hinterlässt, um auf diese Art und Weise mit dem Seitenersteller in Dialog zu treten.

Wenn dies in einer SharePoint-Umgebung ausgeschlossen oder verhindert werden soll, steht Ihnen dazu als Systemverwalter im Bereich *Einstellungen* die Option *SharePoint-Seiten* zur Verfügung. Dabei ist es wichtig, zu beachten, dass sich die Deaktivierung der Kommentarfunktion grundsätzlich auch auf bereits bestehende Webseiten auswirkt.

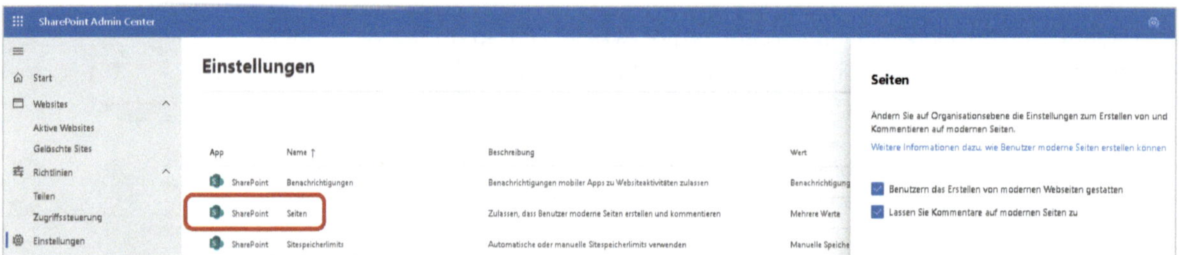

Bild 8.4 Festlegung zur Handhabung der Funktionen moderner Webseiten.

> Die Option *SharePoint-Seiten* ist in Bezug auf moderne Webseiten und der Kommentarfunktion als organisationsweite Einstellung standardmäßig aktiviert.

SharePoint-Sitespeicherlimits

Jede Webseite oder Webseitensammlung, die Sie in einer SharePoint-Umgebung anlegen bzw. verwalten, belegt einen gewissen Speicherplatz, wobei es keine Rolle spielt, ob es sich um eine Kommunikationswebseite oder eine Teamwebseite handelt. Diesen Speicherplatz können Sie entweder individuell (manuell) pro Webseite verwalten oder Sie nutzen alternativ den verfügbaren Speicherplatz in einem Pool und weisen den Speicherplatz gemäß den Anforderungen der Webseiten automatisch zu.

> Der insgesamt maximal verfügbare Speicherplatz einer SharePoint-Umgebung hängt immer von den eingesetzten Lizenzen ab.

Um die Einstellungen im *SharePoint Admin Center* vorzunehmen, müssen Sie beim Menüeintrag *Einstellungen* die Option *SharePoint-Sitespeicherlimits* anwählen und dort entscheiden, ob Sie den Speicherplatz individuell und manuell zuweisen möchten oder dies automatisch erfolgen soll.

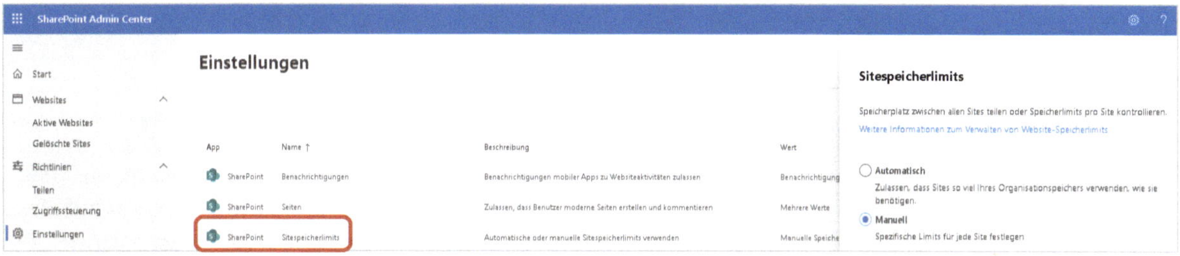

Bild 8.5 Festlegung der Zuweisung von Speicherplatz.

> Die Option *SharePoint-Sitespeicherlimits* ist organisationsweit standardmäßig auf *Manuell* eingestellt.

SharePoint-Startseiten

In Kapitel 6.7 dieses Buches können Sie erfahren, welche Möglichkeiten der Integration von SharePoint und den Viva-Anwendungen (z. B. *Viva Connections*) verfügbar sind. Diesem Umstand wird Rechnung getragen, indem Sie direkt innerhalb des *SharePoint Admin Centers* zur Konfiguration die Verwaltungskonsole der Viva-Anwendungen (*Microsoft 365 Admin Center*) aufrufen können.

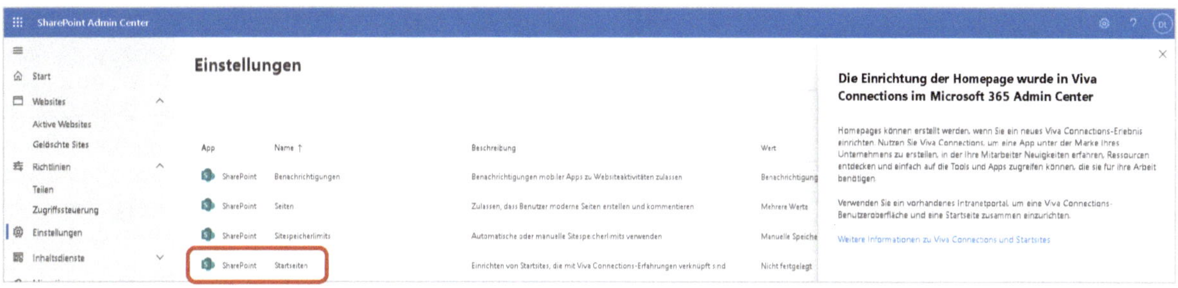

Bild 8.6 Hinweis zum Aufruf des Microsoft 365 Admin Centers.

Mit der Zuordnung entsprechender Webseiten, die in der SharePoint-Umgebung erstellt und verwaltet werden, an *Viva Connections* besteht dann mit der Konfiguration im *Microsoft 365 Admin Center* die Möglichkeit, mehrere Startseiten oder Einstiegspunkte festzulegen.

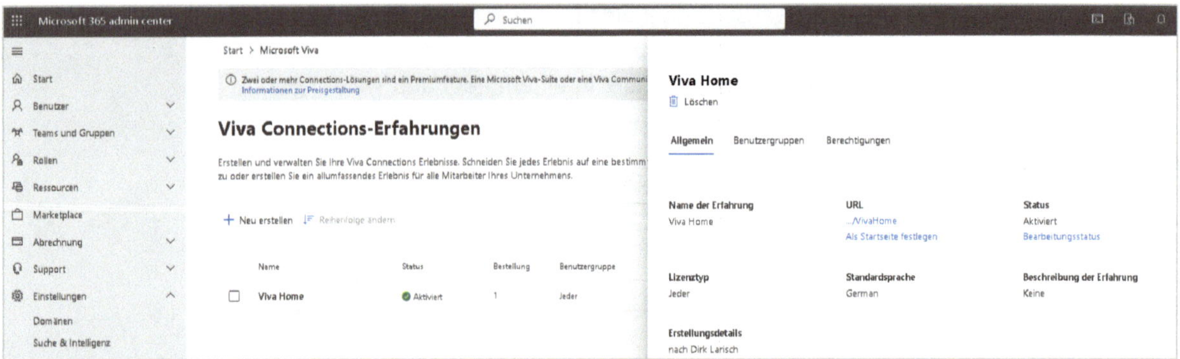

Bild 8.7 Konfiguration von Viva-Startseiten im Microsoft 365 Admin Center.

Standardmäßig wird *Viva Connections* die Startseite der SharePoint-Umgebung als Einstiegspunkt (Startseite) zugewiesen.

SharePoint-Websiteerstellung

Als Systemverwalter müssen Sie natürlich jederzeit die Möglichkeit haben, die Erstellung von Webseiten oder Webseitensammlungen zu beeinflussen, denn nur auf diese Art und Weise können Sie die Umgebung kontrollieren und Wildwuchs vermeiden. Dies können Sie grundsätzlich auch über die Zuordnung von Berechtigungen und Berechtigungsstufen vornehmen, aber mit den Möglichkeiten im *SharePoint Admin Center* mit der Option *SharePoint-Websiteerstellung* des *Einstellungen*-Menüs können Sie das generell beeinflussen.

Zusätzlich können Sie in diesem Dialogfenster auch den Speicherort der Webseiten auswählen, die Zeitzone festlegen und auch die Begrenzung des Speicherplatzes (Limit) für neue Webseiten angeben.

Bild 8.8 Berechtigungen für die Webseitenerstellung.

Die Option *SharePoint-Websiteerstellung* ist organisationsweit standardmäßig aktiviert, sodass alle Anwender mit entsprechenden Berechtigungen neue Webseiten (Webseitensammlung) erstellen können. Das Standardspeicherlimit für Webseiten ist auf 25 Terabyte (entspricht 25.600 Gigabyte) eingestellt.

OneDrive-Aufbewahrung

Hinter OneDrive verbirgt sich der persönliche Speicherbereich eines Benutzers, wobei es sich dabei immer um SharePoint-Speicherbereiche handelt. Wenn ein Benutzer aus einem Unternehmen oder einer Organisation ausscheidet, bleiben die Daten in der Regel noch 30 Tage in seinem persönlichen OneDrive-Bereich verfügbar. Dies vor dem Hintergrund, dass dort ggf. noch Daten abgelegt sind, die für das Unternehmen oder die Organisation noch benötigt werden. Immer auch unter Berücksichtigung des Datenschutzes und Wahrung der Persönlichkeitsrechte des ausgeschiedenen Mitarbeiters.

Standardmäßig ist dieser Zeitraum (vor dem endgültigen Löschen) auf 30 Tage festgelegt, wobei dies der Mindestwert ist. Dies können Sie im *SharePoint Admin Center* ändern, indem Sie im *Einstellungen*-Menü den Punkt *OneDrive-Aufbewahrung* anwählen und dort einen anderen Wert eintragen.

Bild 8.9 Festlegung des Zeitraums für OneDrive-Daten.

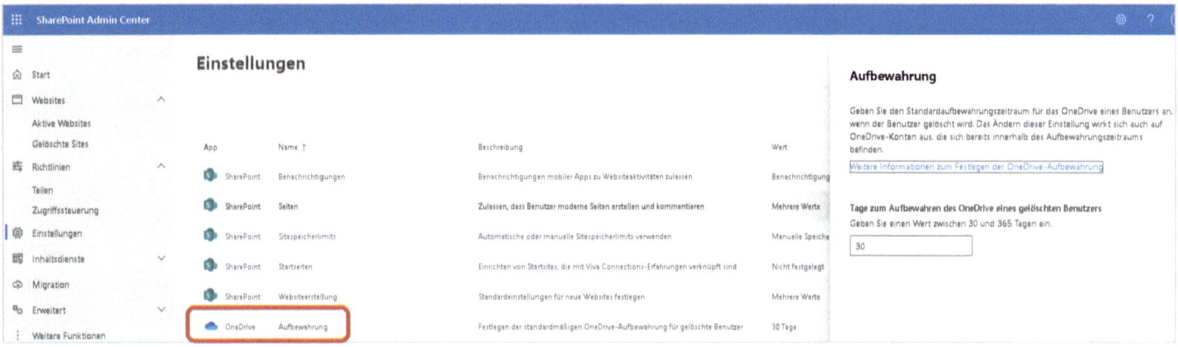

Beim Löschen eines Benutzers über das *Microsoft 365 Admin Center* bzw. über das *Microsoft Entra Admin Center* erfolgt grundsätzlich ein Hinweis, einen anderen Benutzer (Vorgesetzter) zu bestimmen, der für den entsprechenden Zeitraum die Möglichkeit hat, die Daten zu sichten und ggf. an einem anderen Ort zu speichern.

Bild 8.10 Hinweis auf OneDrive-Zugriff beim Löschen eines Benutzers.

Zur Vervollständigung ist nachfolgend stichwortartig aufgeführt, was beim Löschen eines Benutzers in Bezug auf seine OneDrive-Daten zu beachten ist.

- Benutzerkennung wird aus Entra ID (Azure AD) gelöscht. Benutzer wird als *gelöscht* markiert noch für 30 Tage in Entra ID angezeigt.
- Synchronisation mit SharePoint und sonstigen Anwendungen und Diensten der Microsoft-365-Umgebung.
- OneDrive-Speicherbereich des Benutzers wird zum Löschen markiert.
- Daten im OneDrive-Speicherbereich bleiben gemäß der Vorgabe (siehe oben) gespeichert.

1 Wurde ein anderer Benutzer (Vorgesetzter) für den Zugriff autorisiert, kann dieser im festgelegten Zeitraum auf die OneDrive-Daten zugreifen; er wird per E-Mail informiert.

> Wurde kein Benutzer für den Datenzugriff autorisiert, erhält ein definierter *Sekundärer Besitzer* eine E-Mail und die Zugriffsmöglichkeit.

2 Sieben Tage vor Ablauf der Frist erfolgt per E-Mail eine Erinnerung (Benutzer oder *Sekundärer Besitzer*).

3 Nach Ablauf der Frist werden die Daten in den Papierkorb der Webseitensammlung verschoben und dort für 93 Tage aufbewahrt.

4 Eine Wiederherstellung der Daten innerhalb der 93-Tage-Frist ist nur über entsprechende PowerShell-Anweisungen möglich.

> Die Option *OneDrive-Aufbewahrung* ist organisationsweit standardmäßig auf *30* (Tage) eingestellt.

OneDrive-Benachrichtigungen

Änderungen an den Dokumenten eines OneDrive-Bereichs können über entsprechende Benachrichtigungen übermittelt werden, beispielsweise über bestimmte Ereignisse, Aktionen oder bei Dateiänderungen. Genau wie bei SharePoint, kann eine solche Benachrichtigung per E-Mail erfolgen, aber ebenso auch mittels Push-Nachrichten auf mobilen Geräten.

Auch hierbei gilt, dass diese Nachrichten auf mobilen Geräten unter Umständen gegen Compliance-Regeln verstoßen könnten. Aus dem Grund hat der Systemverwalter die Möglichkeit, diese Funktion im Bereich *Einstellungen* über den Punkt *OneDrive-Benachrichtigungen* zu deaktivieren, wodurch entsprechende Nachrichten nicht mehr versendet werden.

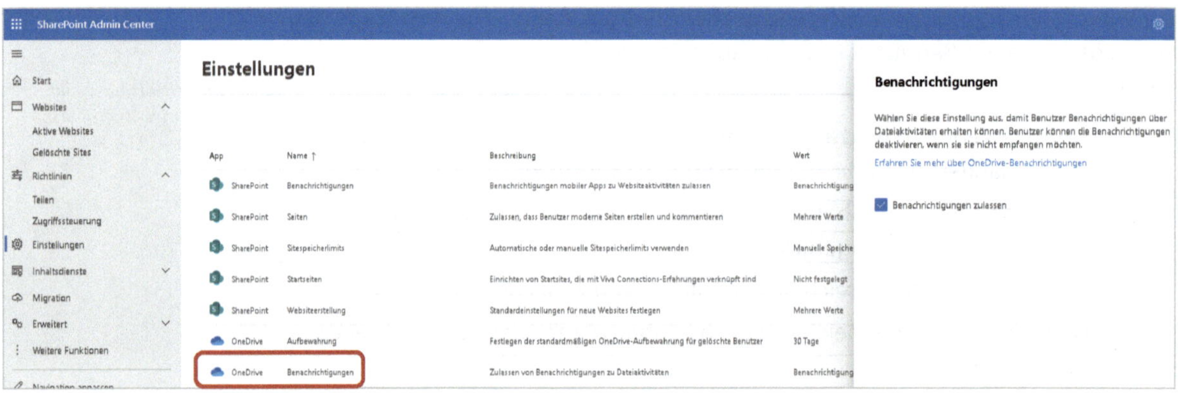

Bild 8.11 Festlegung der Benachrichtigung auf mobilen Geräten.

> Die Option *OneDrive-Benachrichtigung* ist als organisationsweite Einstellung standardmäßig aktiviert.

OneDrive-Speicherlimit

Speicherbereiche oder -grenzen (Limits) können Sie nicht nur bei Webseiten und Webseitensammlungen einschränken, sondern entsprechende Möglichkeiten stehen Ihnen auch bei OneDrive zur Verfügung.

Dabei beziehen sich die Vorgaben im *Einstellungen*-Menü bei der Option *OneDrive-Speicherlimit* immer auf neue, aber auch bestehende Benutzer. Die Standardgrenze von 1 Terabyte (entspricht 1.024 Gigabyte) können Sie bei entsprechender Lizenzierung auf maximal 5 Terabyte (entspricht 5.120 Gigabyte) erhöhen.

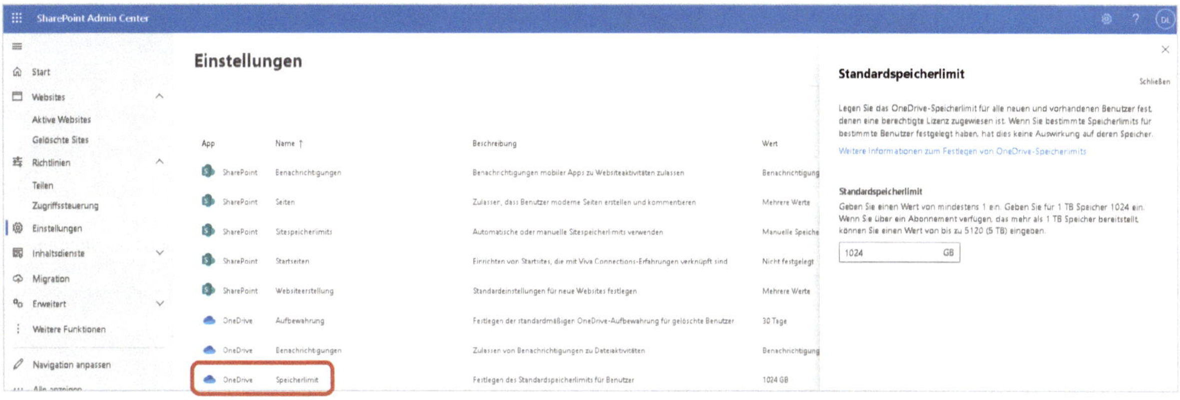

Bild 8.12 Speicherlimits bei OneDrive.

In dem Zusammenhang ist zu beachten, dass die Speicherlimits für neue, aber ebenso auch für bestehende Benutzer Gültigkeit haben. Wird durch eine Reduzierung des Speicherplatzes eine Überschreitung bei einem bestehenden Benutzer erreicht, kann er dort keine Daten mehr ändern oder hinzufügen und der Datenbestand erhält einen Schreibschutz.

> Mit der Option *OneDrive-Speicherlimit* wird organisationsweit die Standardgröße der OneDrive-Speicherbereiche der einzelnen Benutzer festgelegt. Das Standardspeicherlimit beträgt dabei 1 Terabyte (1.024 Gigabyte).

OneDrive-Synchronisieren

OneDrive bietet mit der Option zum Synchronisieren von Daten eine Möglichkeit, in einem anderen Speicherbereich den Datenbestand bearbeiten zu können (Verknüpfung). Um dies gezielt steuern zu können, stehen im *Einstellungen*-Menü des *SharePoint Admin Centers* unter *OneDrive-Synchronisieren* verschiedene Optionen zur Verfügung.

Sie können dort generell die Anzeige einer entsprechenden Schaltfläche ein- oder ausschalten oder Sie begrenzen diese Option auf Computer, die einer bestimmten Domäne zugeordnet sind. Darüber hinaus können Sie auch die Sicherheit etwas erhöhen, indem Sie beim Hochladen von Dokumenten Dateien mit bestimmten Dateiendungen ausschließen.

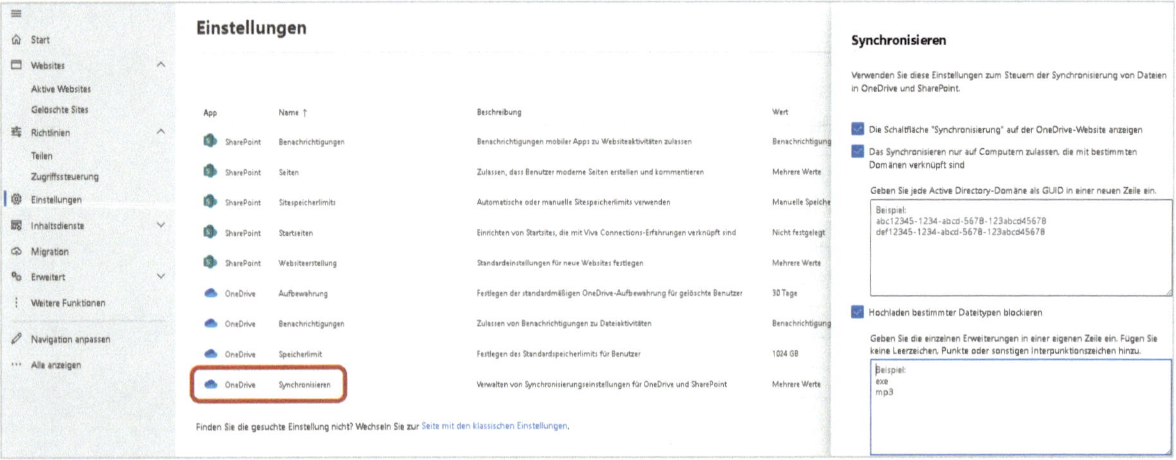

Bild 8.13 Festlegungen für die OneDrive-Datensynchronisation.

> Mit der Option *OneDrive-Synchronisieren* werden organisationsweit Vorgaben für die OneDrive-Datensynchronisation festgelegt. Aus der Praxis ist zu empfehlen, die verschiedenen Synchronisierungsoptionen von OneDrive immer mit Vorsicht zu genießen, um keinen unnötigen Datenverlust zu erleiden.

Klassische Einstellungen

Neben den verfügbaren Optionen, die in den vorhergehenden Abschnitten erläutert worden sind, gibt es weitere Einstellungsmöglichkeiten, die sich auf die klassische Administrationsoberfläche beziehen. Dies sind Funktionen der Systemverwaltung, die unter SharePoint Online noch nicht in der *modernen Variante* verfügbar sind.

Der Aufruf erfolgt im *SharePoint Admin Center* nach Anwahl des Menüpunktes *Einstellungen*; auf der nachfolgenden Seite steht dann im unteren Fensterbereich die Option *Wechseln Sie zur Seite mit den klassischen Einstellungen*, die Sie anklicken müssen. Daraufhin erscheint eine Übersicht verschiedener Funktionen und Einstellungsmöglichkeiten.

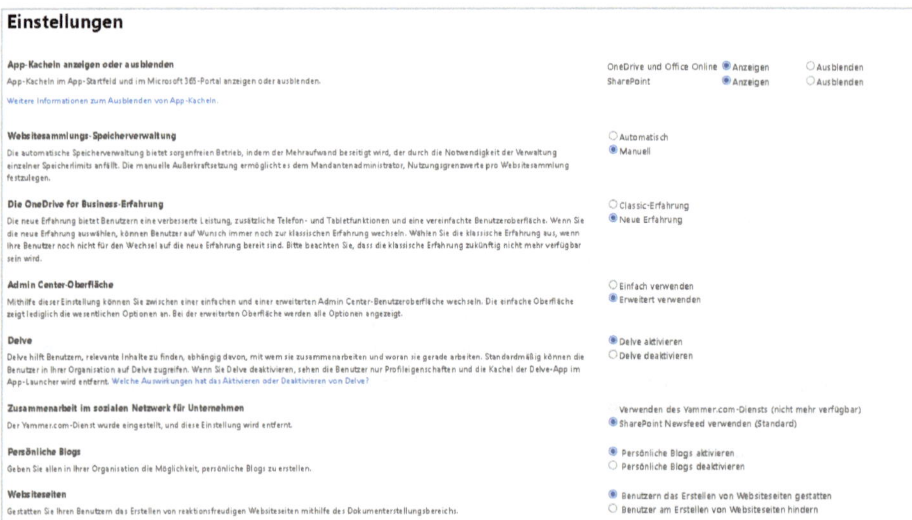

Bild 8.14 Einstellungen in der klassischen Darstellungsform.

Die einzelnen Komponenten und Möglichkeiten im Bereich der klassischen Einstellungen sind größtenteils selbsterklärend, sodass an dieser Stelle auf weitergehende Erläuterungen verzichtet werden kann.

Der Anteil der Bereiche der Systemverwaltung, die in der klassischen Oberfläche früherer SharePoint-Versionen verfügbar sind, wird seitens Microsoft weiter reduziert und die Funktionen nach und nach in die neue (moderne) Oberfläche überführt bzw. werden ggf. irgendwann nicht mehr benötigt.

Inhaltsdienste

Bei dem Menüeintrag *Inhaltsdienste* im *SharePoint Admin Center* stehen die beiden Optionen *Terminologiespeicher* und *Inhaltstypkatalog* zur Verfügung. Beide dienen der internen Verwaltung von in SharePoint gespeicherten Daten.

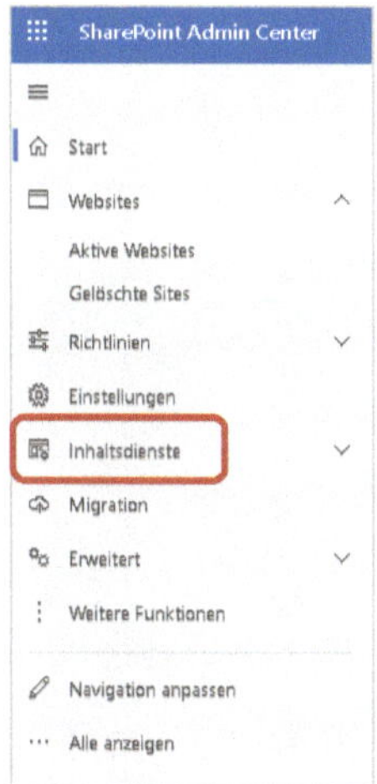

Terminologiespeicher

Bereits in früheren (in klassischen) SharePoint-Versionen wurden neue Funktionen implementiert, die eine Organisation von Daten oder Informationen jedweder Form ermöglichen, wozu auch Bibliotheken, Listen oder sonstige Objekttypen gehören. War es bis dahin nur mit erheblichem Zusatzaufwand bzw. durch den Einsatz von Zusatzprogrammen möglich, übergeordnete Strukturvorgaben festzulegen, stehen nun Möglichkeiten zum Aufbau einer Taxonomie als auch einer Folksonomie (social tagging) zur Verfügung, um auf diese Weise Klassifizierungen vornehmen zu können.

Beide Verfahren dienen letztlich der Strukturierung und Klassifizierung aller Daten einer SharePoint-Umgebung, die sich an den unternehmensspezifischen Besonderheiten orientieren. Mit Einsatz des sogenannten *Terminologiespeichers* (*term store*) können Sie unternehmensweit über eine entsprechende Taxonomie die Klassifizierung bestimmter Einträge bzw. der gespeicherten Informationen realisieren.

Eine festgelegte Ordnungsstruktur bzw. die vorgegebene hierarchische Gliederung von Begriffen (Terms) wird als Taxonomie bezeichnet. Im Gegensatz dazu kennzeichnet die Folksonomie eine Form der Strukturierung, die durch die Anwender eines Systems erstellt und aufgebaut wird (beispielsweise *social tagging*).

Bild 8.15 Beispiel für den Aufbau einer Taxonomie.

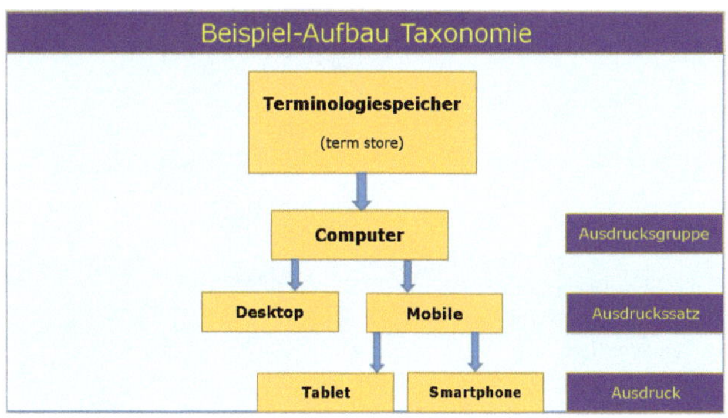

Angenommen, Sie möchten die Produkte einer Firma klassifizieren, dann können Sie dies mithilfe folgender Komponenten durchführen:

- Ausdrucksgruppe (z. B. Kategorie)
- Ausdruckssatz (Unterteilung innerhalb der Kategorie; *term set*)
- Ausdruck (Produkttyp; *term*)

1. Um eine entsprechende Taxonomie zu definieren, müssen Sie nach Anwahl des Punktes *Terminologiespeicher* ❶ zunächst über *Ausdrucksgruppe hinzufügen* eine neue Gruppe definieren (z. B. *Computer*).
2. Nach Anwahl der Ausdrucksgruppe können Sie dann mit dem Punkt *Ausdruckssatz hinzufügen* entsprechende Einträge als Kategorien vornehmen (z. B. *Desktop*, *Mobile* ❷).
3. Im nächsten Schritt wählen Sie dann den gewünschten Ausdruckssatz an (z. B. *Mobile*) und ergänzen dort die einzelnen Ausdrücke ❸ (z. B. *Tablet*, *Smartphone*).
4. Mit der Anlage bzw. Erfassung der einzelnen Komponenten ist die Definition eines neuen Terminologiespeichers (*term store*) abgeschlossen.

> Der Begriff Terminologiespeicher wird in SharePoint auch oft in Zusammenhang mit dem Begriff der verwalteten Metadaten verwendet.

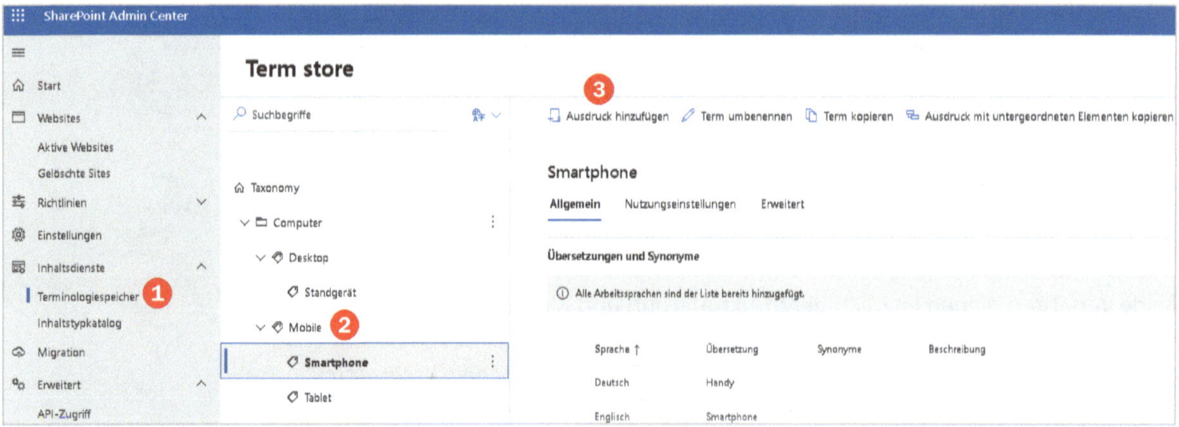

Bild 8.16 Definition einer Ausdrucksgruppe und Ausdruckssätzen.

Nachdem Sie eine neue Ausdrucksgruppe mit Ausdruckssätzen und einzelnen Ausdrücken (*Terms*) definiert haben, können Sie diese als verwaltete Metadaten beispielsweise bei der Definition einer Spalte (Feld) einer SharePoint-Liste einsetzen. Geben Sie dazu einfach den gewünschten Ausdruckssatz bei der Felddefinition an. Zur Navigation können Sie beispielsweise innerhalb des Taxonomie-Baums Elemente auswählen oder im Eingabefeld durch Eingabe der ersten Buchstaben eines Begriffs eine Auswahlmaske aufrufen.

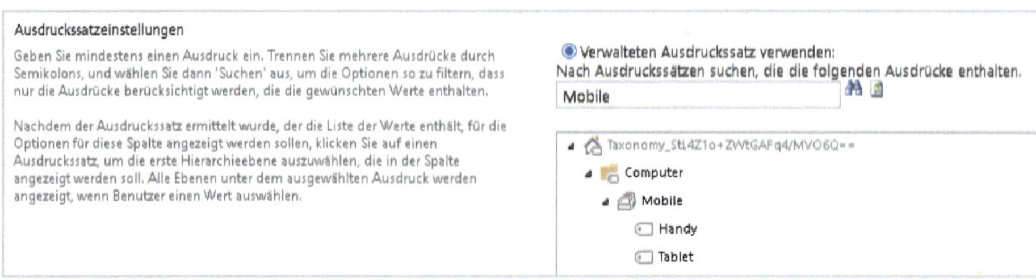

Bild 8.17 Auswahl eines Ausdrucksatzes bei der Spaltendefinition.

> Sie können den Terminologiespeicher auch dazu nutzen, Bezeichnungen für Produkte in unterschiedlichen Sprachen abzubilden und diese darüber wieder zusammenzuführen, beispielsweise bei einer Suche. Der Begriff Terminologiespeicher wird in SharePoint auch oft in Zusammenhang mit dem Begriff der verwalteten Metadaten verwendet.

Inhaltstypkatalog

Inhaltstypen dienen in SharePoint beispielsweise dazu, ein Dokument, einen Ordner oder auch eine Liste zu charakterisieren, indem bestimmte Definitionen bzw. Attribute zugewiesen werden. Einem Inhaltstyp wiederum können Parameter in Form bestimmter Felddefinitionen zugewiesen werden. Auf diese Art ist eine Identifizierung aller Dokumente oder Daten des gewählten Typs möglich.

Wird beispielsweise ein Inhaltstyp *Vertrag* festgelegt, kann darüber die gesamte Webseitensammlung selektiert werden, und alle zugeordneten Daten mit diesem Inhaltstyp werden angezeigt. Denkbar wäre auch das Anlegen eines Inhaltstyps für ein bestimmtes Projekt, um auf diese Art und Weise sämtliche Daten (Listen, Dokumente, Bilder usw.) eindeutig diesem Projekt zuzuordnen.

1. Zur Neuanlage eines Inhaltstyps im *SharePoint Admin Center* können Sie nach Anwahl des Punktes *Inhaltstypkatalog* die Option *Inhaltstyp erstellen* auswählen.
2. Im nachfolgenden Dialogfenster müssen Sie dann nicht nur den Namen des neuen Typs eingeben, sondern auch die Kategorie eingeben bzw. aus den bestehenden Kategorien auswählen.
3. Nach Bestätigung über die Schaltfläche *Erstellen* müssen Sie im nachfolgenden Fenster noch überprüfen, ob die Festlegungen (Spalten usw.) ausreichend sind; ggf. müssen Sie diese über den Punkt *Sitespalte hinzufügen* ergänzen.
4. Über den Punkt *Veröffentlichen* können Sie dann im letzten Schritt den neuen Inhaltstyp für alle Webseiten verfügbar machen.

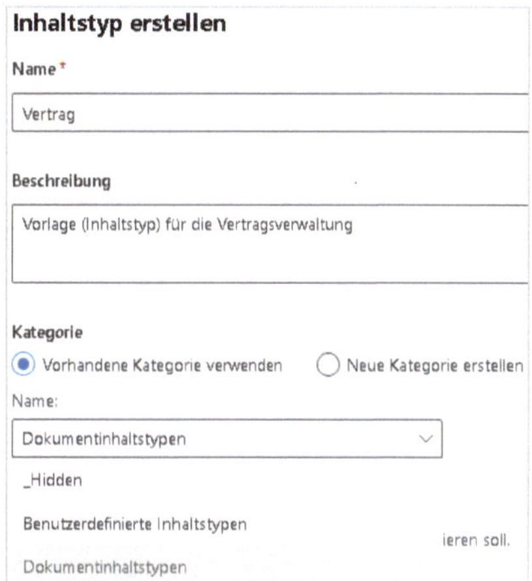

Bild 8.18 Definition eines neuen Inhaltstyps.

> Näheres zur Nutzung eines Inhaltstyps enthält das Kapitel 2 dieses Buches.

Migration

Mit dem Punkt *Migration* stehen im *SharePoint Admin Center* Möglichkeiten zur Verfügung, Daten aus unterschiedlichen Quellen in die Speicherbereiche von SharePoint Online zu migrieren.

Neben der Migration aus bestehenden SharePoint-Serverumgebungen (SharePoint 2010, 2013, 2016, 2019) können Sie damit beispielsweise auch Daten von externen Onlinespeicherdiensten oder auch aus einfachen Dateifreigaben in die Microsoft-365-Umgebung verschieben bzw. migrieren.

Bild 8.19 Datenmigration über Dateifreigaben.

> Zur Migration von SharePoint-Serverumgebungen stellt Microsoft ein spezielles *Migrationstool* zur Verfügung.

Erweitert

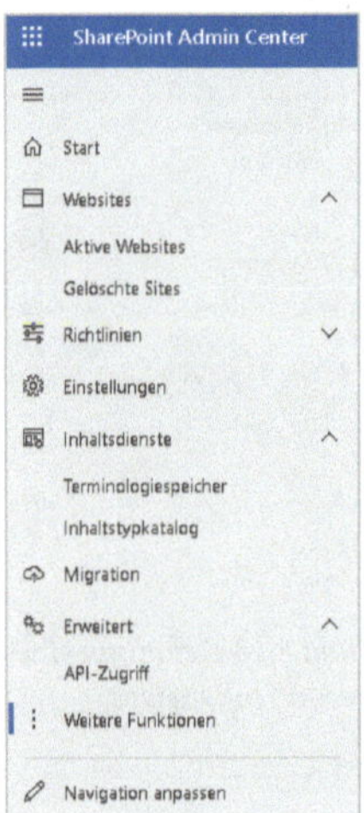

Der Menüeintrag *Erweitert* mit dem Eintrag *API-Zugriff* dient dazu, Entwicklern in einer SharePoint-Umgebung, die im Rahmen des *SharePoint-Framework* (SPFx) entsprechende Schnittstellenzugriffe benötigen, einen Überblick über den Status der Anforderungen zur Verfügung zu stellen. Dies ist erforderlich, da entsprechende API-Anforderungen ggf. über den Verzeichnisdienst (*Entra ID*) geschützt sind und demzufolge von einem Administrator freigegeben werden müssen.

Weitere Funktionen

Hinter dem Menüpunkt *Weitere Funktionen* verbergen sich im *SharePoint Admin Center* Funktionalitäten, die bereits in früheren Versionen von SharePoint verfügbar und integriert waren; sie wurden lediglich in SharePoint Online noch nicht in die *moderne Variante* überführt. Bei Anwahl der hier verfügbaren Punkte werden diese jeweils in der klassischen Oberfläche angezeigt, besitzen aber volle Funktionalität.

> Der Anteil der Bereiche in der SharePoint-Systemverwaltung, die noch nicht in die moderne Oberfläche überführt worden sind, wird seitens Microsoft nach und nach reduziert, sodass sie in der neuen (modernen) Oberfläche verfügbar sind bzw. ggf. irgendwann nicht mehr benötigt werden. Zur Migration von SharePoint-Server-umgebungen stellt Microsoft ein spezielles *Migrationstool* zur Verfügung.

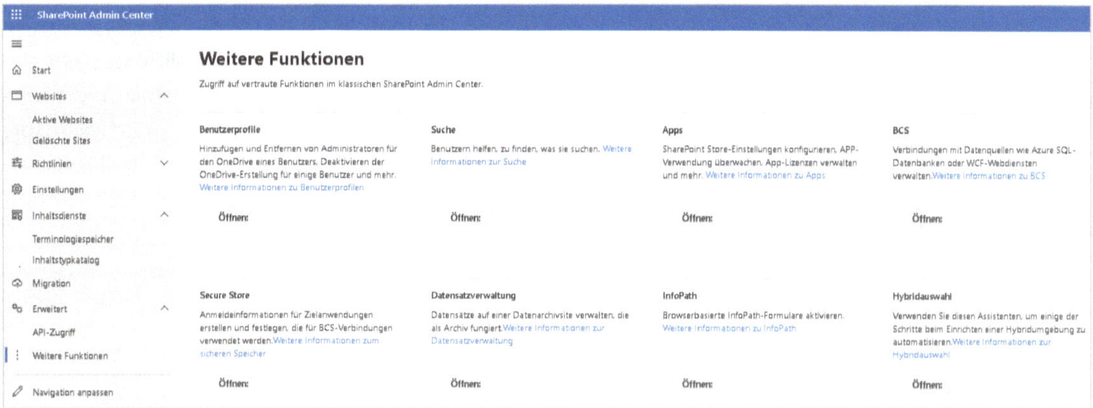

Bild 8.20 Komponenten in der klassischen SharePoint-Oberfläche.

Benutzerprofile

Mit dieser Option können Sie die Eigenschaften und Profile der einzelnen Anwender ändern bzw. beeinflussen. Das Profil eines Benutzers ergibt sich dabei immer aus den unterschiedlichen Benutzereigenschaften; beides können Sie hier anpassen bzw. ergänzen.

Eine Besonderheit stellt der Einsatz der persönlichen Webseite (*MySite, Meine Website*) dar; so kann jeder (berechtigte) Benutzer individuelle Informationen über seine Person zur Verfügung stellen. Neben den allgemeinen Angaben wie Name, Vorname, Telefon usw., die beispielsweise aus einem zentralen Verzeichnisdienst (Entra ID) ausgelesen werden, kann jeder Benutzer auf seiner persönlichen Webseite aber auch weitergehende Angaben hinterlegen. Dabei kann es sich um Angaben handeln, die der entsprechende Benutzer selbst hinzufügt, oder auch Informationen, die vom Systemverwalter dort eingetragen werden (z. B. wichtige Hyperlinks).

Nach Anwahl der Option *Meine Websites einrichten* stehen dem angemeldeten Benutzer verschiedene Möglichkeiten zur Verfügung. Dazu gehört insbesondere bei der Option *Bereinigen meiner Website* die Festlegung eines sogenannten *Sekundären Besitzers*. Dies ist der Anwender, dem beim Löschen des entsprechenden Benutzers aus Entra ID der Zugriff auf den OneDrive-Speicherbereich ermöglicht wird (siehe Seite 271).

> Mit der Integration von SharePoint in die Microsoft-365-Umgebung wurde der Bereich der eigenen Webseite mehr und mehr transferiert und spielt heutzutage in SharePoint so gut wie keine Rolle mehr.

Suche

Diese Option stellt diverse Einstellungsmöglichkeiten zur SharePoint-integrierten Suche zur Verfügung.

> Erläuterungen zu den Optionen dieses Bereichs des *SharePoint Admin Centers* finden Sie in Kapitel 5 dieses Buches.

Apps

In den klassischen SharePoint-Versionen und auch in SharePoint Online besteht die Möglichkeit, den Anwendern eigenständige Apps zur Verfügung zu stellen; die Verwaltung erfolgt dabei in diesem Bereich des *SharePoint Admin Centers*. Auch Microsoft bietet eine Vielzahl von Anwendungen (*Add-ins*) an, die über die Option der klassischen Oberfläche hochgeladen und den Anwendern zur Verfügung gestellt werden können.

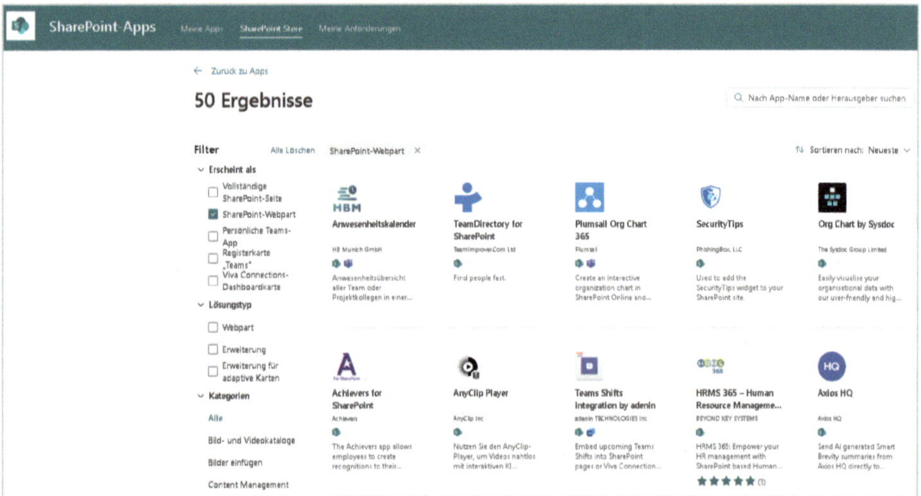

Bild 8.21 *Verfügbare Apps im SharePoint Store.*

> Das Einbinden von Anwendungen als *Add-in* wurde seitens Microsoft nach und nach deaktiviert und zum 02.04.2026 endgültig beendet. Spätestens dann sollten Sie sich mit der App-Entwicklung über andere Tools der Microsoft-365-Umgebung beschäftigen (z. B. Power Apps).

BCS

BCS (*Business Connectivity Services*) werden benötigt, um Datenverbindungen mit Quellen herzustellen, die sich außerhalb der Microsoft-365-Umgebung befinden. Die Möglichkeiten hinter der Option *BCS* dienen dazu, entsprechende Definitionen für BCS-Modell festzulegen, um diese importieren und bearbeiten zu können.

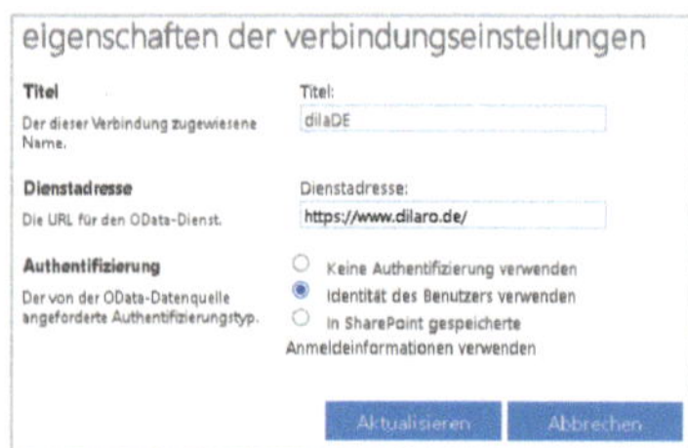

Bild 8.22 *Einstellungen für den BCS-Datenaustausch.*

Secure Store

In Zusammenhang mit der Einbindung von BCS-Modellen bzw. BCS-Datenquellen in die SharePoint-Umgebung (siehe vorstehender Abschnitt) haben Sie die Möglichkeit, den Zugriff auf entsprechende Datenquellen über den *Secure Store* zu steuern. Der *Secure Store* verwaltet dabei die Anmeldeinformationen für den Zugriff auf die externe Datenquelle.

Datensatzverwaltung

In Bezug auf rechtliche oder gesetzliche Anforderungen an die Verwaltung oder auch die Archivierung von Daten wurde seinerzeit in SharePoint eine spezielle Möglichkeit der Datensatzverwaltung implementiert. Je nach organisatorischer Anforderung können Sie die Datensatzverwaltung auf Ebene einer Webseitensammlung definieren, um so beispielsweise in Archivbereichen die manuelle Bearbeitung von Datensätzen auf Listen- oder Bibliotheksebene zu deaktivieren.

> Die Möglichkeit der Datensatzverwaltung ist aus Kompatibilitätsgründen noch in SharePoint Online verfügbar, jedoch ist es zu empfehlen, in einer Microsoft-365-Umgebung nach und nach die Möglichkeiten der Aufbewahrungsrichtlinien und -regelungen zu nutzen; diese werden dort über das *Compliance-Center* verwaltet. Die Verwaltung des Lebenszyklus von Daten und der Aufbewahrungsrichtlinien erfolgt dabei über Microsoft Purview.

InfoPath

Das Programm *InfoPath* ist ein Relikt aus früheren Microsoft-Zeiten, mit dem sehr einfach und schnell Formulare zur Datenverwaltung angelegt werden konnten. Heutzutage wird in einer Microsoft-365-Umgebung für die Erstellung von Formularen eher die Anwendung *Forms* eingesetzt.

Die Anwendung *Forms* ist grundsätzlich als eigenständige Anwendung verfügbar, wurde mittlerweile aber auch in die SharePoint-Umgebung integriert, indem Sie beispielsweise bei der Bearbeitung von SharePoint-Listen über die Menüoption *Forms* direkt entsprechende Formulare zur Bearbeitung anlegen können. Diese Formulare können Sie beispielsweise als *Link* versenden und so eine SharePoint-Liste befüllen lassen.

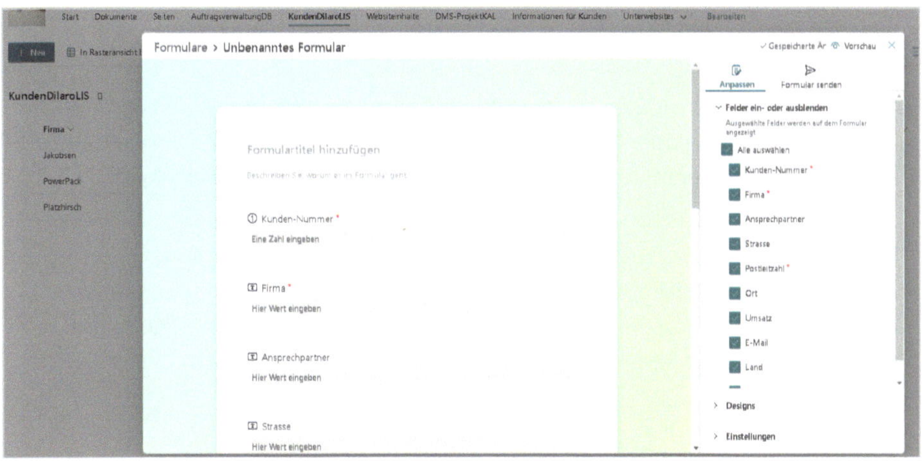

Bild 8.23 Forms-Integration in einer SharePoint-Liste.

> Die Möglichkeit der Formularerstellung über *InfoPath* ist aus Kompatibilitätsgründen noch in SharePoint Online verfügbar, jedoch ist es zu empfehlen, dafür in einer Microsoft-365-Umgebung die Anwendung *Forms* zu nutzen.

Hybridauswahl

Um eine bestehende SharePoint-Installation, die beispielsweise auf lokalen Servern (*on premise*) installiert ist, mit SharePoint Online zu verbinden, benötigen Sie eine spezielle Hybridkonfiguration. Auf diese Art können Sie verschiedenste Kopplungsszenarien abbilden. Zum Einsatz kommt dabei mit dem Hybridassistent eine Anwendung, die separat heruntergeladen und auf einem der SharePoint-Server der Serverfarm installiert werden muss.

> Da absehbar ist, dass Microsoft die Unterstützung für bestehende Serverversionen (SharePoint Server 2019 und früher) perspektivisch einstellen wird, ist zu empfehlen, neben einer Hybridkonfiguration auch eine Migrationsstrategie zu entwerfen und nach und nach umzusetzen, um aus der klassischen SharePoint-Welt in die Microsoft-365-Umgebung zu wechseln.

8.2 Microsoft Entra Admin Center

Neben dem *SharePoint Admin Center* spielt auch das *Microsoft Entra Admin Center* (ehemals Azure AD) bei der Verwaltung einer SharePoint-Systemumgebung eine wichtige Rolle. So können damit eine Vielzahl von Verwaltungs- und Konfigurationsmöglichkeiten durchgeführt werden, die sich schwerpunktmäßig auf die Verwaltung der Objekte und Ressourcen (z. B. Anwender) einer SharePoint-Umgebung beziehen. Die für die SharePoint-Umgebung relevanten Möglichkeiten und Funktionen werden nachfolgend erläutert.

Start im Browser

Es handelt sich bei dem *Microsoft Entra Admin Center* um eine browserbasierte Anwendung. Der Aufruf kann über entsprechende Verlinkungen in anderen Verwaltungsprogrammen oder mit der folgenden Syntax einer Browseradresszeile erfolgen:

https://entra.microsoft.com

> Alternativ zum direkten Aufruf über den Browser können Sie das *Microsoft Entra Admin Center* auch aus anderen *Admin Centern* der Microsoft-365-Umgebung starten. Darüber hinaus benötigen Sie natürlich entsprechende Zugriffsrechte bzw. Rollenzuordnungen, um die Zentraladministration von *Entra ID* (*Active Directory*) aufrufen zu können.

Wesentliche SharePoint-Funktionen

Der Verzeichnisdienst *Entra ID* (Azure *Active Directory Services*, ADS) stellt eine Basis dar, um Benutzerinformationen (Name, Telefonnummer usw.) in eine SharePoint-Umgebung zu übertragen und dort weiterzuverarbeiten (z. B. in Listen oder sonstigen

Objekten einer SharePoint-Umgebung). Informationen aus Benutzerprofilen dienen zum einen der Informationsbereitstellung (z. B. Personensuche), zum anderen können sie aber auch ausgewertet werden.

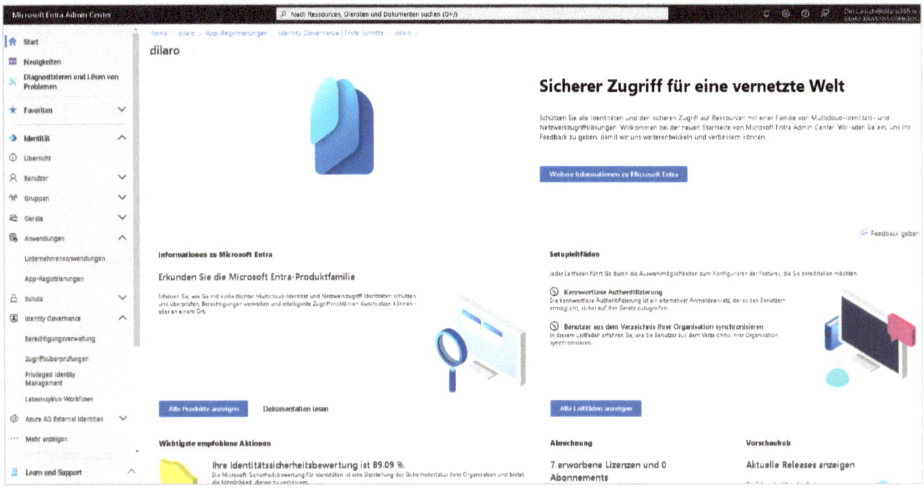

Bild 8.24 Oberfläche des Microsoft Entra Admin Centers.

> Während der Profilimport aus dem Verzeichnisdienst in klassischen Serverumgebungen manuell gesteuert wird, erfolgt dies in einer Microsoft-365-Umgebung automatisch.

In Zusammenhang mit der Verwaltung einer SharePoint-Umgebung kommt der Verwaltung von *Entra-ID-Objekten* im *Microsoft Entra Admin Center* insbesondere die Verwaltung der Benutzer und Gruppen zu.

Benutzer

Entra ID als zentraler Verzeichnisdienst (*Azure AD*) einer Microsoft-365-Umgebung bietet im *Microsoft Entra Admin Center* alle Möglichkeiten, um für eine SharePoint-Umgebung entsprechende Benutzer anzulegen und zu verwalten. Dazu stehen dort unter *Benutzer* die entsprechenden Optionen zur Verfügung.

Wählen Sie den Eintrag eines bestehenden Benutzers durch Anklicken an, haben Sie anschließend die Möglichkeit, beliebige Eigenschaften des Benutzers zu ändern bzw. anzupassen.

So wie Sie die Eigenschaften bestehender Benutzer bearbeiten können, haben Sie hier natürlich auch die Möglichkeit, neue Benutzer anzulegen, denen dann beispielsweise bestimmte Berechtigungen oder Eigenschaften für andere Anwendungen der Microsoft-365-Umgebung (z. B. SharePoint) zugewiesen werden.

> Sobald Sie im *Microsoft Entra Admin Center* Änderungen an den Eigenschaften einzelner Benutzer vornehmen oder auch neue Benutzer anlegen, wird dies unmittelbar mit dem *SharePoint Admin Center* und dem *Microsoft 365 Admin Center* synchronisiert, steht dort also unmittelbar zur Verfügung.

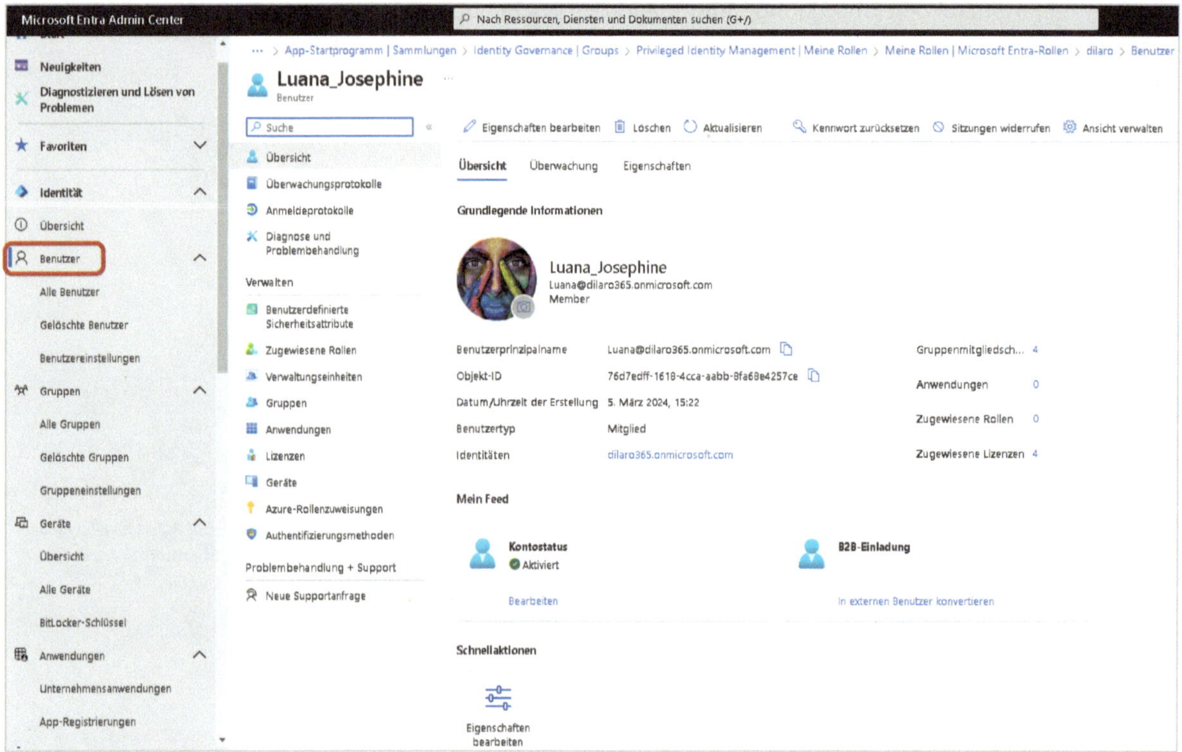

Bild 8.25 Benutzerverwaltung im Microsoft Entra Admin Center.

Gruppen

Vergleichbar mit einzelnen Benutzern können Sie im *Microsoft Entra Admin Center* natürlich auch Benutzergruppen einer Microsoft-365-Umgebung verwalten. Zu diesem Zweck stehen dort nach Aufruf des Menüpunktes *Gruppen* verschiedene Optionen zur Verfügung.

Grundsätzlich wird bei Entra-ID-Gruppen (Azure-AD-Gruppen) immer zwischen *Sicherheitsgruppen* und *M365-Gruppen* unterschieden. Während eine Sicherheitsgruppe zur Festlegung bzw. Zuweisung bestimmter Ressourcen dient, kommt eine M365-Gruppe im Rahmen der Zusammenarbeit von Benutzern und Gruppen zum Einsatz; beim Anlegen eines Teams in Microsoft Teams wird beispielsweise immer automatisch eine M365-Gruppe angelegt. Die Pflege entsprechender Benutzer (z. B. Mitglieder) von M365-Gruppen kann dabei sowohl in Microsoft Teams als auch im *Microsoft Entra Admin Center* erfolgen.

Sicherheitsgruppen können beispielsweise in einer SharePoint-Umgebung auch dazu genutzt werden, um die Freigabe an externe Benutzer nur bestimmten Anwendern zu ermöglichen (siehe im *SharePoint Admin Center*: *Richtlinien* ▶ *Teilen*).

> Im *Microsoft 365 Admin Center* kann neben den beiden hier genannten Gruppentypen zusätzlich noch eine Verteilerliste angelegt werden, die beispielsweise als zentraler Sammelpunkt zum Verteilen von Nachrichten dienen kann.

Sie können sowohl die Neuanlage einer Benutzergruppe im *Microsoft Entra Admin Center* vornehmen als auch eine bestehende Gruppe verwalten und dabei beliebige Anpassungen der Eigenschaften vornehmen.

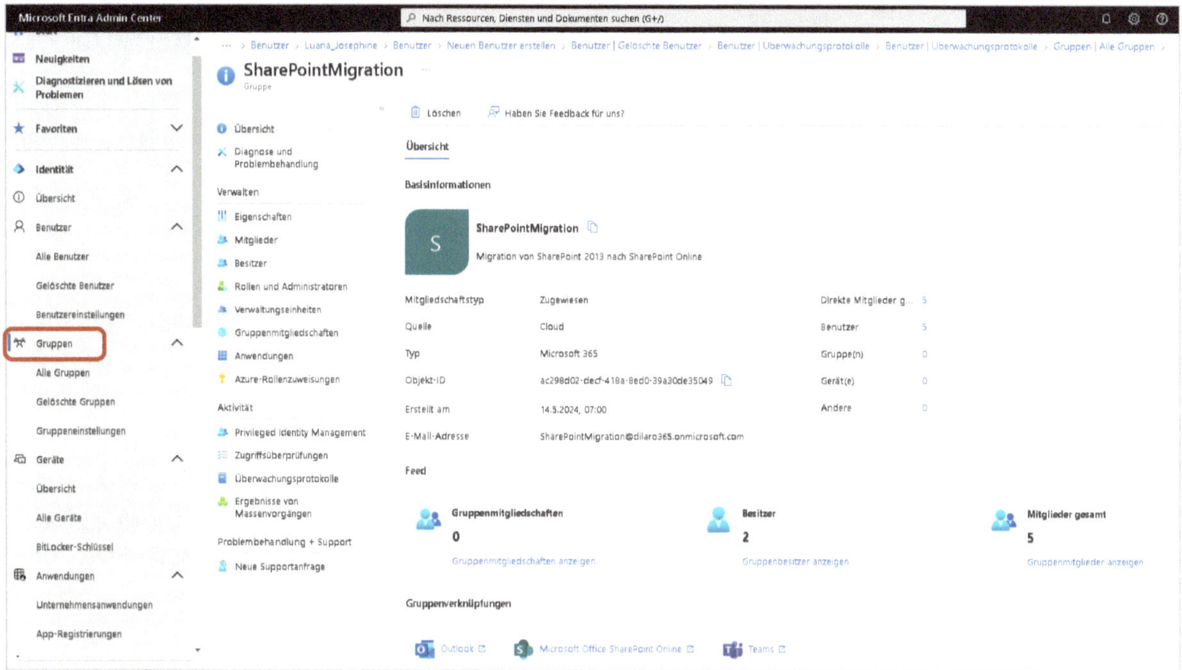

Bild 8.26 Verwaltung der Gruppen im Microsoft Entra Admin Center.

> Änderungen an den Eigenschaften einzelner Benutzer oder Benutzergruppen werden direkt mit dem *SharePoint Admin Center* und dem *Microsoft 365 Admin Center* abgeglichen bzw. synchronisiert.

8.3 Microsoft 365 Admin Center

Als „Dritter im Bunde" - neben dem *SharePoint Admin Center* und dem *Microsoft Entra Admin Center* (ehemals Azure AD) - spielt auch das *Microsoft 365 Admin Center* bei der Verwaltung einer SharePoint-Systemumgebung eine wichtige Rolle. Die für die SharePoint-Umgebung relevanten Möglichkeiten und Funktionen werden nachfolgend erläutert.

Start im Browser

Bei der Zentraladministration *Microsoft 365 Admin Center* handelt es sich um eine browserbasierte Anwendung. Der Aufruf erfolgt mit der folgenden Syntax in einer Browseradresszeile:

https://admin.microsoft.com

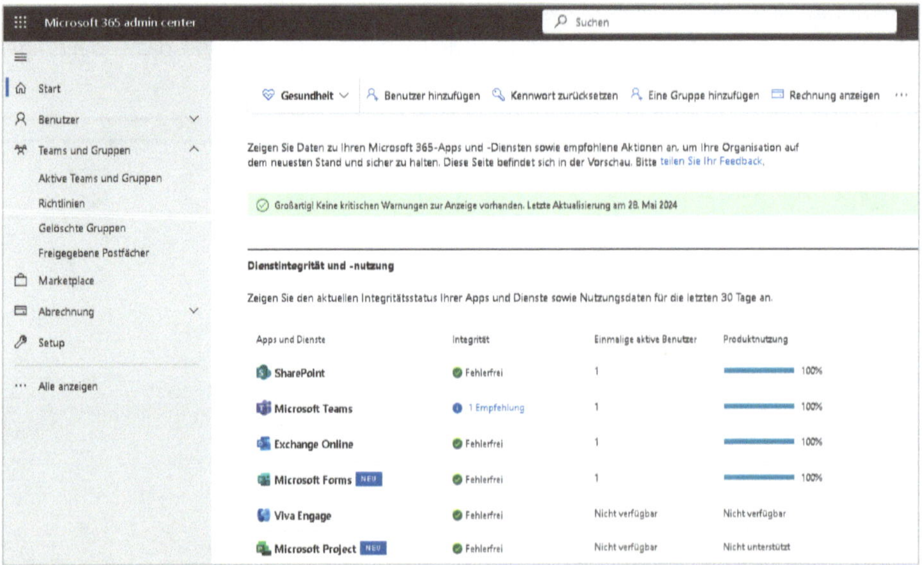

Bild 8.27 Angaben zum SharePoint-Status im Microsoft 365 Admin Center.

Beim *Microsoft 365 Admin Center* handelt es sich um die oberste Verwaltungsebene in einer Microsoft-365-Umgebung. Nicht nur, dass hier sehr viele Systemeinstellungen vorgenommen werden können, dies ist auch der zentrale Einstiegspunkt für den Aufruf der anderen M365-Verwaltungsprogramme.

Benutzer und Gruppen

Im Menü des *Microsoft 365 Admin Centers* gibt es zwei Bereiche, in denen Angaben zur Verwaltung der Benutzerressourcen einer Microsoft-365-Umgebung zählen: *Benutzer* ❶ und *Teams und Gruppen* ❷.

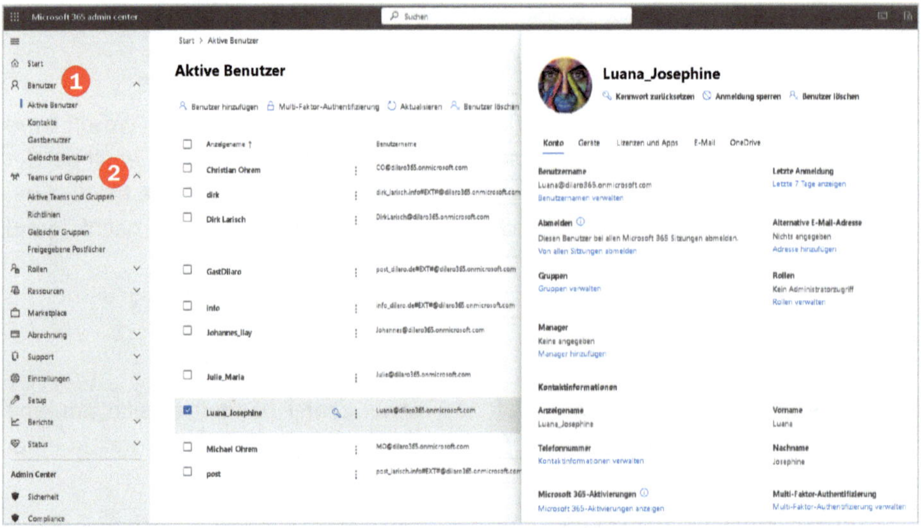

Bild 8.28 Benutzerverwaltung im Microsoft 365 Admin Center.

Mit dem Menübereich *Benutzer* werden dabei nicht nur die integrierten Benutzer verwaltet (Bild 8.28), sondern beispielsweise können Sie sich hier auch externe Benutzer (Gastbenutzer) anzeigen lassen, verwalten und auch löschen.

So ähnlich wie bei der Benutzerverwaltung können Sie im *Microsoft 365 Admin Center* im Menübereich *Teams und Gruppen* auch Einfluss auf die Gruppen nehmen, die im Entra ID oder auch direkt in Anwendungen wie Microsoft Teams oder SharePoint angelegt werden. Damit haben Sie an dieser Stelle Zugriff auf die Gruppen von mit SharePoint erstellten Webseiten, aber ebenso auch auf Gruppen beispielsweise für private Teams-Kanäle.

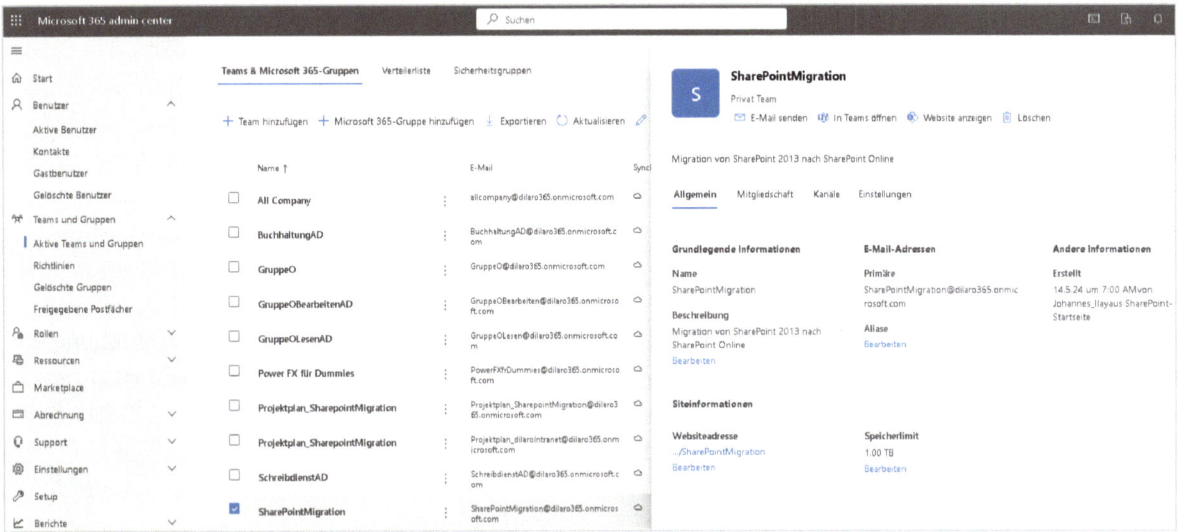

Bild 8.29 Verwaltung der Gruppe eines privaten Teams-Kanals.

> Eine Besonderheit der Verwaltung von Teams bezieht sich auf Richtlinien, die in einer Microsoft-Teams-Umgebung wirksam werden und an dieser Stelle angepasst werden können (beispielsweise die Neuanlage von privaten Kanälen in Microsoft Teams).

Ressourcen

Der Menübereich *Ressourcen* weist mit dem Punkt *Websites* einen SharePoint-relevanten Teil auf, wo Sie auf sämtliche Webseiten einer SharePoint-Umgebung zugreifen können. Darüber hinaus erhalten Sie hierüber auch Zugriff auf die spezifischen Webseiten von Microsoft Teams.

Für beide Bereiche können Sie mit den entsprechenden Optionen beispielsweise festlegen, ob ein solcher Webseitenbereich mit externen Benutzern freigegeben werden kann. Und Sie können an dieser Stelle ebenfalls definieren, wer beispielsweise Links auf diese Webseiten versenden kann.

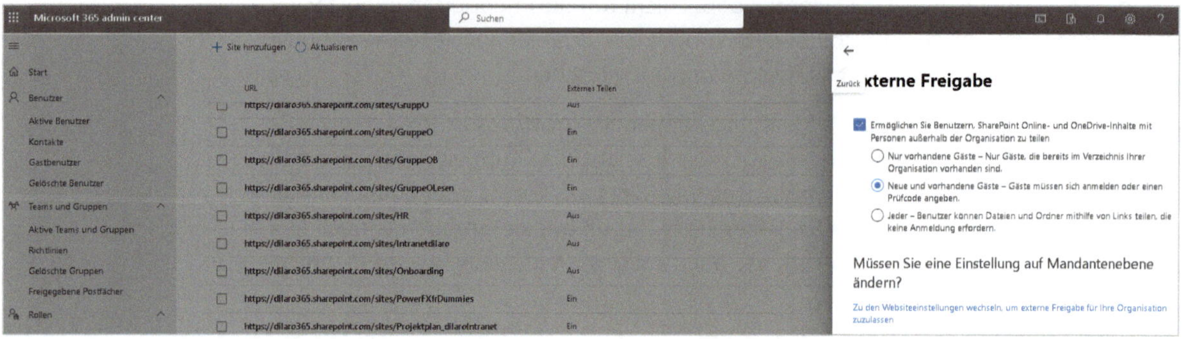

Bild 8.30 Verwaltung der Webseiten im Microsoft 365 Admin Center.

> Sobald Sie im *Microsoft 365 Admin Center* Änderungen an den Eigenschaften einzelner Ressourcen wie Benutzer, Gruppen, Webseiten oder Teams vornehmen, werden diese unmittelbar mit dem *SharePoint Admin Center* und dem *Microsoft Entra Admin Center* synchronisiert.

Einstellungen

Wichtige Festlegungen und Vorgaben für die Suche einer SharePoint-Umgebung enthält der Menübereich *Einstellungen*. So erhalten Sie dort mithilfe des Punktes *Suche & Intelligenz* nicht nur Analysen und Auswertungen des Suchverhaltens, sondern Ihnen stehen damit auch umfangreiche Konfigurationsmöglichkeiten der Suchumgebung zur Verfügung.

> Weitergehende Angaben zur Konfiguration der Suche und zum Einsatz der erwähnten Menüoption des *Microsoft 365 Admin Centers* in einer SharePoint-Umgebung enthält das Kapitel 5 dieses Buches.

Neben der Suche steht Ihnen im Menübereich *Einstellungen* eine weitere Option zur Verfügung, die Einfluss auf Ihre SharePoint-Umgebung haben kann. So können Sie über den Punkt *Einstellungen der Organisation* spezifische Vorgaben für diverse Anwendungen der Microsoft-365-Umgebung einstellen.

In Bezug auf SharePoint können Sie beispielsweise nach Anwahl des Punktes *SharePoint* in der Liste (rechts) festlegen, in welcher Form der Zugriff durch Anwender gesteuert wird und welche SharePoint-Bereiche über die Freigabe-Funktion (Teilen) anderen Anwendern zur Verfügung gestellt werden sollen (Bild 8.31).

> Sobald Sie im *Microsoft 365 Admin Center* Änderungen an einzelnen Eigenschaften oder Einstellungen vornehmen, wird dies unmittelbar mit dem *SharePoint Admin Center* und dem *Microsoft Entra Admin Center* synchronisiert.

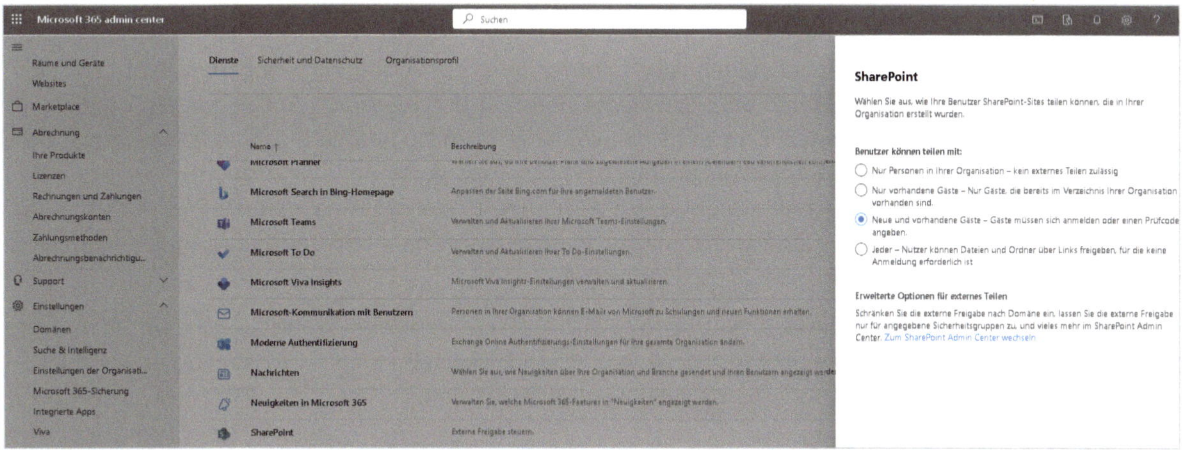

Bild 8.31 Festlegungen zur Freigabe von Share-Point-Bereichen.

Berichte

Der Menübereich *Berichte* enthält einen interessanten Eintrag für SharePoint-Umgebungen, mit dem unter anderem wichtige und interessante Angaben zur Nutzung von SharePoint und den Anwendungen angezeigt werden (Verwendungsberichte).

Nach Anwahl des Eintrags *Berichte* öffnet sich ein Untermenü, in dem Sie dann den Punkt *Verwendung* anklicken müssen. Es erscheint die Gesamtaufstellung der Verwendungsberichte der installierten Dienste und Anwendungen, aus der Sie dann *SharePoint* ❶ auswählen müssen, um die Darstellung auf diese Ebene zu beschränken.

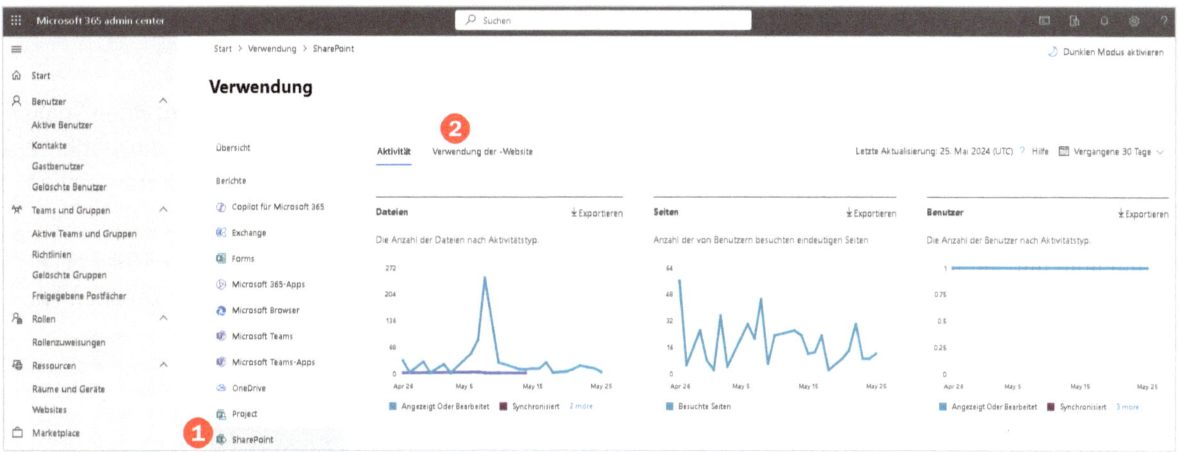

Bild 8.32 Verwendungsbericht einer Share-Point-Umgebung.

Auf der ersten Seite erhalten Sie allgemeine Angaben zu Aktivitäten wie Nutzung der Dateien, der Seiten und der angemeldeten Benutzer. Mit dem Register *Verwendung der Website* (❷ Bild 8.32) wird diese Darstellung noch einmal präzisiert.

> Mit dem Punkt *Websiteverwendung* (Zahnradsymbol) steht Ihnen auch auf jeder Webseite der SharePoint-Umgebung der Abruf einer ähnlichen Auswertung zur Verfügung.

Status

Microsoft stellt regelmäßig Informationen zur Verfügung, wenn in der Microsoft-365-Welt Probleme oder Schwierigkeiten mit den einzelnen Anwendungen oder Diensten auftreten. Dies ist nicht zuletzt der Tatsache geschuldet, dass Microsoft mit dem Evergreen-Ansatz versucht, seine Produkte permanent weiterzuentwickeln und den Kunden schnellstmöglich zur Verfügung zu stellen. Dann „reift das Produkt schon mal beim Kunden"! Das Wenigste, was Microsoft dann zur Verfügung stellen kann, sind Hinweise zu bekannten Problemen.

Genau diesen Ansatz verfolgt Microsoft mit dem Menübereich *Status*, wo Sie mit dem Menüpunkt *Dienststatus* entsprechende Hinweise für alle Dienste und Anwendungen der Microsoft-365-Umgebung abrufen können.

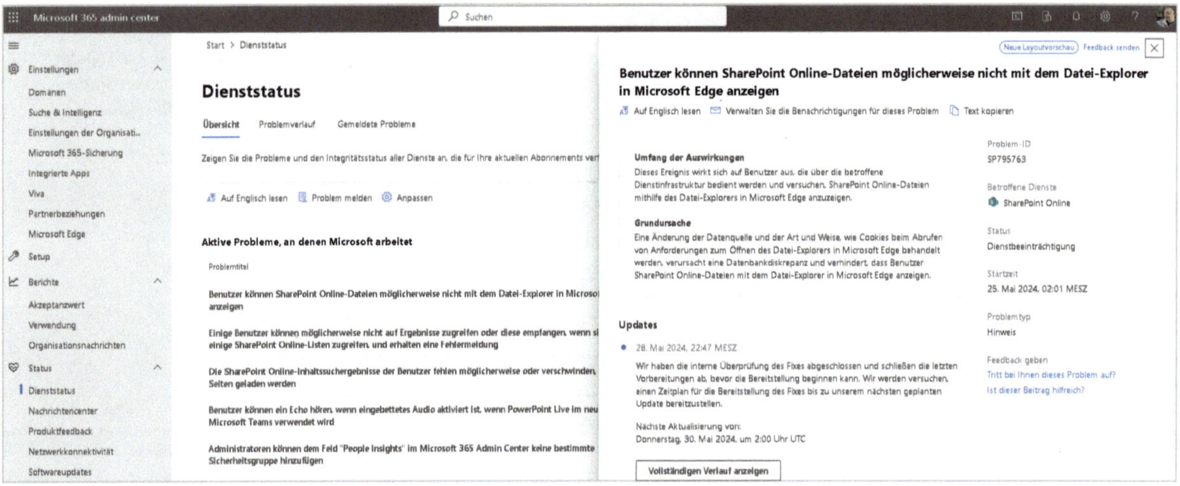

Bild 8.33 Hinweise über mögliche Probleme bei der SharePoint-Nutzung.

In der Übersicht der Hinweise und Probleme stehen Ihnen mit den einzelnen Spalten diverse Sortiermöglichkeiten zur Verfügung. Zudem können Sie über die Option *Anpassen* festlegen, welche Meldungen zu welchen Diensten angezeigt werden sollen.

> Neben der in den vorhergehenden Abschnitten erläuterten Funktion der verschiedenen *Admin Center* gibt es in einer Microsoft-365-Umgebung weitere *Admin Center* für spezifische Umgebungen (z. B. *Exchange Admin Center*), die jedoch im Rahmen dieses Buches bestenfalls am Rande erwähnt werden.

8.4 Benutzer, Gruppen, Teams

Die Verwaltung der Benutzer, Benutzergruppen und der Teams in einer Microsoft-365-Umgebung kann an verschiedenen Stellen erfolgen. Welche Dinge dabei in einer SharePoint-Umgebung wichtig sind und beachtet werden sollten, wird nachfolgend erläutert.

Benutzerverwaltung

Für die Verwaltung der Benutzer einer SharePoint-Umgebung können Sie entweder das *Microsoft 365 Admin Center* oder das *Microsoft Entra Admin Center* einsetzen. Die Synchronisation zwischen diesen beiden Anwendungen mit dem jeweils anderen und dem *SharePoint Admin Center* erfolgt dabei nahezu ohne Zeitverlust.

Um einen neuen Benutzer anzulegen bzw. für einen bestehenden Benutzer Änderungen vorzunehmen, gibt es in beiden *Admin Centern* den Bereich *Benutzer* (Bild 8.34), der dazu zum Einsatz kommt.

Nachdem neue Benutzer angelegt worden sind, stehen diese unmittelbar in der SharePoint-Umgebung zur Verfügung und können dort zeitnah für die Zuweisung von Berechtigungen oder auch bei Freigaben genutzt werden (Bild 8.35).

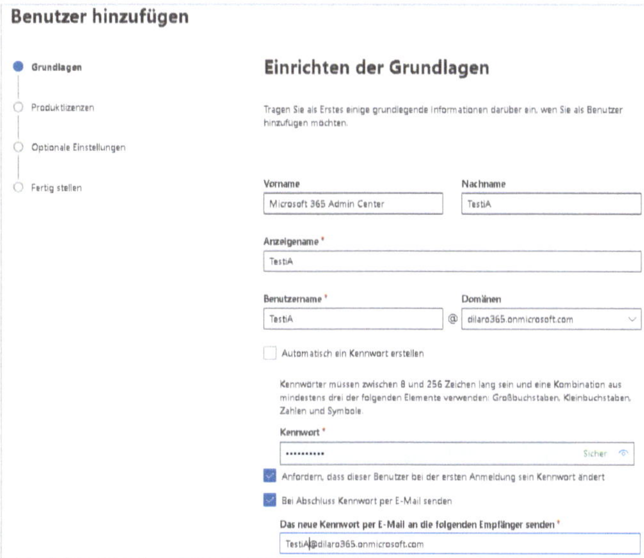

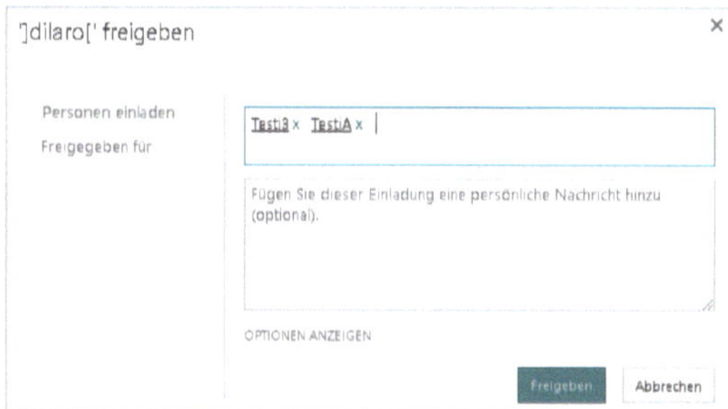

Bild 8.34 Benutzerneuanlage im Microsoft 365 Admin Center.

Bild 8.35 Zeitnahe Verfügbarkeit neuer Benutzer.

> In der Praxis hat sich die Neuanlage und Verwaltung der Benutzer über das *Microsoft 365 Admin Center* bewährt, da Ihnen darüber weitergehende Einstellungsmöglichkeiten für die gesamte Microsoft-365-Umgebung zur Verfügung stehen (z. B. automatische Kennworterstellung). Letztlich bleibt es Ihnen überlassen, welches *Admin Center* Sie nutzen.

Gruppen und Teams

Was für einzelne Benutzer gilt, hat in der Microsoft-365-Umgebung auch für Gruppen Gültigkeit: Beide lassen sich entweder mit dem *Microsoft 365 Admin Center* oder mit dem *Microsoft Entra Admin Center* verwalten. Generell muss dabei zwischen folgenden Gruppentypen unterschieden werden:

- **Sicherheitsgruppe**
  Zuweisung von Ressourcen (z. B. mobile Geräte) einer Microsoft-365-Umgebung. In dem Zusammenhang gibt es auch eine „E-Mail-aktivierte Sicherheitsgruppe", der zusätzlich eine Gruppen-E-Mail zugewiesen werden kann.
- **Teams & Microsoft-365-Gruppe (M365-Gruppe)**
  Zusammenarbeit in einer Microsoft-365-Umgebung (Teams, Webseiten usw.); ermöglicht auch die nachträgliche Zuweisung eines Teams in Microsoft Teams.
- **Verteilerliste**
  Zusammenfassung mehrerer Benutzer-E-Mail-Adressen als Ziel einer Massen -Versendung.

> Sowohl mit dem *Microsoft 365 Admin Center* als auch mit dem *Microsoft Entra Admin Center* lassen sich die Benutzergruppen und -teams einer SharePoint-Umgebung verwalten. Während bei letzterem aber nur der Gruppentyp *Sicherheit* und *Microsoft-365* (M365-Gruppe) zur Verfügung steht, können Sie mit dem *Microsoft 365 Admin Center* auch Gruppen als spezielle Verteilerlisten anlegen und verwalten.

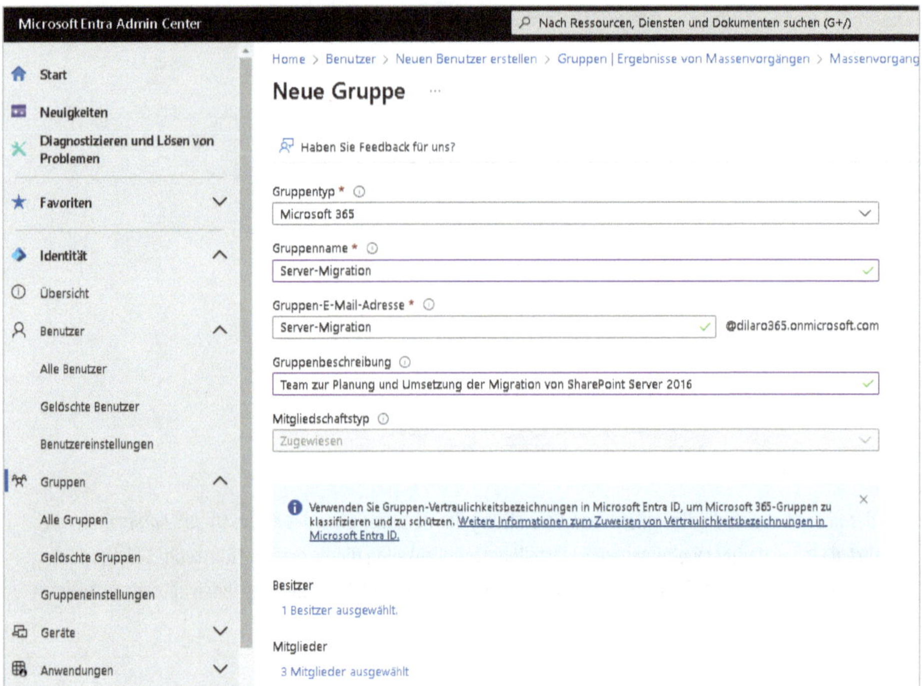

Bild 8.36 Gruppen-Neuanlage im Microsoft Entra Admin Center.

Zur Neuanlage oder Verwaltung bestehender Gruppen steht in beiden *Admin Centern* der Menübereich *Teams und Gruppen* bzw. *Gruppen* zur Verfügung.

> Es bleibt Ihnen überlassen, welches *Admin Center* Sie nutzen. In der Praxis hat sich die Neuanlage und Verwaltung der Gruppen und Teams über das *Microsoft 365 Admin Center* bewährt, da darüber weitergehende Einstellungsmöglichkeiten für die gesamte Microsoft-365-Umgebung zur Verfügung stehen.

SharePoint-Systemverwalter

Ein Anwender, der über die notwendige Fachkenntnis verfügt, kann die Konfigurationsaufgaben in der Zentraladministration (*SharePoint Admin Center*) durchführen. Voraussetzung dazu sind (neben der Fachkenntnis) entsprechende Zugriffsberechtigungen; so müssen diese Rechte über eine spezielle Rolle explizit zugewiesen werden. In dem Zusammenhang spielt der Systemverwalter in einer SharePoint-Umgebung eine wichtige Rolle; dieser Benutzer mit besonderen Rechten kann die komplette Administration der SharePoint-Umgebung durchführen.

> Grundsätzlich bietet es sich an, wenigstens zwei Personen eines Unternehmens oder einer Organisation als Systemverwalter zu deklarieren. So stellen Sie die Funktionsfähigkeit Ihrer Umgebung auch beim Ausfall eines Systemverwalters sicher.

1. Um einen weiteren Benutzer die Rolle des SharePoint-Systemverwalters zuzuweisen, müssen Sie zunächst das *Microsoft 365 Admin Center* aufrufen.
2. Wählen Sie dann den Bereich *Benutzer* an und lassen Sie sich dort mit dem Menüpunkt *Aktive Benutzer* die aktuellen Benutzer der Microsoft-365-Umgebung anzeigen.
3. Wählen Sie den gewünschten Benutzer, dem die Rolle des Systemverwalters zugewiesen werden soll, durch Anklicken des Namens aus.

   > Mit dem Suchfeld am rechten oberen Rand steht Ihnen eine Möglichkeit zur Verfügung, nach Benutzernamen zu suchen.

4. Im nachfolgenden Eigenschaftenfenster des Benutzers müssen Sie bei der Option *Rollen* den Punkt *Rollen verwalten* anwählen.
5. Aus den nachfolgend angezeigten Administratorrollen gilt es dann, das Kästchen *SharePoint-Administrator* anzukreuzen (Bild 8.37).
6. Mit Bestätigung der Festlegung über die Schaltfläche *Änderungen speichern* wird dem gewählten Benutzer direkt die entsprechende Rolle und damit die Berechtigung eines Systemverwalters der SharePoint-Umgebung zugewiesen.

Bild 8.37 Festlegung eines SharePoint-Administrators.

Weitergehende Hinweise zur Benutzerverwaltung und der Zuweisung von Rechten und Rollen enthält das Kapitel 4 dieses Buches. Zudem können Sie auch im *Microsoft 365 Admin Center* über entsprechende *Rollenzuweisungen* (Menübereich *Rollen*) die Zuweisung der Administratoren oder Systemverwalter überprüfen bzw. vornehmen.

8.5 Webseiten und Webseitensammlungen

Bei der Verwaltung von Webseiten und Webseitensammlung gibt es einige spezielle Dinge zu beachten, die sich mit Einsatz der *Admin Center* einstellen bzw. konfigurieren lassen.

Freigabestatus

Im *Microsoft 365 Admin Center* können Sie für die definierten Webseiten den Freigabestatus festlegen. Dazu müssen Sie die entsprechende Option (*Websites*) innerhalb des Menübereichs *Ressourcen* anwählen.

Nähere Angaben zur Verwaltung des Freigabestatus von Webseiten finden Sie unter Punkt 8.3 auf Seite 287.

Domänenverwaltung

Die Domäne nimmt in einer Microsoft-365-Umgebung eine wichtige Rolle ein. Aus dem Grund sollten Sie sich als Systemverwalter intensiv mit der Verwaltung und Konfiguration auseinandersetzen.

Name der Domäne

Jede SharePoint-Umgebung (genauer: Microsoft-365-Umgebung) weist einen eindeutigen Primär-Namen für die Domäne auf. Dieser Name setzt sich originär in der Regel aus der Festlegung für den Tenant (Mandant) und dem Zusatz *onmicrosoft.com* zusammen, also beispielsweise wie folgt:

dasbinich.onmicrosoft.com

Um den Primär-Namen der Domäne abzurufen, müssen Sie im *Microsoft Entra Admin Center* den Menübereich *Einstellungen* anklicken. Mit Anwahl der Option *Domänennamen* wird der aktuell zugewiesene Name der Domäne der Microsoft-365-Umgebung angezeigt ❶.

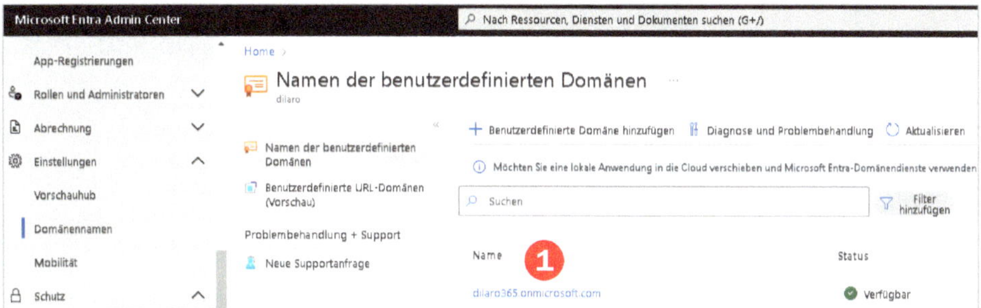

Bild 8.38 Domänenname im Microsoft Entra Admin Center.

Innerhalb des *Microsoft 365 Admin Center* können Sie ebenfalls Informationen über die Primär- oder Standarddomäne der Microsoft-365-Umgebung abrufen. Klicken Sie dazu auf den Menübereich *Einstellungen*. Nach Anwahl des Punktes *Domänen* werden die aktuell in der Umgebung definierten Domänennamen angezeigt ❷.

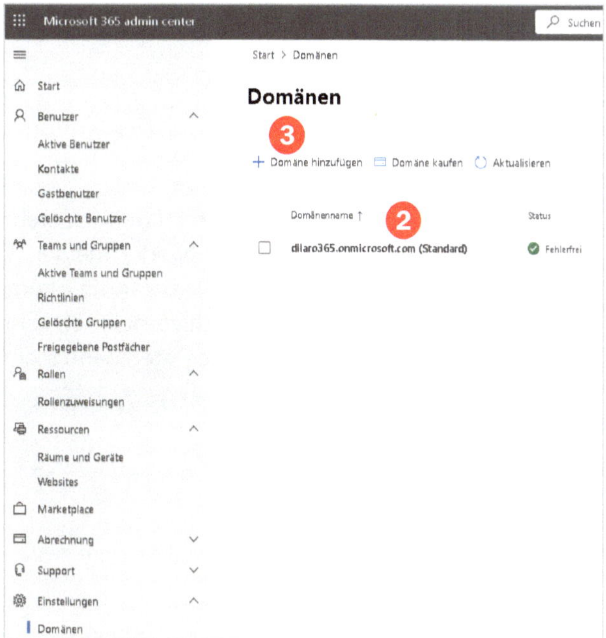

Bild 8.39 Domänenname im Microsoft 365 Admin Center.

Domäne hinzufügen

Der standardmäßig von Microsoft vergebene Domänenname einer Microsoft-365-Umgebung ist eher etwas kryptisch, da dort standardmäßig immer der Zusatz *onmicrosoft.com* angehängt wird. Die E-Mail-Adresse eines Benutzers kann dadurch beispielsweise den Aufbau folgender Form haben:

hans.huber@dasbinich.onmicrosoft.com

Viel schöner und anwenderfreundlicher wäre es jedoch, wenn ein Anwender bei der E-Mail-Adresse auf die Standarddomäne eines Unternehmens oder einer Organisation zugreifen könnte, also beispielsweise wie folgt:

hans.huber@dilaro.de

1 Um dies umzusetzen und die Firmendomäne zuzuweisen, müssen Sie im Microsoft 365 Admin Center *Einstellungen* ▶ *Domänen* anwählen.

2 Im nachfolgenden Dialogfenster, wo die aktuellen Zuweisungen angezeigt werden, klicken Sie dann auf den Punkt *Domäne hinzufügen* ❸ (Bild 8.39 oben).

3 Es erscheint ein Dialogfenster, wo Sie dann den Namen der Firmendomäne eingeben müssen, also beispielsweise *dilaro.de*.

4 Mit Betätigung der Schaltfläche *Diese Domäne verwenden* erfolgt eine kurze Überprüfung der Eingabe, bevor dann der Dialog des nächsten Konfigurationsschrittes angezeigt wird.

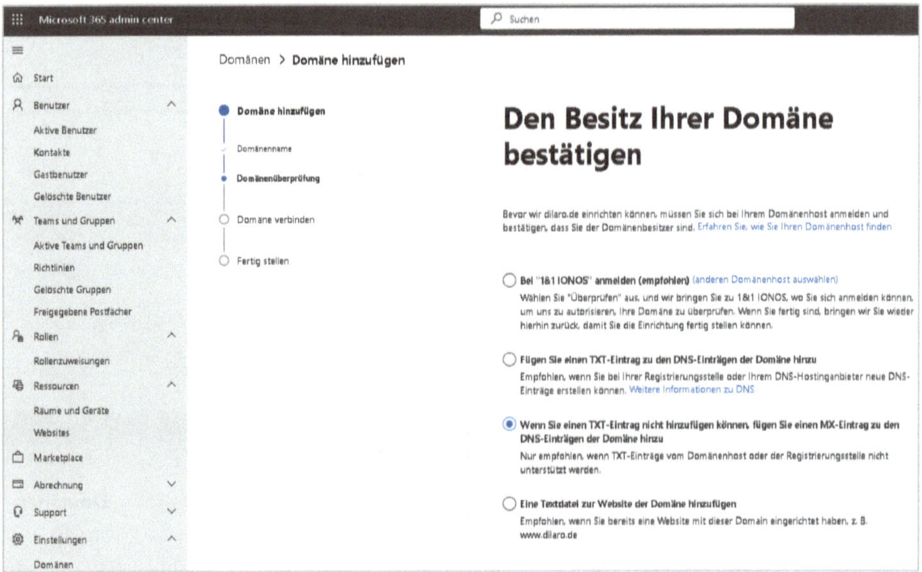

Bild 8.40 Zuweisung einer zusätzlichen Domäne.

5 In dem Konfigurationsfenster stehen Ihnen verschiedene Optionen zur Verfügung. Entweder melden Sie sich bei dem Hosting-Anbieter Ihrer Domäne an, damit Microsoft die erforderlichen Eingaben (DNS-Name, MX-Eintrag usw.) automatisch vornehmen kann oder Sie erstellen einen MX- bzw. einen TXT-Eintrag, um diese Daten dann manuell zu erfassen.

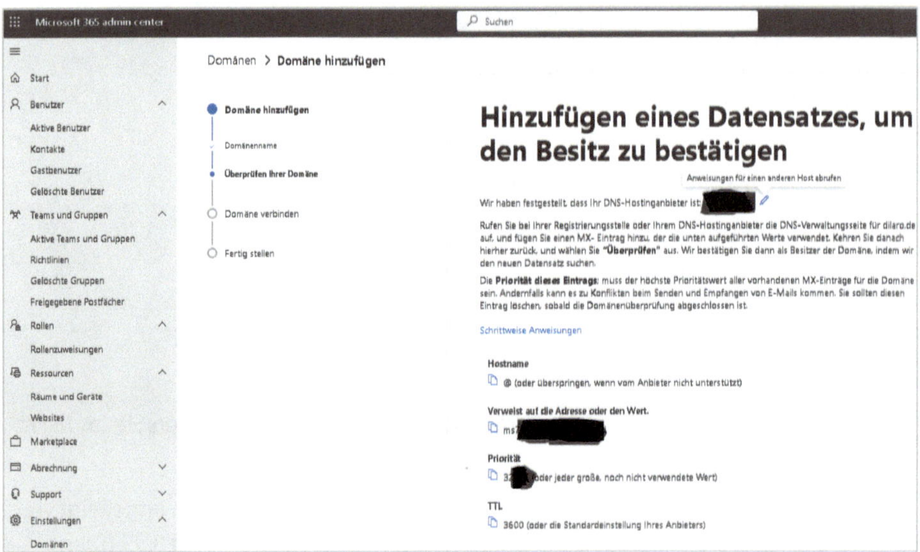

Bild 8.41 Erstellen eines Konfigurationseintrages.

6 Wenn Sie die Option zum Erstellen eines TXT-Eintrages ausgewählt und dies mit der Schaltfläche *Weiter* bestätigt haben, erscheinen auf der nachfolgenden Konfigurationsseite die benötigten Einträge (Bild 8.41).

7 Im nächsten Schritt müssen Sie die TXT-Einträge auf der Verwaltungsseite Ihres Hosting-Anbieters erfassen. Wählen Sie dort die entsprechende Option aus und speichern Sie den neuen Eintrag ab.

8 Sobald Sie den Eintrag in der Konfiguration der Webseite Ihrer Firma oder Organisation gespeichert haben, können Sie dies im *Microsoft 365 Admin Center* durch Anklicken der Schaltfläche *Überprüfen* abschließen.

Auf diese Art und Weise haben Sie die Konfiguration zur Einbindung der (offiziellen) Domäne eines Unternehmens oder einer Organisation durchgeführt. Nach einer gewissen Zeit steht diese Verbindung zur Verfügung und Sie können dies beispielsweise zur Nutzung anwenderfreundlicher E-Mails (siehe oben) nutzen.

Systemverwalter für Webseiten

So wie Sie einen Systemverwalter für die Microsoft-365- oder die SharePoint-Umgebung definieren können, besteht diese Möglichkeit auch auf Ebene einer Webseite oder Webseitensammlung. So stehen einem solchen Webseitensammlungs-Administrator (Systemverwalter für Webseiten) weitreichende Rechte zur Verfügung, mit dem er sämtliche Einstellungen einer Webseite oder Webseitensammlung und der zugeordneten Webseiten ändern kann.

1 Um einen weiteren Systemverwalter für eine Webseite festzulegen, müssen Sie im *SharePoint Admin Center* beim Menüeintrag *Websites* zunächst den Punkt *Aktive Websites* anklicken.

2 In der Liste der verfügbaren Webseiten wählen Sie dann diejenige an, der Sie einen weiteren Systemverwalter (Seiten-Besitzer) zuweisen möchten.

3 Es erscheint ein Konfigurationsfenster, in dem Sie dann oben das Register *Mitgliedschaft* anklicken müssen, worauf die aktuell zugewiesenen Verwalter dieser Webseite angezeigt werden.

4 Zur Zuweisung eines neuen Anwenders müssen Sie dann den Bereich *Besitzer* auswählen und anschließend die Option *Besitzer hinzufügen* anklicken (Bild 8.42).

5 Nachdem Sie den gewünschten Namen eingegeben bzw. ausgewählt haben, kann der entsprechende Anwender als Systemverwalter für die gewählte Webseite tätig werden.

> Genau wie bei Systemverwaltern, so bietet es sich auch bei der Verwaltung von Webseiten auf jeden Fall immer an, mehr als eine Person als Besitzer bzw. Verwalter festzulegen, um so den Betrieb bei Ausfall einer Person sicherzustellen.

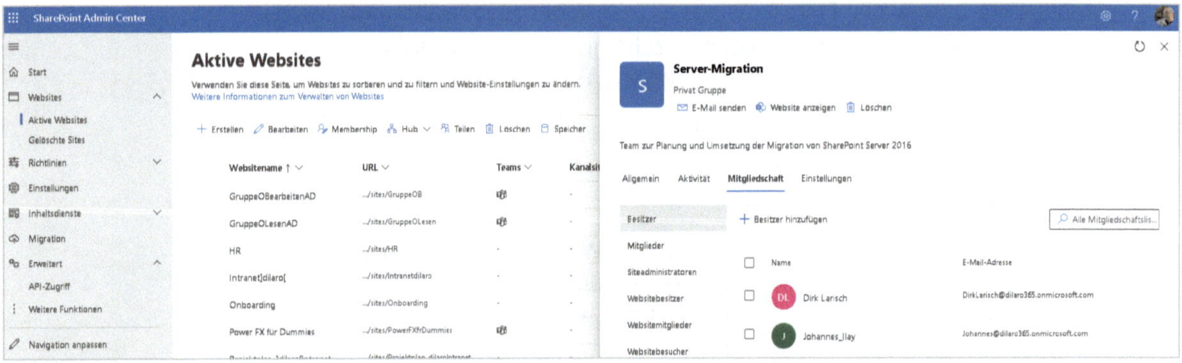

Bild 8.42 Verwalter einer gewählten Webseite.

Anonymer Zugriff

Beim Zugriff auf Webseiten einer SharePoint-Umgebung werden in der Regel entsprechende Berechtigungen benötigt, die jeweils über Entra ID und die SharePoint-Rechteverwaltung zugewiesen werden. Ein solcher Zugriff erfordert somit auf jeden Fall immer eine Authentifizierung am Verzeichnisdienst Entra ID.

Unabhängig davon kann jedoch auf Ebene einer Webanwendung auch festgelegt werden, dass der Zugriff ohne jegliche Authentifizierung erfolgt; dies kann beispielsweise dann von Interesse sein, wenn bestimmte Seiten oder Bereiche in Form eines Intranets oder Extranets veröffentlicht werden sollen.

> Weitergehende Angaben zur Definition und Konfiguration eines anonymen Webseitenzugriffs enthält das Kapitel 4.7 dieses Buches.

8.6 Richtlinien

Mit Richtlinien werden in einer SharePoint-Umgebung bestimmte Regelungen definiert, die letztlich für alle Anwender Gültigkeit haben sollen. Dabei kann es sich um Festlegungen für die Freigabe von Daten einer SharePoint-Umgebung oder auch um die Steuerung des Zugriffs aus definierten Netzwerken handeln.

> Die Festlegung bestimmter Regelungen steht in einer Microsoft-365-Umgebung an verschiedenen Stellen bzw. in den verschiedenen *Admin Centern* zur Verfügung.

Freigabe und Teilen

Innerhalb des *SharePoint Admin Centers* können Sie mit dem Menüeintrag *Richtlinien* bestimmte Regelungen und Vorgaben vereinbaren. So können Sie dort über den Eintrag *Teilen* bestimmen, welche Einstellungen in der SharePoint-Umgebung (oder in

OneDrive) generell oder maximal festgelegt werden können, um Dateien oder Ordner freizugeben bzw. mit anderen Personen zu teilen.

> Da der Speicherbereich von *OneDrive* als Teilbereich einer SharePoint-Umgebung konfiguriert wird, finden Sie im *SharePoint Admin Center* an einigen Stellen entsprechende Konfigurationsmöglichkeiten für *OneDrive*.

Mit Einsatz der Schieberegler können Sie an dieser Stelle Einstellungen für die Art der Freigaben vornehmen, die grundsätzlich für die gesamte SharePoint-Umgebung Gültigkeit haben.

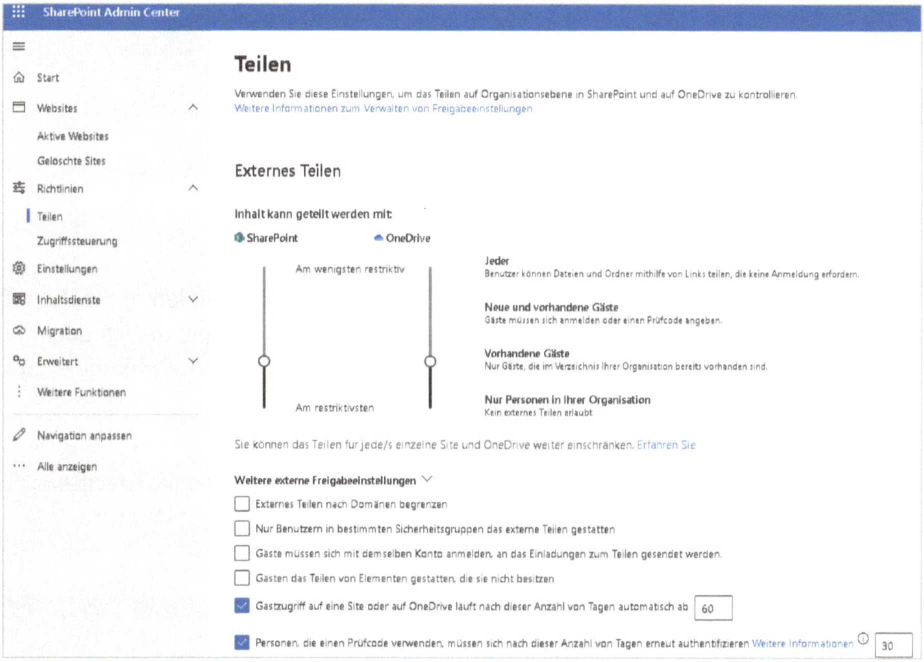

Bild 8.43 Richtlinie der Freigabeeinstellungen.

> Die Einstellung für OneDrive orientiert sich an dieser Stelle immer an der Einstellung für SharePoint. Auf diese Art können Sie für OneDrive immer nur die Maximaleinstellung vornehmen, die beim Schieberegler für SharePoint definiert worden sind.

Die unterhalb des Schiebereglers verfügbaren Optionen lassen weitergehende Einstellungen zu; so können Sie dort beispielsweise Einfluss nehmen auf den Zugriff durch externe Benutzer (Gastzugriff).

> Sie können entsprechende Freigabeeinstellungen für jede Webseite oder Webseitensammlung definieren. Wählen Sie dazu im *SharePoint Admin Center* unter *Aktive Websites* die entsprechende Webseite an. Im Register *Einstellungen* stehen Ihnen mit der Option *Weitere Freigabeeinstellungen* individuelle Einstellungsmöglichkeiten für die Webseite zur Verfügung.

Zugriffssteuerung

Eine weitere Richtlinienkonfigurationsmöglichkeit im *SharePoint Admin Center* steht unter dem Menüeintrag *Zugriffssteuerung* zur Verfügung. Mit den dort verfügbaren Optionen können Sie beispielsweise festlegen, dass Sitzungen (SharePoint, OneDrive), die auf nicht verwalteten Geräten erfolgen, bei Inaktivität nach einem festgelegten Zeitraum beendet werden (Abmeldung bei Sitzungsleerlauf). Auf diese Art soll die Sicherheit des Systems erhöht werden.

Bild 8.44 Automatische Abmeldung bei Sitzungsleerlauf.

Mit der Option *Netzwerkadresse* können Sie IP-Adressbereiche definieren, die Zugriff auf die SharePoint- und OneDrive-Umgebung haben sollen. Es handelt sich dabei in der Regel um interne Adressbereiche, wobei dies natürlich auch Auswirkungen auf den Zugriff durch externe Benutzer (Gäste) haben kann.

> Sie sollten darauf achten, dass Sie bei Nutzung dieser Option den Adressbereich Ihres eigenen Arbeitsplatzes berücksichtigen, denn die Eingrenzung bezieht sich beispielsweise auch auf das *SharePoint Admin Center*.

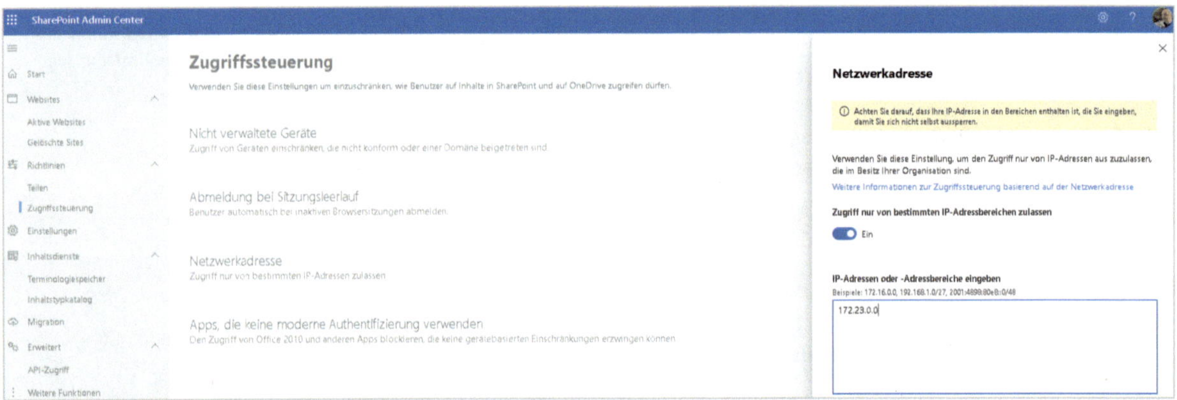

Bild 8.45 Definition zugelassener IP-Adressbereiche.

8.7 SharePoint und die Außenwelt

„SharePoint ist SharePoint und extern ist extern!" – so könnte man argumentieren, wenn man sich näher mit dem Zugriff auf unterschiedliche Datenquellen beschäftigt. Aber dies ist sicherlich nicht zu Ende gedacht, denn die Integration externer Datenquellen in eine SharePoint-Umgebung ermöglicht eine optimale Nutzung der SharePoint-Umgebung und die Schaffung einer prozessorientierten Arbeitsumgebung. Die Vorteile einer solchen Integration oder Einbindung sind schnell ersichtlich:

- Zentraler Zugriff auf alle Daten
- Größere Flexibilität bei der Auswertung entsprechender Daten
- Definition beliebiger Auswertungen und Suchabfragen für den Zugriff der Anwender
- Datenzusammenführung mit der Möglichkeit übergreifender Auswertungen mehrerer Datenquellen
- Zugriff auf alle benötigten Systeme bzw. auf die Daten der benötigten Systeme aus einer Oberfläche (der SharePoint-Umgebung)
- Einheitliche Bedienung der Anwendungen
- Zugriffsmöglichkeit durch andere Anwender mit nahezu beliebig definierbaren Berechtigungen

So macht der Zugriff auf externe Datenquellen SharePoint zu einer Universal-Drehscheibe für die Verwaltung beliebiger Daten. Sie verfügen damit neben der Möglichkeit zur Schaffung einer Basis für die Zusammenarbeit in einem Unternehmen oder in einer Organisation durch den Zugriff oder die Einbindung externer Datenquellen über eine nicht zu unterschätzende Möglichkeit der Datenkonsolidierung aus unterschiedlichen Quellen unter einer einheitlichen Oberfläche.

Alle Daten, die nicht unmittelbar in der SharePoint-Umgebung gespeichert sind, werden als externe Daten bezeichnet. Im Gegensatz zu den SharePoint-Daten sind beispielsweise ein Personalabrechnungsprogramm, ein Fakturierungsprogramm, ein ERP-System (*Enterprise Resource Planing*) und auch ein Warenwirtschaftssystem in der Regel externe Datenquellen. Des Weiteren können die externen Datenquellen auf beliebigen Datenbanken basieren (Oracle, MS SQL Server usw.).

> Bei den vielfältigen Möglichkeiten und der Komplexität von SharePoint Online bestünde theoretisch natürlich auch die Möglichkeit, eine der aufgeführten Funktionen in SharePoint direkt abzubilden.

Zur Definition des externen Zugriffs bzw. der Konnektoren kommt der *Microsoft-Graph-Konnektor* zum Einsatz. Mit dem Zugriff bzw. der Einbindung externer Datenquellen über einen Graph-Konnektor können Sie darauf beispielsweise über die in SharePoint-integrierte Suche zugreifen.

Die Zuweisung selber erfolgt im *Microsoft 365 Admin Center* über den Bereich *Suche & Intelligenz*. Mit Anwahl des Registers *Datenquellen* steht Ihnen mit der Option *Hinzufügen* die Möglichkeit zur Verfügung, eine (nahezu) beliebige Datenquelle zuzuweisen.

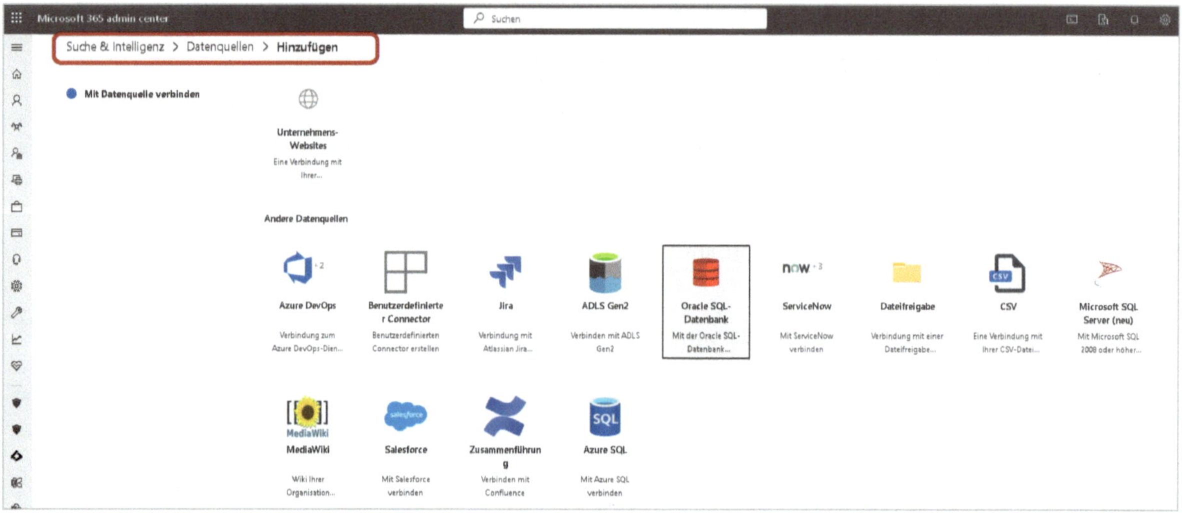

Bild 8.46 Standarddatenquellen im Microsoft 365 Admin Center.

Neben der Auswahl eines Standardkonnektors können Sie auch einen eigenen Konnektor definieren bzw. mit der Option *Weitere Connectors suchen* die Graph-Webseite von Microsoft aufrufen. Dort stehen weitere Konnektoren zum Abruf mit jeweils ausführlichen Erläuterungen zur Installation und Anwendung zur Verfügung.

> Mit dem Abschluss der Definition bzw. Konfiguration einer externen Datenquelle kann diese in den Suchbereich einer SharePoint-Umgebung aufgenommen werden.

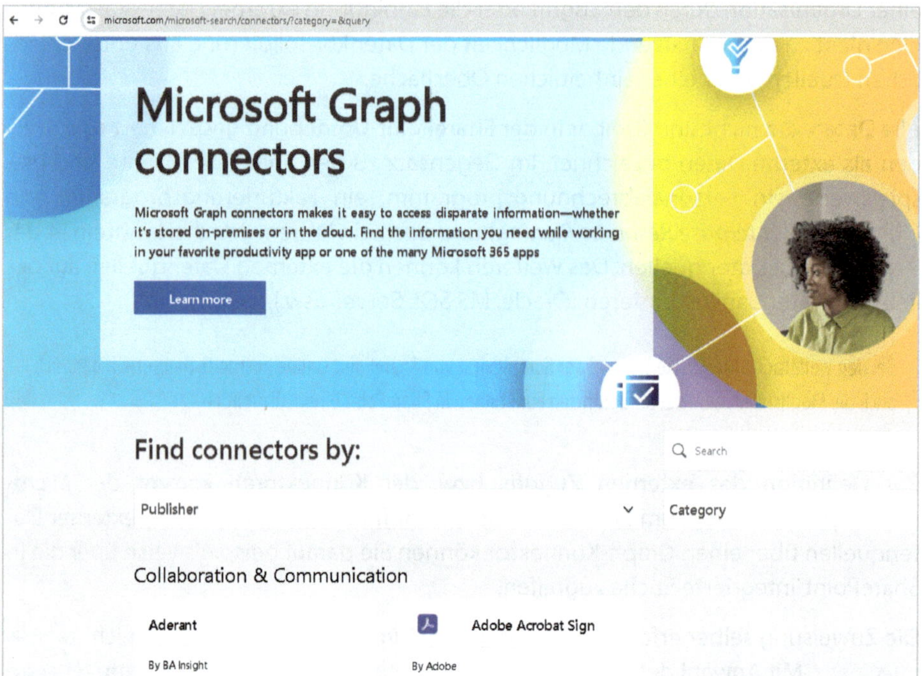

Bild 8.47 Webseite Microsoft Graph connectors.

8.8 Analyse einer SharePoint-Umgebung

In einer Microsoft-365-Umgebung wird eine Vielzahl von Daten und Informationen gespeichert, wobei es im Sinne eines proaktiven Handelns für einen Systemverwalter absolut sinnvoll und wichtig ist, entsprechende Auswertungen regelhaft zu nutzen.

In der Praxis zeigt sich, dass diese eher selten zu einer umfassenden Analyse herangezogen werden. Sehr oft verlässt man sich eher auf Aussagen der Anwender, dass der Datenaustausch über SharePoint oder OneDrive oder die vielen Intranetwebseiten häufig genutzt werden, was aber nicht unbedingt der Wahrheit entspricht.

Microsoft geht in einer Microsoft-365-Umgebung sogar einen Schritt weiter und unterstützt einen Systemverwalter bzw. eine verantwortliche Person dabei, die Anwender von der Nutzung bestimmter Dienste und Möglichkeiten zu überzeugen, um so das *Benutzererlebnis* zu verbessern.

Verwendung

Die erste Anlaufstelle zu einer Analyse ist die Protokollierung der SharePoint-Systemaktivitäten (Diagnoseprotokollierung); damit steht für die Microsoft-365-Umgebung, aber hier auch explizit für eine SharePoint-Umgebung eine hervorragende Möglichkeit zur Verfügung, um Fehlern oder Problemen schneller auf die Spur zu kommen. Insbesondere geht diese Form der Systemprotokollierung weit über die Protokollierung eines Windows-Systems hinaus, da es beispielsweise SharePoint-typische Besonderheiten berücksichtigt.

Verwendungsbericht auf der Webseite

Jede Webseite innerhalb einer SharePoint-Umgebung verfügt über eine direkte Analysemöglichkeit, um wichtige Angaben zur Nutzung und Auslastung der Webseite oder Webseitensammlung zur Verfügung zu stellen.

1 Sobald Sie die Webseite aufgerufen haben, deren Nutzungsverhalten Sie analysieren möchten, müssen Sie im *Einstellungen*-Menü (Zahnradsymbol) den Punkt *Websiteverwendung* anwählen.

> Der Zugriff auf den Menüpunkt *Websiteverwendung* steht grundsätzlich nur berechtigten Anwendern (Systemverwalter, Seiten-Besitzer) zur Verfügung.

2 Es erscheint eine Übersicht, in der im oberen Teil bereits wesentliche Informationen zu der gewählten Webseite angezeigt werden (*Datenverkehr insgesamt*, Bild 8.48). Dazu gehört die Anzahl der Seitenbesucher, die Summe der Seitenaufrufe und die Zeitdauer, die sich Benutzer auf der Seite befunden haben (Aufenthaltsdauer).

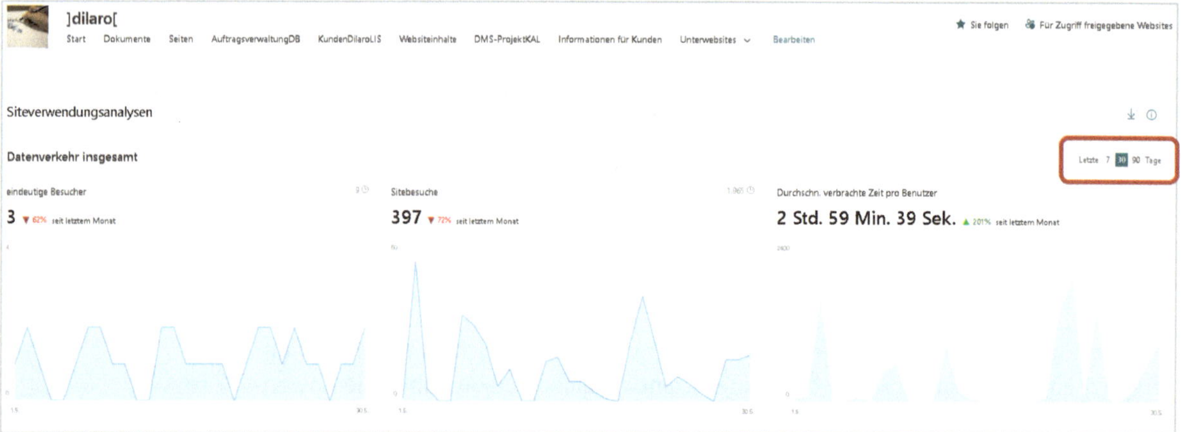

Bild 8.48 Verwendungsbericht einer Webseitensammlung.

> **Standardmäßig werden Angaben der letzten sieben Tage angezeigt; mit dem Schalter bei *Letzte* (rechts oberhalb der Grafik) können Sie den Zeitraum der Auswertung (7 Tage, 30 Tage, 90 Tage) bestimmen.**

3 Wenn Sie auf der Seite nach unten scrollen, erhalten Sie zusätzliche Angaben zur Nutzung der Webseiten bzw. der Webseitensammlung (*Beliebter Inhalt…*). Unmittelbar darunter können Sie bei *Verwendungserkenntnisse* auswerten, mit welchen Geräten (Desktop, Mobile) auf die Webseiten zugegriffen wurde. Mit der Angabe *Nach Zeit* erhalten Sie eine Übersicht, zu welchen Zeiten die Webseiten im angegebenen Zeitraum (*Letzte*) am häufigsten genutzt wurden.

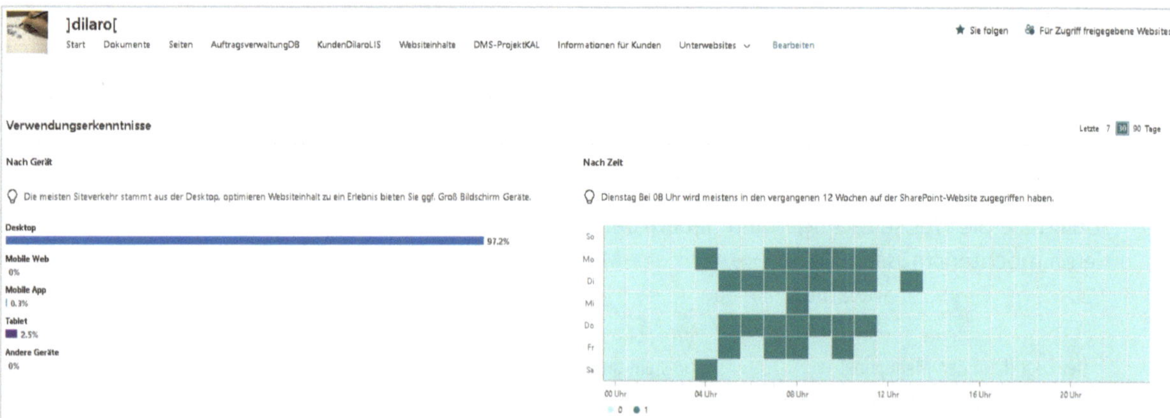

Bild 8.49 Wesentliche Erkenntnisse zur Webseitenverwendung.

4 Im unteren Bereich des Verwendungsberichts stehen weitergehende Angaben zu den Dateien der Webseite/Webseitensammlung zur Verfügung; dort wird angegeben, welche Dateien mit anderen Benutzern über eine Freigabe geteilt worden sind (*Mit externen Benutzern geteilt*).

5 Mit der Option *Bericht ausführen* können Sie die Aufstellung der Dokumente zur weiteren Auswertung in eine Excel-Tabelle überführen.

> Einen Verwendungsbericht können Sie mit den entsprechenden Berechtigungen auch auf jeder einzelnen SharePoint-Webseite abrufen.

Verwendungsbericht im Microsoft 365 Admin Center

Neben dem Verwendungsbericht auf einzelnen Webseiten oder einer Webseitensammlung stehen Ihnen innerhalb des *Microsoft 365 Admin Centers* weitergehende Analysemöglichkeiten zur Verfügung.

1. Zum Aufrufen der Analysemöglichkeit im *Microsoft 365 Admin Center* müssen Sie dort zunächst den Menübereich *Berichte* anwählen.
2. Innerhalb des Menüs steht Ihnen dann der Punkt *Verwendung* zur Verfügung ❶.
3. Sie sehen eine Auflistung der installierten Dienste und Anwendungen (linke Spalte), aus denen Sie dann durch Anklicken *SharePoint* ❷ auswählen müssen.
4. Anschließend erscheint im rechten Fensterbereich die Darstellung der Analyseergebnisse der SharePoint-Umgebung der letzten 30 Tage (Standard); diesen Zeitraum können Sie mit dem Auswahlschalter rechts oben ❸ beliebig verändern.
5. Im darunterliegenden Bereich steht Ihnen eine dezidierte Aufstellung einzelner Benutzerkennungen (IDs) mit Angaben zur Daten- und Webseitennutzung zur Verfügung.

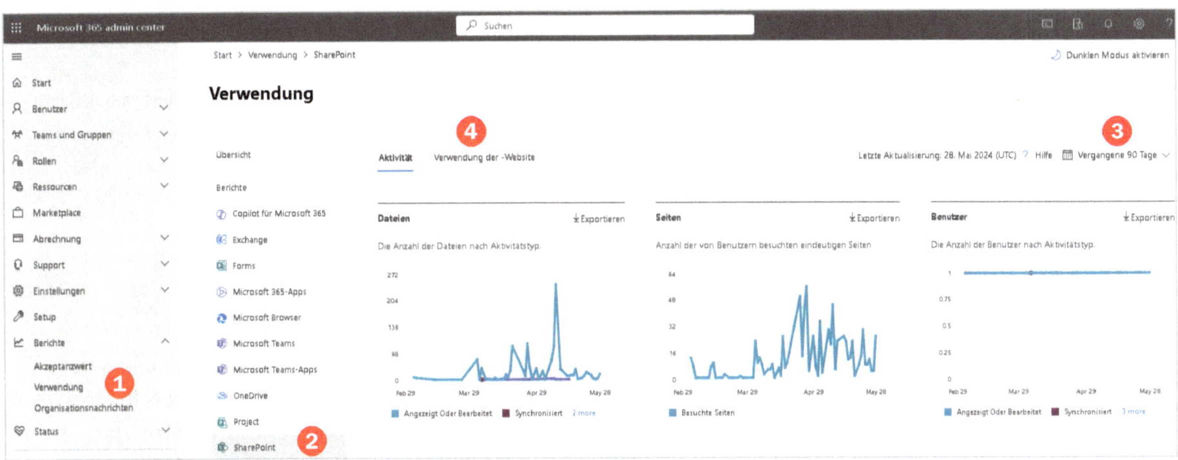

Bild 8.50 Verwendungsbericht im Microsoft 365 Admin Center.

6. Über das Register *Verwendung der Website* ❹ können Sie die Analyse dann erweitern, indem Sie sich Informationen zur Nutzung der Webseiten bzw. Webseitensammlungen anzeigen lassen.

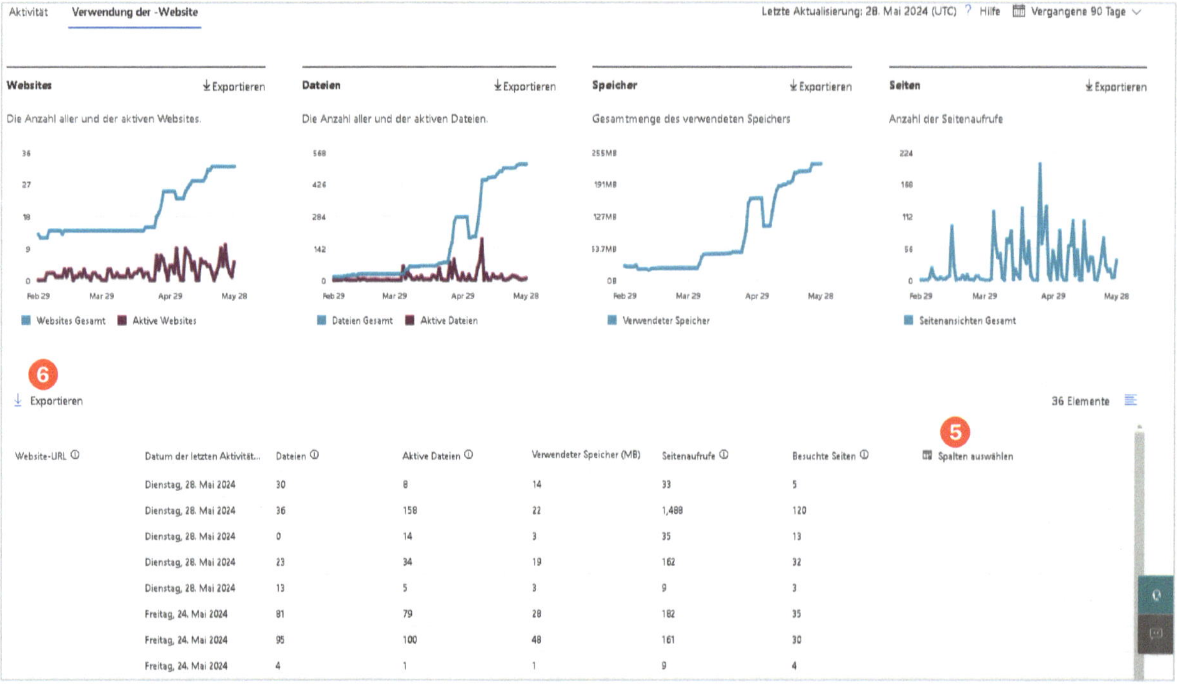

Bild 8.51 Weitergehende Angaben der Webseitennutzung.

7 Mit den Angaben im darunterliegenden Teil stehen Ihnen auch konkrete Zahlen zur Verfügung. Dabei können Sie die angezeigten Informationen über die Option *Spalten auswählen* ❺ Ihren Bedürfnissen entsprechend anpassen und diese auch mit dem Punkt *Exportieren* ❻ in eine Excel-Tabelle überführen.

> Die Anzeige der verfügbaren Verwendungs- oder Aktivitätsberichte hängt letztlich immer auch von den installierten Lizenzen der Microsoft-365-Umgebung ab und kann sich im Einzelfall bei Ihnen etwas anders darstellen.

Aktuelle Informationen per Organisationsnachricht

Wenn Sie bei der Analyse der Nutzung der SharePoint-Umgebung feststellen, dass die Möglichkeiten eher eingeschränkt genutzt werden, stellt Ihnen Microsoft im *Microsoft 365 Admin Center* Möglichkeiten zur Verfügung, Ihre Anwender explizit darauf aufmerksam zu machen, um die Benutzerakzeptanz zu erhöhen.

Dazu gehören beispielsweise die transparente Darstellung und Information über den aktuellen Status bestimmter Dienste, Hinweise auf anstehende Updates oder auch Ankündigungen von Schulungen oder neuen Webseiten.

1 Um den Anwendern entsprechende Benachrichtigungen zukommen zu lassen, müssen Sie im *Microsoft 365 Admin Center* den Menübereich *Berichte* anwählen.

2 Mit Anklicken des Punktes *Organisationsnachrichten* erscheint ein Dialogfenster, wo verschiedene Optionen des Nachrichtenversands und eine Übersicht der bisher versendeten Nachrichten zur Verfügung stehen.

Bild 8.52 Auswahl der gewünschten Organisationsnachricht.

3 Nachdem Sie die Option *Nachrichten erstellen* angeklickt haben, können Sie im nächsten Schritt den Typ der Nachricht auswählen; dabei stehen Ihnen unterschiedliche Zwecke oder Auslöser als Vorlagen zur Verfügung.

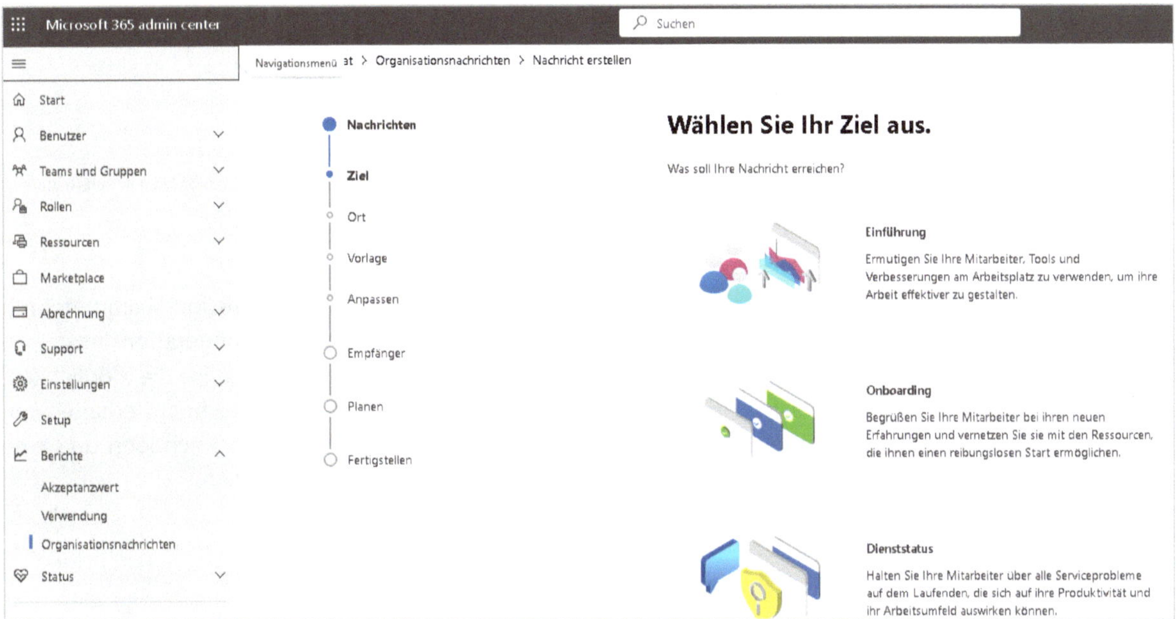

Bild 8.53 Auswahl eines Zwecks der Organisationsnachricht.

4 Möchten Sie beispielsweise auf die neu erstellten Intranetwebseiten hinweisen, so wählen Sie an dieser Stelle die Option *Einführung* und bestätigen das mit der Schaltfläche *Weiter*.

5 Im nächsten Schritt müssen Sie auswählen, an welcher Position des Benutzerbildschirms die Nachricht angezeigt werden soll (z. B. im Blickpunkt in der Mitte des Bildschirms). Auch dies müssen Sie mit der Schaltfläche *Weiter* bestätigen.

6 Anschließend können Sie die Nachricht aus einer Vorlage wählen oder mit der Option *Erstellen Sie Ihre eigene* eine neue Nachricht erstellen.

7 Nachdem Sie auch diese Auswahl mit der Schaltfläche *Weiter* bestätigt haben, erscheint ein Dialogfenster, wo Sie die verschiedenen Komponenten und Parame-

ter der Benachrichtigung erfassen können: im unteren Bereich wählen Sie dabei dann auch noch eine Datei aus, die als Sperrbildschirm für die Darstellung der Nachricht dienen soll.

Bild 8.54 Parameter und Eingaben für eine Organisationsnachricht.

> Während Sie den Nachrichtentext eingeben, wird dieser unmittelbar im rechten Bereich in einem Vorschaufenster angezeigt.

8 Sobald Sie die Eingabe des Nachrichtentextes und der sonstigen Parameter mit *Weiter* bestätigt haben, erscheint das nachfolgende Konfigurationsfenster, in dem Sie die Empfänger der Nachricht festlegen. Hier haben Sie die Möglichkeit, entweder die Benutzergruppen auszuwählen, die diese Nachricht erhalten sollen. Alternativ können Sie aber auch alle Anwender berücksichtigen und eine oder mehrere Gruppen vom Nachrichtenversand ausnehmen.

Bild 8.55 Festlegung bzw. Auswahl der Nachrichtenempfänger.

9 Nach Bestätigung der Nachrichtenempfänger mit *Weiter* müssen Sie im letzten Dialogfenster eine Bezeichnung für die Nachricht vergeben, sowie ein Start- und Enddatum eingeben; zudem müssen Sie bei *Häufigkeit* ein Intervall auswählen, in welchem Zeitabstand die Nachricht wiederholt werden soll.

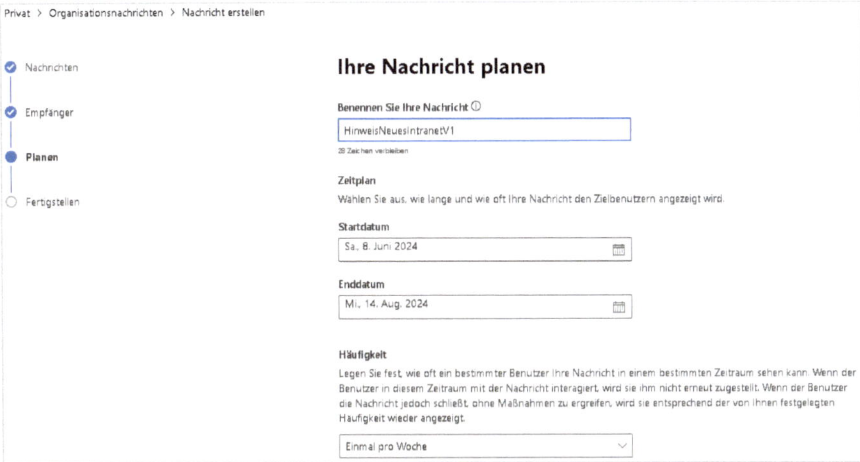

Bild 8.56 Zeitplan einer Organisationsnachricht.

10 Nach Bestätigung mit der Schaltfläche *Weiter* wird im nachfolgenden Fenster eine Zusammenfassung der vorgenommenen Einstellungen angezeigt. An der Stelle können Sie einzelne Angaben durch Anklicken der Verlinkung noch ändern. Abgeschlossen wird die Erstellung mit Einsatz der Schaltfläche *Zur Genehmigung senden*.

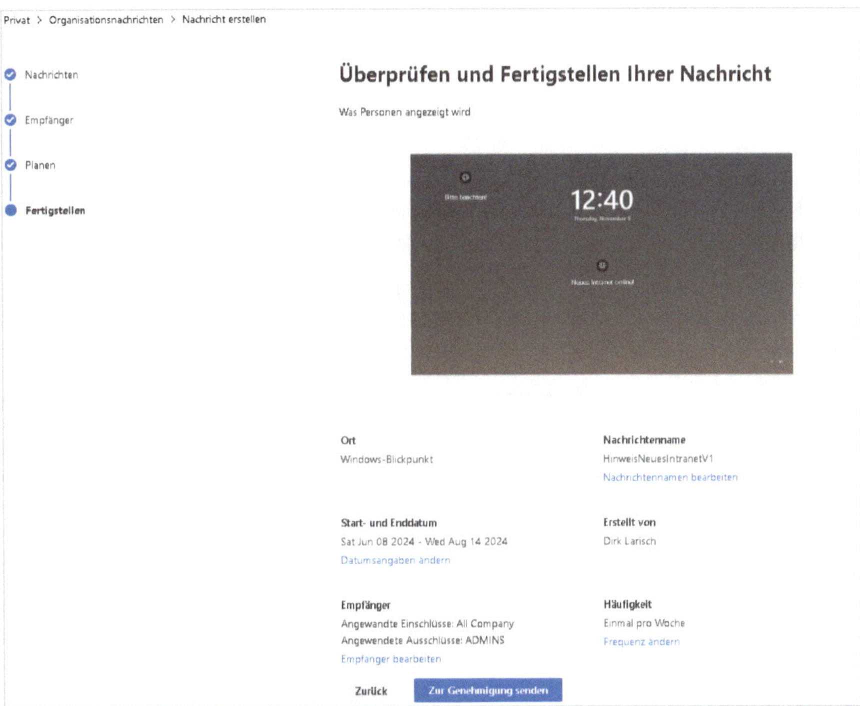

Bild 8.57 Zusammenfassung einer Organisationsnachricht.

11 Eine abschließende Bestätigung zum Schutz persönlicher Daten vollendet die Erstellung, und die Nachricht landet danach auf der Startseite der Organisationsnachrichten, verbunden mit dem Hinweis, dass die Genehmigung zum Versand der Nachricht noch aussteht.

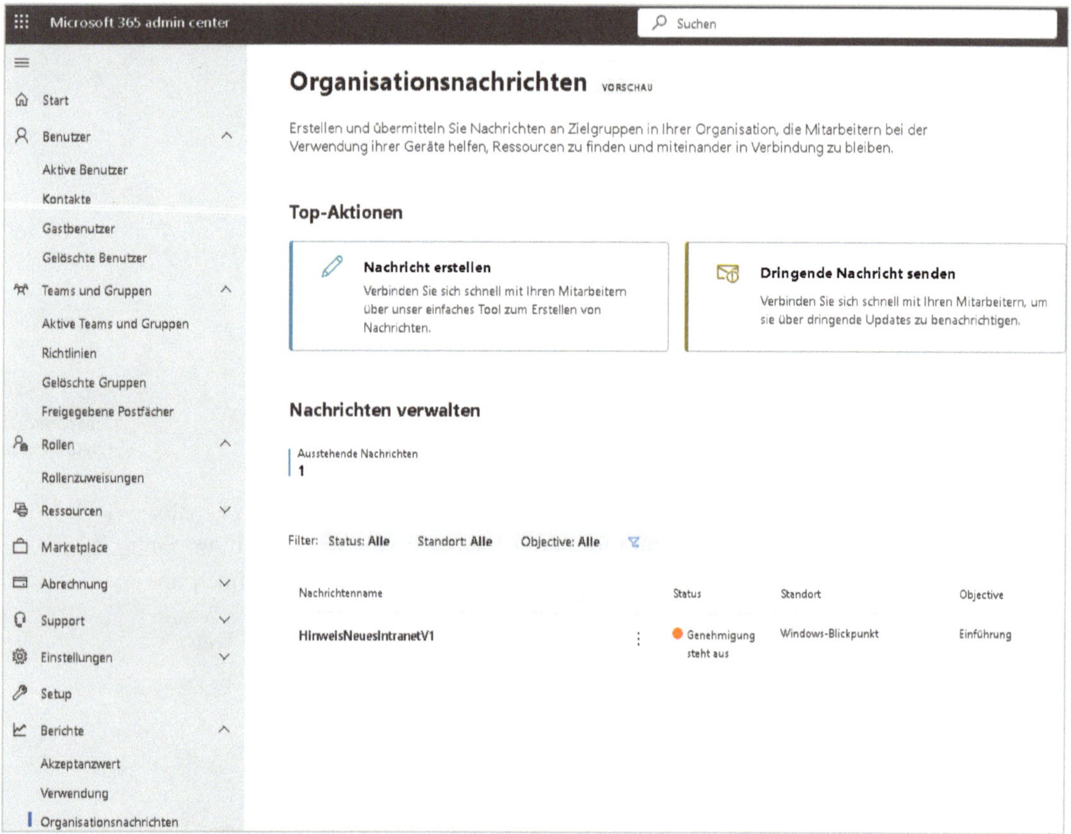

Bild 8.58 Hinweis auf eine ausstehende Genehmigung.

12 Mit erfolgter Freigabe bzw. Genehmigung wird die Nachricht dann zum festgelegten Zeitpunkt und Turnus versendet.

> Um eine Organisationsnachricht freigeben zu können, muss dem entsprechenden Anwender in Entra ID die Rolle *Genehmigende Person für Organisationsnachrichten* zugewiesen werden.
>
> Zudem ist es zur Darstellung der Nachrichten auf den Geräten der Anwender ggf. erforderlich, diese Option auf den verwalteten Geräten zuzulassen, wozu in der Anwendung *Microsoft Intune* eine entsprechende Option zur Verfügung steht.

8.9 Datensicherheit

Die Sicherheit in einer SharePoint- bzw. Microsoft-365-Umgebung ist ein wesentliches Kriterium für den professionellen Einsatz. Allzu schnell wird hier etwas eingerichtet, einem Anwender temporär ein Recht zugewiesen und nachher wieder vergessen. Dies erfordert ein ausgeklügeltes System, um jederzeit die Sicherheit der in SharePoint abgelegten und verwalteten Daten zu gewährleisten.

Mit dem Einsatz von SharePoint kann grundsätzlich eine sehr komplexe Umgebung aufgebaut werden, in der eine Vielzahl von Daten abgelegt wird. Diese müssen selbstverständlich gesichert und vor unbefugtem Zugriff geschützt werden. Daraus ergibt sich die Forderung nach einem ausgeklügelten System für die Vergabe von Zugriffsrechten, aber auch nach einer Minimierung des Befalls durch Viren oder anderem schädlichen Code.

Zugriffsrechte

Der wichtigste Bereich bei der Betrachtung der Datensicherheit einer SharePoint-Umgebung gilt den Zugriffsrechten der einzelnen Benutzer. Sie sollten sich dazu vorab ein Konzept überlegen, bevor Sie hier den Überblick verlieren; dazu gehört insbesondere eine sorgfältige Planung bzw. Vorbereitung. So ist es aus der Praxis zu empfehlen, entsprechende Berechtigungen in SharePoint selber über Gruppenzuweisungen vorzunehmen, die ihr Pendant im Verzeichnisdienst *Entra ID* (*Azure AD*) wiederfinden. Eine Zuweisung von Berechtigungen an einzelne Personen sollte nach Möglichkeit verhindert werden.

Sollten Sie einmal den Überblick verloren haben, stellt Ihnen SharePoint an verschiedenen Stellen Möglichkeiten zur Verfügung. So können Sie beispielsweise auf einer Webseite in die *Websiteeinstellungen* wechseln und dort den Punkt *Websiteberechtigungen* aufrufen.

Im nachfolgenden Konfigurationsfenster zur Rechtezuweisung können Sie dann mit der Option *Websitesammlungsadministratoren* im oberen Menübereich prüfen, welche Benutzer für die gewählte Webseite als Administratoren (Besitzer) definiert worden sind.

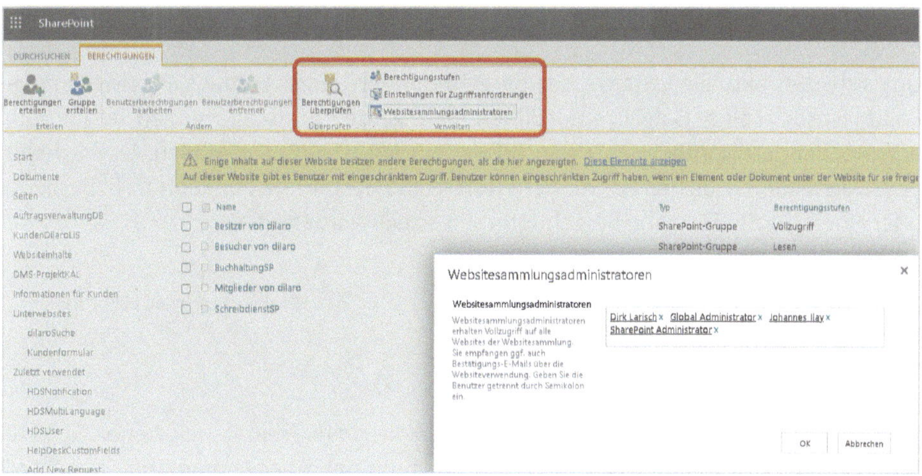

Bild 8.59 Anzeige der definierten Administratoren (Besitzer).

Auf der gleichen Konfigurationsseite können Sie zudem die Berechtigung eines bestimmten Benutzers überprüfen. Wählen Sie dazu den Menüpunkt *Berechtigungen prüfen* an und geben Sie im nachfolgenden Dialogfenster die Benutzerkennung ein, deren Rechtezuweisung Sie prüfen möchten. Aus der anschließenden Aufstellung können Sie ersehen, welche Berechtigung der Benutzer aufgrund bestimmter Gruppenzugehörigkeiten erteilt worden ist.

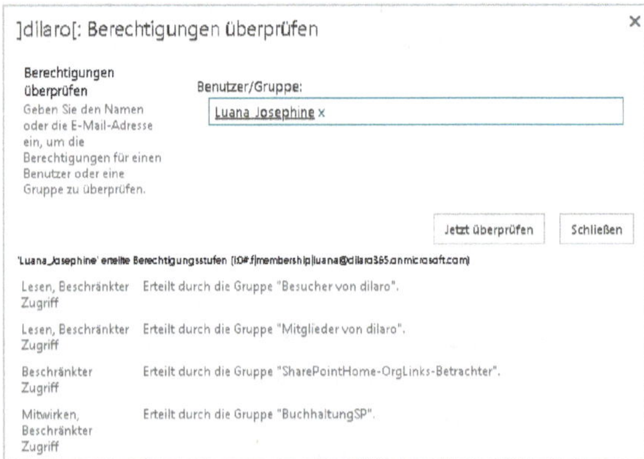

Bild 8.60 Prüfung der Berechtigungen pro Benutzer.

> Nähere Angaben zur Verwaltung der Benutzerrechte über Einzel- und Gruppenzuweisungen enthält das Kapitel 2 dieses Buches.

Freigabe und Teilen

Neben der Standardrechtezuweisung steht Ihnen in SharePoint, z. B. bei Dokumenten oder Listen, die Möglichkeit der direkten Rechtezuweisung (beispielsweise einer Datei) über die Freigabe (Teilen) zur Verfügung. Auch wenn dies manchmal sehr bequem ist, erhöht dies nicht unbedingt die Übersichtlichkeit in Bezug auf die vergebenen Zugriffsrechte.

Um sich den aktuellen Status der Berechtigungen eines Eintrags in einer SharePoint-Liste oder einer Datei in einer Bibliothek anzeigen zu lassen, müssen Sie aus dem entsprechenden Kontextmenü den Punkt *Zugriff verwalten* anwählen. Es erscheint eine Darstellung, welchen Anwendern durch eine bestimmte Funktion (z. B. Besitzer) oder eine explizite Freigabe Berechtigungen erteilt worden sind.

> Über das Register *Gruppen* können Sie sich im Fenster *Zugriffe verwalten* auch die Zuweisungen über entsprechende Benutzergruppen anzeigen lassen.

Neben den individuellen Einstellungsmöglichkeiten zur Freigabe einzelner Objekte (Dateien, Listenelemente usw.) sollten Sie auch immer Standardvorgaben beachten bzw. entsprechenden Konfigurationen vornehmen.

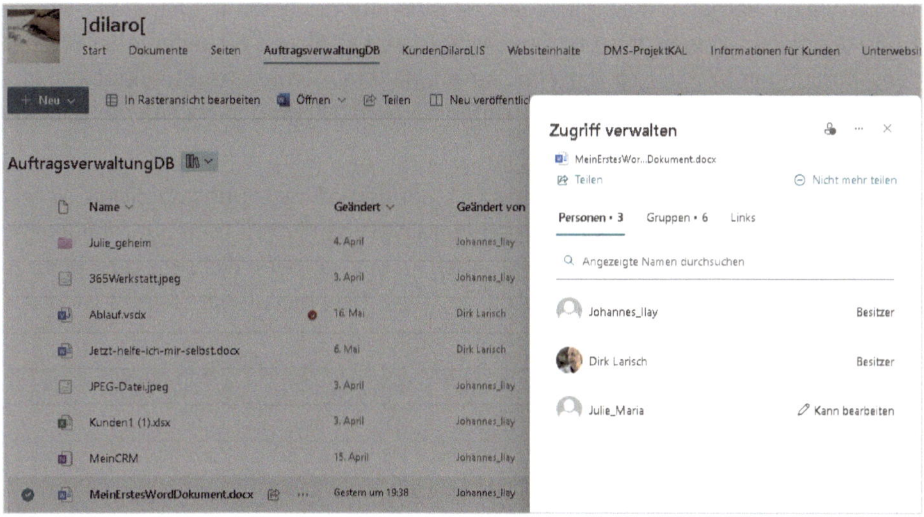

Bild 8.61 Anzeige der Freigabeeinstellungen einer Datei.

Nach Anwahl des Bereiches *Richtlinien* im *SharePoint Admin Center* können Sie dort mit dem Menüeintrag *Teilen* die Vorgaben definieren, die letztlich für die gesamte SharePoint-Umgebung Gültigkeit haben. Dabei beziehen sich diese Einstellungen nicht nur auf die SharePoint-Umgebung, sondern auch auf die persönlichen Speicherbereiche in OneDrive (die ja ebenfalls in der SharePoint-Umgebung abgelegt sind).

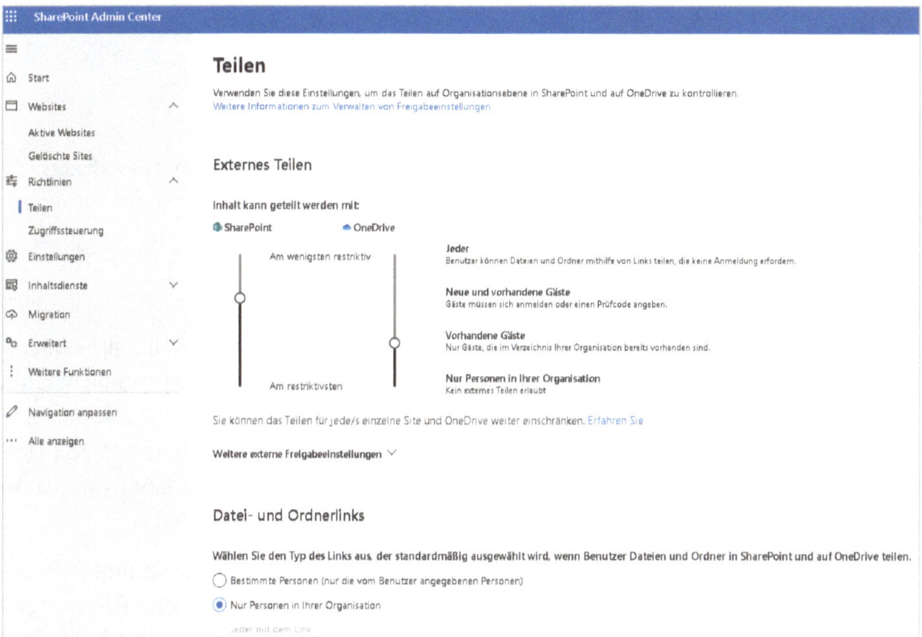

Bild 8.62 Konfiguration der Standardfreigabeeinstellung in SharePoint.

> Die Standardvorgaben für OneDrive können niemals höher sein als die für die SharePoint-Umgebung definierten Festlegungen.

So wie Sie die Vorgaben bezüglich der Freigaben für die gesamte SharePoint-Umgebung definieren können, besteht diese Möglichkeit auch bei Webseiten oder Webseitensammlungen. Wählen Sie dazu im *SharePoint Admin Center* den Menüpunkt *Aktive Websites* an und klicken Sie anschließend in der Aufstellung den Namen der entsprechenden Webseite an.

Im Register *Einstellungen* stehen Ihnen dann identische Einstellungsmöglichkeiten zur Verfügung, so wie Sie diese auch für die gesamte SharePoint-Umgebung definieren können. Dabei können die Standardvorgaben für eine einzelne Webseite oder Webseitensammlung niemals höher sein als die Festlegungen, die auf der SharePoint-Ebene definiert worden sind.

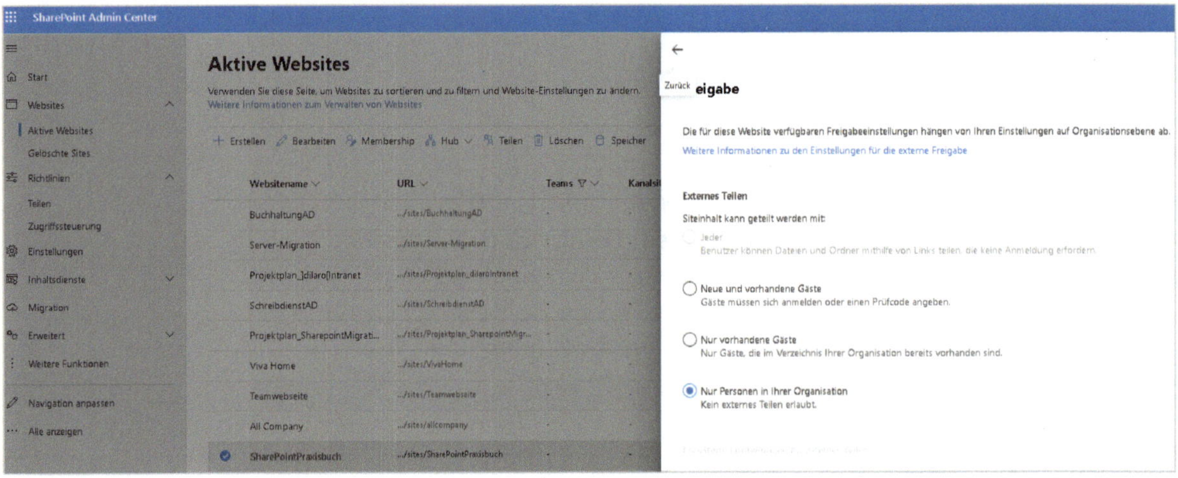

Bild 8.63 Konfiguration der Standardfreigabeeinstellung einer Webseite.

> Nähere Angaben zur Verwaltung der Benutzerrechte über Freigaben (Teilen) enthält Kapitel 2 dieses Buches.

Zusatzprogramme der Microsoft-365-Umgebung

Mit einem speziellen *Admin Center* mit dem Namen *Sicherheit* stellt eine Microsoft-365-Umgebung weitergehende Einstellungs- und Überwachungsmöglichkeiten zur Verfügung. Dahinter verbergen sich unter dem Namen *Microsoft Defender* eine Reihe von Anwendungen und Funktionen, um die Sicherheit einer Microsoft-365-Umgebung und damit auch der SharePoint-Umgebung zu erhöhen (Bild 8.64). Der Aufruf selbst erfolgt im *Microsoft 365 Admin Center* als separates *Admin Center*.

Mit dem Begriff *Compliance* wird ganz allgemein die Einhaltung bestimmter Regelungen und Vorgaben umschrieben. Dabei kann es sich um gesetzliche Regelungen handeln, aber ebenso um regulatorische Vorgaben und Festlegungen innerhalb eines Unternehmens oder einer Organisation. Diese Regelkonformität dient unter anderem auch der Erhöhung des Sicherheitsniveaus, beispielsweise einer Microsoft-365-Umgebung.

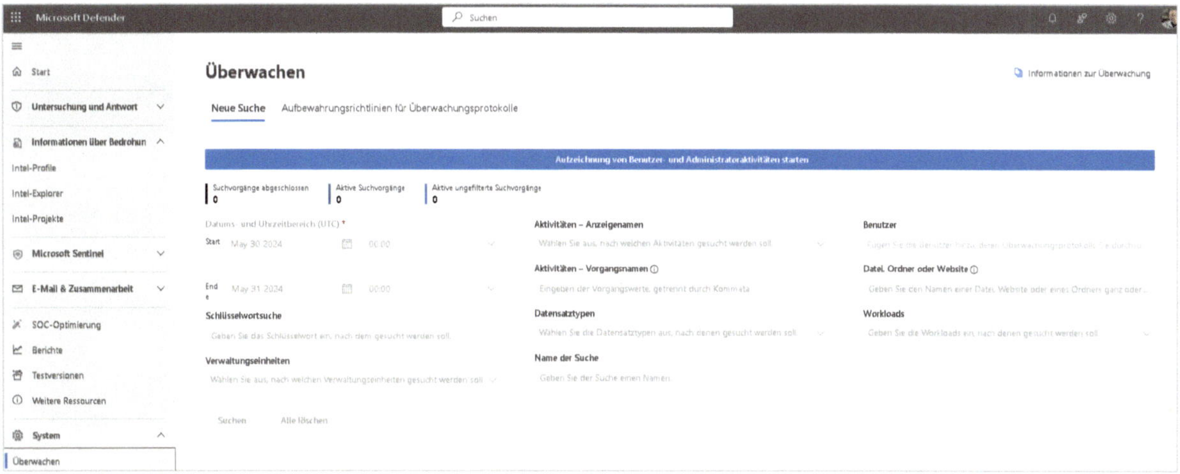

Bild 8.64 Überwachungsmöglichkeit im Microsoft Defender.

Microsoft trägt diesem Umstand Rechnung, indem es mit einer Anwendung namens *Microsoft Purview* (ehemals *Compliance*) in der SharePoint- bzw. Microsoft-365-Umgebung weitergehende Einstellungs- und Überwachungsmöglichkeiten zur Verfügung stellt. Der Aufruf erfolgt im *Microsoft 365 Admin Center* als separates *Admin Center*.

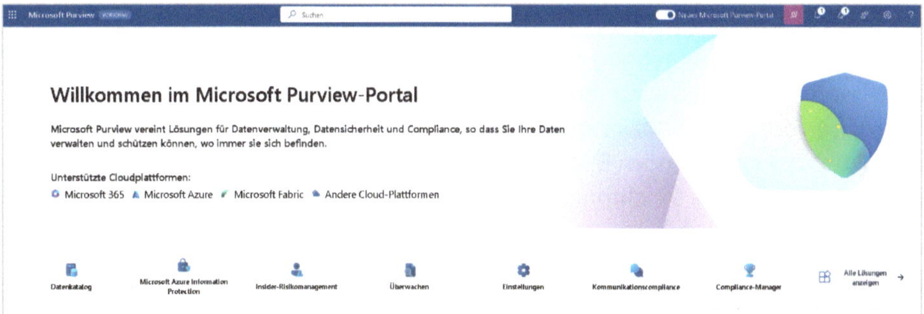

Bild 8.65 Übersicht zum Informationsschutz in Microsoft Purview.

Neben den Microsoft-Anwendungen gibt es weitere Zusatzprogramme externer Anbieter, die beispielsweise die Auswertung der Rechtezuweisungen einfach und schnell darstellen können.

Sperrlisten

Ein weiterer Schutzmechanismus besteht darin, bestimmte Dateien bzw. Dateitypen beim Versuch des Hochladens zu sperren, jeweils erkennbar an der Dateiendung. Dabei erfolgt die Überprüfung meistens anhand der Dateiendung und nicht anhand des Inhalts.

Aufgrund der Möglichkeit zur Synchronisation der Daten mit dem SharePoint-Speicherbereich kommt dabei OneDrive eine besondere Bedeutung zu. Hierzu können Sie beispielsweise im *SharePoint Admin Center* entsprechende Einstellungen vornehmen, um das Hochladen von Dateien mit einer bestimmten Dateiendung zu verhindern.

Bild 8.66 Hochladen bestimmter Dateitypen in OneDrive blockieren.

> Die Blockade-Einstellung für bestimmte Dateitypen bezieht sich grundsätzlich nicht auf bestehende Dateien, sondern nur auf das Hochladen weiterer Dateien.

Viren und sonstiger Schadcode

In einer SharePoint-Umgebung werden vielfältige Dateien und Dokumente hinterlegt. Dabei ist die Quelle nicht immer eindeutig, können dies doch Daten von lokalen Verzeichnissen oder auch E-Mail-Dokumenten sein, die ggf. über die automatisierte Ablagefunktion der eingehenden E-Mails dort hinterlegt werden. Erschwert wird dies auch durch die integrierten Synchronisierungsoptionen von SharePoint und OneDrive.

Insbesondere aus diesem Grund ist es wichtig, dass Sie für die Microsoft-365- bzw. SharePoint-Umgebung spezielle Möglichkeiten der Überprüfung solcher Dokumente auf schadhaften Inhalt zur Verfügung stellen. Entsprechende Lösungen sollten wenigstens folgende Funktionen beinhalten:

- Prüfung beim Hochladen
- Prüfung beim Download
- Infizierte Dateien bereinigen
- Infizierte Dateien entfernen bzw. in Quarantäne verschieben

Eine Antiviren-Software ist – bei Vorliegen einer entsprechenden Lizenz – grundsätzlich Bestandteil von *Microsoft Defender* als Bestandteil einer Microsoft-365-Umgebung. Dort können Sie eine entsprechende Schutzeinstellung in Bezug auf die *Antischadsoftware* vornehmen.

> Grundsätzlich stehen an verschiedenen Stellen einer Microsoft-365- bzw. SharePoint-Umgebung weitere Möglichkeiten zur Verfügung, durch bestimmte Einstellungen den Schutz der Daten bzw. die Datensicherheit zu erhöhen. SharePoint selbst stellt beispielsweise auch in der Premium-Version die Option *Erweiterte Verwaltung*, wo Sie weitere Einstellungsmöglichkeiten finden.

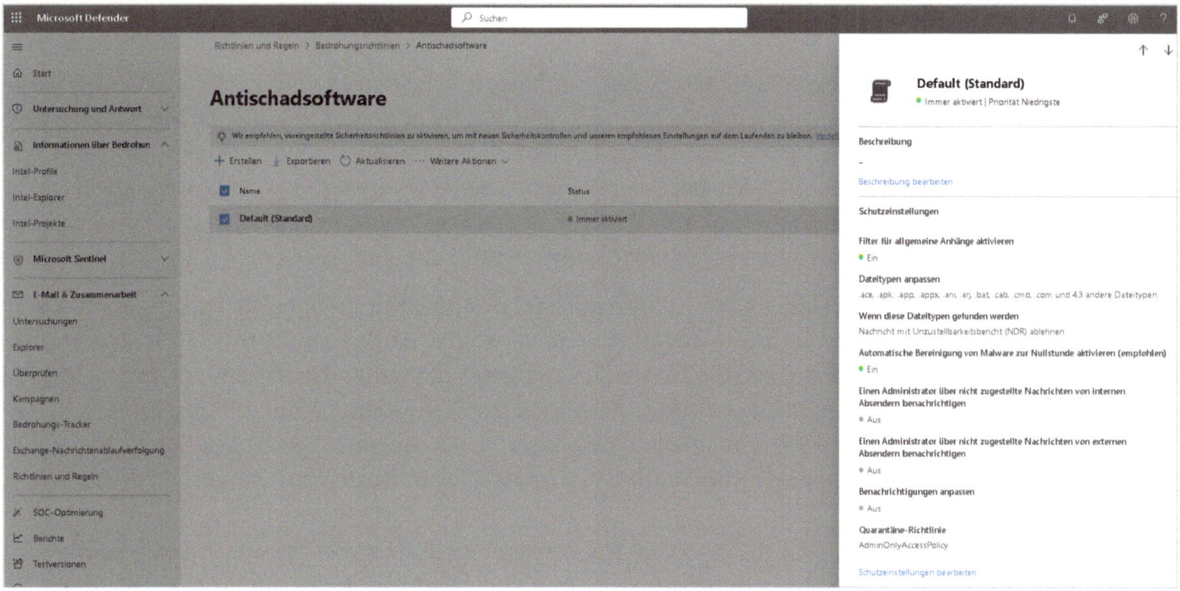

Bild 8.67 Schutzeinstellungen in Microsoft Defender.

8.10 Sicherung der Daten

Neben der Sicherheit der Daten, die in einer SharePoint-Umgebung verarbeitet werden, zählt dazu auch immer eine regelmäßige Datensicherung und eine Kontrolle dieser Daten. Es wäre fahrlässig, hier nur auf „Microsoft zu vertrauen" und jeder Wirtschaftsprüfer wird sicherlich entsprechende Sicherungskonzepte einfordern.

Die Sicherung der Daten einer SharePoint-Umgebung (Microsoft-365-Umgebung) kann grundsätzlich auf verschiedene Art und Weise erfolgen. Am Markt gibt es mittlerweile eine Vielzahl von Programmen, die eine Sicherung der gesamten SharePoint-Umgebung ermöglichen. Darüber hinaus besteht aber auch direkt in einer SharePoint-Umgebung die Möglichkeit, den Inhalt und die Konfiguration dateibasiert zu sichern, um diese so bei Bedarf wiederherzustellen.

So finden Sie dazu im *Microsoft 365 Admin Center* im *Einstellungen*-Menü die Option *Microsoft-365-Sicherung*, die Ihnen über bestimmte Richtlinien und Vorgaben separate Sicherungsoptionen für SharePoint oder auch OneDrive zur Verfügung stellt. Dabei ist eine Sicherung immer nur so gut, wie die Wiederherstellung funktioniert! Aus diesem Grund sollte eine Wiederherstellung der Daten auch grundsätzlich einwandfrei funktionieren und in regelmäßigen Abständen testweise durchgeführt werden, um so für den Ernstfall gerüstet zu sein.

> Auch wenn die Daten einer Microsoft-365- bzw. SharePoint-Umgebung in der Cloud bzw. in den Microsoft-Rechenzentren dieser Welt grundsätzlich sicherlich gut aufgehoben sind, sollten Sie sich nicht nur darauf verlassen. Etablieren Sie eine eigene Lösung bzw. entwerfen Sie ein Konzept zur Datensicherung und setzen dieses um, um Ihre Geschäftsdaten in einem festgelegten Turnus zu sichern.

8.11 SharePoint-Verwaltungsshell

Wie schon an anderen Stellen der Microsoft-Systeme so gilt auch für SharePoint Online: „Back to the roots!" So propagiert Microsoft bereits seit einigen Jahren, dass eine optimale Systemverwaltung nur auf der Kommandoebene möglich ist. Die Kommandoebene trägt bei SharePoint den Namen Verwaltungsshell (PowerShell); sie ist prinzipiell die erweiterte PowerShell des Serversystems mit separaten Anweisungen (commandlets; cmdlets) für die SharePoint-Umgebung.

So steht einem Administrator mit der PowerShell-Umgebung ein mächtiges Werkzeug zur Verfügung, um weitergehende Verwaltungsaufgaben über eine Kommandozeile effizienter zu erledigen, als dies mit einer grafischen Oberfläche möglich wäre. Für eine SharePoint-Umgebung stellt Microsoft aus dem Grund mit der SharePoint-Verwaltungsshell (SharePoint-PowerShell) eine separate PowerShell-Ebene zur Verfügung, um bestimmte Aufgaben auch darüber umsetzen zu können.

Die SharePoint-PowerShell dient dazu, komplexe Verwaltungsaufgaben oder auch immer wiederkehrende Aufgaben eines Systemverwalters skriptgesteuert über eine Kommandozeile abzubilden bzw. umzusetzen.

Installation

Vor der Nutzung der SharePoint-Verwaltungsshell-Umgebung müssen Sie diese einmalig einrichten bzw. installieren. Dazu gibt es auf den Downloadseiten von Microsoft ein spezielles PowerShell-Modul.

1. Suchen Sie auf den Microsoft-Webseiten nach dem PowerShell-Modul für SharePoint Online und laden Sie die ausführbare Installationsdatei herunter.

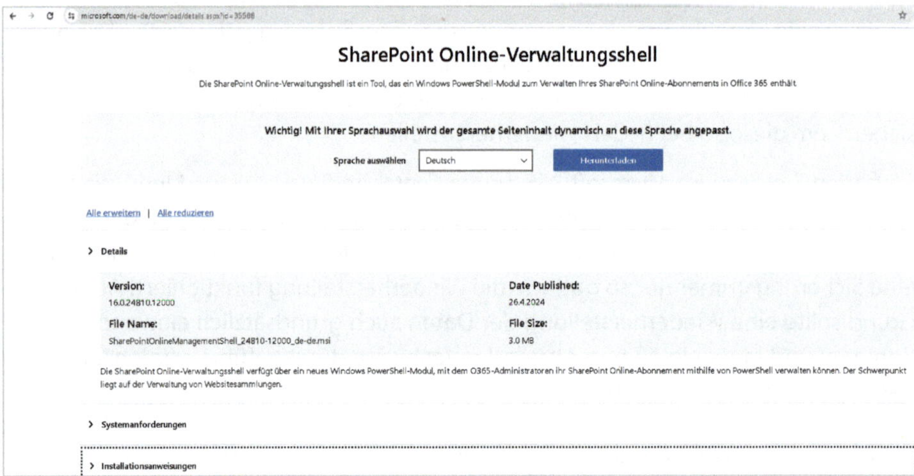

Bild 8.68 Herunterladen der SharePoint-PowerShell-Umgebung.

2. Danach müssen Sie die heruntergeladene Datei als Administrator (des lokalen Rechners) starten und den weiteren Installationsschritten folgen.

3 Nach Abschluss der Installation können Sie die SharePoint-Verwaltungsshell aufrufen, indem Sie auf dem lokalen System aus den verfügbaren Programmen folgende Anwendung als Administrator ausführen:

SharePoint Online Management Shell

4 Alternativ können Sie die Verwaltungsshell auch direkt auf Ebene der PowerShell installieren, indem Sie dort nacheinander folgende Anweisungen einsetzen:

```
Set-ExecutionPolicy Unrestricted
Install-Module -Name Microsoft.Online.SharePoint.PowerShell
```

> Möchten Sie die Umgebung der SharePoint-Verwaltungsshell nur für den aktuell angemeldeten Benutzer installieren, müssen Sie die Installationsanleitung wie folgt anpassen:
>
> Install-Module -Name Microsoft.Online.SharePoint.PowerShell -Scope CurrentUser

5 Sobald Sie die SharePoint-PowerShell (Verwaltungsshell) installiert haben, sollten Sie diese zunächst mit der folgenden Anweisung aktualisieren:

```
Update-Module -Name Microsoft.Online.SharePoint.PowerShell
```

6 Nach Bestätigung zur Durchführung der Installation mit der Taste „*A*" (*Ja, alle*) können Sie sich im nächsten Schritt die aktuelle Versionsbezeichnung anzeigen lassen und damit die korrekte Installation überprüfen; setzen Sie dazu folgende Anweisung ein:

```
Get-Module -Name Microsoft.Online.SharePoint.PowerShell -ListAvailable |
  Select Name,Version
```

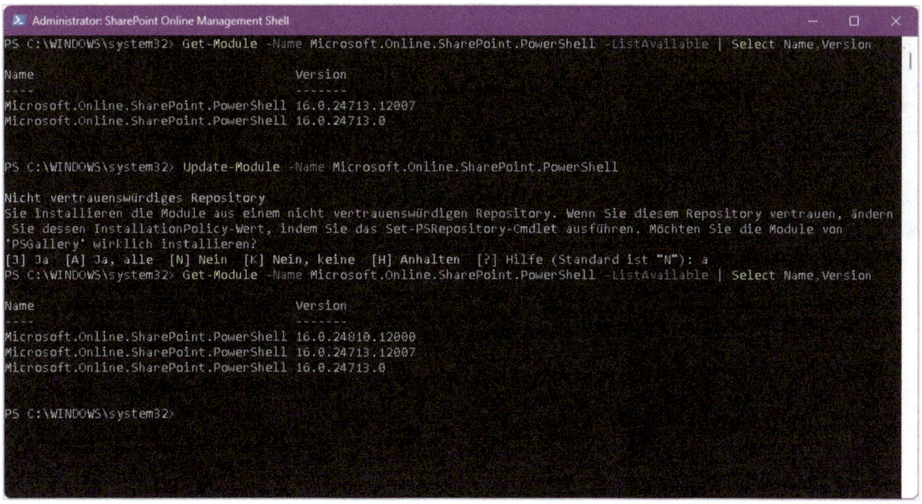

Bild 8.69 Überprüfung der korrekten Installation der Verwaltungsshell.

7 Um sich an der Stelle einen Überblick über die verfügbaren Anweisungen (*commandlets*) der SharePoint-Verwaltungsshell zu verschaffen, erhalten Sie mit nachfolgender Befehlszeile eine Auflistung sämtlicher Befehle der Verwaltungsshell:

```
get-command -Module Microsoft.Online.SharePoint.PowerShell
```

Als *commandlets* (*CMDlets*) werden Anweisungen bezeichnet, die auf der Ebene der PowerShell und angelehnter Shell-Oberflächen zur Verfügung stehen.

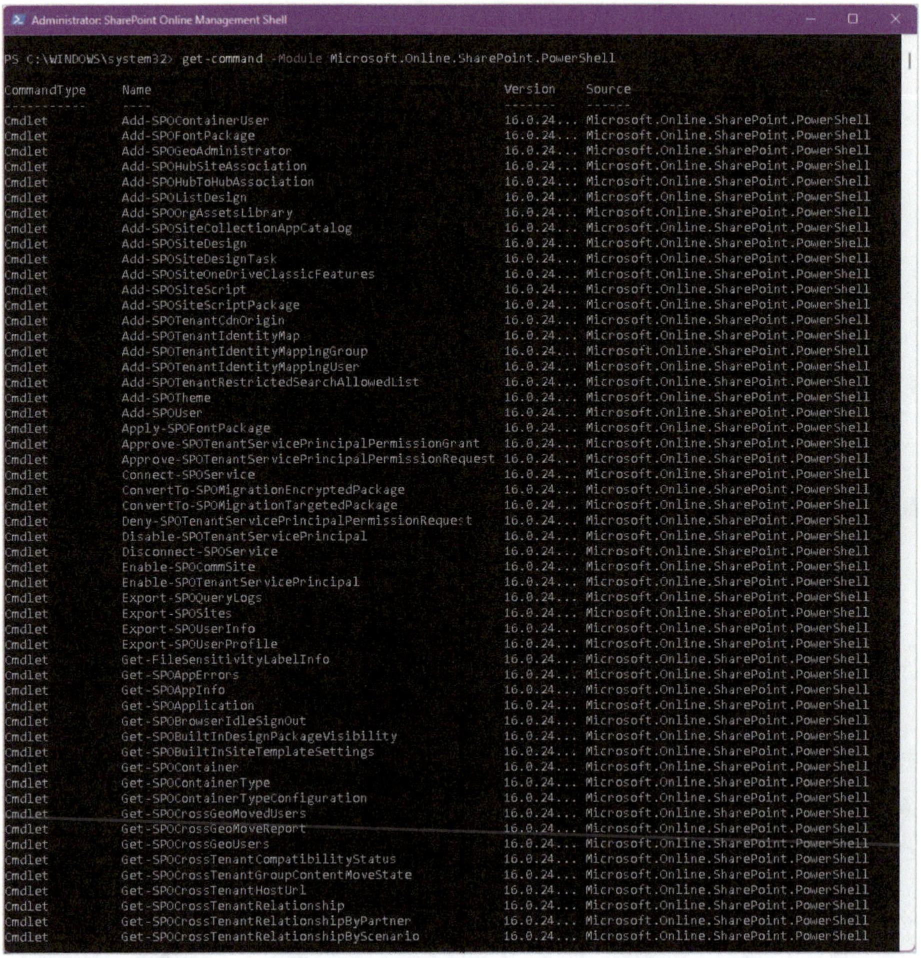

Bild 8.70 Auszug der Anweisungen für die SharePoint-Verwaltungsshell.

8 Wünschen Sie an dieser Stelle weitergehende Informationen und die genaue Syntax und Angaben zu den Parametern eines spezifischen Befehls, geben Sie beispielsweise eine Anweisung der folgenden Art ein:

```
Get-Help Add-SPOUser
```

Die Anweisungen auf Ebene der Verwaltungsshell sind grundsätzlich nicht kontextsensitiv, sodass Sie dies hier auch alles in Kleinbuchstaben eingeben können.

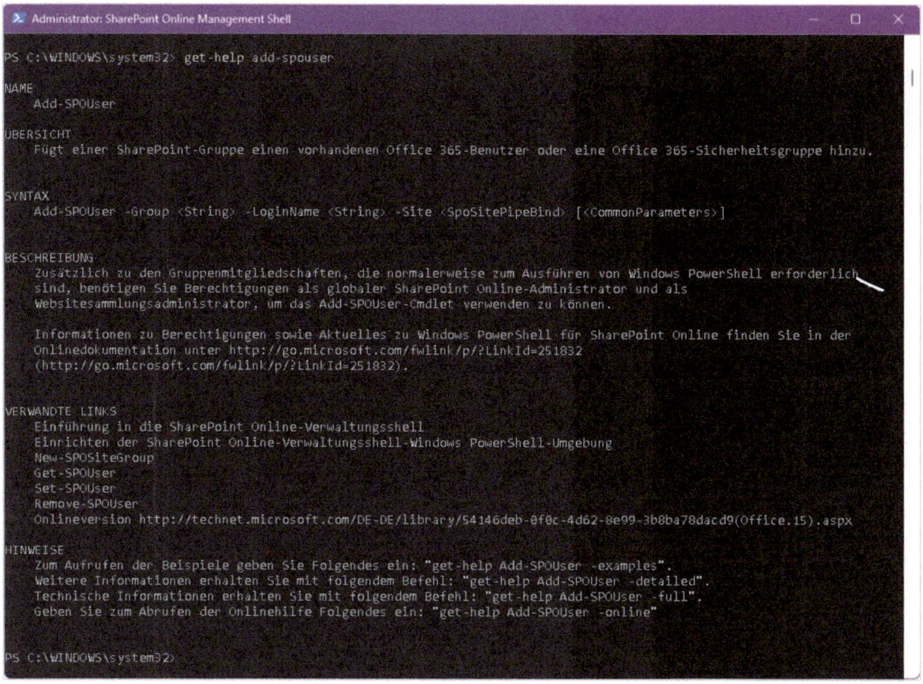

Bild 8.71 Nähere Informationen zum Befehl „Add-SPOuser".

PowerShell mit SharePoint verbinden

Nach erfolgter Installation und Einrichtung der SharePoint-PowerShell auf dem lokalen Rechner müssen Sie jetzt noch eine Verbindung mit dem Tenant Ihrer Microsoft-365-Umgebung herstellen. Dies ist wichtig, bevor Sie weitergehende Power-Shell-Anweisungen für den Tenant einsetzen können.

Zur Verbindungsherstellung mit der SharePoint-Instanz kommt der Befehl *Connect -SPOService* mit folgender Syntax zum Einsatz:

Connect-SPOService -URL Tenant + Adminsite + Sharepoint.com

Lautet der Tenant beispielsweise *dasbinich*, so ist die korrekte Anweisung zum Verbindungsaufbau wie folgt:

Connect-SPOService -URL https://dasbinich-admin.sharepoint.com/

Anschließend erscheint ein Anmeldefenster, wo Sie sich dann mit einer Kennung mit Administratorrechten anmelden müssen.

Sollten Sie Probleme beim Verbindungsaufbau mit Ihrem Tenant haben, so kann dies ggf. an fehlenden Berechtigungen durch eine PowerShell-Ausführungsrichtlinie liegen. Setzen Sie in einem solchen Fall vorab folgende Anweisung ab:

Set-ExecutionPolicy -ExecutionPolicy Unrestricted -Scope CurrentUser

Einige Beispiele

Sobald die SharePoint-Verwaltungsshell installiert ist und Sie eine Verbindung zu Ihrer SharePoint-Umgebung bzw. dem zugehörigen Tenant hergestellt haben, können Sie diese auch direkt produktiv nutzen.

- Die Anweisung *Get-SPOTenant* listet alle Einstellungen und Konfigurationsvorgaben für den aktuellen Tenant (Mandanten) auf.
- Um sich die verfügbaren Webseiten bzw. Webseitensammlungen anzeigen zu lassen, müssen Sie die Anweisung *Get-SPOSite* einsetzen.
- Als SharePoint-Systemverwalter können Sie mit der Anweisung *NEW-SPOsite* eine neue Webseite oder Webseitensammlung anlegen.
- Mit der Anweisung *Add-SPOUser* können Sie einer Seite einen neuen Benutzer hinzufügen, der gleichzeitig Mitglied einer Gruppe wird.
- Der Shell-Befehl *Set-SPOTenant* ermöglicht eine Vielzahl von Konfigurationseinstellungen und Festlegungen für den gewählten Tenant (Mandanten). Um beispielsweise auf Tenant-Ebene die Suche nach externen Benutzern (Gäste) zu verhindern, müssen Sie eine Anweisung der folgenden Art einsetzen:

  ```
  Set-SPOTenant -ShowPeoplePickerSuggestionsForGuestUsers $true
  ```

- Die Shell-Anweisung *Restore-SPODeletedsite* dient nicht nur dem Wiederherstellen einer gelöschten Webseite oder Webseitensammlung, sondern Sie haben damit auch die Möglichkeit, den (gelöschten) OneDrive-Bereich eines Benutzers dauerhaft wiederherzustellen.
- Anwender früherer SharePoint-Versionen wussten eine Funktion zu schätzen, mit der man eine bestehende Liste als Vorlage speichern konnte, um sie beispielsweise in einer anderen SharePoint-Umgebung nutzen zu können; diese Option (*Liste als Vorlage speichern*) ist jedoch standardmäßig in SharePoint Online nicht mehr verfügbar. Mit zwei einfachen Shell-Anweisungen können Sie diesen Menüpunkt innerhalb der Listeneinstellungen wiederherstellen.

  Geben Sie zunächst eine Anweisung der folgenden Art ein, wobei Sie „dasbinich“ durch Ihren Tenant-Namen und „Buchhaltung“ durch den Namen der Webseite oder Webseitensammlung ersetzen müssen, wo Sie die Funktion einblenden möchten:

  ```
  $SiteURL ="https://dasbinich.sharepoint.com/sites/Buchhaltung"
  ```

  Mit der zweiten Anweisung schalten Sie dann den Eintrag bei den Listeneinstellungen wieder frei:

  ```
  Set-SPOsite $SiteURL -DenyAddAndCustomizePages 0
  ```

Bild 8.72 Option zum Speichern einer Listenvorlage.

> Die hier dargestellten Anweisungen für die SharePoint-Verwaltungsshell stellen nur einen kleinen Ausschnitt der Möglichkeiten dar. Weitergehende Informationen und die Darstellung und Erläuterung aller Anweisungen der SharePoint-PowerShell-Umgebung finden Sie auf den offiziellen Webseiten von Microsoft.

8.12 SharePoint Premium

„AI meets content management!" – so umschreibt Microsoft das neue Benutzererlebnis in *SharePoint Premium*. Es geht darum, die Möglichkeiten von *Artifical Intelligence* (AI) - also Künstlicher Intelligenz (KI) - in die Verwaltung beliebiger Daten einer SharePoint-Umgebung zu integrieren.

Mittlerweile ist es ja „Usus" von Microsoft, bei besonderen neuen Funktionen diese unter einer gesonderten Lizenz anzubieten. Diese Vorgehensweise hat auch unter SharePoint nicht Halt gemacht. So stehen mit *SharePoint Premium* eine Vielzahl neuer und zusätzlicher Funktionen bereit, die in der Standardvariante fehlen.

> Die Funktionalitäten und Möglichkeiten von SharePoint Premium wurden ursprünglich unter dem Namen *Microsoft Syntex* entwickelt und angeboten.

Microsoft bringt dieses SharePoint-Add-on aber nicht nur in Verbindung mit der Integration der künstlichen Intelligenz (KI) in die Microsoft-Produktpalette (*Copilot*). *SharePoint Premium* bietet darüber hinaus auch wesentliche neue Funktionen:

- KI-Unterstützung beim Zeichnen, Kommentieren, Erwähnen oder auch bei der Aufgabenverwaltung
- Portal zur Zusammenarbeit an Dokumenten mit externen Anwendern
- Regelbasierte Dokumenten-Aktionen bei bestimmten Ereignissen
- Prozessautomatisierung
- Funktionen zum Vertragsmanagement in Microsoft Teams integriert
- Microsoft-Teams-integrierte App für den Datenzugriff
- Verbesserungen bei der Lebenszyklus-Verwaltung

- Echtzeit-Übersetzung von Dokumenten in andere Sprachen
- Einsatz bzw. Unterstützung diverser digitaler Signaturen (eSignatur)
- KI-gestützte Verwaltung von Metadaten der Dokumente
- Optimierung der Suchfunktion (*content query*)
- Spezielle Auswertungen zur Prüfung der Datenzugriffe
- Erfassung und Auswertung von definierten Ereignissen
- Verbesserungen beim Back-up und der Archivierung

Mit dem gezielten KI-Einsatz wird damit die Optimierung der Datenverwaltung einer SharePoint-Umgebung noch einmal wesentlich erhöht. Insbesondere die verschiedenen Modelle (vordefiniert, benutzerdefiniert) stellen Möglichkeiten zur Verfügung, die beispielsweise das Einlesen (Scannen) von Verträgen oder Rechnungen, die Texterkennung über OCR (*Optical Character Recognition)* und die anschließende Weiterverarbeitung dieser Daten erlauben. Dies ist eines der hervorstehenden Merkmale von SharePoint Premium (ehemals Syntex).

Auf diese Weise können Sie beispielsweise anhand der Metadaten einer Rechnung oder eines Vertrages innerhalb der zugeordneten Bibliothek eine direkte Zuordnung von Dokumentinhalten in die zugeordneten Felder (Spalten) der Bibliothek vornehmen.

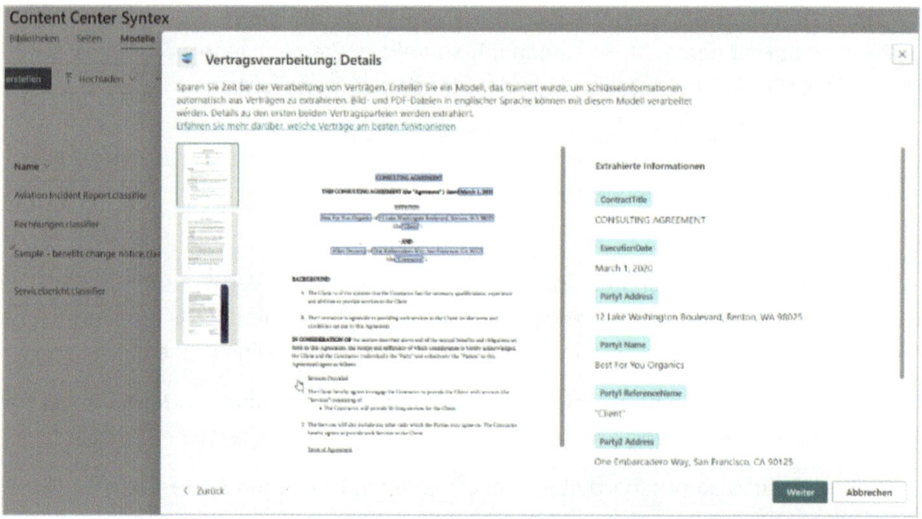

Bild 8.73 Vorlage zur Vertragsverarbeitung in SharePoint Premium.

Neben der Nutzung von Möglichkeiten der KI und des *Machine Learning* bei der Dokumentenverwaltung bietet SharePoint Premium auch eine Reihe zusätzlicher Funktionen, die die Verwaltung des Systems wesentlich vereinfachen und optimieren. So stehen dort beispielsweise spezielle Möglichkeiten zur Verwaltung des Lebenszyklus der Dokumente (Aufbewahrungsrichtlinie) oder auch der Abruf besonderer Auswertungen (letzte Änderung an Webseiten, Änderung an Einstellungen der Organisation usw.) zur Verfügung.

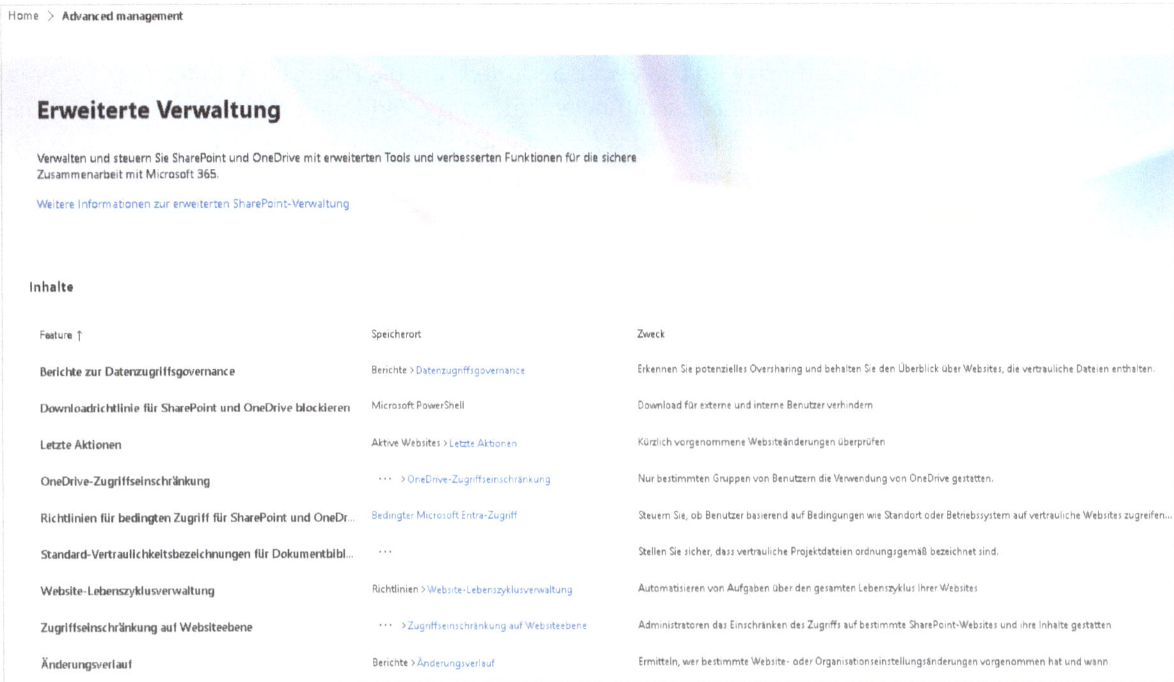

Bild 8.74 Zusatzverwaltungsfunktionen in SharePoint Premium.

Mit *SharePoint Premium* stellt Microsoft noch einmal unmissverständlich klar, dass SharePoint mehr ist als eine Umgebung zur Datenverwaltung. Es bildet die Grundlage bzw. Basis für so wichtige Produkte wie Microsoft Teams und auch OneDrive. Dabei kommt der KI-gestützten optimierten Suchfunktion eine besondere Bedeutung zu, indem ein ausgeklügelter Suchalgorithmus das Finden der Informationen und Daten wesentlich verbessert.

8.13 SharePoint Embedded

Neben *SharePoint Premium* hat Microsoft mit *SharePoint Embedded* ein separates Produkt (bzw. Lizenzmodell) geschaffen, mit dem es möglich ist, bestimmte SharePoint-Funktionalitäten separat zu nutzen. Es handelt sich bei *SharePoint Embedded* (*SharePoint eingebettet*) um eine Schnittstellenlösung (API), mit der Sie die Funktionen zur Datenspeicherung unter Umgehung des kompletten *Overheads* einer SharePoint-Umgebung mit Webseiten usw. nutzen können; es besteht also eine logische Trennung zwischen der Datenverwaltung und der SharePoint-Oberfläche.

> SharePoint Embedded ist eine API-Lösung, die es Entwicklern ermöglicht, den Datei- und Dokumentenspeicher einer SharePoint- bzw. Microsoft-365-Umgebung zu nutzen, um branchenspezifische oder mandantenfähige Anwendungen zu erstellen.

Auf diese Art können Sie zentrale SharePoint-Funktionen für die Verwaltung von Daten beliebiger Art ohne die Verwaltungsoberfläche von SharePoint nutzen bzw. einsetzen. Dadurch wird SharePoint „reduziert" auf die Ebene eines Datenbank-Systems, das diese Dienste anderen Anwendungen zur Verfügung stellt. Microsoft selbst bezeichnet *SharePoint Embedded* somit auch als cloudbasiertes Dokumenten- und Dateiverwaltungssystem.

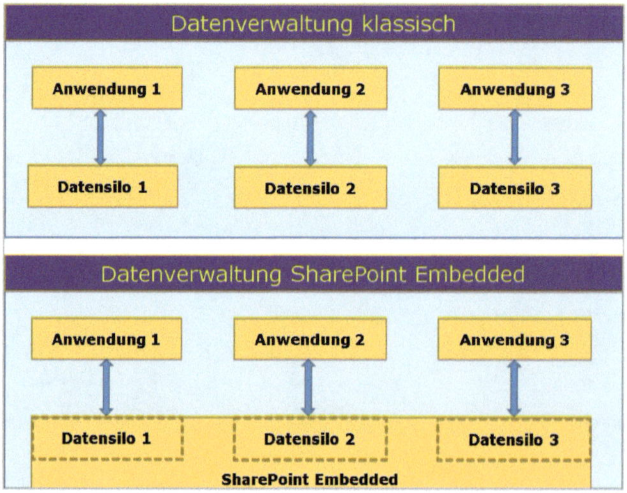

Bild 8.75 Klassische Datenverwaltung versus SharePoint Embedded.

Vergleichbar mit den Ansätzen bei *Dataverse* oder auch *Microsoft Fabric* möchte Microsoft für die unterschiedlichsten Geschäftsanwendungen einen zentralen Cloud-Datenspeicher zur Verfügung stellen. Aber nicht nur die Datenverwaltung lässt sich damit cloudbasiert zentralisieren, sondern auch die Verwaltung der Berechtigungen, die Zusammenarbeit oder die Sicherheit der Systeme wird damit in diesem *Headless SharePoint* vereinheitlicht. Letztlich stehen dort sämtliche Funktionen einer SharePoint-Umgebung zur Verfügung (inkl. Suche, Copilot usw.).

> In den Anwendungen *Microsoft Loop* und *Microsoft Designer* wurde die neue Schnittstelle auf Basis von *Graph-API* (*Application Programming Interface*) von *SharePoint Embedded* seitens Microsoft als Erstes eingesetzt.

In dem Zusammenhang ist es wichtig, dass die Speicherbereiche der (klassischen) SharePoint- und OneDrive-Umgebung innerhalb eines Tenants (Mandant) standardmäßig streng getrennt sind von dem Speicherbereich, der durch SharePoint Embedded genutzt wird.

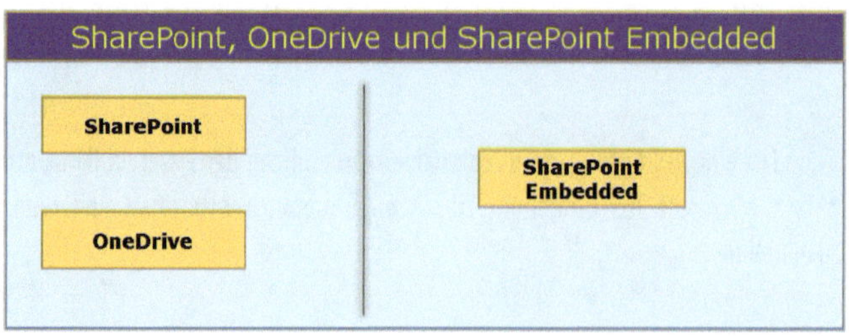

Bild 8.76 Strikte Trennung der Speicherbereiche.

8.14 Copilot

Microsoft hat das Thema der künstlichen Intelligenz (AI = *Artficial Intelligence*) in seine Produkte mithilfe des sogenannten *Copilot* integriert. Beim Copilot handelt es sich um ein Zusatzprodukt (*Add-on*), mit dem das Thema der künstlichen Intelligenz in nahezu alle Microsoft-Produkte integriert wird. Die Anwender erhalten dadurch die Möglichkeit, in Form von *Prompts* Anweisungen zu geben (z. B. „Erstelle eine PowerPoint zur Erklärung der Funktionen von SharePoint!").

Diesen *User prompt* (Anweisung) führt der Copilot dann aus und im Hintergrund wird ein komplexer Prozess ausgeführt, der von einem Sprachmodell, dem sogenannten LLM (*Large Language Model*) gesteuert wird. Zunächst wird die Anweisung (*Prompt*) analysiert; anschließend erfolgt ein Mustervergleich, indem in den verfügbaren Daten des LLM nach vergleichbaren Daten gesucht wird. Darauf aufbauend wird eine Antwort auf die Anweisung des Anwenders generiert, die dann entsprechend ausgegeben wird.

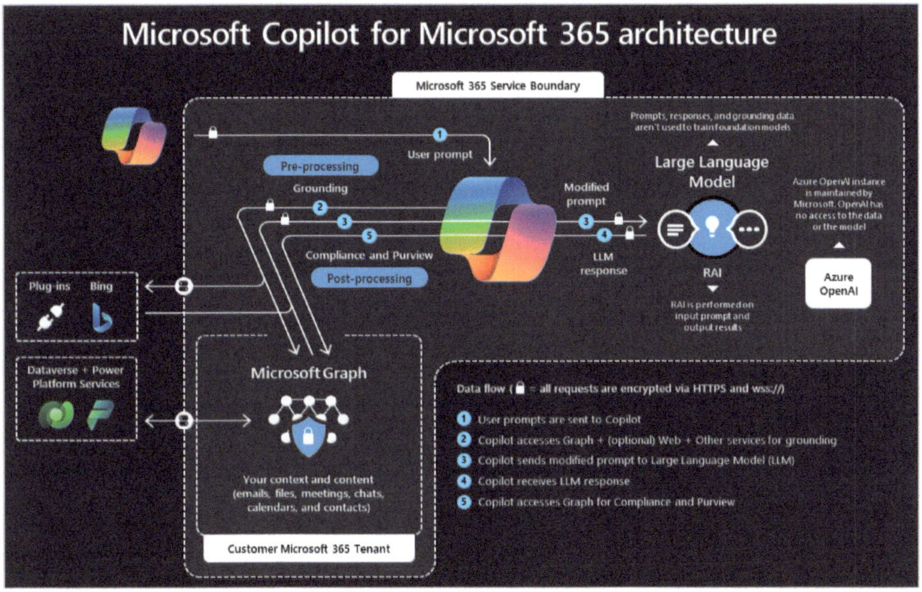

Bild 8.77 Funktionsweise des Copilot in Microsoft 365 (Quelle: Microsoft).

> Bei der Nutzung eines (künstlichen) Sprachmodells (jedweder Art) hängt das Ergebnis sehr stark von der Präzision der eingegebenen Anweisung (Prompt) ab.

In einer SharePoint-Umgebung erfolgt die Nutzung des „Copiloten" auf zwei mögliche Arten: Zum einen unterstützt der *Copilot für SharePoint* die üblichen Tätigkeiten in einer SharePoint-Umgebung wie die Verwaltung von Daten und Inhalte, die Erstellung oder visuelle Darstellung von Webseiten oder auch die Unterstützung bei der Prozessautomatisierung über spezielle Workflows.

In einer weiteren Ausprägung können Sie mit *Click To Copilot* über den KI-Assistenten für einzelne Webseiten oder Webseitensammlungen individuelle Copilot-Umgebungen schaffen und damit Anwendern in jedem Bereich von SharePoint spezielle Möglichkeiten zur Verfügung stellen, beispielsweise die aggregierte Darstellung von Inhalten bestimmter Webseiten.

> Die Nutzung der Künstlichen Intelligenz erfolgt in SharePoint auch jenseits der „Copiloten", beispielsweise bei Nutzung einer Vielzahl der Funktionen und Möglichkeiten von SharePoint Premium (siehe Abschnitt 8.12).

Literatur und Quellenangaben

Buchveröffentlichungen

Boddenberg, Ulrich B.
Microsoft SharePoint Server 2010 & Windows SharePoint Services 3.0
Galileo Computing 2008

Bundesamt für Sicherheit in der Informationstechnik (BSI)
IT-Grundschutz, Arbeitshandbuch
Bundesanzeiger Verlagsgesellschaft 2021

English, Bill
Microsoft SharePoint Server 2010 – Das Handbuch
Microsoft Press 2007

Larisch, Dirk

- Netzwerkpraxis für Anwender, Hanser 2000
- Verzeichnisdienste im Netzwerk, Hanser Verlag 2000
- Active Directory Services, Galileo Computing 2003
- Taschenbuch Windows Server 2003, bhv 2004
- Praxisbuch Microsoft SharePoint Server 2007, Hanser 2008
- Microsoft SharePoint 2013, Hanser 2013
- Power Fx in Power Apps für Dummies, Wiley 2025

Mahajan, Ghatak, Chamberlain, Brewster
Microsoft 365 and SharePoint Online Cookbook
Packt Publishing 2020

Taylor, Andrew
Microsoft Intune Cookbook
Packt Publishing 2023

Zeitschriften

c't, Heise Verlag

iX, Heise Verlag

Computerwoche

Webseiten/Blogs/Foren

Acoris AG
https://www.acoris.de/

Blogs.technet.com
Diverse Blogs von SharePoint-Spezialisten

Bundesamt für Sicherheit in der Informationstechnik (BSI)
www.bsi.de

Chapple, Niki
https://nikkichapple.com/

Corey, Steve
https://stevecorey.com/

IPI GmbH
https://www.ipi-gmbh.com/blog/

Microsoft
https://learn.microsoft.com/
https://techcommunity.microsoft.com/

Rogers, Laura
https://wonderlaura.com/

Sharepoint-Community
www.sharepointcommunity.de

Wikipedia
www.wikipeda.de

Zelfond, Gregory
https://sharepointmaven.com/

Stichwortverzeichnis

X

Z